湘江法律评论

XIANGJIANG FALÜ PINGLUN（DI 17 JUAN）

（第17卷）

主编：黄明儒

执行主编：周青山

编辑：肖峰 李锦 覃斌武 林艺芳 李兰

本卷执行编辑：肖峰

中国政法大学出版社

2022·北京

图书在版编目（ＣＩＰ）数据

湘江法律评论. 第17卷/黄明儒主编. —北京：中国政法大学出版社，2022.11
ISBN 978-7-5764-0732-7

Ⅰ.①湘…　Ⅱ.①黄…　Ⅲ.①法律－文集　Ⅳ.①D9-53

中国版本图书馆CIP数据核字(2022)第221999号

出 版 者	中国政法大学出版社
地　　址	北京市海淀区西土城路 25 号
邮　　箱	fadapress@163.com
网　　址	http://www.cuplpress.com（网络实名：中国政法大学出版社）
电　　话	010-58908435(第一编辑部) 58908334(邮购部)
承　　印	北京中科印刷有限公司
开　　本	720mm×960mm　1/16
印　　张	20.75
字　　数	372 千字
版　　次	2022 年 11 月第 1 版
印　　次	2022 年 11 月第 1 次印刷
定　　价	72.00 元

卷首语

　　《湘江法律评论》已经走过了十七个春秋，在各级领导和学界同仁的关心帮助下，编辑部全体同事沐雨栉风，终于将第十七份学术大餐奉献在大家面前。与我们创刊时相比，当前中国的法治建设已到达更高水平，全社会对法律职业共同体有着更高的期待，要求学术论著选题更俯身于社会现实，逻辑推理、结论输出更贴近实践需要，学术品位与服务社会比翼齐飞，这些要求成为引领我们办刊的重要导向。职是之故，作为引领湖湘法学的湘潭大学法学院，更有着不可懈怠的学术使命。现在，置于大家眼前的这本册子，正是过去一年我们辛勤工作的纸面呈现。

　　《湘江法律评论》第十七卷共收录了17篇论文和1篇专访，这并非编者对数字的刻意安排，而是统稿排定后才发现的巧合，似乎昭示着本卷刊物与各位作者间心有灵犀。根据选题特点，我们将本期稿件归入五个专题中，学术脉络连续，但各有千秋。

　　"名家专访"专题是编辑部对我国著名经济法学家陈乃新教授的专访，陈老自20世纪80年代以来，扎根湘潭大学法学院，纵横于经济法学总论与分论的学术争点之间，提出的"增量财产权""劳动能力权"等学术观点声名远播。近期，随着《中华人民共和国民法典》颁行，"经济法典"成为一种重要的学术议题，对此经济法学界同仁也深耕多年，陈老对此颇有见解，这篇长达3万余字的专访稿，恰是他多年思考的集中展现。

　　"理论前沿"收录了4篇在不同领域卓有见识的精品论文，既有董成惠与苏力老师商榷的法社会学论文，也有王斐弘为我们揭开的敦煌借贷契学术面纱，还有马亮、谢咏译著为我们带来的《世界环境公约》学术新风，来自湘潭大学法学院的张彬博士也呈上了她近来关于行政诉讼客观化的独特见解。

　　在过去的一年中，法治中国最重要的事件，无疑是《中华人民共和国民法典》的颁行。新中国多次组织民法典的编纂工作，终于在 2020 年 5 月汇成这本公民权利的百科全书，本刊自然也不会缺席如此盛事。在"民事立法热点"专题中，首先，有陶然《〈民法典〉中的罗马法轨迹》的雄文，将现代民法典的血脉接续在罗马法伟岸的身躯之上；不过，民法典不仅是书面的法文化成果，也是支撑公民日常生活的行为规范，为将民事立法的最近成果注入社会肌体，湘潭大学法学院、湘潭市律师协会等单位组建了兵强马壮的宣传队伍，将《中华人民共和国民法典》精华带到机关单位、社区村落。本刊专门收录了 4 篇对法典文本、物业服务、金融行业、公安工作的专题宣讲文稿，虽文字朴实无华，但体现着作者们向现代生活传递民法星火的赤子之心。最后，由刘康磊、王俊程对集体组织股份计量规则的研究，为本专题画上圆满的句号。

"诉讼理论与实务"收录的 4 篇论著，均以实证研究为问题切入点，透视司法实践背后别有洞天的理论、立法议题，是"以小见大"式研究的得力之作。包括罗云为我们带来的《另一种方法：小额诉讼标的额的划界》，帮助我们理清了繁简分流背景下，何为小额、如何诉讼的相关问题。而李茜则抓住司法改革中一个易为我们忽视的群体——基层法官助理，以图文并茂、数文对照的方式，呈现出"隐性知识"这一影响司法实践重要元素的运行原理，以及相应的制度规制方案。王译和曾诗雨给我们带来了作品《刑事"自诉"转"公诉"规则完善之立法探讨》。最后，刘欣琦博士、肖红针对《行政处罚法》修改后行政主体法定职责新的分类，在行政诉讼中尚未得到充分回应的问题，形成了《论履行判决中行政主体法定职责的认定》一文，带来了她们对应职责分类的判决履行方式的最近创见。

压轴出场的"刑事法治现代化"专题，收录了 3 篇各有特色的刑事实体法或程序法论文。夏尊文的《我国社区矫正执法行为的属性之辨》一文，深刻剖析了社区矫正的内涵与构成要件，形成了对其作为执法行为定性的反思，极富洞见。温登平的《诬告陷害罪基本问题研究》一文是典型的刑事实体法意义上的个罪研究，为我们全面地展现出"诬"的刑法意涵，以及"陷害"的关系构成，是一篇思维细腻、逻辑周延的佳作。崔仕绣、王付宝则切中近些年来刑事实体与程序法的共同热点——未成年人保护，其文《未成年人犯罪预防体系建构的思维嬗变》对犯罪预防在未成年人保护方面的特性进行了深入的研究，提出的对策思考，发人深省。

作为编者，我们深感各位作者写作的辛勤，也对他们源自不同学科、以不同研究方法与思路所产生的学术观点，感到深深的敬佩。但由于编者水平有限，本卷刊物还有诸多不足、值得商榷之处，恳请各位同仁不吝赐教，帮助我们进一步提高。

《湘江法律评论》主编：黄明儒
2021 年 12 月 写于湘大法学楼

本书主要参考法津文件对照表

全称	简称
《中华人民共和国宪法》	《宪法》
《中华人民共和国民法典》	《民法典》
《中华人民共和国民事诉讼法》	《民事诉讼法》
《中华人民共和国行政诉讼法》	《行政诉讼法》
《中华人民共和国刑事诉讼法》	《刑事诉讼法》
《中华人民共和国民法通则》（已失效）	《民法通则》
《中华人民共和国民法总则》（已失效）	《民法总则》
《中华人民共和国预算法》	《预算法》
《中华人民共和国中国人民银行法》	《中国人民银行法》
《中华人民共和国合同法》（已失效）	《合同法》
《中华人民共和国物权法》（已失效）	《物权法》
《中华人民共和国担保法》（已失效）	《担保法》
《中华人民共和国侵权责任法》（已失效）	《侵权责任法》
《中华人民共和国人民法院组织法》	《人民法院组织法》
《中华人民共和国治安管理处罚法》	《治安管理处罚法》
《中华人民共和国监狱法》	《监狱法》
《中华人民共和国未成年人保护法》	《未成年人保护法》
《中华人民共和国农村土地承包法》	《农村土地承包法》

全称	简称
《中华人民共和国劳动法》	《劳动法》
《中华人民共和国网络安全法》	《网络安全法》
《中华人民共和国刑法》	《刑法》
《中华人民共和国社区矫正法》	《社区矫正法》
《中华人民共和国法官法》	《法官法》
《中华人民共和国预防未成年人犯罪法》	《预防未成年人犯罪法》
《最高人民法院关于适用〈中华人民共和国婚姻法〉若干问题的解释（二）》（已失效）	《婚姻法司法解释（二）》
《最高人民法院关于适用〈中华人民共和国担保法〉若干问题的解释》（已失效）	《担保法司法解释》
《最高人民法院关于贯彻执行〈中华人民共和国民法通则〉若干问题的意见（试行）》（已失效）	《民法通则意见》
《最高人民法院关于审理商品房买卖合同纠纷案件适用法律若干问题的解释》	《商品房买卖合同司法解释》
《最高人民法院关于审理买卖合同纠纷案件适用法律问题的解释》	《买卖合同司法解释》
《最高人民法院关于审理民间借贷案件适用法律若干问题的规定》	《民间借贷司法解释》
《世界环境公约（草案）》	《世界环境公约》
《里约环境与发展宣言》（1992）	《里约宣言》
《最高人民法院、最高人民检察院关于检察公益诉讼案件适用法律若干问题的解释》（2018年3月2日起施行，2020年12月28日修正）	《关于检察公益诉讼案件适用法律若干问题的解释》
《最高人民法院关于审理建筑物区分所有权纠纷案件具体应用法律若干问题的解释》	《区分所有权解释》
《最高人民法院 最高人民检察院 公安部 司法部关于办理非法放贷刑事案件若干问题的意见》	《关于办理非法放贷刑事案件若干问题的意见》

全称	简称
《最高人民法院关于人民法院审理借贷案件的若干意见》	《关于审理借贷案件意见》
《中共中央、国务院关于稳步推进农村集体产权制度改革的意见》	《产权制度改革意见》
《中共中央关于全面深化改革若干重大问题的决定》	《深化改革若干重大问题决定》
《中华人民共和国刑法修正案（十一）》	《刑法修正案（十一）》
《最高人民法院关于适用〈中华人民共和国刑事诉讼法〉的解释》	《刑事诉讼法解释》
《最高人民法院、最高人民检察院、公安部、国家安全部、司法部、全国人大常委会法制工作委员会关于实施刑事诉讼法若干问题的规定》	《关于实施刑事诉讼法若干问题的规定》
《最高人民法院关于适用〈中华人民共和国民法典〉继承编的解释（一）》	《民法典继承编解释》

目录 CONTENTS

民事立法热点 ··

诉讼理论与实务 ··

刑事法治现代化 --

名家专访

"经济法典"梦想成真之问[*]

◎陈乃新[**]

湘江法律评论编辑部：陈老师，很高兴您能够接受我们的访谈，您能给我们介绍下您的学术经历吗？

陈乃新：我 1946 年出生于浙江绍兴诸暨店口。1965 年高中毕业于浙江绍兴第一中学，因未考取大学，当年 8 月经批准支援边疆，从浙江绍兴来到云南昆明。同时一起去云南的有 200 多人，其中有 100 余人被分配到云南轴承厂，近百人被分配到昆明钢铁厂团山机械厂，我随着其余 20 多人则被分配到云南工模具厂（后更名为云南机床附件厂）。起先，我在昆明电机厂、云南轴承厂、云南机器厂等厂学车工技术，学徒期满后从事车工工作，后为三级车工。我在云南工作了 14 年，其间历经"文化大革命"，1974 年到 1978 年，我还在本厂上山下乡知青点（昆明市官渡区龙泉公社源清大队）从事上山下乡知青工作约四五年。这些经历使我与工、农都有所接触。在大转折的 1979 年，我考上了湘潭大学政治经济学硕士研究生。1982 年毕业后转到正在创办中的法律系，参与了筹办法律系的一些工作。从 1983 年法律系开始招生时起，我便入行经济法学的教学与研究；50 多岁时我还在澳门科技大学法学院攻读经济法学博士研究生（2002 年～2005 年），师从我国著名经济法学者、北京大学法学院杨紫烜教授，我获得了法学（经济法专业）博士学位。我从教至 2011 年退休（退休后接受法学院的返聘，又工作了 5 年）。[1]

我在从事经济法学科的教学与研究之初，先是到当时的中央政法干部学校的

---

　* 社科项目："科学发展与和谐社会的经济法保障"（项目编号：04KH | KH02012）。

　** 作者简介：陈乃新（1946—），法学博士，湘潭大学法学院教授。

　〔1〕 从 1965 年参加工作算起（包括攻读硕士研究生带薪学习 3 年），我一共工作了 51 年。

民法与经济法两期师资班进修，同期还在北京大学法律系进修经济法课程一年。此时，我对经济法有了一个初步的了解，但我并不真正知道经济法这一滩水究竟有多深多大。不过，我读硕士研究生期间阅读了马克思的《资本论》（一至三卷）；之前，也读过马克思、列宁、毛泽东的一些著作等，再加我在工厂做工与带知青务农，总共有 10 多年的生活经验。我想这大概是我对胜任经济法的教学与研究较有自信的一个基础，我就在这样的基础上开始了经济法的教学与研究。

编辑部：您的研究重点在经济法的基础理论，您认为经济法在基础理论方面，存在哪些薄弱点？

陈乃新：经济法基础理论，是指经济法学科关于经济法的基本概念、范畴、判断与推理等的综合性说明。它要回答的是什么是经济法，经济法在法律体系中的地位和作用，经济法的产生与发展的规律等问题。关于经济法基础理论，若从有人提出"经济法"这一词语算起，已有两百多年的历史；而谈得上把经济法作为一门法学学科开始进行研究，则只有一百年左右的历史；我国大力开展对经济法的研究，则是近四十年来的事情，它发展很快，即"在经济法研究的广度与深度方面，中国正在，甚至已经走到了世界的前列"。[1] 但是，对经济法的研究，并非已经大功告成，即并非能与比较成熟、比较丰富的民法、行政法等学科的基础理论相提并论；而是应当说，它依然问题多多，整个说来甚至还难以真正做到自圆其说。其中，就其比较大的问题来说，经济法基础理论迄今至少有如下问题尚未解决：

第一，关于经济法的调整对象。许多经济法学的教材、专著与论文都论述过经济法的调整对象（这里恕不一一列举），我国国务院新闻办公室发表的《中国特色社会主义法律体系》白皮书（2011 年 10 月）还对之做出归纳，认为"经济法是调整国家从社会整体利益出发，对经济活动实行干预、管理或者调控所产生的社会经济关系的法律规范"。这不难看出，把经济法调整对象说成这样，它是很难与民法调整财产关系、人身关系，很难与行政法调整行政关系及监督行政关系等相提并论的。

其一，它难以与民法相提并论。民法的调整对象，明确了是以财产、人身为媒介的人与人的关系，即财产关系与人身关系，而经济法的调整对象被界定为国家对经济活动干预所发生的经济关系。前者有财产、人身的实物内容，后者只是一种行为，即与国家干预经济有关。因此，两者没有可比性，经济法就难以与民

---

[1] 杨紫烜：《国家协调论》，北京大学出版社 2009 年版，第 89 页。

法并列。其二，它也难以与行政法相提并论。对于行政法调整行政关系及监督行政关系，我们从"干预"含有"过问或参与其事"之意解说，行政关系及监督行政关系，都属于干预关系。至于某种干预关系是什么干预关系，通常则不取决于它干预什么，而是取决于它如何干预，例如行政法中进行的是以行政方式干预，那么可能发生的就是行政关系（监督行政关系较复杂，它包括国家权力机关、司法机关、行政机关的权力性监督，即属于权力性干预，以及国家机关体系以外的组织和公民的民主监督，属于权利性监督，即权利性干预）。经济法调整国家对经济活动干预所发生的关系，不取决于它对经济进行了干预，而要取决于它是如何干预的，如果实行的是对经济活动的行政干预，那么所发生的也就是行政关系。但学界论述经济法的调整对象，许多是在干预的内容上做文章，或者对干预的用语做些变动（如采用调节、管理、协调等用语），好像这看起来有些区别，其实从根本上说却无济于事，因为它们都回避了究竟以什么方式干预，究竟与行政干预有什么不同等问题。所以，它谈不上是否可以与行政法并列。

同时，我们还要问，国家干预经济活动是否会产生经济关系呢？因为经济关系的产生大抵只能与生产、流通、分配与消费等有关；国家对经济活动的干预，一般只能产生干预关系，正如干预婚姻、干预教育等，只能发生婚姻干预关系、教育干预关系，它是不会发生婚姻关系、教育关系的，这是不言而喻的。当然，干预可对所存在的经济关系有影响，但干预引起的关系与本已存在的经济关系，两者并不是同一种关系。

所以，论述经济法的调整对象，也还缺乏说服力。关于经济法究竟调整什么关系，迄今是缺乏突破性进展的。但这关系到对什么是经济法问题的回答，这是经济法学中的一个根本性的问题，我们不能把作为部门法的经济法，与有关经济的法，或者与经济领域的立法相提并论，也不能把经济法与经济方面的行政法混为一谈，这个问题是不能久拖不决的。

第二，已有的多种经济法理论，都"程度不同地存在着基础理论不能指导具体制度理论，以及从调整对象理论不能伸展和推导出后续各类相关主体理论、行为理论、法权理论、责任理论、体系理论等问题"。[1] 这已是非常明显的事。现在，经济法的教材与著作，除了基础理论本身还不尽如人意之外，后面的分论也大都是选取了一些有关经济的法律，做了些说明或者介绍，人们很难从中看出总论与分论之间有什么一以贯之的东西存在，人们还难对之加以把握。

---

〔1〕 张守文："经济法系统的系统分析"，载《经济法研究》（第2卷），北京大学出版社2001年版，第167页。

一方面，经济法基础理论至今缺乏从各种经济法律中去提炼出或者归纳出可以称之为经济法的规范，对此更少有做得比较系统的作品；另一方面，为什么要选这些经济方面的法律，将其归入经济法，这是否会造成把经济法看成是这些经济法律的总称的不当结论，因为经济法是调整某种社会关系的"法律规范"的总称，这与"经济法律"的总称的含义并不相同。经济法律日益增多，是否意味着经济法的范围也可不断扩大等，这些都令人模糊不清。总之，不能把经济法与有关经济的法混为一谈。

第三，是经济法学尚未概括出经济法的基本权利形态，也没有相应的权利救济理论，不但难以很好地指导经济法的制定，尤其是难以很好地指导经济法典与经济诉讼法的创制；而且使得现行的经济法未能引起人们的足够重视，老百姓的关注度与参与度都比较低，经济法实施的效果也不明显。这是经济法基础理论显得不成熟的一个重要方面。

在经济法学中，迄今没有经济法的系统的权利理论。这与经济法的调整对象未厘清，从而对经济法法律关系的内容没法确定有关。其一，本应像民法以客体定位的财产权、人身权那样来确定经济法的权利，但是这没有出现，而是只有劳动者权利、经营者权利与消费者权利等以主体定位的权利，因此，经济法的权利理论根本不能与民法相比拟。其二，也有提出市场监管权、宏观调控权是经济法的权利形态的，但这又与行政法中的行政权有什么可比性呢？行政权是与立法权、司法权等自成体系的，市场监管权、宏观调控权又能归入公权中的立法权、行政权、司法权之哪一种法权呢？经济法又怎样与行政法并列呢？经济法的权利，与已知的私权或者公权相比，都没法作为一种可与它们并列的法权得到确认。

由于经济法的系统的权利理论尚未成就，相应的权利救济理论也尚未成就，例如公益诉讼法并非就是经济诉讼法，因为经济诉讼法应当是与民事诉讼法、行政诉讼法与刑事诉讼法相并列的一种诉讼法，而公益诉讼法只是应当与私益诉讼法相并列。经济诉讼法是否需要以及怎样与民事诉讼法、行政诉讼法与刑事诉讼法相并列，人们至今不得而知。

经济法基础理论尚未成为一种系统的理论，尚不能与比较成熟、比较丰富的民法、行政法等学科的基础理论相提并论，这是显而易见的。应当认为，经济法基础理论的不成熟，除了上述三个方面，它还可表现于更多的方面，虽然民法学、行政法学也有不少问题需要继续研究，但它们是大局已定下的问题，而经济法在基础理论上的欠缺还比较大，还不能说大局已定。

经济法基础理论对经济法的制定与实施，是有重要的指导作用的，我们在制定与实施经济法的实践中，随时都可能感觉到这一点。经济法基础理论不强，对经济法教学也有影响。因此，我们既要承认经济法基础理论成熟程度受到实践的深度与广度的制约，对此不能采取将就或者回避态度；又要积极从制定与实施经济法的实践中去总结、更新，勇于理论创新、尊重规律。因此，这可能是一个长期的任务，值得我们专攻一辈子。

编辑部： 陈老师，您下决心专攻经济法基础理论，并在这方面取得了很大的成就，所采取的研究路径是什么？

陈乃新： 经济法基础理论的突破，它很有可能无法通过在现有的私法理论与公法理论上做些延伸或者拓补就完成。这种延伸与拓补性质的创新，相对说来应属比较容易，但也难以对经济法基础理论真正有什么突破。说这种创新比较容易，这自然与经济法学者大都有一定的法学知识背景有关。为什么又说难以真正有什么突破？这是因为对新兴的经济法，仍然只用老旧的知识来解释与研究，这难免会有所不足。所以，这需要有所创新。那么，我们能不能从经济法属于现代法的意义上来深化对经济法的认识呢？

如果从传统法与现代法相区别的意义上来专攻经济法基础理论，也许能有更多的创新性，甚至使经济法基础理论真的有所突破。这是因为经济法作为现代法，它可以更多地依托现代的其他学科，如依托政治经济学等，再结合法学去做出新的研究，这也许是有创新性的研究方式，只是这还需要现代的其他学科的一些知识。显然，如果只从法学，只从已有的私法理论与公法理论的拓展或延伸，来建立经济法基础理论，不过是在大局已定下做些修补。这对于研究经济法这个新兴的、独立的法律部门（请注意，如把经济法说成是国家干预经济的法，那么，经济法就古已有之，到现在我们要是还没有系统的经济法基础理论，那就说不过去了）来说，肯定是不够的。这是因为我们现在还不是在经济法基础理论大局已定下对经济法的细节问题做些研究，而是需要确定经济法基础理论大局。基于这种考虑，我选择结合马克思主义政治经济学来专攻经济法基础理论。

那么，这一路径选择会遇到什么障碍呢？这种障碍主要来自一定的思维定式。这种思维定式认为经济法属于公法，或者属于公法与私法融合的社会法。可是经济法若属于公法，它就不能允许有损害私法自治的内伤，这使经济法是干预经济之法的结论陷入了自我否定的泥潭。同时，如果认为经济法属于公法与私法融合的社会法，那么这种社会法也就成了既是公法又是私法、既不是公法又不是私法的虚无状态。但这种私法公法的思维定式在其理论框架内已不能自拔。那么，如何破除这一障碍呢？我们就必须从破除这个框架入手。

现代法是与传统法相比较而言的，它与公私法的划分方法相比，两者不是相同的分类方法。现代法与传统法主要关注法之因时间变化（处在古代与现代的法）而不同，私法与公法则主要关注因其法益的范围（也可视为法益覆盖的空间）有别，法也会有所不同。对前者我们过去的研究是有所不足的，这当然会影响我们对近现代社会才产生的经济法的认知。

当然，经济法基础理论也需要回答它在私法与公法中的地位问题，其中，经济法作为现代法，首先得说清楚与传统法中的私法与公法的关系，尤其非常需要回答经济法与民法商法、经济法与行政法的关系。显然，经济生活中出现的问题，民法商法或者行政法能搞定与处理的话，经济法就是不必要的，所谓的经济法也是不存在的。此外，还有同为现代法的经济法与社会法之间的关系，也得说清楚。

我们如果抓住这一路径，也许比一开始就禁锢于国家干预还是国家不干预的划分，被局限于直观地看待经济法问题会要深入一些。因为这样以是否有国家干预来划分似有不妥，只要是法都是体现国家干预的，不同的法有不同的干预，没有什么国家不干预的法。干预经济，几乎是所有部门法都介入的。同时，也不能说国家干预什么，就是什么法，因为经济与社会生活的领域很多，部门法的划分不是按照法涉及的经济与社会生活的领域来划分的，针对同一领域制定的法律，里面也可能有多个法律部门的法律规范，这是常事。

作为研究经济法的路径，遵循传统的法律规范分析也是不可缺少的。对于应有的有关经济的法律，其中到底有没有经济法规范？如果有的话，那么是不是全都是经济法规范，抑或只有一部分经济法规范？这种着重法律文本的分析就很重要，缺乏分析就归纳出什么是经济法，就必然不踏实，甚至不是归纳而是臆断或猜想。

现在回看专攻经济法基础理论，应该说问题还很多，它不是单纯用统一口径就可以解决学术争论问题的。

对于一种新的东西，如这里讲的经济法，我们已有不少人来进行研究，那么，这是否能够要求大家观点都相同呢？同时，要不要人为地去搞出不同观点呢？这都完全取决于我们对经济法的认知的正确性程度。如果我们对经济法的认知已经正确，那么再提不同观点就不必要了，人为地搞不同观点也对经济法的发展没有好处。但是，现在的问题是不能说经济法学对经济法的制定与实施已有很好的指导作用，即不能说经济法基础理论已经很成熟，所以，现在排斥其他不同观点，尚不能适应我们深化对经济法认识的需要。对于什么是经济法的问题，现在还是需要有一种"不与人同"的探讨，其中最重要的问题是经济法究竟有没有涉及超出财产权范围的内容，国家干预是不是公权力干预财产权，而现有的经济法学涉及这个问题还不够深入。

一个人的认识也应当与时俱进，应当在求真务实的过程中改造自己的认识，不与己同，追求有所发现。对于经济法，在我看来它与社会法一起，是保障经济社会持续健康发展的两大现代法律部门，经济法侧重保障经济持续健康发展，而社会法则侧重保障社会持续健康发展。

这首先应当与民法等传统私法和行政法等传统公法区别开来。这就关系到对传统的私法与公法应有一个总结，然后再来确定现代法以及现代法中是否也需要有私法与公法的划分等问题。应当认为，我国如果着重把这两个现代法的法律部门建设好，不但将有利于提升我们与发达国家的竞争力，甚至也是我们创造出高于资本主义市场经济的生产力，以及形成更加美好的社会状态的必要手段。因为经济法与社会法是现代法，是侧重保障经济社会持续健康发展的法，它不同于传统法，传统法是侧重于保障人们的既得利益与维护社会稳定的法，如民法等传统私法以保护社会个体的既得利益为主要内容，行政法等传统公法以保护社会公共的既得利益为主要内容。

由于经济社会持续健康发展问题十分复杂，经济法与社会法也就相当复杂。主要是它们作为部门法，通常存在于有关经济或者社会领域的法律中，这就可能使人们把有关经济的法、有关社会的法称为经济法、社会法。但是，一方面，有关经济或者社会等领域的立法，通常有多个法律部门的法律规范，例如有关市场经济的法律，为了加强市场法律制度建设，需要"编纂民法典，制定和完善发展规划、投资管理、土地管理、能源和矿产资源、农业、财政税收、金融等方面法律法规，促进商品和要素自由流动、公平交易、平等使用。依法加强和改善宏观调控、市场监管，反对垄断，促进合理竞争，维护公平竞争的市场秩序。加强军民融合深度发展法治保障"。[1] 社会主义市场经济本质上是法治经济。这里可能有民法商法、经济法、行政法，甚至刑法等多个法律部门的法律规范，共同来保障市场经济运行。同时，另一方面，同一个法律部门的法律规范也可能存在于多个领域的法律中，如行政法的规范，普遍存在于经济、政治、文化、民生、安全、生态环境等领域的法律中。这都是我们认知经济法需要关注的问题。随着各

---

〔1〕 参见《中共中央关于全面推进依法治国若干重大问题的决定》之"二、完善以宪法为核心的中国特色社会主义法律体系，加强宪法实施"之"（四）加强重点领域立法"。

个领域立法的发展，对于什么是经济法这个复杂问题，也不是一下子能够认识清楚的，本人的认识出现"不与己同"的情况也是可能发生的，为把问题弄清楚也可能需要"不与己同"，以此不断修正自己的失误。

编辑部：您提出的"增量利益关系经济法说"在经济法学界影响很大，自成一派，可以介绍下您提出这一学说的过程吗？

陈乃新：确定经济法的现代法属性，从而把经济法从传统法中分离出来，这是认知经济法的重要的一步。我们把经济法确定为属于现代法，这主要是依据现代社会之前没有经济法这个法律部门，当然，这不等于古代社会没有有关经济的法，有关经济的立法古已有之。经济法属于有关经济的法，但经济法不等于有关经济的法。经济法是近现代社会的产物，它是现代法，这并没有很多疑义，因为这是事实。

那么，经济法是怎样归入现代法的呢？这主要是因为经济法调整增量利益关系。不过，这需要做些说明：

古罗马法学家提出的法可以分为私法与公法的法域划分，从利益保护的重心来看，公法以维护公共利益即"公益"为主要目的，私法则以保护个人或私人利益即"私益"为依归。把法做这种划分，对法调整社会关系、维护社会秩序，当然有一定意义。但是，问题在于近现代社会出现的一些问题是以往的民法等私法和行政法等公法所不能处理的，因此就出现了经济法、社会法等，这使得在私法公法划分之外，产生了要不要把法分为传统法与现代法的问题。

从 D. 乌尔比安（约公元 170~228 年）的私法公法划分来看，有确定法所适用范围的含义，我们就"把 D. 乌尔比安的公私法划分的法域论归结为空间法域论，并在此基础上提出时间法域论，从而，把作为现代法的经济法、社会法与作为传统法的私法（民法）、公法（行政法）区别开来了。我们也因此才能摆脱资本主义以前世界就存在的法权观念和所有权观念的束缚，才能形成经济法权利、社会法权利等现代法权利的理念。但是，突破 D. 乌尔比安的空间法域论，不是简单地否定空间法域论。例如，在个体小生产转变为社会化生产而新出现了各种经济组织时，也就出现了各种经济组织的财产权，如公司也享有公司法人财产权。又如，现代国家的政府仍享有行政权。可见，在以社会化生产为基础的市场经济中，传统法的私法和公法的这种划分依然有其积极意义。传统法有私法与公法的划分，现代法也可以有私法和公法的划分，私法和公法的划分并不影响传统法和现代法的划分，所以，空间法域论和时间法域论具有兼容性"。[1] 只不过现代的私法、公法与传统的私法、公法是有所区别的。这主要是受传统法与现代法有区别所致。

自从 D. 乌尔比安的空间法域论出现后，人类社会已经经历了约两千年，在这个时期中，人类社会多有变迁，但最重大、影响最深远的变化，应是近现代的以个体小生产为基础的自然经济向以社会化生产为基础的市场经济的变迁，它突破了生产力发展受个人智力体力（劳动力）的局限，为许多人可以组合起来，甚至全人类（只要有需要）可以有机整合起来，向生产的广度与深度进军，向大自然索取财富，开辟了道路。数百年来，人类已经走上了这条不归之路。它正在日益改变着自然界，同时改变着人类社会的一切，当然包括法律制度的改变。这一变迁的核心内容是人的劳动能力（劳动力）的大解放，一是以往人类生产力发展受自然条件的约束，日益被人类劳动力这一特殊的自然力的反作用所冲破；二是人类的一切行为规则都不能不转到对生产过程自发形态的"有意识、有计划的反作用"上来，以调节我们生产行动即劳动力运用造成的比较远的自然影响与社会影响，实现经济社会可持续健康发展的目的。我们如果以这一变迁为准，那么就可为解释经济法属于现代法奠定基础。

实际上，马克思在评述 1802 年英国制定的资本主义工厂法即《学徒健康与道德法》时，已经说明了现代法的一个特征，"工厂立法是社会对其生产过程自发形态的第一次有意识、有计划的反作用"。[2] 马克思这个"第一次"的用语，不但说明了工厂法在没有工厂的古代社会是不曾有过的法律，而且说明了现代法不是对其生产过程自发形态的记载，而是反作用的特征。工厂作为一类用以生产货物的大型工业建筑物，它最初（例如在 1771 年建于英国殖民地的工厂）并没有大型的自动化机器，那时的工厂纯粹是让一大群从事手工业（如纺织业）的工人聚集起来，一起进行生产。这种做法令工序易于管理，而原料也能更有效地分配，1840 年前后的英国，以机器生产为主的工厂基本上取代了手工工厂，从而它最终战胜了封建经济和小商品经济。在人类历史上，工厂一经出现，许多工人在同一个投资者指挥下生产出大量的同种商品，就使商品交换、市场经济也随之大大发展起来，以社会化生产为基础的市场经济就开始出现。

---

〔1〕 陈乃新："论劳动力权是经济法的基本权利范畴——兼论研究经济法权利应突破三大理论障碍"，载《上海财经大学学报》2008 年第 4 期。

〔2〕 ［德］马克思：《资本论》（第 1 卷），中共中央马克思恩格斯列宁斯大林著作编译局编译，人民出版社 2004 年版，第 553 页。

可是，它一开始就包含着一种工厂的投资者与劳动者的冲突，即财产权人与劳动力权人的冲突，且这种冲突是现代一切冲突的萌芽。投资者投入工厂的财产是为了增值（通过工厂产品上市交易实现增值），他把投入工厂的财产的一部分用于建厂房，购买机器设备、工具、原材料等各种为生产商品所需的物的条件；同时，另一部分用于购买劳动力，组织劳动者从事生产、制造商品。因此，就这种生产过程的自发形态而言，一方面是被投资者雇佣的劳动者以其出让劳动力商品获得工资薪金，而另一方面是投资者投资获得利润（资本增值利益）。如果仅仅如此，那么这当中所产生的问题，完全在民法能处理的范围之内。例如，劳动者的劳动力既然按天、按月等出卖给了投资者，那么，投资者就有权要求劳动者一天尽可能多干几小时、每月尽可能多干几天等。迫于市场竞争的压力，投资者只可能加剧这种做法，它也符合商品交换的规则。但是，由于劳动者是人不是物，劳动者就可能因超出生理极限而受不了，甚至发生劳动力再生产的困难，如果任其自发发展，从长远与全局来说，它也可能造成劳动力资源枯竭（当然它也因另有一些变数而不至于使劳动力资源马上枯竭），而这个问题民法等就可能处理不了。

既然民法是要维持投资者与劳动力出卖者的交易秩序的，它就不能对投资者投资合乎民法所获得的利润（增量利益，剩余价值的一种形式或劳动力孳息，下同）作出限制或禁止的规定，即不能作出自己推翻自己的规定；同时，也不能以行政法来限制或禁止投资者投资合乎民法所获得的利润，行政法只能主张社会公共利益、社会整体利益优先，行政主体不能借此侵犯投资者投资以及通过商品生产与市场竞争合法获得利润的权利。现实又有需要对投资者投资合乎民法所获得的利润进行某种限制或禁止，于是，这在它本身具有内在的可限制性的基础上，就历史性地发生了另行制定社会对其生产过程自发形态的有意识、有计划的反作用的"工厂法"（马克思称之为第一次这么做的立法），以便既能满足保护投资者投资的财产权益的需要，又能满足保护劳动者出卖劳动力的劳动力权益的需要。

因此，现在除了已经有的以民法为主要内容的传统私法，以及包括行政法在内的传统公法之外，在以个体小生产为基础的自然经济向以社会化生产为基础的市场经济的变迁中，新出现的工厂法（后来演进为劳动法），以及其他的"社会对其生产过程自发形态的有意识、有计划的反作用"的立法中，都可能主要是保护劳动者出卖劳动力的劳动力权益或者与之有关的一些法律规范。不过，这需要说明，工厂法以及在其他的"社会对其生产过程自发形态的有意识、有计划的反作用"的立法，往往可被看作有关经济的立法，这是因为经济过程的复杂性，这些立法并不都只是保护劳动力权益的一些法律规范，而是往往还有一些其他部门的法律规范。例如，在工厂法（劳动法）中，虽然有保护劳动者的劳动力权益的法律规范，但因它又有以劳动者出卖劳动力给投资者（用人单位）之间存在劳动力商品买卖合同为前置，所以在工厂法（劳动法）中也会有劳动力商品买卖合同的民法规范；同时，还有行政主体对投资者（用人单位）损害劳动者的劳动力权益进行资本逐利进行监管的行政法规范等。

根据上述分析，传统法与现代法的区别主要有三：一是产生的基础不同。传统法在以个体小生产为基础的自然经济中已经存在，现代法的产生与以社会化生产为基础的市场经济有关。二是法所保护的权益不同。传统法以保护财产权益为主要内容，而现代法以保护劳动力权益为主要内容。三是法的形式有所不同。在有关民法、行政法等传统法的法律中，法律规范的部门法集聚特征比较明显或者说集中了各自部门法的法律规范，很少有其他部门法的法律规范，容易区别并容易把某些法律归入某个法律部门；但在包括经济法等现代法的法律中，除了有经济法等现代法的法律规范，它往往还有民法、行政法等传统法的部门法规范。这就是说，有关民法、行政法等传统法律的部门法特征比较明显，而有关经济法等现代法的法律部门的法律，虽然可能主要是有关经济法等现代法的法律部门的法律规范，但往往也都存在着多个法律部门的法律规范。总之，经济法作为现代法才能与作为传统法的民法、行政法等区别开来，而不是在同属于传统法中相区别的。

保护劳动力权的经济法，在古代社会是不存在的，但不能认为人的劳动力权是不存在的。实际上，劳动力权古已有之，而且它的重要性不比财产权弱，而可能是更为重要的权利。

保护劳动力权的经济法，在古代社会为什么不存在？这是确定经济法是保护劳动力权的现代法，应予回答的一个问题，要不经济法就很难与民法、行政法等传统法相区别。

应当认为，主体对于物（不限于民法所称的物）都是可享有权利的。权利一般是指法律赋予人实现其利益的一种力量，是法律赋予权利主体作为或不作为的许可、认定及保障。但是主体对于可享有权利的物，应当作广义的理解，它应当包括主体的外在之物与内存之物。一是主体的外在之物，它是指不依赖于主体、在主体外部存在着的物。它包括民法所指称的物，即不包括人的身体本身，而是在人身之外存在的、能被人所支配、独立满足人的社会生活需要的有体物及自然力；以及主体不可控（但可影响）的物，如大气、洋流等资源环境。二是主体的内存之物，由于民法中人的身体已被当作人身权的一种对象而不归入物（实际上人的身体也具有物质性），所以，主体的内存之物，只有人的劳动力（简称人力）了。人力包括"一个人的身体即活的人体中存在的，每当他生产某种使用价值时就运用的体力和智力的总和"，[1] 它与马力、牛力等动物所具有的力相似，都属于自然力，不过是一种特殊的自然力。除了它的存在方式是作为人体的一种机能、与人体相结合地存在着这一点之外，它与民法所指称的物具有同质性，在市场经济中它实际上是被当作商品而买卖的。

但是，主体对于其劳动力的权利，在古代社会、在以个体小生产为基础的自然经济中是没有也不需要以法律来加以保护的。显然，我们如果以有没有国家对经济进行干预的立法为准来看待经济法，那么，就很难正确回答古代社会究竟是有还是没有经济法的问题，因为国家对经济进行干预的立法在古代社会也是存在的，那么经济法也应是古已有之，那它就不能作为现代法而与传统法相区别了。为此，我认为古代社会有关经济的法即国家干预经济的立法是存在的，但是那时没有保护劳动力权益的经济法。一是在以个体小生产为基础的自然经济中本来就没有保护劳动力权益的经济法，如近现代社会中与保护劳动力权益相关的立法，包括劳动立法、企业立法、竞争立法、消费者权益保护立法；经济的宏观调控立法等也相继出现，而这些立法过去是没有的。二是在以个体小生产为基础的自然经济中本来也不需要保护劳动力权益的经济法，因为那时"个体生产者通常都用自己所有的、往往是自己生产的原料，用自己的劳动资料，用自己或家属的手工劳动来制造产品。这样的产品根本用不着他去占有，它自然是属于他的"。[2] 因此，此时还用不着以法律来保护劳动力权。因为通过传统的民法来保护他对产品的所有权就足够了；即便他用的是他买来的原料与租来的劳动资料（工具、土地等），他虽然需要支付对价（法定孳息），但以他自己的劳动所生产的产品的所有权仍然是属于他的。

在以社会化生产为基础的市场经济中，出现保护劳动力权益的经济法，这与在这种经济中形成了一种增量利益关系需要法律调整相关。在经济领域，增量利

〔1〕 ［德］马克思：《资本论》（第 1 卷），中共中央马克思恩格斯列宁斯大林著作编译局编译，人民出版社 2004 年版，第 554 页。

〔2〕 ［德］马克思：《资本论》（第 1 卷），中共中央马克思恩格斯列宁斯大林著作编译局编译，人民出版社 2004 年版，第 190 页。恩格斯："社会主义从空想到科学的发展"，载《马克思恩格斯选集》（第 3 卷），中共中央马克思恩格斯列宁斯大林著作编译局编译，人民出版社 1972 年版，第 427 页。

益作为新增加的利益（也由使用价值构成），只能有两个源泉：一是民法所称的天然孳息（天然孳息是指，因物的自然属性而获得的收益，与原物分离前，是原物的一部分，它的产生方式有出于自然生成和辅之以人工取得。）；二是劳动力孳息。

关于劳动力孳息，这与人的劳动力的使用能创造出大于他自身价值的价值有关。人的劳动力的使用，并非一开始就能这样创造出大于他自身价值的价值。在人类社会的历史上，只有"生产已经发展到这样一种程度：人的劳动力所能生产的东西超过了单纯维持劳动力所需要的数量；维持更多的劳动力的资料已经具备了；使用这些劳动力的资料也已经具备了；劳动力获得了价值"。这样，此前的氏族之间的战争之处理战俘，就从"简单地把他们杀掉，在更早的时候甚至把他们吃掉"，改变成了"让他们活下来，并且使用他们的劳动"。[1]这证明在具备了劳动的物质条件的基础上，人的劳动力的使用能创造出大于投入的产出，即创造出"剩余"。而剩余这种增量利益既是一切不劳动者生存的物质支撑，也是人们发展的基础，如恩格斯所说："劳动产品超出维持劳动的费用而形成的剩余，以及社会生产基金和后备基金从这种剩余中的形成和积累，过去和现在都是一切社会的、政治的和智力的继续发展的基础。"[2]马克思提出，劳动力"这个商品独特的使用价值，即它是价值的源泉，并且是大于它自身的价值的源泉"[3]劳动力孳息，是指人的劳动力的使用，它能成为大于他自身价值的源泉，从而所能创造出的剩余（在以社会化生产为基础的市场经济中则可表现为剩余价值）。应当强调，这只是自然人特有的功能，如智能机器人就不创造剩余价值，因为它与其他机器一样，其价值是在机器人被使用过程中逐步转移到产品中去直至耗尽的，创造剩余价值的仍是制造和操纵智能机器人的自然人；因此，当今世界的一切发展都是由人的劳动力所创造的剩余——劳动力孳息来支撑的，因为天然孳息在社会总的增量利益中的占比也已经微不足道。

剩余或者劳动力孳息古已有之，但是剩余关系或者劳动力孳息关系这种增量利益关系，则是近现代社会才产生与发展起来的。在近代社会之前，普遍存在着个人的、以自己劳动为基础的私有制以及自给自足的自然经济，人们在这种自然

〔1〕[德]恩格斯："反杜林论"，载《马克思恩格斯选集》（第3卷），中共中央马克思恩格斯列宁斯大林著作编译局编译，人民出版社1972年版，第219~220页。

〔2〕[德]恩格斯："反杜林论"，载《马克思恩格斯选集》（第3卷），中共中央马克思恩格斯列宁斯大林著作编译局编译，人民出版社1972年版，第233页。

〔3〕[德]马克思：《资本论》（第1卷），中共中央马克思恩格斯列宁斯大林著作编译局编译，人民出版社2004年版，第226页。

经济中，"当时个体生产者通常都用自己所有的、往往是自己生产的原料，用自己的劳动资料，用自己或家属的手工劳动来制造产品。这样的产品根本用不着他去占有，它自然是属于他的"。[1] 当然，个体生产者制造产品也是以产出大于投入，以追求剩余或增量利益（劳动力孳息）为目的的，但剩余或增量利益（劳动力孳息）自然是属于他的。此时，就不会发生剩余关系或增量利益（劳动力孳息）关系。不过个体生产者如果自己缺乏生产的物质条件，如缺乏土地、生产工具等，那么他就会通过租借并且给付租金（法定孳息）等方式取得使用权，这里的租金（法定孳息）等也可能是由个体生产者创造的剩余或增量利益（劳动力孳息）转化而来的，但是租金（法定孳息）关系等，是从物权的利益导出的关系，属于民法调整财产关系的范围，不属于从劳动力权的利益导出的增量利益关系，即租金（法定孳息）等与承租人是否是用他劳动创造的剩余或增量利益（劳动力孳息）向出租人给付无关，当他的劳动没有创造出剩余或增量利益（劳动力孳息）时，他也得向出租人给付租金（法定孳息）等。总之，在资本主义时代之前，剩余或者劳动力孳息早就存在，但剩余关系或者劳动力孳息关系（增量利益关系）还不存在。

已如上述，只有在出现工厂这种社会化生产的组织之时，才出现这种增量利益关系，并逐渐发展为一个增量利益关系体系。如在工厂等社会化生产组织中，由人们共同生产的产品，其产出大于投入的剩余，究竟归属于谁的关系；工厂等社会化生产组织全体员工共同创造出来的增量利益（社会化生产组织的集体的劳动力孳息），通过经营者之间的商品交易的竞争即增量利益如何实现的关系；人们创造出来的增量利益经过市场交易竞争实现后，再经过分配的个人的所得，除了用于投资，最终都须与个人的工资薪金（劳动力的价值）一起，再通过交易获得适合自己需要的消费品进行生活的消费，并进行劳动力再生产的关系等。现行民法没有调整从劳动力权益导出的增量利益关系，并且它通常发生在当事人之间并不存在民事侵权、民事违约等，但可能损害劳动力权益的场合。这种从劳动力利益导出的增量利益关系，也可称之为劳动力孳息关系，经济法则调整这种增量利益关系或者劳动力孳息关系。总之，剩余关系或者劳动力孳息关系（增量利益关系），是在近现代产生和发展起来的，现在它除了已经在市场主体之间展开，也在政府与市场主体全体之间以及在国际社会中展开了。

编辑部：那如何界定经济法调整增量利益关系？

---

[1] [德] 恩格斯："社会主义从空想到科学的发展"，载《马克思恩格斯选集》（第 3 卷），中共中央马克思恩格斯列宁斯大林著作编译局编译，人民出版社 1972 年版，第 690 页。

陈乃新：经济法调整增量利益关系，是笔者提出的一个看法。那么，什么是增量利益关系呢？它与民法调整财产关系、人身关系，与行政法调整行政关系及监督行政关系有什么区别呢？

在确定经济法的调整对象时，首先应当明确它是调整民法、行政法所不调整的社会关系的一个法律部门（经济法与其他法律部门的调整对象不同几乎用不着证明）。我国 1986 年制定《民法通则》，该法第 2 条对民法的调整对象作出了规定，即"中华人民共和国民法调整平等主体的公民之间、法人之间、公民和法人之间的财产关系和人身关系"。时任全国人大常委会秘书长、法制工作委员会主任的王汉斌作"关于《中华人民共和国民法通则（草案）》的说明"，也提出："民法主要调整平等主体间的财产关系，即横向的财产、经济关系。政府对经济的管理，国家和企业之间以及企业内部等纵向经济关系或者行政管理关系，不是平等主体之间的经济关系，主要由有关经济法、行政法调整，民法基本上不作规定。"这个说明除了确定了民法的调整对象之外，还涉及对经济法、行政法的调整对象的说明，这就把民法与经济法作出了区分。同时，行文对财产、经济关系采取了联用，这又说明了财产关系与经济关系内容相似。在强调经济法、行政法调整不是平等主体之间的经济关系时，这种不是平等主体之间的经济关系其中是否包括了财产关系？这些都给我们继续研究经济法调整对象提出了一些启示。

但是，这个"说明"也存在一些问题：一是这个"说明"是否存在着把民法调整平等主体间的财产关系，即横向的财产、经济关系，看成民法调整了平等主体间的所有经济关系。因为，一提到经济法，该"说明"只强调经济法调整纵向经济关系、不是平等主体之间的经济关系，好像横向关系民法全都调整了，与经济法没关系了。这是否是对《民法通则》第 2 条作了扩大化的解释呢？应当说，民法只限于调整平等主体的公民之间、法人之间、公民和法人之间的财产关系和人身关系，但平等主体之间也许还有别的经济关系或者别的社会关系，可由别的法来调整。二是将经济法限于调整纵向经济关系、不是平等主体之间的经济关系，一方面，难道经济法不能调整平等主体间的不属于财产关系的某些经济关系吗？如劳动关系、竞争关系、消费关系等，如果这些关系民法不调整，难道经济法也不能调整吗？另一方面，经济法调整纵向经济关系、不是平等主体之间的经济关系，如果其中包含了财产关系，那么，民法为什么不调整不是平等主体之间的财产关系而要由经济法来调整呢？如果不包含财产关系，那么，经济法调整的是什么经济关系呢？这都证明并没有因为民法的调整对象已有法律规定，经济法的调整对象问题也已随之解决了。

顺便说明，经济关系的范围应当大于民法所指称的财产（外在之物）关系，它还可包括劳动力（内存之物）关系。民法所指称的财产与劳动力是人们创造财富两个不可或缺的物质要素。既然传统的民法、行政法未关注劳动力关系的调整，那么不妨可由经济法来调整劳动力关系。

同时，这个"说明"还提出纵向经济关系或者行政管理关系，不是平等主体之间的经济关系，主要由有关经济法、行政法调整，这也可能使经济法与行政法相互纠缠起来。实际上，在有关经济的立法中或者说在经济领域的立法中，可能存在多个法律部门的法律规范。就纵向经济关系或者不是平等主体之间的经济关系而言，其中的财产关系仍是由民法调整的（如国债关系），而劳动力关系（增量利益关系，这在下文还将有说明）则由经济法调整；至于政府干预经济发生的经济干预关系，并非经济关系，而是行政关系及监督行政关系，它由行政法调整等。实际上，只要有需要，各个法律部门都有参与调整经济关系的可能。

2017 年我国制定了《民法总则》。《民法总则》第 2 条规定："民法调整平等主体的自然人、法人和非法人组织之间的人身关系和财产关系。"这相比于《民法通则》第 2 条对民法的调整对象的规定，在主体的提法上有了完善，但调整对象仍无大的差别。至于经济法能否涉足平等主体的自然人、法人和非法人组织之间的经济关系的调整，仍须加以说明。事实上，劳动力作为一种物，《民法通则》和《民法总则》都没有对之作出明确规定；而经济法也没有明确地、系统地涉及劳动力这种物与物权，只有劳动法明确涉及了劳动权（也未明确涉及劳动力权）。

总之，经济法调整什么社会关系并不很清楚，但它只有调整民法、行政法不调整的社会关系才能成为独立的法律部门，这却是成立的。

为什么提出经济法调整增量利益关系？已如上述，把经济关系分为两类，一是平等主体间的财产关系，即横向的财产、经济关系；二是政府对经济的管理，国家和企业之间以及企业内部等纵向经济关系或者行政管理关系，不是平等主体之间的经济关系。这可能有利于区别民法与经济法的调整对象，但并不能说明经济法究竟调整什么社会关系。为此，本人提出经济法调整增量利益关系一说。其理由是：

第一，把经济法与民法、行政法等所有传统的法律部门作出一个区分。这是因为民法与行政法是已经分开了的，现在的问题是经济法怎样与民法、行政法等所有传统的法律部门都分开，如果这一点做到了，那么经济法只剩下与现代法的其他法律部门分开的问题了。

第二，民法、行政法等所有传统的法律部门有没有共同的特征，可以将作为现代法的经济法与民法、行政法等所有传统的法律部门区别开来呢？已如上述，民法、行政法等所有传统的法律部门的共同特征是有的，也可用于与经济法相区别。其一，传统法在以个体小生产为基础的自然经济中已经存在，而包括经济法在内的现代法的产生，则与以社会化生产为基础的市场经济有关。其二，传统法以保护财产权益为主要内容，而包括经济法在内的现代法以保护劳动力权益为主要内容。其三，传统法各部门的法律规范的集聚特征比较明显，即同一部法律很少有其他部门法的法律规范；而在包括经济法在内的现代法的法律中，除了有经济法等现代法的法律规范，往往还有民法、行政法等传统法的部门法规范。

这里，着重对第二点传统法（主要分析民法与行政法）以保护财产权益，即都着重对主体既有的、存量的利益的保护为主要内容做些分析：

第一，民法是以保护财产权益为主要内容的，即着重对主体既有的、存量的利益的保护。例如民法可采取确认所有权、返还原物、排除妨害、停止侵害、恢复原状、赔偿损失等来保护物权与债权，当事人可通过追究违约责任（违约金、赔偿金等）来补救其所受到的损失等，其都以弥补当事人的损失，维持原有利益状态。

同时，这里还须说明一点，即现行民法对于孳息利益的保护，是附属于民法对主体既有的、存量的利益保护范围的。现行民法只规定了天然孳息与法定孳息。天然孳息是依物的本性天然而生长，不需要人力作用（这不是指取得天然孳息须辅之以人工）就能获得的孳息，如天然牧草等。这是从原物的物权利益导出的与人的生产劳动无关的一种利益。天然孳息是原物的派生之物。它附属于民法对主体既有的、存量的利益的保护范围。那么，法定孳息呢？法定孳息，指物因某种法律关系所产生的收益，如租金利息等。它是物在交易中物权人依法可取得的对价利益，因此，它除了是与参照了天然孳息的归属有关之外，物在交易中一方给付法定孳息与另一方取得法定孳息，这只牵涉物权利益在主体之间的流转与易手，社会财富的总量则未变，故它仍属于民法对主体既有的、存量的利益的保护的范围。

除了天然孳息与法定孳息之外，罗马法中还有对加工孳息的确认及其归属的规定。加工孳息，又可称为人工孳息，指需要人力加工才能获得的孳息，如种植收获的果实谷物等。对这种人工孳息，我国现行民法并未作出规定；但人工孳息并非不重要，而且它是从劳动力权益导出的增量利益，这里它是指由劳动的作用可引起的人类财富的增长，不过在资本主义时代之前，在以个体生产为基础的自给自足的自然经济中，并不会形成人工孳息关系；同时，人工孳息又是指在劳动力成为商品的市场经济中，人的劳动力的使用，能创造出大于他的劳动力自身价值的价值，即为有产者（用人单位）做事的劳动者，不仅在生产着他那由有产者（用人单位）付酬的劳动力的价值，而且还额外地生产剩余价值，这剩余价值就是人工孳息；凡是在劳动力成为商品的市场经济中，都可能形成人工孳息关系或者劳动力孳息关系。

第二，传统的行政法也是以保护财产权益为主要内容的，即也着重对主体既有的、存量的利益的保护。行政法的重心是通过控制和规范行政权，保护行政相对人的合法权益。行政主体依法有权按照社会整体利益、社会公共利益优先原则干预行政相对人，但不得损害行政相对人的合法的民事权益，否则就需要补偿；行政主体如违法干预行政相对人，造成行政相对人的财产或人身损失的，还应当赔偿，这也是为了维护主体既有的、存量的利益。

总之，包括民法与行政法在内的传统法，是维护主体既有的、存量的利益的，是社会以法律形式对生产、生活过程自发形态的记载。这里，传统法主要是为了保障主体的实然利益，对主体的应然利益仅仅设定为一种可能实现的希望，不保障主体应然利益的必定实现。

但是，经济法维护的则着重是对主体可得的、增量的利益。这种可得的、增量的利益，是以社会化生产为基础的市场经济中人们的核心利益。这是因为人类社会被卷入以社会化生产为基础的市场经济后，陷入了资本逐利的大大小小的漩涡，一方面，它驱动人们疯狂追求资本可得的、增量的利益，经济也随之高速发展；另一方面，它又自发地造成周期性的经济危机、资源环境危机、人体能力危机与两极分化的社会危机等。在以社会化生产为基础的市场经济中，如何规制资本逐利，调整增量利益关系，成了关系到人们生死存亡和国家盛衰荣辱的法律问题。由经济法来调整增量利益关系，规制资本逐利，这正是社会对其生产过程自发形态的有意识、有计划的反作用。这里，经济法则主要是为了保障主体的实然利益，从而把应然利益变成可以分步实现的规则，保障主体应然利益的分步实现。

对于经济法调整增量利益关系，人们往往未予多加关注。这是因为人们在研究经济法时，仍受传统法（私法与公法）框架的束缚，缺乏以现代法与传统法为框架的眼光来认知经济法。同时，也缺乏对有关经济的法律作法律规范分析，把国家干预经济的法（有关经济的法律）与政府行政干预经济的法混在一起，甚至把政府行政干预经济的法视为经济法，或者把国家干预经济的法（有关经济的法律）当作了经济法。

微观经济法调整平等主体的自然人、法人和非法人组织（主要指市场经济中的投资者、劳动者、竞争者或经营者、消费者等）之间的增量利益关系或者劳动力孳息关系。

第一，微观经济法调整在财富创造领域的增量利益关系或者劳动力孳息关系。增量利益关系起源于工厂这种社会化生产组织的出现，工厂的投资者与雇佣劳动者，对于工厂全体员工共同创造的增量利益（社会化生产组织的集体的劳动力孳息）应当如何分配？此前在以个体小生产为基础的自然经济中是不存在这种问题的，但现在则存在增量利益关系需要法律调整的问题了。

第二，微观经济法又调整在市场竞争领域的增量利益关系或者劳动力孳息关系（简称市场竞争关系）。工厂全体员工共同创造的增量利益（社会化生产组织的集体的劳动力孳息），并非创造出来就可分配，而要通过经营者之间的商品交易的竞争，在创造出来的增量利益实现其价值之后才能分配，因而增量利益的实现关系即市场竞争关系也就需要法律调整。

第三，微观经济法又调整在生活消费领域的增量利益关系或者劳动力孳息关系（特指生活消费之劳动力再生产关系）。人们创造出来的增量利益经过市场交易竞争实现其价值后，再经过分配的个人的所得，除了用于投资，最终都须与个人的工资薪金（劳动力的价值）一起，再通过交易获得适合自己需要的消费品进行生活的消费，并进行劳动力再生产，这种增量利益关系也需要由法律来调整。

需要说明的是，调整这些平等主体的自然人、法人和非法人组织之间的增量利益关系或者劳动力孳息关系的法律，在出现以社会化生产为基础的市场经济之前是不存在的。它与调整平等主体的自然人、法人和非法人组织之间的人身关系财产关系的民法是不相同的。两者的主要区别在于：微观经济法调整所涉及的是劳动力关系（劳动力是人体的一种机能，是人体内存之物，与人体不可相分离而存在），而现行民法调整所涉及的是人体之外存在的物的关系（现行民法所指称的物是人体之外存在的物，与人体可相分离而存在）。当然，微观经济法调整所涉及的劳动力关系，只限于劳动力孳息关系。这是因为劳动力"这个商品独特的使用价值，即它是价值的源泉，并且是大于它自身的价值的源泉"。[1] 这就是说，使用劳动力既能创造出劳动力商品的价值，还能创造出大于劳动力商品价值

---

[1] ［德］马克思：《资本论》（第 1 卷），中共中央马克思恩格斯列宁斯大林著作编译局编译，人民出版社 2004 年版，第 225 页。

的价值（剩余价值或者劳动力孳息）。由于劳动力商品对于买者来说，是他人体之外存在的物，所以，劳动力商品买卖关系，事实上也被纳入民法调整，《法国民法典》就有关于劳动力的租赁的规定。[1] 而劳动力孳息关系没有被现行民法加以调整，劳动力孳息既非天然孳息，也非法定孳息，如果民法不调整劳动力孳息关系，就不能阻止由经济法来调整这种劳动力孳息关系。

同时还应说明，微观经济法调整平等主体的自然人、法人和非法人组织之间的增量利益关系或者劳动力孳息关系，是市场主体之间即市场主体内部的事。至于政府对于以损害劳动者、经营者（市场竞争者）和消费者的劳动力孳息或者增量利益的权益，追逐其利润最大化，或者以滥用劳动力孳息权进行逐利，扰乱了社会经济秩序的行为，都应依法履行其监管职责。由于这是行政主体依照行政法的调整原则与调整方法来调整经济行政关系的，故这类法律规范可归入经济的行政法，而不属于经济法。不过，微观经济法的出现，也促使传统的行政法增加了保护劳动力权益的内容，但行政法并不直接调整劳动力关系。

宏观经济法调整不是平等主体的国家与市场主体全体（主要是政府与企业全体等）之间的增量利益关系或者劳动力孳息关系（简称经济宏观调控关系）。

在市场经济中存在不是平等主体的国家与市场主体全体（主要是政府与企业全体等）之间的增量利益关系或者劳动力孳息关系，这是一种新的经济关系，不但民法、行政法不调整，而且微观经济法也不调整，它由宏观经济法来调整。

当前，由于我国将长期处在社会主义初级阶段，我国就实行了社会主义市场经济，而资本逐利竞争则是启动和维持市场经济运行的必需。现行民法、行政法等不禁止资本逐利竞争，也保护正当的资本逐利利益；调整平等主体的自然人、法人和非法人组织之间的增量利益关系或者劳动力孳息关系的微观经济法，与调整不是平等主体的国家与市场主体全体之间的增量利益关系或者劳动力孳息关系的宏观经济法，也不相互排斥，而是相辅相成的。这是保障市场决定资源配置、遵循市场经济规律的需要。但是，以资本逐利竞争驱动市场经济运行，固然可促进市场经济快速发展，但同时也必会带来过剩的经济危机、资源环境危机、人体能力危机和两极分化的社会危机等。这是资本逐利竞争所必然存在的一种内生性弊端。

自从出现以社会化生产为基础的市场经济以来，资本自发地逐利竞争带来过剩的经济危机、资源环境危机、人体能力危机和两极分化的社会危机等，常常造

---

〔1〕《法国民法典》，罗结珍译，中国法制出版社 1999 年版，第 388 页。参见《法国民法典》第 1708 条、第 1710 条等对劳动力的租赁的规定。

成了市场失灵；况且在市场经济中的投资者、劳动者、竞争者（经营者）、消费者等之间，还相互以损害增量利益进行资本逐利，这又加剧加深了这些危机，造成了经济社会的发展受阻甚至倒退。这不但损害了劳动者的利益，也损害了投资者的利益，还损害了政府的利益。

因此，在市场经济中，由行政法来惩罚投资者、劳动者、竞争者（经营者）、消费者等之间以相互损害增量利益进行资本逐利，损害了社会整体利益的行为，自然有利于缓和过剩的经济危机、资源环境危机、人体能力危机和两极分化的社会危机等；但是，问题在于市场经济中的投资者、劳动者、竞争者（经营者）、消费者等之间，即使没有相互损害增量利益，仅仅是进行合法的资本逐利竞争，也就是说在不违反民法、行政法与微观经济法等有关法律规定的情况下，它也会使市场主体为了其个体的近期利益最大化的理性行为，而引发整体不经济和持续不经济，影响国家的整体经济的发展，从而也会造成市场主体全体（财产权人与劳动力权益享有者）自身的不普遍经济与不持续经济的后果，例如它会引发过剩的经济危机、资源环境危机等。这是由于资本逐利竞争以投资营利为目的，而生产以消费为目的，两者存在着内在冲突。这种情况在自给自足的自然经济中不会发生，但在市场经济中则不可避免。

政府是怎样介入经济的呢？因为市场主体即使是合法的资本逐利竞争，也会带来过剩的经济危机、资源环境危机等，从而危害国家的整体经济的发展，政府收益也因此受到损害，政府自然有权介入经济；但此时政府不能通过新增税收立法对不景气的企业新增税收，或者实行货币的财政发行（可能引起通货膨胀）等来弥补损失，这都会加剧危机。同时，政府作为全社会的正式代表，当然也有促进国家的整体经济发展的职责，政府不是只为弥补自身受损而介入经济，而是需要从保障市场主体可普遍可持续进行资本逐利竞争，从修复市场失灵，维持市场经济运行的意义上对经济进行宏观调控，促进国家的整体经济发展，从而也维护了自身的收益。政府如此介入经济，使政府与市场主体全体之间形成了以社会整体增量利益的增进为媒介的合作共赢关系。显然，这里需要经济法规范，不是政府对市场主体的私法自治的规范，而是对政府从事经济宏观调控的国民经济管理劳动行为的规范。

政府这种经济法行为完全不同于以行政法授权政府干预市场经济主体（行政相对人）的行为。这里，经济法是要把政府与市场经济主体的行为，纳入共同满足社会整体增量利益发展的需要并共享其利的法治轨道。它既不是政府单纯为了弥补自己利益的损失，也不是迫使市场经济主体服从政府单向的行政强制（这种强制只适用于对加害市场经济主体与社会整体利益而违法进行资本逐利的主体）。根据这种分析，可以说政府终于也被卷入增量利益关系（剩余价值关系）或者劳动力孳息关系之中。实际上，在以社会化生产为基础的市场经济中，政府已经不仅仅是行使行政权的主体，它还是一种经营公共物品的社会劳动组织，一种行使其劳动力权益，执行促进社会整体增量利益可持续健康发展的职能，并参与国际竞争的主体。正是在这个意义上，经济法调整的关系才与行政法调整的关系相区别。

对于经济宏观调控，根据我国《宪法》第 15 条"国家实行社会主义市场经济。国家加强经济立法，完善宏观调控。国家依法禁止任何组织或者个人扰乱社会经济秩序"的规定，国家加强经济立法，就是为了规制宏观调控行为而作出的宪法性规定。因此，宏观的经济法正是政府在履行国民经济管理，进行经济宏观调控中，为实际产生社会整体增量利益，保障市场主体可普遍可持续进行资本逐利竞争的立法。它也就是调整不是平等主体的国家与市场主体全体（主要是政府与企业全体等）之间的增量利益关系或者劳动力孳息关系（简称经济宏观调控关系），以及有关政府国民经济劳动力行为的法律规范，以保障投资者、劳动者与政府得到共赢。这就是说，政府必须为全社会提供一种促进社会整体增量利益的必要劳动，宏观经济法也只有在这个意义上才是必要的。它明显不同于政府以行政权来干预市场主体的立法，但经济宏观调控的立法，则可能需要通过特定的国家机构针对具体的相对人即个体市场主体，分别采取行政法的手段、民法的手段，甚至采取刑法的手段等加以实施，这当中的法律规范都不应当被归入宏观经济法之中，而应分别归入行政法、民法或者刑法等，但这也促使这些法律部门有了保护劳动力权益的内容。

因此，在经济宏观调控的立法中，都要按照我国《宪法》第 27 条有关"实行工作责任制"[1] 等的规定，从劳动力权益的角度来对待政府的经济宏观调控行为，明确政府对国家、对人民、对全体市场主体运用国民经济管理劳动力的权利和义务，由经济法来调整宏观经济领域的增量利益关系，并实行"经济法主体的依法作为或不作为对经济社会的发展做出了贡献，就应依法获得相应的利益，即在增量利益的总和之中占有一个相对合理的比例"[2] 的经济法的调整原则，避免政府公职人员"吃大锅饭"和促进效率的提高。这就是在市场决定资源配

---

〔1〕《宪法》第 27 条第 1 款规定："一切国家机关实行精简的原则，实行工作责任制，实行工作人员的培训和考核制度，不断提高工作质量和工作效率，反对官僚主义。"

〔2〕 杨紫烜：《国家协调论》，北京大学出版社 2009 年版，第 361 页。

置下更好发挥政府作用的法制保障的必要选择。这里，为了使经济社会持续健康发展，使投资者、劳动者与政府得到共赢，在法制保障上就必须以共同的标准，即必须以劳动创造财富为共同标准来衡量，它既不能采取财产多寡的标准，也不能采取权力大小的标准，这是因为财产不会自动创造出财富，权力干预经济也不能创造财富，"人世间的一切幸福都是要靠辛勤的劳动来创造的"。[1]

此外，除了上述对经济法（包括微观经济法与宏观经济法）调整增量利益关系的分析，我们这里还必须说明我国涉外增量利益关系的经济法调整问题。由于当今世界还没有统一，因此，世界范围达成的一些配置增量利益的国际公约、多边与双边条约等，常常得不到全面实施，而常会出现个别国家或某些国家为其资本逐利的需要，实行单边主义、贸易保护主义，进行不正当竞争和垄断，甚至采取战争威胁等，来夺取他国甚至国际社会的增量利益。这当然会加剧加深国际的经济危机、资源环境危机、人体能力危机和两极分化的社会危机等。我们也只能通过在涉外经济法中规定应对措施来保护本国在资本逐利的国际竞争中，因为自己对世界的增量利益做出了贡献而应得的增量利益。由于这也是以国家为本位的，所以涉外经济法可归入宏观经济法，成为宏观经济法的特别法。

经济法调整增量利益关系，使经济法成了现代法，并因此而与传统法相区别。那么，经济法调整增量利益关系与传统法中的民法调整财产关系、人身关系，行政法调整行政关系及监督行政关系相比，究竟有什么样的本质区别呢？

增量利益关系，是从人与人之间就经济生活上增加物质利益数量来描述的关系。人类在经济生活上增加物质利益数量，它的来源只有两个：一是天然孳息；[2] 二是劳动力的使用所能创造出的大于它自身价值的价值（剩余价值）。[3] 而且，在现代社会中，天然孳息这种形式的增量利益，在全社会的增量利益总量中的占比已经不大，对人类的经济生活已没有决定性的影响。同时，从增量利益的来源来说，在以社会化生产为基础的市场经济中，由于剩余价值是劳动力创造的，增量利益关系就是剩余价值关系，或者说就是劳动力孳息关系，而

---

〔1〕 "十八届中央政治局常委同中外记者见面习近平讲话"，载 http://www.xinhuanet.com/18cpcnc/zhibo/18da//，最后访问时间：2018 年 10 月 18 日。

〔2〕 法定孳息与当事人约定或与交易习惯有关，不问其源于天然还是人工。

〔3〕 智能机器人不能创造价值和剩余价值。智能机器人可以看作是生产设备，因为只有人才可以创造价值和剩余价值。人之所以创造剩余价值是因为人作为劳动力是资本家用一定价格购买的，这个价格是以工资形式表现出来的。而实际人创造的价值要高于工资，可以创造价值和剩余价值。人的工资是用来劳动力再生的。但是机器人没有工资（除非你想付给它工资），它的劳动力没有价值衡量方式，它也没有办法再生劳动力，所以机器人和生产设备是一样的，它会慢慢损耗。这时，创造剩余价值和价值的是操作机器人的工人。

劳动力孳息关系正是一种在以社会化生产为基础的市场经济中新出现的物质利益关系。经济法正是通过调整增量利益关系来保护劳动力权，这就是经济法调整增量利益关系的本质。

由于未能真正弄清经济法调整的社会关系，不了解经济法调整增量利益关系是剩余价值关系，从而是劳动力孳息关系，因此，经济法学也难以拿出自己的经济法的权利理论。现行的经济领域的立法，也很少有经济法权利的规定。现在，在微观领域的经济立法中通常是用投资者权益、劳动者享有的劳动权利、经营者权利（如经营自主权）、消费者的权利等来表示的；在宏观领域的经济立法，现在也只有关于宏观调控权等学术上的称谓，有关法律条文则只有政府有关部门的职权、职责的规定，如《预算法》（2018 年修正）的第二章就规定了"预算管理职权"，又如《中国人民银行法》（2003 年修正）第 4 条就是对中国人民银行须履行职责的规定。[1]

应当认为，经济法的基本权利形态应为劳动力权益。

劳动力权益是指自然人个人对天然属于他自己的劳动力为他自己利益所用的权利，也包括由自然人个人结合而成的群体的结合劳动力权益。

劳动力权益的权利客体是劳动力，而人的劳动力是"一种自然力"，[2] 是一种特殊的自然力。它属于物，一种特殊的物。在劳动力是商品的市场经济中，劳动力这种自然力、这种物的特殊性主要可概括为四点：

第一，劳动力依附于人体而存在，是人体的一种机能，是人体之内存在的一种物，它在劳动力商品的买与卖中具有特殊性。劳动力商品对出让者而言，两者具有不可分离性，劳动力是出让者的人体内在的物。劳动力商品对受让者而言，受让者对出让者出让的劳动力，虽然可把它当作他的人体外存在的物（劳动力商品），归入现行民法的物（动产）范围，但因劳动力对出让者而言是人体内的物，出让者不能像人体外存在的物那样进行交付。这与马力、牛力等就不相同，

---

[1] 《中国人民银行法》（2003 年修正）第 4 条规定："中国人民银行履行下列职责：（一）发布与履行其职责有关的命令和规章；（二）依法制定和执行货币政策；（三）发行人民币，管理人民币流通；（四）监督管理银行间同业拆借市场和银行间债券市场；（五）实施外汇管理，监督管理银行间外汇市场；（六）监督管理黄金市场；（七）持有、管理、经营国家外汇储备、黄金储备；（八）经理国库；（九）维护支付、清算系统的正常运行；　（十）指导、部署金融业反洗钱工作，负责反洗钱的资金监测；（十一）负责金融业的统计、调查、分析和预测；（十二）作为国家的中央银行，从事有关的国际金融活动；（十三）国务院规定的其他职责。中国人民银行为执行货币政策，可以依照本法第四章的有关规定从事金融业务活动。"

[2] ［德］马克思："哥达纲领批判"，载《马克思恩格斯选集》（第 3 卷），中共中央马克思恩格斯列宁斯大林著作编译局编译，人民出版社 1972 年版，第 5 页。

虽然马力、牛力与马、牛也不能分离，但因为马力、牛力等是受人所控制的物，人可以通过交付马、牛等供人驱使，完成对马力、牛力等的交付。人只能通过被雇佣，且通过人使用其劳动力进行劳动，来交付劳动力。

由于劳动力依附于人体而存在，是人体的一种机能，是人体之内存的一种物，所以，它天然属于自然人个人所有，不可能发生归属权争议，不需要设立劳动力所有权制度，也没有劳动力的所有权与使用权的分离，劳动力只能由劳动力权人自己使用；但应当认可劳动力天然属于自然人个人，并须设定劳动力为谁所用的劳动力所用权制度。此外，劳动力权人离职，劳动力也会随之被带走；劳动力也不能继承，随着劳动力权人的伤病、年老和死亡等，人的劳动力也会随之消减、丧失。

第二，劳动力商品具有独特的使用价值。马克思提出，劳动力"这个商品独特的使用价值，即它是价值的源泉，并且是大于它自身的价值的源泉"，[1] 这是劳动力具有决定意义的一个特征。人的劳动力的使用，能创造出大于他的劳动力自身价值的价值，即为有产者（用人单位）做事的劳动者，不仅再生产着他那由有产者（用人单位）付酬的劳动力的价值，而且还额外地生产剩余价值。这剩余价值可称为劳动力孳息。关于孳息，它本为原物之对称，指由原物所产生的额外收益。那么，劳动力商品的使用所产生的大于它自身价值（劳动力商品的价格）的额外收益（包括利润等形式出现的剩余价值），就也可被认为是原物即劳动力商品之对称的孳息（劳动力孳息）。罗马法中有对加工孳息（又称人工孳息）归属的规定，就可延伸到劳动力成为商品时对劳动力孳息的规定。那么，这种劳动力孳息又有什么意义呢？恩格斯说："劳动产品超出维持劳动的费用而形成的剩余，以及社会生产基金和后备基金从这种剩余中的形成和积累，过去和现在都是一切社会的、政治的和智力的继续发展的基础。"可见，在劳动力成为商品时，劳动力孳息权关系到人们的发展权（尤其是智力发展权）。

第三，人的劳动力是人类社会所面对的物质世界之中唯一的一种能动性的物。"劳动力的使用就是劳动本身。"[2] "劳动首先是人和自然之间的过程，以便以自身的活动来连接、调整和控制人和自然之间的物质变换过程。人自身作为一种自然力与自然物质相对立。为了在对自身生活有用的形式上占有自然物质，

---

〔1〕〔德〕马克思：《资本论》（第1卷），中共中央马克思恩格斯列宁斯大林著作编译局编译，人民出版社2004年版，第225页。

〔2〕〔德〕马克思：《资本论》（第1卷），中共中央马克思恩格斯列宁斯大林著作编译局编译，人民出版社2004年版，第207页。

人就使他身上的自然力——臂和腿、头和手运动起来。"[1] 劳动力这种能动性的物，实际上它永远控制在劳动力权益人手中，虽然"从劳动所受的自然制约性中才产生出如下的情况：一个除自己的劳动力外没有任何其他财产的人，在任何的社会和文化的状态中，都不得不为占有劳动的物质条件的他人做奴隶。他只有得到他人的允许才能劳动，因而只有得到他人的允许才能生存"。[2] 不过，劳动力权益人也不会听任占有劳动的物质条件的他人，以劳动力商品买卖为由，在财富创造领域滥用其占有劳动的物质条件的优势，违反等价交换原则，迫使劳动力权益人创造剩余价值归其所有。

劳动力不可能产生归属争议，但可能产生劳动力为谁所用的问题。如果人民民主专政（无产阶级专政）以法制保障劳动力权益人获得劳动力的价值和得以分享剩余价值，使劳动力更多地为他自己的利益所用，这对实际控制着劳动力这种能动性的物的劳动力权益人来说，无疑有利于提高他们劳动的积极性，有利于他们的劳动力的再生产（包括人口增长与劳动力素质提高），也将更多更好地吸引国内外人才，从而有利于市场经济的发展。同理，如果对资本以损害劳动力权益人的发展权益甚至生存权益追逐利润不加限制与调节，以致造成各种危机，那么，控制着劳动力这种能动性的物的劳动力权益人也可能把它转化为革命暴力。

第四，劳动力的运转与现行民法所指称的物的运转不同。如果以市场经济中劳动力商品的转让为起点（以自己劳动为基础的个体工商户、农户的生产经营不吸纳他人劳动力的，无这个环节），那么，接着就是劳动力的生产经营性的耗费；然后劳动力（通常是许多人协作形成的结合劳动力）创造的成果在竞争性交易中的实现，并进行分配；再通过交易进行生活的消费与劳动力的再生产（尚有剩余的可存入银行获得法定孳息等），如此进入新一轮的循环。劳动力的这种运转，与人体之外存在的物的运转，即从财产的归属、流转和继承（如果是企业则是终止与清算）的运转是不相同的。针对人体之外存在的物的运转方式，民法采取了物权法、债法与继承法等制度，那么，相应的对劳动力运转方式不同，它的法律制度设计也必会与民事法律制度有所不同。

分析与说明劳动力有四个特征，确定劳动力权益为经济法的基本权利，那是为了使经济法担任起保护主体的劳动力孳息利益的重任，防范和消减过剩的经济

---

[1]　[德] 马克思：《资本论》（第 1 卷），中共中央马克思恩格斯列宁斯大林著作编译局编译，人民出版社 2004 年版，第 207~208 页。

[2]　[德] 马克思："哥达纲领批判"，载《马克思恩格斯选集》（第 3 卷），中共中央马克思恩格斯列宁斯大林著作编译局编译，人民出版社 1972 年版，第 5 页。

危机等，实现平衡发展与充分发展，使经济从高速增长转变为高质量发展，以促进劳动者、投资者与政府的合作共赢，保障市场经济所能容纳的生产力最大限度地发挥出来。

劳动力作为一种特殊的自然力、一种特殊的物，可从它与现行民法所指称的物，都是人类社会创造物质财富的物质条件，最终具有同质性的角度，使劳动力权益入民法；而民法作为"以法律形式表现了社会的经济生活条件"[1]准则的法，本来也应当把人体之外存在的物，与人体之内存在的物（劳动力）都揽入其中加以规定。但现行民法没有这么做，历史上著名的《法国民法典》（1804年）有对劳动力的租赁，即把劳动力当作物，并作了一些规定，但这些规定也限于劳动力商品价值的权利，没有涉及劳动力商品（独特的物）独特的使用价值的全部权利，即既包括它自身的价值的权利，又包括大于它自身价值的价值（剩余价值）的权利。罗马法虽有对加工孳息的确认及其归属的规定，但这也并没有为现行民法在市场经济条件下所采纳。

在这种情况下，劳动法（最早从1802年英国的《学徒健康与道德法》开始）就在民法之外对劳动权作出了一定的倾斜性保护，实际上，这回避了雇佣劳动者的劳动力权益，而劳动力权益也没有一个相应的法律部门来作基本的规定，劳动法就缺乏基本的劳动力权益的支撑。由于劳动只是劳动能力即劳动力的运用，而且劳动没有大小之分，不能用金钱衡量；劳动力却有大小之分，劳动力的使用价值与价值，都可以用金钱来衡量。可见，劳动力与劳动相比，劳动力更具有根本性，如同债权的基础在物权，劳动权的基础则在劳动力权益。劳动权离开劳动力权益是一种无根的权利，甚至缺乏可保护性。再说，社会的财富本来就是工人、农民和劳动知识分子创造的，他们的劳动权用不着倾斜保护，劳动者只需要他劳动创造的权益与有产者的财产权益能受到同等的保护即为公平。所以，劳动法若只规定了劳动力商品价值的权利，这是不公平的；即使另加了一些劳动保护、社会保障等权利，作为对劳动权的倾斜保护，这也是不够名正言顺的。

我认为，劳动力商品的权利（也可称为劳动力产权），基本应包括两项：一项是劳动力商品价值的权利，这是劳动者履行了为用人单位劳动，在等价交换（等价有偿）基础上取得工资薪金的权利，这是现行民法也保护的。另一项是劳动者对其劳动力商品的使用所创造的、大于劳动力商品价值的价值（剩余价值）的权利。但因劳动者在财富创造领域受到了用人单位或投资者掌控的生产的物质

---

[1] [德] 恩格斯："路德维希·费尔巴哈和德国古典哲学的终结"，载《马克思恩格斯选集》（第4卷），中共中央马克思恩格斯列宁斯大林著作编译局编译，人民出版社1972年版，第249页。

条件的优势的逼迫，他不但得不到相应权利，反而不得不履行为有产者创造剩余价值的义务。这里，劳动者并不是不想得到剩余价值的权利或者劳动力孳息权（也是发展权），也不是没有理由得到这种权利，而是现在尚未得到法律的支持，从而社会就仍处在"历史的进步整个说来只是极少数特权者的事，广大群众则不得不为自己谋取微薄的生活资料，而且还必须为特权者不断增殖财富"〔1〕的状况。所以，经济法担任起保护主体的劳动力孳息利益的责任，就是对一部分人的发展是以另一部分人的不发展为代价的挑战，是为了公平保护人们的发展权。这是问题的关键，劳动力权益的其他方面都以此为核心。

再联系我国的国情来分析，我国《民法典》物权编除了规定天然孳息及法定孳息外，对加工孳息或者劳动力孳息并未提及。同时，《劳动法》也没有对劳动力孳息作出规定，这使劳动力孳息成了法制未开垦的一块处女地。为什么会这样呢？这是因为我国立法体制下不认为劳动关系是民事关系，不归民法调整，但《劳动法》也没有对劳动力孳息关系进行调整。这个观念的形成，与我国存在着生产资料的社会主义公有制，即全民所有制和劳动群众集体所有制，从而否认劳动力是商品，劳动力也生产剩余价值紧密相关。因为劳动力是商品是资本主义经济的特征，剩余价值是资本家剥削劳动者的一个范畴。

实际上，如果我国已经实行了单一的全面的全民所有制，那么，劳动力也就不再是商品，也不存在剩余价值；在这个自由人的联合体中的每个人的生存与发展的利益就会得到同等的保护。可是，由于我国尚处在社会主义初级阶段，为生产力的发展水平所困，还不能实行单一的全面的全民所有制（只要存在两种公有制，两者之间也会存在商品关系），还必须实行社会主义市场经济，以使两种公有制能在国内外的市场竞争中不断壮大。在这种情况下，已有的全民所有制可以发挥保障全体人民的生存与发展利益的功能，但它要受其发展程度以及在整个国民经济中的比重的制约，即它还没法把全体人民的生存与发展利益包办下来。

另外，在社会主义市场经济中，全民所有制的资产或者说国有资产投入生产经营的部分，与民营资本、引进的外资一样，是以国有资本的方式投入了资本逐利竞争，以实现资产的保值增值的。通过市场经济壮大全民所有制，也是必要的选择。为了保障国有资本，民营资本与外资同在市场经济中实行资本逐利的公平竞争，劳动力就只能是商品，由市场来决定劳动力资源的配置也不可避免。那么，国家出资企业与在民营企业和外资企业中的劳动力，便都生产剩余价值，只

---

〔1〕 ［德］恩格斯："卡尔·马克思"，载《马克思恩格斯选集》（第 3 卷），中共中央马克思恩格斯列宁斯大林著作编译局编译，人民出版社 1972 年版，第 42 页。

是国家出资企业更可能让劳动力权益人享有劳动力孳息权（通过设定劳动力股权等），而且这正是动员与依靠广大劳动者致力于国家出资企业的资产保值增值的主要法律措施。在国家出资企业、民营企业和外资企业中，普遍允许劳动力权益人享有劳动力孳息权，无疑有利于促进平衡发展与充分发展。

至于这与劳动者在全民所有制中的权利义务是否有冲突？那是不存在冲突的。因为劳动者在国家出资企业中有分享利润（劳动力孳息的表现）的权利，他也以自己的劳动承担了国有资产保值增值的义务。同时，这个劳动者也通过履行纳税义务等，从国家那里享有均等的公共产品、公共服务；他对全民所有制财产进行监督管理的权利义务，也并没有变。

根据以上分析，在劳动力孳息成了法制未开垦的一块处女地的情况下，由经济法通过保护劳动力权益，来保护劳动力权益人的劳动力孳息利益，对实现共同发展的意义是极为重大的。

编辑部：很多年来，您一直倡导理性之经济法，主张创制保障劳动者、投资者与政府合作共赢的经济法典，可以介绍下您在这方面的想法吗？

陈乃新：经济法作为一个独立的法律部门，它肯定只能在与相近的法律部门相比较存在着不相同的地方，但又为社会生活所必不可少的条件下，才有存在与发展空间的。经济法与相近的法律部门相比较存在着不相同的地方，这主要是与民法商法（这里的商法是指民商合一的商法）、行政法这两个法律部门相比较，而经济法又为社会生活所必不可少，也是可加以证明的。

上文已经说明，经济法中的微观经济法调整平等主体的自然人、法人和非法人组织（主要指市场经济中的投资者、劳动者、竞争者或经营者、消费者等）之间的增量利益关系或者劳动力孳息关系，这使经济法与民法商法不相同。经济法中的宏观经济法调整不是平等主体的国家与市场主体全体（主要是政府与企业全体等）之间的增量利益关系或者劳动力孳息关系（简称经济宏观调控关系），这又使经济法与行政法不相同。

实际上，经济法与民法商法、行政法都不相同的根源在于经济法是在以社会化生产为基础的市场经济中新产生的一个现代法部门，它根本不是国家以行政权干预经济的法，也不是保障主体既有财产人身利益的民法商法，而是平等主体之间和不是平等主体之间关于剩余价值的创造、实现与分享的法。在以社会化生产为基础的市场经济中，劳动力成了商品，因而在微观经济领域产生了一种人们协作创造财富又如何分配的关系，以及人们协作创造财富如何竞争实现和进入生活消费的增量利益关系；同时，在宏观经济领域也发生了为消除资本逐利竞争、市场主体个体的近期的经济行为必然造成整体不经济长期不经济的弊端，政府怎样从自己利益的关心上，以经济宏观调控促成市场主体可普遍可持续进行资本逐利竞争，以促进社会整体增量利益增长，并分享这种利益的关系。这两类关系都是劳动力孳息关系或者剩余价值关系。

因此，所谓经济法的理性就是要在以社会化生产为基础的市场经济中，在各为其利的资本逐利竞争中，保护劳动力权益，使劳动者、投资者与政府能够从自己利益的关心上达到剩余价值的同创共享、合作共赢，从而能促进平衡发展与充分发展，使市场经济所能容纳的生产力最大限度地发挥出来。

从世界上有经济法的一些国家看，以经济法来保护劳动力权益是不可缺少的。显然，以民法商法来保护财产权，以及由行政法来惩罚侵犯财产权、扰乱社会经济秩序的行为，这也许在以个体生产为基础的自给自足的自然经济中，已能满足经济法治的需要。当然，在以社会化生产为基础的市场经济中，以民法商法来保护财产权，以及由行政法来惩罚侵犯财产权、扰乱社会经济秩序的行为，仍然是需要的。但是，问题在于这是不够的。民法商法对主体合法占有财产不分多少，并对天然孳息与法定孳息，一律加以同等的保护；行政法又因保护劳动力权益的法律缺失（民法以及劳动法等都未规定劳动力权益，经济法又被当作国家以行政权干预市场主体经济活动的法），而对侵犯劳动力权益，扰乱社会经济秩序的行为也未予涉及。那么，市场经济中资本逐利竞争就日益导致过剩的经济危机、资源环境危机、人体能力危机与两极分化的社会危机，市场经济所能容纳的生产力日益走到了尽头。如果缺乏经济法的有效调整，甚至也可能引发世界大战等，以极端方式来实现生存与发展利益的再平衡。

从世界上承认经济法的一些国家看，我们也不难发现在各国所制定的有关经济的法律中，也或多或少地有一些保护劳动力权益的法律规范，但是，因为保护劳动力权益缺乏一个基本的法律，或者说缺乏经济法典，以致经济法作为一个独立的法律部门体系很不完备。现在，随着劳动力孳息利益或者剩余价值利益的冲突已经在全世界展开，我国是坚持在市场经济中合作共赢的，在"中国特色社会主义法律体系"中，我国也已把经济法列为七大法律部门之一，我国有率先创制全面保护劳动力权益的经济法典的必要与可能。

创制全面保护劳动力权益的经济法典，其主要内容应为：

（1）总则，包括：基本原则，特别财产权之劳动力权益的设立、变更、转让和消灭，劳动力权益的保护。

（2）劳动力权益，包括：一般规定（劳动力天然归属于自然人的权利、自然人劳动力自主使用权等），直接物质生产领域的主体的劳动力权益（分为自然人个人的劳动力权益与自然人组合体的结合劳动力权益），非物质生产领域的主体的劳动力权益（包括国家机构公职人员的特别劳动力权益）。

（3）劳动力所用权，包括：一般规定，劳动力所用权出让人的劳动力产权（劳动力商品价格权即工资薪金权，以劳动力股权或劳动力出资利润分享权等为表现形式的劳动力孳息权），劳动力所用权受让人的劳动力消费权（雇佣权、聘用权）。

（4）劳动力竞争权。

（5）劳动力再生产权。

（6）国家机构公职人员劳动力权益的特别规定。

（7）智力权的特别规定。

（8）劳动力素质经营权的特别规定。

这几项内容内在地存在着一定的逻辑联系：第一方面主要是关于确认、设定与保护劳动力权益的原则规定，它统率其他七个方面。第二方面是对劳动力权益的总规定，包括劳动力天然归属于自然人的权利、自然人劳动力自主使用权等；以及劳动力权益分为直接物质生产领域的主体的劳动力权益（分为自然人个人的劳动力权益与自然人组合体的结合劳动力权益），以及非直接物质生产领域的主体的劳动力权益（包括国家机构公职人员的特别劳动力权益）。第三、四、五方面是微观经济法之直接物质生产领域的主体的劳动力运转（包括劳动力的所用权、竞争权与再生产权的循环）的秩序。第六方面是宏观经济法之非直接物质生产领域的主体的劳动力权益的特别规定。第七方面是劳动力权益之智力权的特别规定。第八方面是劳动力素质经营权（人力资本投资权利）的特别规定。

这里，核心是直接物质生产领域与非直接物质生产领域的主体的、以劳动力股权或劳动力出资利润分享权等为表现形式的劳动力孳息权。人们在市场经济中进行资本逐利竞争，要想达到资产保值增值与可持续保值增值，这必须有直接物质生产领域与非直接物质生产领域的广大劳动力权益人的积极性、主动性与创造性的支持，光靠投资者、有产者少数人是不行的。由于人们奋斗所争取的一切都同他们的利益有关。直接物质生产领域与非直接物质生产领域的广大劳动力权益人，在市场经济中仅仅只能得到他劳动力商品价值的利益，得不到他劳动力商品的使用所创造的剩余价值或者劳动力孳息的利益，那就休想要他们能积极地创造性地为他人发财致富去创造剩余价值。非直接物质生产领域的广大劳动力权益人，也不会积极地创造性地去从事国民经济管理劳动、经济宏观调控等。因为劳动力权益人是享有劳动力天然归属权以及劳动力自主使用权的主体，他的劳动力不会让他人任人摆布的。当然，劳动力权益人在全民所有制中，他虽然也要求得到劳动力孳息的利益，但他也要为国有资产保值增值履行义务，而且这也并不排除他依法向国家纳税和履行社会法规定的义务，而不是什么"不折不扣的劳动所得"。

在微观经济领域，要保障劳动力权益人的劳动力孳息的权益，它虽然首先要在财富创造领域，以法律保护其劳动力为自己所用的权利，但是如果在市场交易竞争中不能实现他们协作所创造的劳动力孳息，那么分享劳动力孳息的利益就会落空，所以还需要有保护劳动力竞争权的法律，使他们所协作创造的劳动力孳息得以实现。进而劳动力权益人分享了他们协作所创造的劳动力孳息，可以作为工资薪金的追加用于消费（特别是用于提高劳动力素质的消费，属于人力资本投资），由于存在市场经济，从而必须经过交易才能获得他自己所需的消费品，但是以损害消费者权益进行的资本逐利，也可能损害自然人个人劳动力再生产或劳动力孳息的个人的最终实现，所以还需要有保护劳动力再生产权的法律。

在宏观经济领域，要保障劳动力权益人的劳动力孳息的权益，主要通过经济宏观调控绩效评估立法，工作责任制立法和公益诉讼立法等来处理。这里，只不过是国家机构公职人员劳动力孳息权益的保护，需要联系社会整体增量利益增长与可持续增长的情况来进行而已。经济宏观调控就其核心内容来说，在市场经济中对主体已有民法商法、行政法等保护其财产权利益的同时，也要对主体的劳动力权益实行同等的保护，以达到平衡发展与充分发展。

关于智力权的特别规定，是劳动力权益中的一个特别问题。智力在劳动力中处于最主要最重要的地位，其中，与物质财富创造有关的智力成果的运用，对提高全社会的生产力有特殊作用。因此，对劳动力权益之智力权应予以特别保护，即法律赋予智力权人对其智力成果享有一定的垄断权，以使他获得与他的智力成果对促进社会生产力相应的合理比例的劳动力孳息利益。

关于劳动力素质经营权的特别规定，这并非直接是有关劳动力权益的规定，是因为劳动力权益人要更多地获得劳动力孳息利益，就必须提高劳动力素质和更好地提供智力成果，这就需要加强对人力资本投资权利或劳动力素质经营权的保护，以提高人力资本投资人的投资积极性，这包括人力资本投资人对以人力资本出资者获得劳动力孳息利益可分享的权利，人力资本自行投资的劳动力孳息利益是归属他自己的权利。

除了经济法着重围绕直接物质生产领域与非直接物质生产领域的主体的、以劳动力股权或劳动力出资利润分享权等为表现形式的劳动力孳息权，对劳动力权益作出系统规定之外，因为有了经济法保护劳动力权益的系统规定，那么，这可给其他法律部门共同来全面保护劳动力权益明确了分工：如劳动力商品价值的权利民法可作出规定，并通过劳动法细化其规定；促使行政法对侵害劳动力权益进行资本逐利，扰乱社会经济秩序的行为，也实行行政处罚；通过社会法，保护履行了"人类自身的生产，即种的蕃衍"[1] 的社会公益义务，从而履行了劳动力再生产（人口增长与素质提高）的社会公益义务的主体理应享有的社会公益权利等；但并不意味着这些也直接调整劳动力关系。正如财产权、人身权也不都全靠民法保护，行政法、经济法、社会法和刑法等也从不同角度加以保护，但这些法也并不直接调整人身关系和财产关系。

编辑部：另外，您提出在剩余价值法权化中重建马克思主张的"个人所有制"，很有创新性。

陈乃新：马克思在其《资本论》中提出"从资本主义生产方式产生的资本主义占有方式，从而资本主义的私有制，是对个人的、以自己劳动为基础的私有制的第一个否定。但资本主义生产由于自然过程的必然性，造成了对自身的否定。这是否定的否定。这种否定不是重新建立私有制，而是在资本主义时代的成就的基础上，也就是说，在协作和对土地及靠劳动本身生产的生产资料的共同占有的基础上，重新建立个人所有制"。[2] 马克思这一关于重新建立个人所有制的设想，对我们构建保护劳动力权益的经济法有极大的意义。经济法实际上就是我们需要重新建立的个人所有制的法律形式。

马克思所说的需要重新建立的个人所有制，一般认为是建立在生产资料公有制基础上的消费资料个人所有制。这种理解当然有其道理，特别是在实现了单一的全面的全民所有制的时候，确实就只有消费资料才是个人所有制了。这里，对于重新建立个人所有制，马克思确实是说了不是重新建立私有制，但他也没说是在生产资料公有制基础上重新建立消费资料个人所有制，而是说在协作和对土地及靠劳动本身生产的生产资料的共同占有的基础上，即在资本主义时代的成就的基础上，重新建立个人所有制。因此，这里并未强调是在生产资料公有制的基础上，更不是指在单一的全面的全民所有制的基础上（社会主义时代的成就的基础

---

〔1〕［德］恩格斯："家庭、私有制和国家的起源"，载《马克思恩格斯选集》（第4卷），中共中央马克思恩格斯列宁斯大林著作编译局编译，人民出版社1972年版，第2页。

〔2〕［德］马克思：《资本论》（第1卷），中共中央马克思恩格斯列宁斯大林著作编译局编译，人民出版社2004年版，第874页。

上），而且消费资料事实上历来都是属于个人所有的，因而也无所谓重新建立这种个人所有制。

需要重新建立的个人所有制，一是这种个人所有制应当是过去已经存在着的，但一度不存在了；二是这种个人所有制在现有条件下又是需要与可以建立的。那么，这只能是一度在个人的、以自己劳动为基础的私有制的基础上存在过的劳动力的个人所有制，并在协作和对土地及靠劳动本身生产的生产资料的共同占有的基础上，可以重新建立的个人所有制，即重新建立劳动力个人所有制了。这种劳动力个人所有制可以在资本主义时代的成就的基础上重新建立，它包括在资本主义时代的成就的基础上，通过革命并实行生产资料公有制时，所重新建立劳动力个人所有制；也包括在未实行生产资料公有制，但已具备了资本主义时代的成就时，不得不有所重新建立的劳动力个人所有制，因为资本主义也得应付损害劳动力权益引发的经济危机等，其中劳动法等就有调节经济、增加就业等规定，包括 1802 年英国制定的《学徒健康与道德法》，就有保护劳动力权益、重新建立个人所有制的某些内容。

当然，在我国是需要和可能重新建立劳动力个人所有制的。马克思、恩格斯在《共产党宣言》中指出："共产主义并不剥夺任何人占有社会产品的权力，它只剥夺利用这种占有去奴役他人劳动的权力。"[1] 因此，在社会主义市场经济中，劳动力权益人按照劳动力个人所有制获得的社会产品，包括劳动力商品的价值与剩余价值（劳动力孳息）利益，就是对以个体生产为基础的自给自足的自然经济中就存在的，现在又需要重新建立的个人所有制所要实现的利益目标。换言之，这是在社会生产力制约下不能建立单一的全面的全民所有制，而只能在以"公有制为主体、多种所有制经济共同发展的基本经济制度"的基础上，所需要和能够重新建立的个人所有制。

重新建立的这种劳动力个人所有制，将贯彻于社会主义这个很长的历史阶段，直至到劳动被当作生活的第一需要而不再是谋生手段之时为止。

重新建立这种劳动力个人所有制，只有在人民民主专政（无产阶级专政）下才能主动做到。当然，在资本主义市场经济中，资本主义国家也会在过剩的经济危机、资源环境危机、人体能力危机与两极分化的社会危机的日益加深加剧中，在资本关系内部一切可能的限度内，对剩余价值利益关系或者劳动力孳息关系做些调节。近代，从社会化生产作为商品生产的新形式出现以来，以个体生产

---

〔1〕［德］马克思、恩格斯："共产党宣言"，载《马克思恩格斯选集》（第 1 卷），中共中央马克思恩格斯列宁斯大林著作编译局编译，人民出版社 1972 年版，第 267 页。

为基础的自给自足的自然经济已经消退，但"社会化的生产资料和产品还像从前一样被当作个人的生产资料和产品来处理"，[1] 从而为资本家所占有。社会化生产组织（主要指企业）全体员工所创造的利润（劳动力孳息或剩余价值的表现形式），被当作投资者所投资产的天然孳息而归属于投资者所有；承包或者租赁给他人经营的，投资人也可以通过法定孳息（租金等）方式，占有全体员工所创造的一定的利润。

因此，总的说来，这已经历史地被资本主义国家作为法定的不可移易的经济定律，强迫全社会遵循。出于应对经济危机等的需要，资本主义国家不得不对剩余价值利益关系或者劳动力孳息关系做些调节，但对广大的雇佣劳动者运用自己劳动力所创造的剩余价值的权益，也不会真正给予全面的法律支持。发达资本主义国家如美国，则通常是通过贸易壁垒、货币手段、对外经济制裁、对外战争等来转嫁经济危机，从掠夺别国的剩余价值利益或者劳动力孳息中找出路。广大的雇佣劳动者只能（在时有发生的经济危机等的情况下）或好或坏地得到其劳动力商品价值的利益，他们的劳动力仍只能处在商品的地位而难以获得他们劳动力所创造的全部价值的利益。这不仅仅是广大的雇佣劳动者的悲哀，也是全社会终于必然失去发展市场经济活力的根源。

在社会主义市场经济中，我们不只是要通过市场经济来发展生产力，而且还要利用市场经济以造福于民来发展生产力。我们在市场经济中坚持社会主义，而社会主义就是"要把人的劳动力从它作为商品的地位解放出来"，[2] 这就要求我们不断地扩大对劳动力权益人的劳动力孳息权益的法律保护。眼下，既然我国还没有实现单一的全面的全民所有制，在通过国家向社会征税，用之于国家生产公共物品、公共服务，再提供给全体人民均等利用，还不能充分供给的情况下，一方面继续通过完善这种剩余价值的再分配，调节剩余价值关系或劳动力孳息关系，使劳动力权益人更好地依法获得劳动力孳息利益；另一方面，在剩余价值的初次分配中就依法保护以劳动力股权或劳动力出资利润分享权等为表现形式的劳动力孳息权，把劳动力权益人的劳动力从它作为商品的地位解放出来，普遍地持久地做到人的全面发展！经济法将剩余价值法权化，来重新建立劳动力个人所有制的魅力就在于此。

---

〔1〕［德］恩格斯："社会主义从空想到科学的发展"，载《马克思恩格斯选集》（第3卷），中共中央马克思恩格斯列宁斯大林著作编译局编译，人民出版社1972年版，第427~428页。

〔2〕［德］恩格斯："反杜林论"，载《马克思恩格斯选集》（第3卷），中共中央马克思恩格斯列宁斯大林著作编译局编译，人民出版社1972年版，第249页。

当前，对我国来说，正好是完善保护劳动力权益的经济法的重要时期，中国特色社会主义进入新时代，我国社会主要矛盾已经转化为人民日益增长的美好生活需要和不平衡不充分的发展之间的矛盾。我们要处理好这一个矛盾，要实现从高速度增长向高质量发展的转变，就必须完善保护劳动力权益的经济法，更好地重新建立劳动力个人所有制，而这必定能够把亿万人民参加市场经济的积极性调动起来，把他们决胜市场经济的伟大力量发挥出来！

当今，市场经济整个说来已经覆盖了全世界。因此，市场主体以资本逐利竞争为核心内容的经济活动，也日益在全世界展开，从而全球经济的周期性、市场失灵，以及经济危机、人体能力危机与两极分化的社会危机，也在世界范围时有发生并出现加剧加深趋势。为此，国际社会也需要有能够防范与消减这些危机的措施，来调整国际的剩余价值关系或者劳动力挛息关系，以增加有支付能力的消费，扩大市场容量；同时提高劳动力素质与增加高科技供给，达到合作共赢。任何采取贸易战、单边主义等措施，以损害他人他国的发展权益来维护自己的发展利益的行为，不但具有不正当性，而且最终必会造成共损。因此，国际的经济法也应成为构建人类命运共同体的一项法律措施得到重视。如果我国能够率先创制出保护劳动力权益的经济法，这也将成为我国对世界法制进步的一个贡献。

编辑部：您主张构建理性经济法，它有什么特色？

陈乃新：制定与实施经济法，一个重要的特征是，它并不是对社会生活中自生自发秩序的记录，而是具有很强的有意识、有计划的反作用的特点。近现代社会以保护劳动力权益为内容的经济法，从形式上说，它始于 1802 年英国制定的《学徒健康与道德法》。这一法律规定，禁止纺织工厂使用 9 岁以下学徒，并且规定 18 岁以下的学徒其劳动时间每日不得超过 12 小时和禁止学徒在晚 9 时至次日凌晨 5 时之间从事夜间工作。该法被认为是资产阶级"工厂立法"开端，资本主义工厂法现已发展为劳动法。[1] 粗看起来，它是最早的一部关于工作时间的立法，但是按照劳动力商品的买卖而言，保护财产权的民法确认，工厂购买了学徒的劳动力，怎样使用学徒的劳动力完全是劳动力商品的买者的事，既与劳动力商品的卖者无关，也与国家无关。工厂法对工作时间作出规定，就是对私法自治的干预，违反了劳动力商品交易的自生自发秩序。

而实际上，这里工厂法并没有直接侵犯劳动力商品的买者的财产权，没有对私法自治进行直接的干预，而是对学徒的劳动力权益作出了某种确认，学徒作为

---

〔1〕 中国大百科全书出版社编辑部、中国大百科全书总编辑委员会编：《中国大百科全书法学》，中国大百科全书出版社 1992 年版，第 155 页。

劳动力商品的卖者，有权要求劳动力商品的买者不得超出劳动力再生产许可的界限强制学徒使用其劳动力进行劳动，不得违反等价交换原则占有学徒创造的剩余价值（虽然市场竞争在迫使劳动力商品的卖者这样做）。因此，这是在民法保护财产权的同时，工厂法则保护劳动力权益的开端，工厂法以及后来的劳动法实际上是保护劳动者的劳动力权益，缓和雇佣劳动者与投资者剩余权冲突的法。

马克思对这种缓和劳资冲突的资本主义工厂法予以高度评价，他指出："工厂立法是社会对其生产过程自发形态的第一次有意识、有计划的反作用。"〔1〕马克思这个"第一次"的用语，精当地确定了资本主义工厂法与全部已有的私法和公法的区别，指明了资本主义工厂法的新的本质。这应该被认为是保护劳动力权益的经济法产生的表现。就是说，如果工厂法与民法一样，都只是保护商品买卖双方的财产权，那么工厂法是没有必要的，更不可能继续发展。不过，工厂法以及后来的劳动法，并没有对雇佣劳动者的劳动力权益作出系统的规定，而是变成了对雇佣劳动者的劳动权的倾斜保护。这当然有所不妥。因为劳动不过是劳动力的运用，劳动力与劳动相比，劳动力更具有根本性，如同债权的基础在物权，劳动权的基础则在劳动力权益。劳动权离开劳动力权益是一种无根的权利，甚至很可能失去可保护性。所以，整个说来劳动法并没有成为一个保护劳动力权益的新兴的独立的法律部门。

因此，劳动法未作为一个独立的法律部门承担起保护劳动力权益的重任，那么，可否根据劳动力作为人体之内的物，与现行民法所保护的人体之外的物，作为物所具有的同质性，从而通过劳动力权益入民法，由作为独立的法律部门的民法对劳动力权益来作出原则规定，然后，把劳动法改为民法特别法，使劳动法成为调整劳动力关系、细化保护劳动力权益的法；同时，在此基础上，把原来由劳动法调整的与劳动力关系有密切联系的其他社会关系，分别归于行政法、经济法与社会法等去调整，以全面保护劳动力权益呢？这是具有一定的可行性的设想。但现在问题在于劳动力权益没有入民法，而劳动力权益确实与现行民法所保护的财产权相比具有特殊性，那么经济法就不妨承担起这个保护劳动力权益的重任，以建立社会对其生产过程自发形态的有意识、有计划的反作用的一种法律规范体系。这是一个围绕保护劳动力权益人（包括市场主体、国家机构公职人员）的劳动力孳息这一核心利益，保护劳动力权益的法律规范体系，以保障人的劳动力不断地从它作为商品的地位解放出来，保障人们在市场经济中平衡发展与充分发

---

〔1〕［德］马克思：《资本论》（第1卷），中共中央马克思恩格斯列宁斯大林著作编译局编译，人民出版社2004年版，第553页。

展的权益。因为无论是个人、企业，还是国家与全球的最大问题，都是发展与持续发展问题。为破解这个问题而构建这样一种理性的经济法，正是法制创新的时代课题。

讲到法制创新，构建理性的经济法，这自然是一件特别困难的事。它首先是理念问题。对于经济法，学界一直认为与国家干预经济有关。通过经济法国家干预经济，市场失灵就能有所治理；而这又与私法自治相冲突，经济法就受到质疑。但这一理念与所制定的经济法律法规也有相吻合之处，故一度成为主流。经济法这就存在理念问题。那么，构建理性的经济法，是什么理念可予以支撑呢？

经济法之理性就是要在以社会化生产为基础的市场经济中，在各为其利的资本逐利竞争中，保护劳动力权益，使劳动者、投资者与政府能够从自己利益的关心上达到剩余价值的同创共享、合作共赢，从而能促进平衡发展与充分发展，使市场经济所能容纳的生产力最大限度发挥出来。

构建理性之经济法，它就是要求我们全面保护劳动力权益，既肯定劳动力是商品，又不能不把人的劳动力从它商品的地位解放出来，由此重新建立劳动力个人所有制，使经济法的制度构建适于体现经济法之理性，成为重新建立的劳动力个人所有制的法律形式。

对于经济法之理性与理性之经济法的合成理解，就是经济法的理念。构建理性的经济法，是构建一种能得到劳动者、投资者与政府各方认可的、与其他部门法能和谐一致地适于总的经济状况的经济法。不是构建一种为任何一方所不认可的、与其他部门法不能和谐一致地适于总的经济状况的经济法，例如构建一种国家干预经济的经济法，因它可能干预传统的私法自治，从而可能与民法不协调，这种经济法实质是行政主体以行政权干预市场主体民事行为的法，是有关经济的行政管理的法，它不是真正的经济法，当然有时它也可能对治理市场失灵有些作用，但总的说来是会损害市场对配置资源起决定作用的；尤其在国际市场经济中，也可能成为发达国家以损害他人他国的发展权益来维护自己的发展利益的法律工具。只有抓住保护劳动力权益、维护劳动力孳息利益，这才能抓住经济法的要害，这种经济法才是具有正当性的、能从根本上治理市场失灵的经济法。

我曾经写过《经济法理性论纲——以剩余价值法权化为中心》[1] 和《劳动能力权导论——科学发展与和谐社会的经济法保障》[2] 两本书，目的就是要对

---

〔1〕 指陈乃新：《经济法理性论纲——以剩余价值法权化为中心》，中国检察出版社 2004 年版。

〔2〕 指陈乃新：《劳动能力权导论——科学发展与和谐社会的经济法保障》，湘潭大学出版社 2010 年版。

经济法之理性做些研究。现在，笔者认为构建理性经济法的时代条件已经日益成熟，故有了为构建理性经济法出力的冲动，笔者正在致力于经济法典民间草拟稿的构想与设计，以供有关方面参考。

我认为，现在，构建理性经济法的时代条件已经日益成熟。这就是说，从整个世界来说，在各国都卷入了市场经济的大背景下，一方面，随着中国这个自然资源丰富和人口最多的国家已实行市场经济，以及进行着资源的资本化大开发，世界范围的资本继续以廉价的自然资源与人力资源逐利的余地已经越来越小，资本越来越需要依赖高素质的劳动力和高科技的供给来延续资本逐利竞争，以继续挖掘市场经济所能容纳的生产力。因此，只要经济法的制度设计得当，就不会引起资本的恐慌与流失。另一方面，广大劳动者只有以更高素质的劳动力和更多更好的高科技成果，方可在资本逐利竞争中稳住自己的劳动力商品的价格，并更多地分享劳动力孳息的利益。只要经济法的制度设计得当，就必能调动广大劳动人民参加市场经济与决胜市场经济的积极性与创造性。除了这两者之外，处在世界市场经济中的各国政府，以法律手段平衡保护财产权与劳动能力权，促进高速增长转变到高质量发展的国家治理能力也已大大提高，各国政府将其从事国民经济管理劳动，主动纳入法律约束的自觉性也已大大提高。在上述三个条件下，以及出于各种原因，中国的市场容量之大，足以使中国在构建保护劳动力权益的经济法，包括倡导构建国际经济法方面，在实行法制创新上先行一步，这是完全有可能的。

但从可能变成现实，我们要取得法制创新的成功，也许还需要更多的条件，而且也许只要缺乏某个因素就可能不成功。对此，我们不妨回看一下 1804 年《拿破仑法典》（即《法国民法典》）的出台，在今天看来保护财产权是理所应当的，但当年因为它破除了封建的立法原则，参政院围绕民法草案，共召开了 102 次讨论会，拿破仑亲任主席并参加公议 97 次，才获得成功。还有 1802 年英国制定的《学徒健康道德法》虽然制定出台了，但在开始的数十年内就受到雇主的抵制，没得到很好的实施，但后来终究进一步发展成为劳动法，并普及到世界上许多国家。由此，我们就可以明白法制创新的难处，也看到了法制创新是有希望的。

世上无难事，只要肯登攀。因此，我们只要坚持党的领导，坚持以人民为中心，又勇于不断登攀，我们就一定能取得法制创新的积极成果；而我们作为从事经济法学的教学与研究人员，就是要为科学说明什么是经济法，以及对制定与实施经济法，不断提供尽可能正确而又丰富的学术意见与建议，以供有关方面参考。

编辑部：您从事经济法教学研究三十多年，培养出了一大批优秀的学生，您有什么经验可以与大家分享的？

陈乃新：回想起来，由于大学教学的学生大都是成人，师生之间也就是教学相长的关系；老师与学生应该共同追求真理，相互学习，共同进步。由于学生对未来的工作取向不尽相同等，对学术研究的各种问题，兴趣也会有所不同。但共同追求真理是能够引起共鸣的。对于法学领域中，像经济法这样的重大问题，大家都有一些兴趣。为此，我就经常与学生（主要是与经济法学的硕士研究生）一起讨论问题，写作论文，也常去参加一些本专业的学术会议等。总之，关了与学生共同追求真理，对于学问，应当采取对自己"学而不厌"，对人家"诲人不倦"的做法；也还要坚持"知之为知之，不知为不知"，不断修正自己的谬误。

我与学生共同为法制创新做出学术研究的贡献，基本上都限于共同研究一些经济法学的问题，有时共同写篇文章去发表，或者学生还协助我完成一些文稿；近几年，我和一些学生还在《南华大学学报（社会科学版）》发表了经济法典编撰研究专题三篇。[1] 应当说，我们对经济法学的学术贡献还不算很多，现在我虽已退休，但还是会继续努力的。我们是期盼着"经济法典"能梦想成真的，因为这正是我们经济法学人的一个心愿。

---

〔1〕 参见编撰经济法典第一研究小组、陈晋："编撰经济法典的历史回眸"，载《南华大学学报（社会科学版）》2015 年第 1 期；编撰经济法典第二研究小组、梁中鑫："我国编撰经济法典的评估"，载《南华大学学报（社会科学版）》2015 年第 1 期；编撰经济法典第三研究小组、陈乃新："创制《中华人民共和国经济法》构想——创制基本经济法是编撰经济法典的题中应有之义和浓墨重彩"，载《南华大学学报（社会科学版）》2015 年第 1 期。

理论前沿

敢问社科法学路在何方

——读苏力教授《中国法学研究格局的流变》的困惑*

◎董成惠**

＊ 基金项目：广东省"十三五"规划17年度后期资助项目"经济法理论的重构"的前期成果（项目编号：GH17HFX02）。

＊＊ 作者简介：董成惠，广东海洋大学法学院副教授，法学博士，研究方向：经济法。

2001 年，苏力教授（"苏力"全名"朱苏力"，因其作品的署名为"苏力"，故文中用"苏力"）在《也许正在发生——中国当代法学发展的一个概览》（以下简称《概览》）一文中曾把中国的法学研究划分三种传统：第一阶段，即注重政治意识形态话语的"政法法学"。认为法学作为一个独立的学科，势必要从政治上论证其合法性和构建其法律话语的正当性。第二阶段，注重法律适用、解决具体法律纠纷的"诠释法学"，即法教义学。认为法学是实现法律作为专门化的技术和知识的可能性，使得法律不再是政治理论话语进入社会实践，成为一种实践的话语。第三阶段，借鉴社会科学的经验研究方法，试图发现制度或规则与社会生活诸多因素之间相互影响和制约的"社科法学"。把法律话语与社会实践联系起来考察其实践效果，对法律的批评不限于一般的政治批判或道德批判，更侧重于实证研究发现的因果关系，运用传统上并不属于法学的某些经济学、社会学理论，发现法律实践的制度条件。[1] 时隔 13 年，苏力教授于 2014 年在《中国法学研究格局的流变》（以下简称《流变》）一文中对社科法学又进一步进行了阐述，相比其他社科法学者的解读，苏力教授对"社科法学"的再解读反而令人更困惑，难免质疑社科法学究竟路在何方？

一、对苏力教授政法法学之"浴火重生"的解析

苏力教授在 2001 年的《概览》一文中提出"政法法学"概念时，认为"政法法学"的"思想理论资源基本上是广义的法学（包括政治学），其中包括孟德斯鸠、洛克、卢梭、马克思、美国联邦党人等的政治思想，甚至包括后来的韦伯的理论、现代化理论等"，"这些思想资源并不是近代意义上的、强调法律职业性的法律思想"，故称之为"政法法学"。并认为"把法学作为一个独立的学科地位势必要从政治上论证这种合法性和正当性，是一种政治话语和传统的非实证的人文话语"。苏力教授对"政法法学"的态度就是要割断"法律"与"政治"的关系，建立完全"法律专业"话语的纯粹的法学体系，并断言"随着中国社会的发展变化，政法法学在狭义上的法学研究中的显赫地位会逐步被替代，在未来中国法学中起主导作用的更可能是诠释法学和社科法学"。[2]

苏力教授在《流变》中承认当时"只说对了一半，甚至只对了三分之一"，认为政法法学曾经关注的如法律的"刀制水治""阶级性"和"社会性"问题

---

〔1〕 参见苏力："也许正在发生——中国当代法学发展的一个概览"，载《比较法研究》2001 年第 3 期。

〔2〕 苏力："也许正在发生——中国当代法学发展的一个概览"，载《比较法研究》2001 年第 3 期。

等，如今已不再为法律学人所关注，"政法法学对法律学术的影响总体上日渐式微"，但政法法学"浴火重生"，"从学术界转向社会、从法学圈内的政治意识形态话语转变为公共话语。"政法法学摒弃"意识形态"和"阶级分析"的思维模式是社会发展和学术进步的必然结果，因为其必须要在"浴火重生"中转型，去构建更符合社会经济发展需要的"政治—法律"范式的理论体系。在这一点上，苏力教授对政法法学的认知似乎有了转变，承认政法法学未衰退，只是"转移了阵地"，但也"最多只是在大学本科甚至新生中还有些许影响"，"并因此相信随着学术发展和法学研究的职业化和专长化，政法法学会退出历史舞台"。

苏力教授对政法法学的解读似乎过于表面化和僵化，无视"政法法学"之"政治—法律"关系的重要性，仅停留在政法法学曾经的"意识形态"和"阶级分析"的思维模式，认为"政法法学的意识形态化和教条化导致其缺乏足够的思想和学术深度，因而被边缘化了"。苏力教授承认政法法学主张的"一些核心观念，如法治和权利等已深入人心，成为中国法学研究的共识和背景知识"的"公知"，其"社会影响力和知名度普遍甚至远远高于法律专业知识分子"。但对此却表现出不屑，并相信"政法法学会退出历史舞台"。如果某一学术流派或理念能成为"公知"并被接受，其生命力也就会延续，不论其以何种方式存在，至少说明其是有学术价值和社会意义的。被苏力教授批判为政治话语的"法治"和"权利"等现代法学的法律符号，为现代法学的理论建构和法律实践提供了丰富的法律素材和知识，成为现代法学和法律实践的基本元素和理论基础，并随着社会经济的发展，其内涵和外延不断地扩大。政法法学正是适应社会需求才得以发展，没有像10多年前苏力教授所预言的"衰亡"。

卢曼指出"自近代早期以来就形成的悠久传统使我们在这里只看到一种统一的'政治—法律'系统。这主要是由于国家职能是一个既是政治的又是法律的概念"。[1] 哈特和凯尔森作为规范法学的典型代表，但哈特法理学中的主题比凯尔森之所以有更广的影响，就是因为他对现代法律的政治关注，而凯尔森追求所谓的纯粹法学。[2] 近现代的西方思想家从政法一体的模式来解读法律与政治关系：要么是政治决定法律，认为法律规范的内容可以由政治权力任意伸缩，如霍布斯、边沁、奥斯丁的主权命令说，以及卢梭的公意说和人民主权说。要么是法律决定政治，认为任何政治行为都应该符合"合法性"基础，以潘恩、洛克、

---

〔1〕 参见［德］N. 卢曼：《社会的法律》，郑伊倩译，人民出版社2009年版，第214页。

〔2〕 参见［英］罗杰·科特瑞尔：《法理学的政治分析：法律哲学批判导论》，张笑宇译，北京大学出版社2013年版，第84页。

哈耶克为代表。总而言之，任何政治系统的法外行动，法律和政治都是一体的。[1] 苏力教授对政法法学的偏见，源于其对"法律"与"政治"关系的截割，像凯尔森一样追求所谓纯粹的法律和法学。这不仅不符合现代法治发展的历史进程，也不符合现实社会发展的需要。现代法治的法律机制正是源于苏力教授所不屑的那些"政治思想资源"，时下被社科法学者钟爱的"政策"也是"政治"的化身，是基于社会"公共性"的法律政治化或政策法律化的结果，也是当代社会"政治—法律"一体化的必然选择。政法法学者如果把阵地从"政治意识形态"转移到社会"公共性"上，就是顺应了这一时代的要求，其学术生命也就可以不断地延续。

诺内特和塞尔兹尼克认为，法律理论既不是没有社会后果的，也不是不受社会影响的。法律的基础、法律的结构、法律的理解、法律的地位，法律的效果等，都深刻地影响着政治共同体的形态和各种社会愿望的诉求。这些蕴含在法理学研究中，并鼓励对法律理论与社会政策的交互作用重作评价。政策需要的不是那些详细的规定，而是那些如何界定公众目的和实际选择的基本观点。法理学只有自觉地考虑社会政策对行动和制度设计所蕴含的意义，才能把握哲学分析，使其有助于保证那些基本的政策问题获得的细致研究，并不被湮没在那些未获细究的假定和观点中。诺内特和塞尔兹尼克认为，法律、政治和社会是密不可分的，为了使法理学更具活力和贴切，必须用社会科学的观点重新安排各种法理学问题，重新整合法律的、政治的和社会的理论。因此，可把法律分为压制型法、自治型法与回应型法三种类型，并认为除了自治型法无涉政治之外，压制型法和回应型法都与政治密不可分。[2] 一般自治型的民法远离政治，但具有公法性质的行政法和公私兼容的经济法很难与政治分离。我国的现状是：很多政治问题法律化，法律问题又政治化，政治与法律相互影响和渗透。政法法学应该转移阵地来探究我国"政治与法律"相融合的政法理论，去构建最优最符合我国国情的政法体制。只要准确定位，明确目标和方向，政法法学就会在法学界有所作为，更不会退出历史舞台。

---

〔1〕 参见伍德志："欲拒还迎：政治与法律关系的社会系统论分析"，载《法律科学（西北政法大学学报）》2012 年第 2 期。

〔2〕 参见 ［美］诺内特（P. Nonet）、塞尔兹尼克（P. Selznick）：《转变中的法律与社会：迈向回应型法》，张杰铭译，中国政法大学出版社 1994 年版，第 3、35、60、87 页。

二、对苏力教授"后果主义"的质疑

苏力教授在《流变》中通过对社科法学和法教义学"在适用、解释法律和裁断法律问题之际,对事实和规范的关注程度不同",预设了"两者看待法律和世界的方式的尖锐对立"。事实上,"法教义学集中或首先关注法律和教义,事实问题或非常规性问题只是法律教义分析中必须应对的要点之一"是基于其对既定法或实在法的遵守的法制原则和维护其法律权威,以确保现有法律秩序和社会秩序的安定性的价值选择。苏力教授认为,"社科法学集中关注事实、法律、规范和教义,但只是不能忽视的事实之一,而不是必须不计一切代价予以恪守的天条或教义","社科法学甚至不承认有所谓社会后果与法律后果的分别,因为法律的逻辑推导只是推论,而不是经验上的后果。社科法学更注重司法或准司法的系统性社会后果"。[1] 苏力教授的"后果"不是以"法律和规范"为基础,其后果不要求是"法律后果",只是"经验上的后果",其实就是一种唯心的感性认识。因为社科法学没有既定的价值目标,这种"后果"究竟是何价值是不清楚的。比如苏力教授提到有些法条主义法官在判决时所做的后果上的考虑仅仅是"节省劳力,提高了工作效率,也可以有效避免社会和学界批评法官的能动司法",[2] 缺乏对"后果"的价值判断。从社科法学所坚持的经验研究方法来看,其所能贡献的似乎只是某些因果性联系的经验知识。从逻辑上看,社科法学要想提出法律论证上的立场,必须要诉诸某种规范性前提,其必须为后果的标准进行规范性论证,而不是将诸多不同性质后果混为一谈。[3] 然而社科法学者不屑于研究规范或条文,其对司法审判可能只是任性地"放逐想象力"的"后果"。社科法学者认为,"从后果出发,逆向分析、解释、评判法律条文和法律问题,与法教义学针锋相对","由于'后果'判断有时包括政治判断,因此社科法学不可避免地要加以因果关系的解释。从这种意义上讲,社科法学对于知识和学术采取的是实用的和中立的态度"。[4] 因为社科法学不是以"法律规则"和"法律制度"为基础,而是从"后果"反向评析"法律",且把"政治"与"法律"相隔离,而现实中两者是密不可分的,所以为了回避政治对"后果"的价值判

---

〔1〕 参见苏力:"中国法学研究格局的流变",载《法商研究》2014 年第 5 期。

〔2〕 参见苏力:"法律人思维",载《北大法律评论》第 14 卷第 2 辑,北京大学出版社 2013 年版。

〔3〕 参见王琳:"试析法律论证理论的性质——从法教义学与社科法学之争谈起",载《甘肃政法学院学报》2016 年第 4 期。

〔4〕 参见侯猛:"社科法学的传统与挑战",载《法商研究》2014 年第 5 期。

断而选择"中立"。"后果主义"好比医闹，如果不考虑现实医疗技术水平和病情，只从"病人死了"和"病人没有救活或是没有治好"的"后果"，反向推出"医院没有尽到责任""医生的医术不行""花了钱为什么病没治好"一些情绪化的结论，可能背离了客观事实。没有真理或客观目标的"中立"的"后果主义"就容易演变为随心所欲的"自由主义""实用主义""机会主义"和"功利主义"，其没有任何社会价值目标或者社会意义是危险的。不立足于我国现行法律制度和相关的法律规定的"后果主义"就像医闹，不仅无济于法律制度的完善，甚至可能会激化社会矛盾，干扰司法和执法的独立性。这种"后果主义"缺乏学术精神信仰和价值目标，最终可能会走向虚无主义。社科法学"中立"的"超脱"其实是逃避其政治道德义务和社会道德责任，没有承担基本的学术责任。社科法学者所关注的"后果"不应只是为了"学术成果"或者"学术话语"，而应追求真正有利于社会的法律实施效果。

三、苏力教授对"教义"及法教义学的误读

（一）教义和法教义学的内涵

教义学思维最初源于神学，是基督教会关于信仰原则的研究。因对圣经的解释在发展过程中义出多门存在分歧，主流教会机构为了使信仰不至于"走调"，对信仰和解释圣经制定了一些基本方针，作为信徒信仰和神职人员解释圣经的根据，即神学教义学。尽管学界对于"教义"没有绝对权威的定义，教义学的词根是"dogma"，《牛津哲学词典》对其的解释是："一般指毫无疑问所持有的一种观念，具有无需辩护的确定性。"《元照英美法词典》对"dogma"的解释是："（1）指教理、教义、教条、信条。在罗马法中，偶尔也用来描述元老院的决议或命令。（2）指独断之见。"[1]"法教义学"是对德文术语 juristische Dogmatik 或者 Rechtsdogmatik 的翻译，其他译法还包括"法释义学""法解释学""法律信条学（论）"等。在德国人的观念中，法教义学乃是法学的本义，或者说"法学＝法教义学"，其他诸如法哲学、法社会学、法史学，只是基于其他学科的视野和方法而对法律的研究。[2] 王泽鉴先生对"dogma"的阐释为"圣经及其启示所应严守的规则""信仰规则""基本确信"的意思。指仅通过权威的宣言和

---

〔1〕 薛波主编：《元照英美法词典（缩印版）》，北京大学出版 2013 年版，第 431 页。
〔2〕 参见［德］拉德布鲁赫：《法哲学》，王朴译，法律出版社 2005 年版，第 113~114 页。转引自张翔："宪法教义学初阶"，载《中外法学》2013 年第 5 期。

源自信仰就可接受，无需理性的证明来排除怀疑。[1]

一般把教义学法律哲学对法律理论的贡献定义为规范法律理论（normative legal theory），认为法教义法学是以法律规范为研究对象的社会科学。法学研究在很大程度上是规范性、解释性和应然性的研究。[2] 法教义学不是认识性的，而是规范性的，即"对有约束力的调整之建议"。[3] 凯尔森和哈特都认为法律最重要的特征是其规范性，凯尔森认为法律是一个"应当—主张"或"规范的事物"，"通过'规范'使我们意识到一些事应当去做或者应当发生，尤其是一个人在特定时候应当作出某种行为"，因此法律科学必须是一门规范性科学。[4] 德国学者把法教义学的任务和内涵概括为三方面内容：概念演绎、判决说理和体系建构。[5] 法教义学要求法律论述按照一定的推理模式展开而进行省察、解释和定义，从而整合出一个系统性、科学性和规范性同时又富有哲理性、安全性、便捷性的"规范性"法律思维方法。[6]

简而言之，法教义学是探究实在法的规范效力，将坚定信奉现行实在法秩序作为前提，而非探讨和评价其社会价值，体现出一种实证主义的倾向，是对法律规范体系化的预备，并以此作为开展法的体系化与解释工作起点的一门规范科学。[7] 法教义学不等于法教条主义，对法教义学之法条主义的称呼涵盖了诸多可能的意义。[8] 法教义学对实在法提供了论证，给出了法律问题的解决模式，包括一切可以在法律中找到的，以及法学与法律实践为法律增加的理论规则、基本规则和原则。[9] 法教义学更深层次的使命和价值在于引导学术研究与法治实践的方法更新，其不仅是一种学术理论，更是一种技术或方法。法教义学正在淡

---

〔1〕 参见王泽鉴：《法律思维与民法实例：请求权基础理论体系》，中国政法大学出版社 2001 年版，第 211 页。

〔2〕 陈若英："中国法律经济学的实证研究：路径与挑战"，载苏力主编：《法律和社会科学》第 7 期，法律出版社 2010 年版，第 18 页。

〔3〕 参见［德］阿图尔·考夫曼、温费里德·哈斯默尔主编：《当代法哲学和法律理论导论》，郑永流译，法律出版社 2002 年版，第 451 页。

〔4〕 ［英］罗杰·科特瑞尔：《法理学的政治分析：法律哲学批判导论》，张笑宇译，北京大学出版社 2013 年版，第 107 页。

〔5〕 参见黄卉："从德国宪法判例中学习宪法实施技术——《德国宪法案例选释（第 1 辑）基本权利总论》评介"，载黄卉主编：《福鼎法律评论》，法律出版社 2012 年版，第 1 页。

〔6〕 参见齐姆宾斯基：《法律应用逻辑》，刘圣恩等译，群众出版社 1988 年版，第 334 页。

〔7〕 参见张翔："宪法教义学初阶"，载《中外法学》2013 年第 5 期。

〔8〕 参见王国龙："捍卫法条主义"，载《法律科学（西北政法大学学报）》2011 年第 4 期。

〔9〕 参见［德］魏德士：《法理学》，丁晓春、吴越译，法律出版社 2005 年版，第 137 页。

化其传统独断解释学的品格与印象，从而使其更具有开放性与实践性。[1]

传统上，法教义学是基于特定法的领域，依照现行法律规范与个案裁判，阐明其规范内涵及联系，整理归纳出原理和原则，以便法律适用、续造和改革的学问。[2] 法教义学对"规范"与"规范性"的强调体现在：在裁判理论上主张以法律规范为司法裁判的基础、依据和框架，认真对待法律规范，并接纳价值判断和经验知识；在法概念论上主张法律是作为一种具有规范性的事物，既不同于价值也不同于行为；在法学理论上主张应持规范性研究的立场。[3] 法教义学的任务就是在一般性的法律规则和具体的案件之间进一步准备裁判规则。[4] 法教义学的目的就是服务于法律实践，为其提供解决问题的预备答案或方案、模式。法教义学的"规范性"应该包括不同法律形式的规范，是对社会整个法律体系的所有规范的研究。因此，具有规范效力的"政策""行政规章"和"行政规定"也应该有其相应的教义，法教义学不应该仅局限于法律规范。另外，法教义学"实践性"在于其通过"规范"的诠释来指导法律实践或法律实施、法律适用。法律实践包括立法、司法、执法和守法等一系列的法律活动，广义上还可以包括法律教育和法律宣传等。法教义学就是通过对法规和法条的解释以便法律能更好地运用于每一个环节的法律实践。目前的法教义学偏向于司法实践，但现代法教义学大多仅局限于司法审判活动，以至于有学者误认为法教义学就是司法审判活动法律的规则解释。随着社会经济的高度发展，政府对社会经济生活介入的普遍性和重要性越发明显和必要，行政治理和行政执法成为现代法治重要的组成部分。因此，对行政执法和行政治理的教义学也就具有重要的意义。

（二）苏力教授对法教义学的误读

苏力教授在《流变》一文中对"教义"的解读，就是直接把"教义"与法院的审判工作画上等号，认为"'教义'在经验世界中并没有持久稳定且易于识别并与之对应的对象。所谓法教义学追求的是以理想法官为主体思考的有关法律解释和适用"。苏力教授也意识到，"越来越多的部门法领域如今已经开始摆脱20世纪90年代普遍流行的那种对相关立法或法规的字面含义解说，开始关心立法或监管或司法的实际后果。因此，它们变得越来越像基于经验的政策性和对策

---

〔1〕 参见焦宝乾："法教义学的观念及其演变"，载《法商研究》2006 年第 4 期。

〔2〕 参见王立达："法释义学研究取向初探：一个方法论的反省"，载《法令月刊》2009 年第 51 期。

〔3〕 参见雷磊："法教义学的基本立场"，载《中外法学》2015 年第 1 期。

〔4〕 参见 [德] 乌尔弗里德·诺伊曼、郑永流："法律教义学在德国法文化中的意义"，载郑永流主编：《法哲学与法社会学论丛》（五），中国政法大学出版社 2002 年版，第 15 页。

性的研究。从知识类型上看，这些部门法领域如今更像是由社科法学主导"。"今天日益增多的法律部门中，真能拿得出'教义'的并不多，'教义'几乎一直局限于传统的刑、民法领域。诸如金融、证券、税收、环境、资源、劳动、反垄断、社会法、国际贸易和知识产权等法律领域，因为主要是'事前监管'，而非'事后救济'，'很少有案件走进法院'"，"教义在部门法实践的经验确认上常常很不确定"，"本来就几乎没有什么非常确定和稳定的'教义'，甚至很难说有什么可以配得上'教义'一词"。苏力教授认为，"教义在部门法实践的经验确认上常常很不确定，有时几乎在每个案件中的确认都不一样，根本无法直观地从现象本身来认定或判定，常常需要在具体语境下通过经验数据或材料甚至通过专门的经验研究才能判定，还常常伴随执法者或裁断者的其他众多政策考量"。[1] 苏力教授所提及的以上"金融、证券、税收、环境、资源、劳动、反垄断"等经济法，其"事前监管"必须要遵守严格的法律规定或"教义"，其基本法更不可能朝令夕改。苏力教授对"教义"的理解有失偏颇，简单地把"教义"等同于法院的工作或工作规则。诸如金融、证券、税收、环境、资源、劳动、反垄断等这类经济法因为主要是监管法，其法律适用主体是行政部门而非法院，而且为防患于未然采取"事前监管"的执法模式，但这并不意味着行政机关可以不遵守"教义"任意执法，更不是意味着经济法没有教义学，"由社科法学主导"。

(三) 行政执法教义学的内涵

学界对"教义"的一般共识指对"权威""信条"的绝对服从。"教义"似乎与"法院"没有直接联系，"法教义学"也不应只是关乎法院司法审判的学问。现代法治的法院司法中心主义的预设，把法教义学的研究局限于司法实践，而忽略了其他法律实践法教义学的研究。特别是在经济法和行政法领域，行政执法是重要的法律实施形式，但却很少有学者去研究行政执法教义学。合法性是确保行政执法机关在处理经济和行政案件过程中"依法行政"的基本原则，行政法和经济法以行政治理为核心的行政执法也应该有"教义"，特别是经济法和行政法中的基本法的教义更是必不可少。行政机关因为依法对某些执法享有自由裁量权，而且其执法所依据的行政规章和经济政策为了回应社会和经济发展常常需要调整，其稳定性和确定性相对较弱。经济政策类"软法"的"教义"不像基本法的"硬法"那么明显和强烈，自由裁量的空间较大，但并不意味其没有

---

〔1〕 参见苏力："中国法学研究格局的流变"，载《法商研究》2014年第5期。

"教义"或者不需要"教义"而随心所欲。"教义"不应仅存在于司法中，在经济法和行政的行政执法过程中也应该有，它是行政合法性原则的保证。在《流变》中苏力教授关于"教义"的解读值得商榷，其对"法教义学"的理解也同样值得怀疑。社科法学基于其对"法教义学"的曲解，把其视为对立面进行批判。但也没能在"法教义学"之外，确立有利于法律实践并能产生良好社会后果，确保法律秩序和社会秩序的权威的规则和方法。

行政执法教义学是经济法学和行政法学法律实践最为重要的组成部分，是带有实践目的的规范法学，应建立真正在经济法与行政法规范和实践之间循环往复的规范教义体系。如何使行政权力合法、合理地行使且被接受，就是行政执法教义学主要的任务。经济法和行政法一般都包括实体法、程序法和诉讼法，经济法和行政法更多和常态需要处理的行政事务主要是事前的行政执法的监管和事后的行政处罚。为能及时高效率回应社会经济发展的需要提高行政效率，法律往往赋予行政执法人员自由裁量权或是概括授权，要求执法人员根据实情积极主动行政。经济法和行政法教义学对行政执法的实践必须回应这样的事实：在我国，经济法和行政法的行政部门的行政公务人员不仅享有行政执法权，往往具有立法权和裁决权，这种集立法、司法、执法于一体的现象有着深厚的政治传统根基。因此，行政立法、行政司法、行政执法以及各种行政规范性文件、行政惯例、司法判例、行政裁决、司法解释和行政解释等都应成为经济法与行政法教义学研究的事实案例和法源。经济法和行政法规范呈现为行为规范与裁决规范的独特组合，经济法和行政法教义学应该把行政公务人员作为另一个潜在的服务对象，必须针对经济法和行政法的法律实践，利用法教义学为行政公务人员行政执法提供预备答案。行政执法教义学应当通过对相关规范的解释，获得经济法和行政法领域的法律规范背后的法原理与法原则，比如行政执法过程中的"比例原则""依法行政""信赖保护"以及"正当程序"等原则。因行政自由裁量不可避免，就应该对"行政合理性原则"和"越权无效"进行界定和解释。因此，政策问题在经济法和行政法教义学中就应当有必要的地位。[1] 行政执法教义学切合了现代法教义学的发展趋势：法教义学不再只是对法律的描述，而应是从不同类型论据到结论所采取的一种论证技术。[2] 社科法学如果要探究法律实施的社会效果，对经济法和行政法的行政执法实施机制就是其不应该回避的法律问题，而不应该仅

---

〔1〕 参见王本存："论行政法教义学——兼及行政法学教科书的编写"，载《现代法学》2013 年第 4 期。

〔2〕 参见武秀英、焦宝乾："法教义学基本问题初探"，载《河北法学》2006 年第 10 期。

限于个案的司法审判对社会的影响效果。

社科法学与法教义学都应该以法律规范和法律制度为研究的基础，但二者根本前提预设和功能不同，社科法学的目的只是获得理论上进一步的研究探索，社科法学更强调以经验研究来进行论证和理论构建，而法教义学要为法律实践提供预备的答案或方案，主要侧重于法律条文或规范的注释。应根据不同的法律类型和目标选择不同的法教义学的研究进路，像民法和刑法追求的是个体正义，强调的是法律对个案的调整，法律的实践主要是通过法院司法审判来解决纠纷，因此法教义学主要是以司法审判的法律适用为主，像经济法和行政法，着眼于社会正义，主要以行政执法为法律的实施方式，其法教义学主要就是以行政执法为主。不论何种法教义学，都应该服务于法律的实践。对于大陆法国家，注释是法教义学的基本方法，为让法教义学的注释既能维护法律秩序，又能回应社会的需求，应在立法与司法、执法之间更合理地配置资源。对非原则性条款，制定规则时在确保最低标准时，不应过于僵化，为法律适用预留更多的自由裁量的空间，也让法教义学具有更多可以发挥的能动效力。

四、对"泛社科法学"的质疑

苏力教授认为，"社科法学是针对一切与法律有关的现象和问题的研究，既包括法律制度研究、立法和立法效果研究，也包括法教义学关注的法律适用和解释，主张运用一切有解释力且简明的经验研究方法，集中关注专业领域的问题（内在视角），同时注意利用其他可获得的社会科学研究成果，也包括常识（外在视角）"，[1]"社科法学关注的法律适用者或解释者不局限于法官，常常也包括一切相关案例或纠纷的裁断者，有法院，也有其他适用解释法律并作出决定的行政机构决策者，如证监会、银监会、专利局、反垄断部门、环保局等"。[2] 苏力教授把一切与法律有关的"现象和问题"的研究都视为社科法学的研究对象或是范围，甚至包括"法教义学所关注的法律适用和解释"都作为社科法学研究的范畴。社科法学主张不仅要研究"书本上的法"，而且要研究"行动中的法"，在"死"的法条之外关注"活法"。社科法学的"逆向运动"从某种意义上说，即社科法学以发现真实的法律、寻找真实可行的解决问题的方式为名所做的所有努力就像在"挑刺"或者说"查漏"，是在寻找不同、鼓励异端、发现例

---

〔1〕 苏力：《也许正在发生：转型中国的法学》，法律出版社 2004 年版，第 17 页。

〔2〕 苏力："中国法学研究格局的流变"，载《法商研究》2014 年第 5 期。

外。[1] 社科法学者认为，"社科法学是综合性跨学科的法学研究方法，社科法学成为连接法学与其他社会科学的纽带，促进了法学与其他学科的知识的交流、竞争与合作，还可以组织法学与外学科的对话等；既包括法律社会学的经验研究，也包括法律文化研究，程序法治研究，以及横跨社科法学和法解释学的部门法学的法哲学研究等。除了法学，还注重与社会学、经济学、人类学、心理学等在内的多学科的法律研究方法，并形成与社会生物学、认知科学、法律经济学、法律社会学、法律人类学、法律与认知科学之间的跨界对话与交流，更具有知识的开放性。法律社会学、法律人类学、法律经济学、法律心理学等都可以被归结在其'旗下'，这些研究进路也分享了许多共同点，如后果主义、实用主义、经验主义、语境论等。社科法学成为连接法学与其他社会科学的纽带，促进了法学与其他学科的知识的交流、竞争与合作，还可以组织法学与外学科的对话等"。[2]

这种一统天下的"泛社科法学"的定位，不仅不能形成学术核心和学科特色，更是抹杀了学术多样化、专业化和类型化，不利于学术的竞争和发展。"泛社科法学"回避了法学研究的"类型化"和"专业化"，希望通过简单化的理论来解决复杂的法律问题。特别是，社科法学对"法律有关的现象和问题"的研究，仅仅是建立在对现有法学理论和法律制度批判性"解构"或"破坏"的基础上，却没有自己的价值追求和基本的理论建构，其理论价值和实践意义有待商榷。虽时至今日，关于社科法学的讨论已白热化，社科法学的内涵和外延也在不断地发展和完善，苏力教授及其追随者对社科法学都尚未有明确的界定和统一认识。社科法学的"法"是指什么"法"？苏力教授用"泛社科法学化"来概括其研究范围是"一切与法律有关的现象与问题"。社科法学主张"不仅要研究'书本上的法'，而且要研究'行动中的法'，在'死法'的法条之外关注'活法'"。[3] 从苏力教授社科法学的代表作《法治及其本土资源》和《送法下乡—中国基层司法制度研究》以及其近些年的学术研究领域来看，其对社科法学之"法"的界定也是"活法"的范围，其"泛社科法学"的界定应该也就想表达这种思想。因此，社科法学之"法"不仅是制定法或实在法，还包括民间法，甚至没有任何规范意义和效力的"语境上的法"，或者说仅是"文字上的法"，比如文学上的法律、电影上的法律等。这种法网天下、无所不能、无处不至的包罗万象的法学大杂烩，好比在德国，曾经的"法教义学"＝"法学"一样。"泛

---

[1] 参见邵六益："社科法学的知识反思——以研究方法为核心"，载《法商研究》2015 年第 2 期。
[2] 侯猛："社科法学的传统与挑战"，载《法商研究》2014 年第 5 期。
[3] 参见邵六益："社科法学的知识反思——以研究方法为核心"，载《法商研究》2015 年第 2 期。

社科法学"是否也意味着在我国，以后的"社科法学"="法学"了。大概正因为如此，社科法学才会不遗余力地想对政法法学和法教义学赶尽杀绝，欲除之而后快，有唯我独尊的优越感。

社科法学者希望法律与社会现实能更好地对接，让"书本上的法"或是"死法条"更有现实的效用。认为社科法学只是关注法律制度在现实生活中的效果，并以此剖析法律与社会间的相互关系。通过法律制度和规则来"倒推""追索"其产生的原因，以及存在和发展变化的规律性。但社科法学不关注法律制度和规则的逻辑结构，也不从法律的规范性和逻辑性出发，不主张法律对参与者行为的预测和指引功能的重要性，相反，则是力求描述法律在现实生活中的效果以及有效解释。[1] 社科法学不愿立足于实在法规范的实证分析，反对一切抽象的逻辑推理，仅满足于"田野"的经验实验和"放逐的想象力"的研究方法，很难从根本上去触动现行的法制，也就不可能对其形成合理性的理论建构，其学术价值有待于商榷。法律的制度设计是一项严谨的社会科学活动，不仅需要严密的逻辑思维对其进行法律结构的设计，而且需要科学的立法技术和程序设计。这不能仅依靠经验知识和"天马行空"的"强大的想象力"实现，而是需要符合法律逻辑思维和客观规律的理性思维活动，而这一切，是以正统理性的法学为先驱的学术活动为基础。因此，任何学术活动如果脱离现实的法律规范和制度的研究，只追求所谓的"理想"和"完美"的后果，却缺乏基本的制度构建，都是不现实的"柏拉图"，与其说是法学，更不如说是法律"戏说"。作为一种学术视角或是研究的进路，社科法学如此定位也无可厚非。但如果法学研究脱离了法的规范和法律制度的研究，就容易走上唯心的怀疑主义的道路，变得狂妄自大，目空一切。

五、社科法学的学术理想与目标的困境

（一）社会法学的自我定位的不足

苏力教授认为，"侯猛在讨论实证研究时隐含的一个假定就是这个世界有某些地方，学者通常称其为'田野'，会更有利于产生重要学术成果，而现在社科法学受制于学者没能自觉找到并长期进入'田野'"；"社科法学强调并注重经验和实证研究，但这丝毫不意味着不需要或是可以放逐想象力"，"任何出色的研究，都需要强大并坚实的想象力"，"想象力的意义或功能就是在一个构建的

---

〔1〕 参见谷川："法律实践需求下的法教义学与社科法学：对照及反思"，载《河北法学》2016年第8期。

思想空间中尝试着将那些之前怎么看都不大可能相关的经验现象关联起来，凭着某种直觉或预感察知这个联系能否成立"；"而时下社科法学的最大问题是，特别是在诸如刑法和民法这些领域在司法实践上同法教义学竞争时，社科法学还没有拿出足够数量且更令法教义学者信服的学术成果，拿出来的至少还不像拉伦茨、考夫曼、李斯特那样令中国的法教义学者信服的成果。就我个人对当代世界及其对法律、法学需求的理解而言，如果坚持纯粹法学的路数，坚持教义、语词甚或词典定义的进路，那么作为一个传统，法教义学很可能最终将为法律人所遗忘"；"社科法学最重要的工作就是要以有说服力的简单便利的理论，以及有效可行的解决问题的办法，争夺法律学术的和法律实践的受众"，"因此，社科法学学者必须持久努力，更要做好与法教义学竞争的准备"。[1]

社会法学者认为，社科法学在研究的进路上，通过活动经验和实证分析，获取到影响法律制度运行和活动社会效果的不同因素，从政治、经济和社会等不同层面来解释发生这种现象和效果的原因，从而为完善相关法律制度提供进一步的思考。[2] 社科法学更强调从实际而不是从理念和法学原理出发，强调在提出对策和方案之前必须掌握真实的一手材料进行经验研究。社科法学经验研究的积累，可以减少不合理的立法和法律实施所带来的社会矛盾、社会风险甚至社会震荡，使法律达到预期的效果。社科法学中的法律现象是以经验现象的面目出现的，它涉及的是法律运作的实然状态。[3]

（二）对社会法学的"学术理想与目标"的评析

社科法学以法律的"实然状态"为研究对象，所倡导的"经验""田野"和"想象力"作为法学研究的新方法和新视野，为法学研究注入了新的活力。社科法学者认为苏力教授的"社科法学"的标志性作品就是《法治及其本土资源》和《送法下乡——中国基层司法制度研究》。[4]《法治及本土资源》打开了社科法学研究本土化之门，《送法下乡——中国基层司法制度研究》则被视为"田野"调查的经典之作，这些成就都值得肯定。但法学有其固有的本质特性，必须基于现实的法律资源，以特定的实在法的法律规范和相关制度为基础，不同于其他社科研究有更多的创新和创作的空间，不能仅仅是"证实经验"的描述，其

---

〔1〕 苏力："中国法学研究格局的流变"，载《法商研究》2014 年第 5 期。

〔2〕 参见谷川："法律实践需求下的法教义学与社科法学：对照及反思"，载《河北法学》2016 年第 8 期。

〔3〕 参见陈柏峰："社科法学及其功用"，载《法商研究》2014 年第 5 期。

〔4〕 参见侯猛："社科法学的传统与挑战"，载《法商研究》2014 年第 5 期。

"田野"调查和"想象力的放逐"都必须受限于现行的法律制度和资源。社科法学的研究方法为我国法学研究开辟新的路径，但其游离于法律规范和正式制度的学术视野，排斥理性逻辑思维，崇尚经验及想象力的思维模式难免被贴上非正统性和反传统性的非理性标签，也进一步说明其不可能取代正统的法学研究进路。从苏力教授对社科法学的理想目标的定位，社科法学引以为豪的创新与努力如果仅仅是为了出"学术成果"和"学术竞争"，而不是为了真正地从根本上探讨法律与社会的关系，以弥补"法教义学"存在的不足，并为法律实践提供有益的理论依据，那么这些创新和努力难免让人质疑其学术品质和社会价值。法学是通过学术活动为法律实践提供理论依据的学问，而不是"学术"的名利场。如果学术仅是为了竞争出"学术成果"和争取"话语权"或"受众"，而不是为了解决问题，这样的学术竞争就是在哗众取宠，争名夺利。社科法学对法教义学咄咄逼人的挑战以及对"学术竞争成果"的渴望，难道就是社科法学追求的理想和目标？如此的定位，敢问社科法学路在何方？

六、社科法学的定位

（一）社科法学概念的厘清

侯猛博士认为社科法学的英文名称是 Social Sciences of Law，中文直译"法律的社会科学"，只是简称社科法学而已。之所以如此简称，是因为考虑到以下两个方面的因素：其一，社科法学特别指向的是，那些在法学院进行社会科学研究的学者，以及一部分受过法学专业训练在法学院之外的其他院所从事法律研究的社科学者，从而与在法学院之外的其他院所进行法律研究但未受过法学专业训练的社科学者相对有所区分。这意味着来自不同知识背景的法律社会学者、法律经济学者、法律人类学者，以及其他跨领域社科法学者的跨界对话格局已经形成。其二，社科法学的称谓虽未必严谨，但方便交流。[1] 关于法律与社会研究的领域，西方学者称为"法学与社会科学"（Law and Social Science），或是"法律社会学"（Law and Society），也译为法社会学，在英国的法学理论中被称为"法律-社会学研究"（Socio-Legal Studies）。[2] 在西方传统法律社会学研究中，又有"法律-社会学"（legal sociology 或 sociology of law）、"社会学-法学"（so-

---

〔1〕 参见侯猛："社科法学的传统与挑战"，载《法商研究》2014 年第 5 期。
〔2〕 参见王勇："法律社会学及其中国研究进路的初步思考——一般理论与本土问题的知识建构"，载《法制与社会发展》2007 年第 2 期。

ciological jurisprudence），[1] 或者 "社会-法学研究" （Socio-legal research）[2] 之分。不过，后两者主要指社会法学，是法学的一个分支，与法律社会学或法社会学从内涵和外延上都完全不同。"Social Sciences of Law" 的英文名称可能也仅仅是我国学者的杜撰，这个术语在常用的外文学术期刊数据库如 HeinOnline 法律数据库、读秀外文和美国 EBSCO 公司资源外文发现系统 Find+里根本都搜索不到，但用其他英文名称可以搜索到相关的学术用语及相关的论文，意味着 "Social Sciences of Law" 是没法进行国际学术交流的，反而会引起学术交流的障碍。打着 "本土化" "多元化" 和 "促交流" 旗号的 "社科法学"，其实也就是西方法律社会学或是法社会学的 "本土化" 而已。把国内外已硕果累累的法社会学和法律经济学，加上法律人类学和法律心理学等边缘学科组合在一起谓之 "跨学科" 的 "对话" 的 "社科法学"，也就是 "新瓶装旧酒"，其实还是原来的味道。这只不过是社科法学学者们的自娱自乐，自我陶醉的一场盛宴，除了引起学界的一阵狂欢和躁动，并没给学界带来任何新的建树。

（二）厘清社科法学的哲学问题

侯猛博士认为传统法社会学向现代社科法学转向的标志，构成托马斯·库恩所说的范式转换。其构成范式转换的两个基本特征是：其一，科学经典的成就空前地吸引一批坚定的拥护者，使他们脱离科学活动的其他竞争模式；其二，这些成就又足以无限制地为重新组成的一批实践者留下有待解决的种种问题。[3] 侯猛博士认为苏教授带动了整个法学界跨学科研究的风气，开启了司法制度和个案研究的传统，吸引了一批学者从事社科法学的研究。在国内，贺欣、侯猛、艾佳慧、唐应茂、汪庆华、刘忠从事的司法经验研究，桑本谦、王启梁、陈柏峰、尤陈俊从事的个案经验研究，都是在他的影响下进行拓展乃至批判而展开的。在法律职业以及法律与发展领域也有不少经验研究，前者如刘思达、李国庆，后者如程金华、冉井富。晚近的变化是在法律与认知科学领域，如成凡、李学尧。认为苏教授 "社科法学" 的标志性作品就是其《法治及其本土资源》和《送法下乡》。[4] 但类似的研究其实自 20 世纪 90 年代起，在苏力教授之前就有法社会学

---

〔1〕 参见朱景文主编：《法社会学》，中国人民大学出版社 2005 年版，第 2~4 页。

〔2〕 参见［美］坎培尔、威尔斯："社会中的法律研究"，郑哲民译，载［美］埃文主编：《法律社会学》，五南图书出版公司 1996 年版，第 23、27 页。

〔3〕 See XinHe，"Black Hole of Responsibility：The Adjudication Committee's Role in a Chinese Court"，*Law and Society Review*，2012，Vo. 42，No. 4，pp. 681-712。转引自侯猛："社科法学的传统与挑战"，载《法商研究》2014 年第 5 期。

〔4〕 侯猛："社科法学的传统与挑战"，载《法商研究》2014 年第 5 期。

学者在进行"法律资源本土化"和"田野"的调查研究。[1]

在西方，对于法律社会学领域来说，从来就没有单一风格的法律与社会研究样式或检验标准，法律社会学研究等同于法律与社会科学研究，故通常伴有温和的改革锋芒。从事法律与社会研究的学者群体已经走向了支离破碎，因为他们在构建基本理论范式上意见纷纭，甚至常常对此没有多少兴趣。法律与社会学研究的传统也可以并且应当可以作为新学者重新界定该领域的参考。这个领域的研究在发展趋势上是走向更大程度的包容性，但同时也趋向于片段化。随着包容性的增加，关于法律与究竟何为社会研究以及有关学者应有何作为这些问题，变得更加不确定且令人不安。这个领域进展的标志之一则是以下疑问：这个领域的边界是什么？何谓这个领域的正统与异端？[2] 社科法学的理念、理论知识和研究方法没有从根本上对法社会学或法律社会学有新的突破，只是文字的表述上有所不同而已。

当初苏力教授提出的社科法学的研究进路，只是作为非法学视野，或是社会科学的法律研究方法，其研究视野和进路与正统法学不同，认为这种概括性界定在于把社科法学从法学研究的范畴中与法教义学区分开来，同时也明确自己的定位是非法学研究，是利用各种社会科学的方法来研究法学问题，为法律实施的社会效果提供理论依据。从社科法学者一系列的论著，包括《流变》中苏力教授对社科法学的进一步阐述，其所倡导的学术理念、基本理论、研究方法和进路，并没有任何新的建树，类似的研究更早在国内外的法社会学或法律社会学、法律经济学、法律人类学、后现代法学的著作里都有相关的研究成果，而且每一个学派都有自己独立的研究范式和学术目标，社科法学揣着"一统天下"的野心窃

---

〔1〕 中南政法学院的郑永流、马协华、高其才、刘茂林等 1993 年撰写了《农民法律意识与农村法律发展》一书，以湖北省八市、县为标本，对我国农村法律文化状况及法律发展作了有意义的调查和研究。1992 年以种明钊为首的西南政法学院课题组通过对华北、华东、中南、西南、西北等地农村和典型农村经济组织的调查，形成研究成果《中国农村经济法制研究》一书。西南政法学院长期坚持对西南少数民族地区的法制状况进行社会学的考察研究，出版《凉山彝族奴隶社会法律制度研究》。1994 年起，俞荣根主持的"中国西南少数民族习惯法"项目中已经完成了《羌族习惯法》（2000 年）的调查和写作工作。1993 年，夏勇教授主持了"中国社会发展与公民权利保护"的课题，通过广泛的社会调查走访了 10 个省（市）、23 个县（市）、19 个乡（镇），召开了 230 次座谈会，发出了 6000 份抽样调查问卷，广泛接触了农民、市民、法官与行政官员，并于 1995 年出版了专著《走向权利的时代》，在国内学界引起较大反响。1996 年，以苏力为核心的名为"中国农村基层司法制度"的中青年学者的专项调查，形成了有代表性的专著《送法下乡——中国基层司法制度研究》。（参见何珊君：《法社会学》，北京大学出版社 2013 年版，第 8 页。）

〔2〕 参见［美］奥斯汀·萨拉特："片段化中的活力：后现实主义法律与社会研究的涌现"，高鸿钧译，载萨拉特主编：《布莱克维尔法律与社会指南》，北京大学出版社 2011 年版，第 8 页。

取这些学科成果，打着"跨学科"的旗号组装成"社科法学"，试图通过对法教义学的批判树立自己的权威并强调存在感。但社科法学没有坚实的理论根基和独立学术范式、品质、理想目标的学术研究进路，可能只是喧闹一时的昙花一现，充其量也就是后现代主义的又一种新思潮。社科法学应该先清楚自己的定位，搞清"我是谁""我想做什么""我能做什么"这些最基本的哲学问题，或许更能合理定位自己。

(三) 明确社科法学的价值目标

社科法学放任自由的理想，漫无目标的定位导致其缺乏核心的价值目标。正如政法法学努力阐述政治与法律的关系，法教义学竭力维护实在法的秩序和权威一样，社科法学也应该有自己的价值目标。不能仅仅怀着一统江湖的野心，成为现行法律制度和法学理论体系的"推手"，却没有能力筑成自己的大厦。如果"社会效用"能成为社科法学的价值目标，那又未尝不可？关键在于他们又不屑去论证和构建如何让现实的法律发挥"社会效用"，如何让法律制度与社会秩序成功对接的制度构建，对法律实施和适用"后果"仅仅满足于"中立"的关注或是批判，而不愿结合其他社会问题对现行法律规范去进行理性实证分析和重构。目前的社科法学，揣着后现代主义的理念，打着反正统、反理性、反形式主义和反基础主义的口号，顶着跨学科、多视角的名誉，挥舞着经验主义和实用主义的大旗，披着各形各色的法律文化和现象、问题的外衣，以破碎的理论碎片武装着自己，挥动着大棒，天马行空，叫嚣着对政法法学和法教义学大打出手。学术需要竞争，但学界不是战场，不一定非要拼得你死我活，决出胜负输赢。社科法学对政法法学的轻视在于其把"政治"与"法律"截然隔离，拒绝法律的政治评价，忽视了社会问题是与法律、政治掺和在一起的，社会问题的解决既需要法律的参与，也离不开政治的视角。社科法学对法教义学的诟病在于其把法教义学简单等同于法条主义，认为法教义学脱离了社会现实，而社科法学能实现法律和社会的对接。当然，这样的出发点和愿望是美好的。只探讨法律的社会效应的经典理论和社会实践在西方已有很多，而且已有了较悠久的历史和成熟的理论体系和实践经验，社科法学应该思考如何真正地实现超越和创新，而不是仅仅强行把所有的学科捆绑成一起。

西方法律社会学以研究"经验"来探讨以往在法学研究中被认为概念性问题的主题，处理法的实际运作、实际的影响，法律服务的渠道以及福利与贫穷等议题，法律的改革是法律界更重要的任务。〔1〕不论是法律社会学还是法律经济法，都有很成功的经验可借鉴。重要的是，这些理论构建都有特定的价值目标。例如边沁的功利主义的最大多数人幸福，其效用的原则要求法律制定和法律制度都以促进最大多数人的最大幸福为目标。效用将以对特定实践、制度和政策的价值的理性判断来替代传统的、自私的或主观道德判断。它们将被按照多大程度上实现共同利益来进行判断，标准是在多大程度上最大化地满足最大多数人的需求。〔2〕庞德的利益法学的利益基本单元严格意义上潜在的法律含义是对利益的强调，让其作为法律理论的基本单元，反映了在法律与集体需求和问题的紧密关系之间，一旦利益受到了合法性的保护，就成为法律权利，表达出了社会活动和社会关系结构，以及反映社会活动和关系变迁的要求得到法律承认的利益改变的模式。〔3〕罗尔斯的正义论认为公平正义包括差别原则和平等机会两个具体原则，并认为社会体系的正义在本质上决定于在不同社会的阶层中存在着经济机会和社会条件和如何分配基本权利义务。〔4〕韦伯意义上的理性是对法律的制定、颁布和适用的普遍性规则能力的一种衡量。韦伯意义上的"形式"理性，即作出法律决定的裁判标准本身是从法律规定之中推导出来，并将其作为判断的主要标准；反之，如果是由经济的、政治的、宗教的、伦理道德的等其他非法律因素所决定的裁判，则是韦伯意义上的"实质"理性。〔5〕科斯的效益与成本理论认为权利初始界定是实现资源配置的基础，交易成本越小，资源配置越优。权利的初始界定越有利于明晰责权的界限，减少交易过程的纠纷和障碍。〔6〕卢埃林列举的现实主义对法律效果的关注，考虑要认真检验特定法律和法律制度的社会和经济效果。查尔斯·克拉克对民事和刑事程序的论述、威廉·道格拉斯对商业失败和破产的论述，昂德希尔·摩尔对银行法律和实践的论述，都是他们认真对待某类法律学术的社会科学模型。另外，政策科学可以兼容对法律学理的各种看法，如20世纪40年代，耶鲁法学教授迈尔斯·麦克道尔及其同事政治科学家哈罗

〔1〕 参见［美］坎培尔、威尔斯："社会中的法律研究"，载［美］埃文主编：《法律社会学》，郑哲民译，五南图书出版公司1996年版，第23、27页。

〔2〕 参见［英］边沁：《政府片论》，沈叔平等译，商务印书馆1995年版，第115页。

〔3〕 参见［美］罗斯科·庞德：《通过法律的社会控制》，沈宗灵译，商务印书馆1984年版，第34页。

〔4〕 参见［美］罗尔斯：《正义论》，何怀宏等译，中国社会科学出版社1988年版，第5页。

〔5〕 参见［德］马克斯·韦伯：《经济与社会》（下卷），林荣远译，商务印书馆1997年版，第17页。

〔6〕 参见［美］科斯·哈特·斯蒂格利茨等著，［瑞典］拉斯·沃因、汉斯·韦坎德编：《契约经济学》，李风圣主译，经济科学出版社1999年版，第68页。

德·拉斯韦尔开始了一个长期合作，试图建立一门政策科学：设定社会目标，引导了将政策形成和执行技术的理性化表达摆在中心位置，服务于法律的社会科学研究的跨学科运动。制定法律的最终权威的基础是一种社会学考虑，这给规范法律理论提出了难题，这是努力贴近现实的功利主义尝试。避免教条，避免抽象地讨论武断预设的自然权利，以及避免将权威神圣化。[1]

这些西方的法律社会学者都确立了自己的价值目标，然后再探讨实现目标的实施机制。把法律制度与社会对接，而不仅仅是对法律与社会现实的漫无目的后果的关注和随性地批判。法律社会学是描述性的法律社会学，关注法律事实、法律关系的形成、演变，以及各种不同的社会秩序之间的关系等，目标是为寻求法律演变的规律性，研究法律的理想秩序与实际秩序的关系，特别是关注在法律条件下，社会生活如何由法律来加以操纵和调整。[2] 社科法学必须正视否认规范法律理论的最为激进的现实主义研究中依据行为而不是学理来考察法律的情形，社科法学如果要走得更远更稳，就应该借鉴西方法律社会学者的经验，以法律规范为基础，在基本教义之外探讨法律的社会"效果"及其实现机制，这个效果应该是体现特定的法律价值，比如社会正义、社会秩序、公共利益、公共福利、人权、发展权、公平、效率等。

七、结语

社科法学倡导面向社会现实，主张通过运用社会科学方法研究法律现象和问题，使法律制度融入社会体系。通过社会科学方法来解释法律与社会之间的张力，探寻法律实施的社会效果，使法律秩序与社会秩序对接，从而发现建设法律实施所面临的具体问题，实现法律对社会的管理和控制，这种理想目标是值得肯定的。社科法学与法教义学是法学研究的不同领域，不存在优劣势态，都是以不同的学术视野来探讨不同的法律实施机制，法教义学遵守法制原则以维护法律的权威和秩序的稳定，社科法学应通过把法律与社会、经济、文化等相融合，寻求更有效的法律实施机制。法律的适用和实施不仅限制司法机关，更应该探讨司法之外的法律实施机制，政府治理是实现法律管控社会的最佳途径，也是社科法学应该追求的价值目标。

---

〔1〕 ［英］罗杰·科特瑞尔：《法理学的政治分析：法律哲学批判导论》，张笑宇译，北京大学出版社 2013 年版，第 55、60、68 页。

〔2〕 参见王勇："法律社会学及其中国研究进路的初步思考——一般理论与本土问题的知识建构"，载《法制与社会发展》2007 年第 2 期。

敦煌借贷契的要素事实、法律意涵与文化意蕴研究
——以立契时间、借贷主体和借贷原因为中心*

◎王斐弘**

自藏经洞发现至今的一百余年来，学界对敦煌契约文书的研究，已由初期对契约文书的还原、笺释，中经援引佐证、分类研究，逐步向以阐释"契约要素"

* 基金项目：本文系作者主持的国家社科基金项目"丝路文化视域下敦煌借贷契约精细化研究"（项目编号：19BFX033）的阶段性研究成果。
** 作者简介：王斐弘，中国计量大学法学院教授。

为标识的精细化方向发展。所谓契约要素，即现代的"合同条款"，是指那些构成各种不同契约法律关系的通用性约定事项和实质性约定事项。[1] 需要说明的是，之所以用"契约要素"而不用"合同条款"，这是因为在中国古代的契约文本中，虽有分行但无现代合同中明确标识出来的数字化条款，选用"契约要素"比较妥帖。[2] 由于契约要素中承载了相应的信息和对应一定的事实，可称为"要素事实"。因此，横向选用"契约要素"中的立契时间、借贷主体和借贷原因，并对其中的"要素事实"作微观的分解研究，有利于纵向揭示敦煌借贷契约本身没有直接标识出来的法律意涵及其文化意蕴，价值独具。

一、敦煌借贷契的立契时间

借贷契约中的立契时间，是指债务人与债权人协商一致后，将双方的契约意愿以书面形式确立下来的时间。在敦煌借贷契中，有不少借贷契的立契时间，同时也是标的物由债权人转移给债务人的时间，属于即时履行，这有别于现代合同在没有附条件的情形下，仅表明合同的生效时间。

（一）要素事实

在敦煌借贷契中，标注立契时间，共有三种方式：

1. 以干支纪年法纪年，再加农历的月、日。如 P. 3566 号氾怀通兄弟贷生绢契的契首为"甲子年三月一日立契"，即是此法。以此法标注立契日期的，很少有不写具体日期的契约（只有李庭秀等请贷牒在契尾标明"辛丑年二月日"一例）。经统计，以此法标注立契时间的敦煌借贷契共 26 件，占敦煌借贷契总数的 35.6%。[3]

2. 以十二地支纪年法，再加农历的月、日。如 S. 6829 号 4V 张和子预取造栯篱价贴契首为"卯年 4 月 1 日"，即是此法。再如，敦煌的请贷牒中普遍采用此法，如北鹹字 59 号背金光明寺寺户团头史太平等请便麦牒及处分契契尾为"丑年二月日，寺户史太平等谨牒"等。经统计，以此法标注立契时间的敦煌借贷契共 20 件，占敦煌借贷契总数的 27.3%。也有只标明年、月的，如 S. 1475 号

---

〔1〕 其中，通用性约定事项的存立，保证了契约之为契约的完整性；而实质性约定事项的存立，则对此契与彼契有了质的界分。敦煌借贷契约的契约要素亦然。

〔2〕 梅因在论说"契约的早期史"时，通篇也使用了"要素"。例如，他在援引边沁和奥斯丁的论说时，认为"一个契约有两个要素"。参见［英］梅因：《古代法》，沈景一译，商务印书馆 1959 年版，第 207 页。

〔3〕 此外，量大面广的便物历，基本上采用此法标注立契时间。如此，则以干支纪年方式标注立契时间的契约占总数的 60% 以上。

7V 张七奴便麦契契首为"酉年十一月"。实质上，这应当是干支纪年的一种简化方式。

3. 以帝王年号纪年，再加农历的月、日。如 S. 5867 号马令痣举钱契契首为"建中三年七月十二日"。再如，P. 3192 号背孟憨奴便麦契稿契首为"大中十二年四月一日"，即是此法。经统计，以此法标注立契时间的敦煌借贷契约共 8 件，占敦煌借贷契总数的 10.9%。

需要说明的是，因契残未能看到具体立契年份或具体月、日的敦煌借贷契共 17 件，占敦煌借贷契总数的 23.2%。虽如此，但可以肯定的是，敦煌借贷契立契时间的标注方式，不外乎以上三种，没有例外。

（二）法律意涵

敦煌借贷契中所见的立契时间，主要包含以下法律意涵：

1. 确立了借贷契约生效的时间节点，从而使借贷契约具有了应当信守的约束力。换言之，无论采用何种纪年方式，一旦在借贷契中确定了立契时间，也就意味着合意的达成，因之确定了该契约生效的时间，进而意味着该契约从此对双方当事人具有了约束力，任何一方不得反悔。如北图殷字 41 号沈延庆贷布契，立契时间为癸未年 4 月 15 日，该契明确约定"先悔者，罚麦伍斗，充入不悔人"，既是对契约生效时间这一关键节点的确认，也是对生效契约具有约束力的确认，更是对反悔一方应承担什么样的法律责任的确认。这一在敦煌契约文书中常见的"先悔罚则"，虽然在大部分的敦煌借贷契中并没有约定，但实际上，在当时的人们看来，契约一经订立即具有相应的约束力，这是约定俗成、不言自明的惯例。当然，立契的时间节点实以合意为支撑，"即一经表示相互同意立即具有拘束力"。[1] 这一史实，再用哈耶克进化论理性主义的观点检视，再恰当不过了："人生成于其间的文化传统，乃是由一系列惯例或行为规则之复合体构成的，这些惯例或行为规则之所以胜出并得以盛行，是因为它们使一些人获得了成功；……这些惯例之所以获得成功，往往不是因为它们给予了行动者个人以任何可识别的益处，而是因为它们增加了该行动者所属于的那个群体的生存机会。"[2] 也就是说，"合同之所以对当事人具有约束力，乃是人们在长期进化的过程中所无意识地形成的一个惯例，而并非出于人类的理性设计和逻辑推

〔1〕 ［英］梅因：《古代法》，沈景一译，商务印书馆 1959 年版，第 214 页。
〔2〕 ［英］哈耶克：《法律、立法与自由》（第 1 卷），邓正来、张守东、李静冰译，中国大百科全书出版社 2000 年版，第 16 页。

演"。[1]

2. 立契时间与契尾的借贷人、保证人甚至见人的签字、画押前呼后应，使契约的生效具有了相应的程式保障。换言之，立契时间即是签名、画押的时间，反过来，签名、画押这一程式进一步确认了立契时间带来的约束力。它与现代合同成立的程式，并无本质的区别。

3. 可以据此推算借贷期限的长短、利率的高低，以及研究者两者之间的关系，从而揭示农耕社会春借秋还的一般规律等。

（三）文化意蕴

1. 以干支纪年法为历史年代命名，为人间契约标注的文化意涵。我们知道，现在通行的公元纪年法，又称西历或西元，是一种源自西方社会的纪年方法，它以耶稣诞生之年作为纪年的开始。对此，德国著名哲学家雅斯贝尔斯曾深刻地指出："在西方世界，基督教信仰缔造了历史哲学。……上帝之子的降临是世界历史的轴心。我们的年表天天都在证明这个基督教的历史结构。但是，基督教仅是其教徒的信仰，而非全人类的信仰。因此，这一普遍历史观的毛病在于，它只能为虔诚的基督徒所承认。"由此他认为，应当"引出一个为所有民族——不计特殊的宗教信条，包括西方人、亚洲人和地球上一切人——进行历史自我理解的共同框架"。[2] 换言之，这个以基督耶稣诞生为公元纪年开始的西元纪年法，并不是所有民族在"进行历史自我理解"时的最好框架。以中国论，这个肇始于东汉的干支纪年法，与这个民族固有的传统文化有着千丝万缕的连接，诸如天文、地理、中医、历法、节气、术数，乃至命理八字等，无不有着深刻的互嵌，直到近现代，一些重大的历史事件还以这种方式命名，比如戊戌变法、甲午战争以及辛亥革命等，即是明证。

客观说来，干支纪年虽然富有民族特质，但一个显而易见的不足，作为 60 年一轮的甲子循环，必然会导致纪年的不断重复，这在历史长河中，在干支纪年重复的时候，就不易辨识具体、准确的年代。比如，P.3565 号氾怀通兄弟贷生绢契标明为甲子年，就不能确定是公元 964 年还是公元 904 年。以此看来，干支纪年让位于公元纪年，从民族文化的角度来看固然是一种失落，但又何尝不是一种社会选择的必然结果？虽然公元纪年在起算点打上了基督的印迹，但从后来人们仅仅是把它作为一种通行的纪年方式来看，它的确不失为一种通用的、"标准

---

〔1〕 崔建远：《合同法总论》（上卷），中国人民大学出版社 2011 年版，第 261 页。

〔2〕 ［德］卡尔·雅斯贝斯：《历史的起源与目标》，魏楚雄、俞新天译，华夏出版社 1989 年版，第 7 页。

化"的历史纪年方式。事实上，民族的东西在一些地方可以依然存在，比如，当下的纪年方式虽以公元纪年为主，但也可以同时标上干支纪年，如此，则文化多元，各取其用，并行不悖。

2. 再分析以十二地支纪年方式的文化意蕴。检索、比照敦煌借贷契就不难发现，这些以地支纪年的借贷契，大多发生在吐蕃统治敦煌的时期。因此，它是一个汉文化与吐蕃文化交融的结果，其间经历了怎样的融汇与取舍，可能是一个极其复杂的文化问题，但从保留了十二地支的结果看，大抵是接受了汉历干支纪年的影响，又与藏历的十二生肖对应，以方便纪年，因此它实际上是"地支生肖纪年法"。比如，丑年属牛，在一般藏族民众中间，也叫牛年。其实，在汉文化中，在广大的农村，直到现在，人们更是把丑年叫作牛年，即使在城市，人们也把生肖纪年对应的生肖，附上美好的祝福送给亲友，也证明了这一纪年绵延不绝的文化持久力。

3. 最后再看帝王年号的纪年。我国先秦时期的纪年方式为王位纪年，这种纪年方式到汉武帝在位的第二十七年终结。这一年，随着皇权与诸侯王权的长期博弈和皇权的胜出，为了重塑皇权的至高无上，开始创立以祥瑞字符配合纪元的方法，此即帝王年号纪年法。这一纪年法，不仅是帝制时代的突出标识，而且还在不经意间，通过年号这种方式把皇权至上的符号渗透到黎民百姓的日常生活之中，以致在一份份契约中打上烙印。与前两种纪年方式相比，它凸显了容易辨识、不易混淆的特质，但是随着帝制时代的结束，这种纪年方式也就寿终正寝了。换言之，它不可能像干支纪年、地支纪年那样具有穿越时代的文化伟力。当然，有些年号，也不失为一种文化符号，一提起来，就很能表征那个历史年月特有的印迹，犹如周璇的旧唱，一句"浮云散，明月照人来"，就会让旧上海滩的浮华景致扑面而来。事实上，唐、明、清三代的年号，比如贞观、开元，比如永乐、万历，比如康熙、乾隆等，即具有这种文化符号的特定功能。因此，那些不仅高悬在史册中，也安存于民间细故契约中的帝王年号，是默默承载当时那个时代历史气息的无声旧唱。

还要指出的是，从敦煌借贷契的立契年份看，敦煌的粮食借贷契大多集中在8世纪~9世纪，而敦煌的织物借贷契则大多集中在10世纪。如果说前者反映了自然经济和自给自足的状态，后者则显示了商业交往的恢复。因为织物在当时是一种支付手段，由此表明了对外部世界新的开放姿态以及商业活动的复兴。[1]

---

〔1〕［法］童丕：《敦煌的借贷：中国中古时代的物质生活与社会》，余欣、陈建伟译，中华书局2003年版，第17~18页。

二、敦煌借贷契的借贷主体

借贷契中的借贷主体，即出借人和借用人，分别为债权人与债务人。有此主体，乃成契约所生之债。拉伦茨说，债是两人或多人之间的各种法律联系的集合，其中，有债务，即一方当事人对于另一方当事人负有提供某种给付的义务，也有债权，即另一方当事人要求提供给付的权利。[1]

（一）要素事实

1. 借贷契中的借贷双方，一方为出借人，在敦煌借贷契中，多称为钱主、麦主、粟主、豆主等，在敦煌便物历中，则称出便者；与之相对的另一方为借用人，在敦煌借贷契中称为举钱人、便麦人、便粟人、便豆人、贷绢人、还绢人等，而在敦煌便物历中，则称便入者。

2. 敦煌借贷契中的债权人，在粮食借贷契中一般表述为"今于××寺（常住处）"，或"今于××寺佛账物内"，或"于××处"，或"遂于××处"等，标识借贷标的物的所有者，有的甚至不写所有者，是空白的；而在织物借贷契中，大多表述为"遂于××面上"，以此标识织物借贷标的物的所有者，即在契尾并不标注"绢主"。在敦煌便物历中，对于机构，如罗振玉旧藏辛巳年六月十六日社人拾人于灯司仓贷粟历，直接列称"灯司仓"。再如 P.3370 号便物历，也是直称为"某寺公廨"。而对于个人职务行为的便物历，典型者如 P.3234 号，则写"东库惠安、惠戒手下便物历"。

3. 敦煌借贷契中的借用人，无论是粮食借贷还是织物借贷，一般在立契时间后，直列借用人的姓名×××，也有在姓名前加所属行政区划的，如 S.766 号背文书中"平康乡百姓曹延延"，不少借贷契则在姓名前加注身份，如 P.3458 号标注的是"押衙罗贤信"。在便物历中，大多直列姓名，而且简洁明了，如 P.3234 号第 7 行："安员进便豆壹硕陆斗，至秋两石肆斗。（押）住在寺前大街西。"

（二）法律意涵

以借贷双方为主体达成的敦煌借贷契，在法律上，指向"债"。而"债者，指特定当事人间得请求一定给付的法律关系。分析言之，债乃一种法律关系，又称为债之关系。其得请求给付的一方当事人，享有债权，称为债权人，其负有给付义务的一方当事人，称为债务人"。[2] 下面以借贷主体的要素事实，分析它的

---

〔1〕 ［德］卡尔·拉伦茨：《德国民法通论》（上），王晓晔等译，法律出版社 2003 年版，第 40 页。

〔2〕 王泽鉴：《债法原理》，北京大学出版社 2013 年版，第 55 页。

法律意涵：

1. 借贷主体的多元性。从敦煌一般借贷契约看，债权人分别为：寺院（包括都司仓、佛账所、常住处）、僧人、普通百姓和地方官吏。[1] 在这四类债权人中，寺院 20 件，约占总契数 73 件的 27.39%，其中，灵图寺佛账所 8 件，灵图寺常住处 1 件，都司仓 7 件，龙兴寺、永寿寺和永康寺各 1 件，另有 1 件何寺不详。僧人 18 件，约占总契数的 24.65%；普通百姓 12 件，约占总契数的 16.43%；地方官吏 5 件，约占总契数的 6.84%，其余 18 件未写或契残不详，但从类型看，应分属于上述三类债权人中，应无例外。从债权人的身份上看，虽然寺院没有我们想象的占比那么大，但也是为数最多的债权人，加上僧人，再考虑到未写或不详的那些很有可能也多是寺院或僧人，则此类债权人至少占了 60%。事实上，真正意义上的民间借贷，即老百姓之间，包括地方小官吏作为债权人的借贷，总数不会超过 30%。

从对敦煌借贷契的梳理、统计可见，敦煌借贷契中的债务人的身份，分别为普通百姓、地方官吏、僧（道）人员和寺院。在这四类债务人中，普通百姓 50 件，约占敦煌借贷契总契数 73 件的 68.49%；地方官吏 8 件，约占总契数的 10.95%；僧、道人员 7 件，[2] 约占总契数的 9.58%；寺院 2 件，[3] 约占总契数的 2.73%；另有 6 件因契残不详。由此可见，贫苦百姓是债务人的主体，也有部分地方官吏和僧、道人员，这说明在物质匮乏的那个时代，贫困是一种普遍现象，即使是地方官吏和僧、道人员，也不例外。

2. 主体身份的多样性。除了以上普通借贷契外，需要特列便物历的借贷双方。对此，唐耕耦曾以机构、职业、身份、民族等为视角作过详细的梳理，照录如下：

从便物历看，出便者占第一位的是净土寺、灵图寺、显德寺等寺院，其次为某些富僧和富有的俗人以及官仓、地子仓等，比较简单。而借贷者的成分则很复杂，涉及各种职业、各种身份、不同种族、民族的僧俗人员以及某些寺院。具体说，有农民，包括自耕农、佃农、合种人等，这是主要的；还有官人户、依附于寺院的常住人户；有手工业者，如都料、博士、金银匠、皮匠、柔皮匠、纸匠；

---

〔1〕 童丕以粮食借贷，将债权人分为四种，即僧统司仓，寺院的佛账所，常住处，以及私人、僧尼、世俗官员和个人。

〔2〕 这表明，僧、道人员也有贫困者，并不是所有这个阶层的人员在当时都很富有。

〔3〕 一件是金光明寺直岁明哲、都维那惠微、寺主金粟三人为维修破败不堪的金光明寺而递呈的请贷牒（沙州文录补），应视为金光明寺为债务人；另一件则是因为"龙兴经楼"基阶颓朽而递呈的请便佛麦稿（S.5832 号），也应当是该寺为债务人。

有酒店、油粮户等小业主；有卜师、音声人、磑面人、面师等；有从事和管理畜牧业者，如放驼人、牧马人、骆驼官、知马官等；有低级的官和小吏、色役人，如长吏、仓曹、押衙、都衙、都头、将头、判官、酒司、兵马使、乡官等；有与社邑有关人员，如录事、社人；有开元寺、普光寺等寺院，有郭僧政、张僧正等僧官，有郭寺主、索寺主、杜寺主、王寺主、索上座、阇梨、法师、法律等上层僧尼，以及一般僧尼。就种族、民族讲，除汉族外，有许多少数族。这从姓字考察一下就很清楚。高利贷的触角，伸展到了各个方面。[1]

法国学者童丕对此总结道："便人者几乎属于当地社会的所有阶层，唯有最高级和最低级的阶层例外。"[2] 其实，唐耕耦的论文固然表明了便人者分布于广泛的各个阶层，而其着眼点，是想由此证明高利贷的触角的无所不在，从而证立其阶级分析的观点："残酷的高利贷剥削是套在小生产者身上的一大绳索，是促使农民破产的重要原因。"[3] 显然，这一观点打上了特定时代的烙印。童丕就认为，虽然"负债打击了属于差别甚大的一大批个人和家庭，他们均属于当地居民的中产阶层。……然而，我们不应该把这种场面说得过分一团漆黑。如果说生计问题是许多借便之源，那么作为赤贫标志的个人借便的微薄数量，却是最终都要比初看起来那样显得更小，能够摆脱债务的借便人同样也很多。任何文书，任何例证都无法使人断定，负债在敦煌成了一种地方性灾难，它在社会组织中肆虐一时"。[4] 更公允地说，虽然当时的高利贷触角广布，但也有不少无息借贷的存在，不能一概而论。事实上，无息借贷就是以故意缺省利息条款的方式而存在的。因此，唐耕耦论文的偏颇就在于他甚至不承认敦煌借贷契中的无息借贷，认为"未写利息的寺院借贷文书，不可能是无息借贷，而是有息借贷。其利息率系按当地通行的利息率计算"。[5] 这一观点，是不能成立的。因为按照当地通行的利息率计算，一般发生在违限不还的情形下，而且会在契约中写明"于乡原生利"。同时，我们也要看到，正是这些量大面广的借贷契的存立，虽然使不少贫

---

[1] 唐耕耦："敦煌写本便物历初探"，载《敦煌吐鲁番文献研究论集》第 5 辑，北京大学出版社 1990 年版，第 176 页。

[2] ［法］童丕："10 世纪敦煌的借贷人"，耿昇译，载郑炳林主编：《法国敦煌学精粹》第 1 册，甘肃人民出版社 2011 年版，第 97 页。

[3] 唐耕耦："唐五代时期的高利贷——敦煌吐鲁番出土借贷文书初探"，载《敦煌学辑刊》1985 年第 2 期。

[4] ［法］童丕："10 世纪敦煌的借贷人"，耿昇译，载郑炳林主编：《法国敦煌学精粹》第 1 册，甘肃人民出版社 2011 年版，第 110 页。

[5] 唐耕耦："唐五代时期的高利贷——敦煌吐鲁番出土借贷文书初探"，载《敦煌学辑刊》1986 年第 1 期。

困者因为部分高利贷的存在而更加贫困，但它的确在"青黄不接"时使饥饿的人们度过了艰难岁月，使一时陷于生存困境而濒临绝望的人们由此看到了生存下去的希望，潜在地稳定了社会秩序，这也是无法抹杀的历史事实。

在借贷契的一般身份上，有论者指出，契约的当事人中有百姓、部落百姓、寺户、都头、押衙、兵马使、寺僧、上座、法律和教授等。其中，前3种是最基层的庶民，中间3种系一般官吏，其中的"都头"，盖为县役的通称。"押衙"本为节度使衙的僚佐，属武职军将系统，职在亲从近卫，但敦煌文书中的押衙极多，似为一般官吏或豪富的衔称。"兵马使"系唐代藩镇自置的部队统率官。后4种，属于僧侣教团，"教授"和"法律"是居于各寺院之上的司法权力机构——都司中的官员。明确起见，我们依据姜伯勤先生的研究，援引都司统属系统图如图3-1:[1]

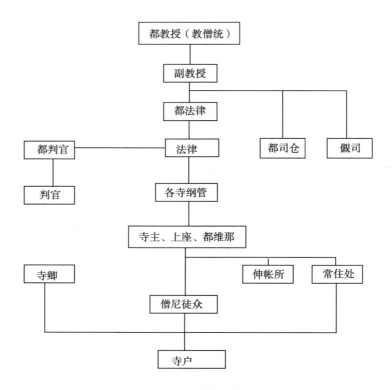

图 3-1　都司统属系统图

---

〔1〕 高潮、刘斌："敦煌所出借贷契约研究"，载《法学研究》1991 年第 1 期。

此外，在身份和职业上，还可补充的是，在性别上，还有以女性为主体的便面历，如 P. 4635 号社家女人便面历，就有不少便入者是妇女。[1] 在便黄麻历中，妇女也是主体。乃至借褐历中，如 S. 4884 号写本中，借用人不是崔保盈妻，就是索再通母。由此可见，至少在敦煌地区，妇女也是能够以自己的名义独立享有民事权利，承担民事义务的主体。

3. 借贷主体的平等性。应当说，虽然借贷主体多元，但是，当他们为了生活所需，无论在普通的借贷契中，还是在便物历中，在民事法律关系中均依循的是"两共平章"，亦即借贷主体都是享有权利和承担义务的平等主体，任何一方无论身份如何，都没有超出契约的特权。事实上，契约平等，也是契约精神的题中之义，它同时体现在违约者要承担相应的责任，而受损方将得到相应的救济。事实上，我们在敦煌借贷契中看到，契约主体的身份已在契约中淡化，在契约面前，只有平等协商以形成合意，然后依约履行和信守承诺，一旦违约则要承担相应的违约责任。这一事实，再次佐证了梅因的著名论断："所有进步社会的运动，到此处为止，是一个'从身份到契约'的运动。"[2]

（三）文化意蕴

1. 敦煌借贷契中显现的各种职业，让我们看到了渐趋细化的社会分工，而如此不同的职业群体，为中古时代的社会生活画卷增添了斑斓的色彩。荀子认为，人之所以"最为天下贵"，就在于"人能群"。而"人何以能群？曰：分"。[3] 由此可见，早在先秦时代，我国的先哲已经充分认识到了社会分工之于人类的巨大意义。但如果按照涂尔干所说的"社会越是进步，它的容量就越大，劳动分工也就越来越发达"[4] 的观点来检视敦煌社会的分工，我们看到的是，敦煌地区的社会容量和社会密度还很有限，劳动分工也还停留在应付日常生活所需的层面，这也是敦煌地区尚处于传统农牧阶段的重要标识。

2. 虽然由这些"便入者名目中观察到的社会等级的多样性"，但也"说明这是一个分类不太明显的社会"。[5] 不同身份的人，等级似乎淡化，并且不分等级

---

〔1〕 这些妇女的称谓五花八门，如穆家女、马家女，如董婆、齐粉堆（还有张粉堆等，"粉堆"在当时似乎是一个很时髦的名字）、不荆事、米流流等。

〔2〕 参见 [英] 梅因：《古代法》，沈景一译，商务印书馆 1959 年版，第 112 页。

〔3〕 《荀子·王制》。

〔4〕 [法] 埃米尔·涂尔干：《社会分工论》，渠东译，生活·读书·新知三联书店 2000 年版，第 217~218 页。

〔5〕 [法] 童丕："10 世纪敦煌的借贷人"，耿升译，载郑炳林主编：《法国敦煌学精粹》第 1 册，甘肃人民出版社 2011 年版，第 102 页。

地混杂、集合在同一份便物历中。

3. 由于"债务人既非本州之外的人士，甚至也不是陌生人，他们都是某人的兄弟、一名僧侣或一名地方官吏的亲属"[1] 这一事实，用费孝通的话说，"这是一个'熟悉'的社会，没有陌生人的社会"，也就是"乡土社会"。而"乡土社会里从熟悉得到信任。这信任并非没有根据的，其实最可靠没有了，因为这是规矩。……乡土社会的信用并不是对契约的重视，而是发生于对一种行为的规矩熟悉到不加思索时的可靠性"[2]。反过来，这种信任和信用，通常保障了契约得以顺利履行。

4. 我们从敦煌便物历中看到，由于妇女承担了烹饪的家庭职责，所以，有关榨油原料黄麻的借便，以及借油、借面等事务，就由妇女以自己的名义独立承担了。童丕说："在敦煌，为烹饪和燃灯而使用的油，是用黄麻籽或大麻籽榨取的。……榨黄麻的部分工作可能是在家庭范围内完成的，因而出自女子，正如做饭一般。"[3] 其实，在更为审慎的四件举钱契中，至少有三件也是以妇女的名义贷款的，她们是许十四、杨三娘和阿孙妻。虽然，妇女以自己的名义独立从事具有财产性质的民事活动，绝非唐五代时期敦煌地区的特例，但也应看到，这在夫权社会，妇女拥有相对独立的财产权，也是非常难得的。因为妇女的财产权，不仅是她们生存的基础，也是她们人格相对独立、意志和行为相对自由的保障。

三、敦煌借贷契的借贷原因

借贷原因，是中国传统契约中必备的契约要素，多以极简的语言表明债务人为何借贷的动机，以及通过借贷契所要达到的目的，通常表现为日常生活所需而引发的、不得不为的理由。它不仅是债发生的根据，并且使借贷契约日常化，变得可触可感，从而在不经意间完成了契约的正当性，[4] 同时还让人从一个侧面看到了当时社会生活的真实图景。由此可见，敦煌契约中的借贷原因，是一个极其重要的契约要素。

---

〔1〕 ［法］童丕："10世纪敦煌的借贷人"，耿升译，载郑炳林主编：《法国敦煌学精粹》第1册，甘肃人民出版社2011年版，第109页。

〔2〕 费孝通：《乡土中国》，生活·读书·新知三联书店1985年版，第5~6页。

〔3〕 ［法］童丕："10世纪敦煌的借贷人"，耿升译，载郑炳林主编：《法国敦煌学精粹》第1册，甘肃人民出版社2011年版，第88页。

〔4〕 在这一点上，作为立契的动机与目的，中国传统契约的"原因要素"与英国契约法中的"约因"在证成是否有效、正当方面是暗合的。

（一）要素事实

在敦煌借贷契中，借贷原因因举钱契、粮食借贷契与织物借贷契的不同而不同，现分述如下：

1. 在位次上，借贷原因一般在借用人的姓名后，比如，在举钱契中通常表述为："建中三年七月十二日，健儿马令痣为急要钱用，交无得处"；粮食借贷契中通常表述为"×××，为无年粮种子"；而织物借贷契中通常表述为"×××，欠少疋帛"。总体而言，这一表述及其结构鲜有改变，例外情形仅仅是不写借贷原因。比如，在 S. 1475 号 11V/12V 僧义英便麦契中，就属于这种情形，该契中的表述为："□（年）二月一日，当寺僧义英于海清手（上）便佛账青麦贰硕捌斗……"〔1〕再如，S. 4445 号陈佛德贷褐契中，也未写借贷原因："己丑年十二月十二日，陈佛德于僧长千面上贷红褐两段，白褐壹段。"〔2〕以上皆为实例。

2. 对敦煌借贷契中的借贷原因，可以归类如下：

（1）在举钱契中，借贷原因基本为"急要钱用"，这一原因比较模糊、笼统。

（2）在 40 件敦煌粮食借贷契中，按照从少到多的顺序，分别为：

第一，"为无粮用"（包括不同表述："为少粮用""缺乏粮用""为少粮""为粮用""乏少粮用"），通常应理解为缺少食用的粮食，这一借贷原因的借贷契共 10 件，占敦煌粮食借贷契总契数的 25%。

第二，"为无种子"（此外，刘进国的请贷牒中表述为"请便种子"），通常应理解为没有播种的种子，这一借贷原因的借贷契共 7 件，占总契数的 17.5%。

第三，将上述两种借贷原因的混合表述"为无年粮种子"（包括不同的表述："乏粮用种子""缺乏年粮种子""为少种子及粮用"），通常理解为既没有种子，也没有食用的粮食，这一借贷原因的借贷契共 7 件，占总契数的 17.5%。这种情形表明，此种借贷，一部分用来作食粮，一部分用来作种子。

第四，在借贷契中未写借贷原因，共有 6 件，占总契数的 15%。

第五，"为无斛斗驱使"（包括不同的表述："为要斛斗驱使"），此处的"斛斗"，实为粮食的代名词，因为在敦煌地区，常把粮食作为与货币相同的等价物使用，因此，这一借贷原因表明没有可供交换的粮食，这一借贷

---

〔1〕 唐耕耦、陆宏基编：《敦煌社会经济文献真迹释录》第 2 辑，全国图书馆文献微缩复制中心 1990 年版，第 88 页。

〔2〕 唐耕耦、陆宏基编：《敦煌社会经济文献真迹释录》第 2 辑，全国图书馆文献微缩复制中心 1990 年版，第 118 页。

契共 3 件，占总契数的 7.5%。

第六，维修寺舍，这一借贷原因的借贷契 2 件，从情理上分析，可能借粮食作为维修寺舍的酬金而非借粮食用作口粮，占总契数的 5%。

第七，负债，这一借贷原因的借贷契 2 件，分别是 S.1475 号 9V、10V 僧神宝便麦契，S.1475 号 13V/14V 僧神寂便麦契，应理解为因欠债，借麦还债，占总契数的 5%。

第八，契残不详的 2 件，占总契数的 5%。

第九，"为纳突不办" 1 件，即 S.1475 号 7V 张七奴便麦契，即借粮纳税，占总契数的 2.5%。

（3）在 23 件织物借贷契中，按照从少到多的顺序，分别为：

第一，"欠少疋帛"（包括不同表述："阙少疋物" "家中欠少疋帛" "欠阙综布"），通常理解为缺少相应的织物，这一借贷原因的借贷契共 10 件，占敦煌织物借贷契总契数的 43.48%。

第二，"往某地充使" 共 8 件（其中，"于西州充使" 共 5 件，往伊州、往甘州各 1 件，入奏充使 1 件），通常理解为作为前往某地充使的费用，占总契数的 34.78%。

第三，未写借贷原因的 2 件，占总契数的 8.69%。

第四，其他原因各 1 件：1 件是 "于南山买卖"；1 件是 "招将觅职"，应理解为从事某种事务所需费用，分别占总契数的 4.34%。

第五，契残不详 1 件，占总契数的 4.34%。

需要特别说明的是，与通常的借贷契不同，便物历根本不写借贷原因，这大抵是在普遍贫困的背景下，所便之物皆为日常生活所需的柴米油盐，在众人皆知和窘急的情形下，已无需书面言明。

（二）法律意涵

1. 从借贷原因的产生和发展看，有论者通过考证后认为，至少自唐五代以来，不管是汉文还是少数民族文字，在某些种类的契约中，原因条款开始出现，到了宋代，这类条款几乎是必备的，而且逐渐形成了一些固定的套语与格式。明清时期，随着契约程式化的强化，缔约原因也开始趋向形式化。[1] 实际上，契约中的 "借贷原因" 起源甚早，至少在西汉的契约中就有 "原因要素"。比如

---

〔1〕 参见韩伟、赵晓耕："中国传统契约 '原因条款' 研究——兼与欧陆民法原因理论之比较"，载《北方法学》2014 年第 6 期。

"西汉千乘县董永贷钱契约"中，[1] 就有"少失母，独养父。父亡，无以葬，乃从人贷钱一万"的借贷原因。但是，把借贷原因作为固定且趋于程式化、普遍使用的契约要素，则滥觞于敦煌契约。

2. 从本质上讲，"在契约法的范畴内，中国传统契约的原因条款既是直接引致订立契约的原因，同时也作为一方当事人订约的动机，即对社会经济需求的某种满足"。[2] 从借贷契中的借贷原因看，占借贷原因最大比例的"缺粮少衣"，这不仅是当时的社会事实，也是中国这个伦理本位国家的观念事实，亦即因接贫济困、通有无而济窘急而贷之有理，相对方也取之有道，从而使借贷契获得正当化与合法化的根据。

（三）文化意蕴

1. 我们看到，上述借贷原因看上去具体，实质上是模糊的。举钱契中的"为急要钱用"，究竟因何急要钱用，也就是用于什么具体事情其实并不明确。同理，实物借贷的"为无粮用""欠少疋帛"，究竟借粮用于衣食本身，还是用作他途，也是不明了的。当然，占很小比例的一些契约中也有很具体的借贷原因，比如，维修寺舍、于西州充使，或者"于南山买卖"等，但大部分借贷原因则是一个"大致原因"，是模糊、虚化的，这是中国传统思维方式与非逻辑化表述的必然结果。这是因为，"从根本心态上，中国人自发地排斥着'是则是，否则否'的思维方式，不愿进行'是'或'不是'的明快选择和明朗回答，对于判断形式的明确化缺乏内在的兴趣与热情。在中国人看来，明确的判断往往失之于简单，'是则是，否则否，除此而外皆废话'，这未免脱离活生生的客观实际，使人心里感到不踏实。……从主观上看，中国传统思维注重紧贴社会实际生活，偏重模糊化、毛边化、原装化的表述，而轻视明确化、精练化、提纯化（却难免显得脱离实际）的判断，确是一种显而易见的倾向定势"。[3] 也就是说，在实际生活中，急要钱用的具体用途也许是多样的，便粮贷绢的原因也是错综复杂的，很难用具体原因说清楚，因此，"为急要钱用""为无粮用""欠少疋帛"这种模糊的借贷原因涵括更广，因而与实际生活贴得更近。进而言之，中国人这种模糊的思维传统，源于农耕文明。唐君毅曾对中西文化精神的形成作过深入比较，在他看来，"农业之产品，重质之美，可以量计而难以确定之数计。而商业

---

[1] 张传玺主编：《中国历代契约粹编》（上册），北京大学出版社 2014 年版，第 62 页。

[2] 韩伟、赵晓耕："中国传统契约'原因条款'研究——兼与欧陆民法原因理论之比较"，载《北方法学》2014 年第 6 期。

[3] 马中：《中国哲人的大思路》，陕西人民出版社 1993 年版，第 274~275 页。

之货币，则可以确定之数计"。[1] 故而中国农耕文明不同于遥承爱琴海文化而发展起来的西方商业文明，前者模糊，后者准确。

2. 中古时代的借贷，它与现代借贷，在出发点即借贷原因上有质的区别：前者就是为了生计，甚至只是为了生存，后者大多用于投资或为了扩大再生产，而用于生存的借贷比例很小。我们注意到，粮食借贷契中虽有"为无种子"的情形，但是，与其说借种子是为了用于种植，用于再生产，还不如采信童丕的观点，亦即我们不能把它们视为投资，因为"为取得这种如此急需的种子而求助于借贷，表明了极度的匮乏，而不是通常农耕作者为了有能力进一步发展耕作。这些种子借贷只是用于保证经济再生产，应该被看作是极度贫穷的标志，而且甚至比粮食借贷反映出的匮乏还严重。一个农业生产者少吃粮食以作为来年的种子，这已是饥荒前的最后一个阶段"。[2] 此论甚好，它好就好在透过现象，直揭本质。

3. 还要指出的是，织物借贷契中显示的"于西州充使""于南山买卖""招将觅职"等借贷原因，再次确凿无疑地佐证了织物在当时社会生活中充当一般等价物的职能。而粮食借贷中的诸多借贷原因，不仅表明粮食不仅是活命之物，还有其他那么多功能，其中的"为无斛斗驱使"，本身就是多用途的模糊表达。而"为纳突不办"，[3] 这一借贷原因，透露了百姓张七奴在公元 817 年的 11 月，在秋收后、接近岁末时竟然借麦多达陆硕，用来缴纳吐蕃课税的历史事实，而这一事实表明税负多么深重。与此可以相互印证的事实是，公元 815 年，年仅 17 岁的张义潮在他的《无名歌》里记叙了吐蕃统治敦煌时期的经济状况：

天下沸腾积年岁，米到千钱人失计。

附郭种得二顷田，磨折不充十一税。[4]

还有 2 件是"为负债"而再次借贷，用于还债，而这位债务人竟然是两名 20 岁、25 岁的僧人神宝、神寂，不知缘何负债，竟无力偿付而通过借贷来清债。

---

〔1〕 唐君毅：《中国文化之精神价值》，江苏教育出版社 2006 年版，第 10 页。

〔2〕 [法] 童丕：《敦煌的借贷：中国中古时代的物质生活与社会》，余欣、陈建伟译，中华书局 2003 年版，第 76~77 页。

〔3〕 吐蕃占领敦煌后，改变了唐朝施行的均田制度，推行突田制，计口授田，基本上是每人一突（相当于 10 亩），土地税被称为"突田"（参见王东、张耀：《吐蕃王朝》，中国国际广播出版社 2013 年版，第 214 页）。此处的"纳突"就是缴纳突田税的简称。唐耕耦也甄别道："纳突的'突'为藏语 bor。吐蕃统治时期的敦煌有突税、突课、突田等用语，'纳突不办'，即无力交纳课税。"参见唐耕耦："唐五代时期的高利贷——敦煌吐鲁番出土借贷文书初探"，载《敦煌学辑刊》1985 年第 2 期。

〔4〕 转引自王东、张耀：《吐蕃王朝》，中国国际广播出版社 2013 年版，第 203 页。

需要注意的是，这次便麦分别为两硕捌斗和两硕陆斗，要秋八月足额还到本寺，否则不但要翻倍偿还，还要通过律令，掣夺家（房）资什（杂）物，用充麦值。而神寂更规定了"有剩不在论限"，面临着掣夺家资到彻底一贫如洗的危险境地。

四、结语

一般而言，我国中古时代的各类契约都很赅简，敦煌所出的各类契约也是如此。这些古代的契约虽很赅简，但将这些契约与现代合同的主要条款对比分析后就不难发现，构成我国古代契约的各种契约要素，比如敦煌借贷契的契约要素，都是十分完备的，有些契约要素，比如文中述及的"先悔罚则"，乃是现代合同中所没有的，它是古代先民对契约规则的一种创设，随着时代的变迁，这一规则现已失传，十分可惜。仅以敦煌借贷契而论，其契约要素有 14 项之多：在契首，契约要素一般包括立契时间、借用人（债务人）、借贷原因、出借人（债权人）；在借贷契的正文中，契约要素包括借贷的标的物、借贷数量、偿还的期限、有息借贷的利息率、[1] 违约责任、[2] 风险担保；[3] 而在借贷契契尾，契约要素包括债权人、[4] 借用人署名、[5] 保人、[6] 见人。[7] 由此可见，本文中论及的借贷契的契约要素，仅仅选取了借贷契契首的内容，再以要素事实、法律意涵和文化意蕴进行分析，实为突破现有法史研究范式和局限的一种努力和尝试，一种新的精细化的研究方式。如果说，对"要素事实"的还原与分析属于"解读传统"，即"在理解和弄懂一些人类活动在一定文化条件下的内在含义或意义"，而对要素事实作法律意涵与文化意蕴的阐发，则属于"解释传统"，以此"试图寻找一个具体事物或事件中的因果联系"。[8] 返本开新，富含启迪。

---

[1] 如有质典，则要写明典物和数量。

[2] 一般是违限不还的责任，有一项、两项甚至三项之多，包括先悔罚则等。

[3] 风险通常以"如身东西不在"等相类似的契约短语表明，而担保则以"一仰保人代还"来保证。

[4] 大部分借贷契不写，即使写这一项的，也只写"钱主""麦主""豆主""粟主"等字样，不署名。

[5] 有些要写明年龄，部分还要指或者画押。

[6] 包括口承人、同取人署名，有些也要画押，写明年龄等。

[7] 至少 1 名，也要署名，乃至画押。

[8] 赵鼎新：《国家、战争与历史发展——前现代中西模式的比较》，浙江大学出版社 2015 年版，第 211 页。

世界环境公约的概念基础及其对中国的影响*

◎［法］亚恩·阿吉拉 ［阿根廷］乔治·维尔纽斯 马 亮 谢 咏**

一、引 言

2018 年 5 月 10 日，联合国大会通过了主题为"迈向世界环境公约"的第 A/72/L. 51 号决议（以下称《授权决议》），[1] 引起了世界人民的广泛关注，赞成和质疑两种声音并存。《授权决议》要求设立一个不限成员名额的特设工

---

* 原文载于 2019 年《欧洲比较与国际环境法评论》（Review of European, Comparative & International Environmental Law）第 28 卷第 1 期；已经获得作者授权。

** 作者简介：亚恩·阿吉拉是法国最高行政法院大法官、法学家俱乐部环境委员会主席。乔治·维尔纽斯是英国剑桥大学环境、能源与自然资源治理研究中心创始人、主任。马亮（1988—），武汉大学环境法研究所博士研究生，荷兰马斯特里赫特大学法学院联合培养博士生，研究方向：环境法学。谢咏（1996—），广西师范大学法学院硕士研究生，研究方向：环境资源保护法。

〔1〕 UNGA 'Towards a Global Pact for the Environment' UN Doc A/RES/72/277（10 May 2018）（'Enabling Resolution'）.

作组，工作组于 2018 年 9 月上旬在纽约举行了会议，并计划 2019 年上半年[1]于内罗毕继续举行三次会议，以讨论关于制定《世界环境公约》（Global Pact for the Environment）的实质性问题。《世界环境公约》自提出以来，便受到了媒体、[2] 学术界以及政界[3]的密切关注，笔者也参与其中。在本文的具体内

---

[1] 'Report of the Ad Hoc Open-ended Working Group Established Pursuant to General Assembly Resolution 72/277 of 10 May 2018 Entitled "Towards a Global Pact for the Environment" ' UN Doc A/AC. 289/L. 1（20 August 2018）.

[2] See, e. g., 'Bid for Environmental Rights Pact to Kick Off in Paris Tomorrow'（The Times of India, 23 June 2017）; 'Un Pacte Mondial pour Protéger l'Environnement'（Le Monde, 25 June 2017）; 'Un Projet de Pacte Mondial pour l'Environnement'（Le Figaro, 24 June 2017）; 'Macron Promet de Défendre un "Pacte Mondial pour l'Environnement" '（Reuters, 24 June 2017）; 'Wang Yi Attends Global Pact for the Environment Summit'（Ministry of Foreign Affairs of the People's Republic of China, 20 September 2017）; H Xiao, 'China Lauds UN Environment Pact'（China Daily, 20 September 2017）; 'Macron rilancia all'Onu un Patto globale per il clima'（La Stampa, 21 September 2017）; 'Secretário-geral da ONU pede apoio a pacto ambiental proposto pela França'（Naçoes Unidas no Brasil, 22 September 2017）; L Fabius and Y Aguila, 'Un Pacto Medioambiental'（El País, 2 August 2018）; 'Global Pact Will Boost International Environmental Governance'（The Guardian（Nigeria）, 25 September 2018）; 'Appel de 100 Juristes pour l'Adoption d'un Pacte Mondial pour l'Environnement'（Le Monde, 9 October 2018）; Y Aguila et al, 'The Time is Now for a Global Pact for the Environment'（The Guardian, 9 October 2018）; 'Uhuru: Kenya Committed to Fight against Climate Change'（Daily Nation（Kenya）, 11 November 2018）.

[3] See, e. g., 'Global Perspectives on a Global Pact for the Environment', Sabin Center for Climate Change Law（Columbia University, 20 September 2018）〈http: //blogs. law. columbia. ed u/climatechange/2018/09/20/global-perspectives-on-a-global-pact-for-the-environment/〉. 此外，世界各地陆续举行了《世界环境公约》的相关会议。主要包括 Paris（Conference 'Towards a Global Pact for the Environment', La Sorbonne, 24 June 2017）, New York（Conference on the Global Pact for the Environment, Columbia University, 20 September 2017）, Bogotá（Symposium on the Global Pact for the Environment organized by the Attorney General of the Nation, 1 March 2018）, Brasilia（Round Table on the Global Pact for the Environment, World Water Forum, 19 March 2018）, Dakar（Conference 'L'Afrique s'engage pour la Planète', 14 May 2018）, Geneva（Conference on the Global Pact for the Environment at the UN International Law Commission, 10 July 2018）, Santiago de Chile（Coloquio 'Pacto mundial del medio ambiente, derechos humanos, y constitución', 28 August 2018）, Québec（Conférence 'Une opportunité pour un Canada plus vert? Le projet de Pacte mondial pour l'environnement', 21 September 2018）, Ottawa（'Le projet onusien de Pacte mondial pour l'environnement: quelles implications pour le Canada?', 24 September 2018）, Beijing（Conference on the Legal Aspects of a Healthy Environment, 12 October 2018）, Naples（ 'Une patto globale per l'ambiente', 19 October 2018）.

容中，[1] 主要围绕两个基本观点，这为《世界环境公约》概念基础和渊源的研究提供了必要的背景。

第一个观点是，《授权决议》和《世界环境公约》并非只是当下发展的需要，它们反映了背后数十年来深层次的发展趋势。基于此，第二个观点是，对于《世界环境公约》及其（下文即将讨论的）内容是否切实可行等问题，应当运用已掌握的基础知识而非采取扩大细节争论（这确实值得讨论）的方式予以解决。

以上是本文从长远的角度寻求全球性环境保护框架公约并讨论该公约必要性的主要原因。在此背景下，本文以《世界环境公约》及其在政界（尤其是在联合国大会）的影响为切入点，对当前的发展趋势作进一步分析。由于《世界环境公约》的必要性很大程度上取决于其性质、内容以及与现有国际公约之间的衔接程度，因此，在制定过程中必须充分考虑到政治制度和法律制度有所不同的国家在执行该公约时的灵活性。为此，我们拟定了一个分析框架，以平衡《世界环境公约》中的各种不同要素。

第二个观点在学界通常会被误解，《世界环境公约》的重点不是《世界环境公约》中的某些具体原则，也不是《世界环境公约》的体系结构，重点是《世界环境公约》的时代已经到来，这是人们的普遍看法。

二、全球环境治理发展过程中的《世界环境公约》

制定《世界环境公约》这一宏伟计划需要明确以下两点：其一，这一宏伟计划过去所采取的形式；其二，现阶段应如何适应越来越广泛的全球环境治理工作。

制定全球环境保护框架的首次尝试是 1972 年 6 月召开的斯德哥尔摩人类环

---

〔1〕　本文是研究项目的一部分，该项目汇集了世界各地数代国际环境法学家的知识经验，为《世界环境公约》的发展做出了卓越贡献。see Y Aguila and JE Viñuales（eds），A Global Pact for the Environment：Legal Foundations（Cambridge C-EENRG，Advance version，14 January 2019）. 作者对项目参与人（按字母顺序）表示感谢：Virginie Barral，Antonio Benjamin，Laurence Boisson de Chazournes，David Boyd，Edith Brown Weiss，Neil Craik，Pierre - Marie Dupuy，Leslie - Anne Duvic - Paoli，Jonas Ebbesson，Francesco Francioni，Guillaume Futhazar，Shotaro Hamamoto，Marie Jacobsson，Walter Kälin，Yann Kerbrat，Ginevra Le Moli，Sandrine Maljean-Dubois，Makane Mbengue，Jane McAdam，Pilar Moraga，Nilufer Oral，Michel Prieur，Alexander Proelss，Qin Tianbao，Lavanya Rajamani，Nicholas Robinson，Monserrat Rovalo Otero，Jason Rudall，Christina Voigt and Zhang Meng.

境会议。[1] 当时人们普遍认为这是国际环境法[2]的立宪时刻，也催化了各国环境法的发展。[3] 这次会议未能制定一项全球性公约，但它界定了全球环境治理的范围，并为进一步采取环境保护措施奠定了制度和战略基础。[4] 然而，这并不意味着国际环境法的顺利发展。冷战中意识形态和政治制度的严重分歧，以及新独立国家和其他发展中国家[5]寻求"永久"经济主权的要求，一定程度上削弱了《斯德哥尔摩宣言》的代表性。[6] 尽管如此，斯德哥尔摩会议仍然为全球

---

〔1〕 Report of the United Nations Conference on the Human Environment, Stockholm 5 – 16 June 1972' UN Doc A/CONF. 48/14/Rev1 (1973). For contemporary assessments of the outcomes, see A Kiss and D Sicault, 'La Conférence des Nations Unies sur l'Environnement (Stockholm, 5 – 16 June 1972) ' (1972) 18 Annuaire Français de Droit International 603; LB Sohn, 'The Stockholm Declaration on the Human Environment' (1973) 14 Harvard International Law Journal 423. For two contemporary accounts, see W Rowland, The Plot to Save the World. The Life and Times of the Stockholm Conference on the Human Environment (Clarke, Irwin & Company 1973); M Strong, 'One Year after Stockholm: An Ecological Approach to Management' (1973) 51 Foreign Affairs 690.

〔2〕 See, e. g. , PM Dupuy and JE Viñuales, International Environmental Law (2nd edn, Cambridge University Press 2018) 8 – 12; P Sands et al, Principles of International Environmental Law (4th edn, Cambridge University Press 2018) 29 – 32; J Cretella Neto, Curso de Direito Internacional do Meio Ambiente (Saraiva 2012) 127 – 141; JJ Ruiz, 'Orígenes y Evolución del Derecho Internecinal del Medio Ambiente' in F Sindico, R Fernández Egea and S Borràs Petinat (eds), Derecho Internacional del Medio Ambiente (Cameron May 2011) 3; U Beyerlin and T Marauhn, International Environmental Law (Hart 2011) 7 – 8; D Hunter, J Salzman and D Zaelke, International Environmental Law and Policy (4th edn, Foundation Press 2011) 140 – 145; P Birnie, A Boyle and C Redgwell, International Law and the Environment (3rd edn, Oxford University Press 2009) 48 – 50; L Guruswamy and KL Doran, International Environmental Law (Thomson–West, 2007) 34 – 39; A Kiss and JP Beurier, Droit International de l'Environnement (3rd edn, Pedone 2004) 32 – 34.

〔3〕 See, e. g. , RL Lutz, 'The Laws of Environmental Management: A Comparative Study' (1976) 24 American Journal of Comparative Law 447. For a statement of environmental law before the Conference, see Woodrow Wilson International Centre for Scholars (ed.), The Human Environment, Vol II: Summary of National Reports Submitted in Preparation of the United Nations Conference on the Human Environment (1972).

〔4〕 Declaration of the United Nations Conference on the Human Environment (Stockholm, 16 June 1972) in 'Report of the United Nations Conference on the Human Environment' (n 6).

〔5〕 A major milestone of this quest was the adoption by the UN General Assembly of Resolution 1803 (XVII): UNGA 'Permanent Sovereignty over Natural Resources' UN Doc A/RES/ 1803/XVII (14 December 1962). 关于这项决议的法律程序，see NJ Schrijver, Sovereignty over Natural Resources: Balancing Rights and Duties (Cambridge University Press 1997). 关于维护"永久"主权的必要性，see B Simpson, 'Self–determination and Decolonization' in M Thomas and A Thomson (eds), The Oxford Handbook of the Ends of Empire (Oxford University Press 2017) 417.

〔6〕 环境保护与发展之间的潜在冲突，在 1971 年于日内瓦 Founex 召开的会议中被提及（"环境与发展：联合国人类环境会议秘书长于 1972 年 6 月 4 日至 12 日在瑞士 Founex 召开的专家会议"），1972 年 12 月，联合国大会通过了一项强调发展的重要性的决议。（UNGA 'Development and Environment' UN Doc A/RES/2849/XXVI (20 December 1971) ）. 关于这种冲突，see K Mickelson, 'The Stockholm Conference and the Creation of the South – North Divide in International Environmental Law and Policy' in S Alam et al (eds), International Environmental Law and the Global South (Cambridge University Press 2016) 109.

环境治理的体系化建设提供了坚实基础。

1982 年，联合国大会通过了《世界自然宪章》 （World Charter for Nature），[1] 同年，联合国环境规划署（United Nations Environment Programme）理事会意识到环境损害问题的严重性，随后组建了世界环境与发展委员会（World Commission on environment and development），为第二次全球环境保护框架体系化建设提供了动力。世界环境与发展委员会在 "我们共同的未来" 的成果报告中提出了两个关键性建议，一是制定一项全球性宣言，二是制定一项环境保护和可持续发展方面的公约。[2] 活跃于环境保护领域的重要国际组织世界自然保护联盟（International Union for Conservation of Nature） 在此基础上起草了《环境与发展国际盟约（草案）》 （International Covenant on Environment and Development，以下简称《草案》），并在 1992 年 6 月里约热内卢举行的联合国环境与发展会议议程中通过冰岛代表团提出该《草案》，[3] 但《草案》并未通过。此后，世界自然保护联盟通过制定环境法方案的形式，不断对《草案》进行修订和完善。[4]

1992 年的《里约宣言》（Rio Declaration on Environment and Development） 是国际社会以协商的方式通过的一项普遍性宣言。[5] 当时有人认为《里约宣言》是国际环境法发展的退步，因为它把发展问题放在了首要位置。[6] 然而现在看来，《里约宣言》是制定一套协商一致和平衡的全球环境治理原则的关键。[7]

---

〔1〕 UNGA 'World Charter for Nature' UN Doc A/RES/37/7（28 October 1982）．

〔2〕 World Commission on Environment and Development，'Our Common Future: Report of the World Commission on Environment and Development'（10 March 1987）Chapter 12，Section 5. 2，paras 85 – 86．

〔3〕 Draft Covenant on Environmental Conservation and Sustainable Use of Natural Resources' UN Doc A/CONF. 151/PC/WG. III/4（21 August 1991）．See JE Viñuales，'The Rio Declaration on Environment and Development: Preliminary Study' in JE Viñuales（ed），The Rio Declaration on Environment and Development，A Commentary : Oxford University Press ，2015，1，10．

〔4〕 世界自然保护联盟与国际环境法理事会联合起草的《环境与发展国际盟约（草案）》，目前该草案已有多个版本。See IUCN，Draft International Covenant on Environment and Development（5th edn，IUCN 2017）〈https://sustain abledevelopment. un. org/index. php? page=view&type=400&nr=2443〉．

〔5〕 Rio Declaration on Environment and Development in 'Report of the United Nations Conference on Environment and Development' UN Doc A/CONF. 151/26（vol I）（12 August 1992）Annex. See Viñuales: 'Preliminary Study'（n 15）．

〔6〕 See，e. g.，H Mann，'The Rio Declaration'（1992）86 American Society of International Law Proceedings 405，409；M Pallemaerts，'International Environmental Law from Stockholm to Rio: Back to the Future?'（1992）1 Review of European Community and International Environmental Law 254，256；DA Wirth，'The Rio Declaration on Environment and Development: Two Steps Forward and One Back，or Vice Versa?'（1995）29 Georgia Law Review 599，648. 19Viñuales，'Preliminary Study'（n 15）60．

〔7〕 Viñuales，"Preliminary Study"（n 15）60．

《里约宣言》中的许多原则都在具有全球性影响力的权威性公约中被提及，[1] 并为一系列国际公约所采用，如预防原则（原则 15 中规定了保护环境的预防性措施）、[2] 共同但有区别责任原则（原则 7）[3] 和公众参与原则（原则 10）。[4] 其他原则尤其是构成国际环境法核心的三大准则，[5] 即预防（原则 2）、[6] 环境影响评价（原则 17）[7] 和合作义务（原则 18 和原则 19），[8] 也被纳入《里约宣言》。但这也反映了《里约宣言》等"软法"原则的局限性，凸显了制定全球性环境保护公约的必要性。

―――――――――――――――

〔1〕 Ibid., pp. 15 – 16，深入研究了 Alexandre Kiss 所提出的理论框架，认为国际环境基本法至少有 7 项原则（共同但有区别原则，预防原则，污染者付费原则，环境影响评价原则，环境紧急情况时进行通知和援助的原则，跨界关系中的通报与协商原则，和平解决争端原则）。See A Kiss, 'The Rio Declaration on Environment and Development' in L Campiglio（ed），The Environment After Rio：International Law and Economics（Graham & Trotman/Martinus Nijhoff 1994）55.

〔2〕 See AA Cançado Trindade, 'Principle 15：Precaution' in Viñuales, The Rio Declaration（n 15）403；MM Mbengue, Essai sur une Théorie du Risque en Droit International Public：L'Anticipation du Risqué Environnemental et Sanitaire（Pedone 2009）；A Trouwborst, Evolution and Status of the Precautionary Principle in International Law（Kluwer 2002）.

〔3〕 See P Cullet, 'Principle 7：Common but Differentiated Responsibilities' in Viñuales, The Rio Declaration（n 15）229；L Rajamani, Differential Treatment in International Environmental Law ：Oxford University Press，2006.

〔4〕 See J Ebbesson, 'Principle 10：Public Participation' in Viñuales, The Rio Declaration（n 15）287；A Epiney et al, Aarhus-Konvention. Handkommentar（Nomos 2018）.

〔5〕 See Certain Activities Carried Out by Nicaragua in the Border Area（Costa Rica v Nicaragua）and Construction of a Road in Costa Rica along the San Juan River（Nicaragua v Costa Rica）（Judgment）[2015] ICJ Rep 665（'Costa Rica/Nicaragua'）para 104. 与环境保护相关的国际习惯法现状，see JE Viñuales, 'La Protección Ambiental en el Derecho Internacional Consuetudinario'（2017）69 Revista Española de Derecho Internacional 71；PM Dupuy, 'Formation of Customary International Law and General Principles' in D Bodansky, J Brunnée and E Hey（eds），The Oxford Handbook of International Environmental Law ：Oxford University Press，2007，p. 449.

〔6〕 See LA Duvic-Paoli and JE Viñuales, 'Principle 2：Prevention' in Viñuales, The Rio Declaration（n 15）107；LA Duvic Paoli, The Prevention Principle in International Environmental Law ：Cambridge University Press, 2018；X Hanqin, Transboundary Damage in International Law ：Cambridge University Press，2003.

〔7〕 See N Craik, 'Principle 17：Environmental Impact Assessment' in Viñuales, The Rio Declaration（n 15）451；N Craik, The International Law of Environmental Impact Assessment ：Cambridge University Press，2008；NA Robinson, 'International Trends in Environmental Impact Assessment'（1992）19 Boston College Environmental Affairs Law Review 591.

〔8〕 See L Boisson de Chazournes and K Sangbana, 'Principle 19：Notification and Consultation on Activities with Transboundary Impact' in Viñuales, The Rio Declaration（n 15）492；P Okowa, 'Principle 18：Notification and Assistance in Case of Emergency' in Viñuales, The Rio Declaration（n 15）471；F Francioni and H Neuhold, 'International Cooperation for the Protection of the Environment：The Procedural Dimension' in W Lang, H Neuhold and K Zemanek（eds），Environmental Protection and International Law ：Graham & Trotman 1991，p. 203.

三、制定《世界环境公约》的必要性

《世界环境公约》的通过是国际环境法乃至全球环境治理发展的里程碑。主要原因是：

第一，《里约宣言》不具有法律约束力，这一特征导致《里约宣言》中的某些原则难以发挥全部效力。[1] 我们需要对国际法、比较法和国内法进行深入探讨。

第二，现行国际法缺乏具有法律约束力的核心原则，导致许多重要问题悬而未决。一些学者认为，目前为止，塑料污染问题落入了国际条约的"夹缝"中，仍未得以妥善解决。实际上，在世界范围内，整个陆源海洋污染制度都是建立在《联合国海洋法公约》（United Nations Convention on the Law of the Sea）[2] 以及相关软法的基础上。空气污染问题也是如此。当下，空气污染问题仅在某些地区得到了管制。[3] 这些不是仅通过"调整"现有监管措施就能解决的小问题，相反，它们会产生有组织的约束性反应。与此同时，我们可以依据具有法律约束力的基本原则对这些行为进行广泛监管。

第三，许多影响国际环境法律体系实施的问题被忽略了。例如，消费驱动导

---

〔1〕 See, e. g., European Communities – Measures affecting the Approval and Marketing of Biotech Products (29 September 2006) WT/DS291/R, WT/DS292/R, WT/DS293/R（'EC – Biotech'）paras 7. 88 – 7. 90; India – Certain Measures Relating to Solar Cells and Solar Modules (16 September 2016) WT/DS456/AB/R paras 592, 596 and 5. 149.

〔2〕 See United Nations Convention on the Law of the Sea (adopted 10 December 1982, entered into force 16 November 1994) 1833 UNTS 3 (UNCLOS) arts 207 and 213.

〔3〕 See, e. g., Agreement on Transboundary Haze Pollution (adopted 10 June 2002, entered into force 25 November 2003), http：//haze. asean. org/? wpfb_ dl = 32〉; Convention on Long Range Transboundary Air Pollution (adopted 17 November 1979, entered into force 16 March 1983) 1302 UNTS 217. On these instruments, see P Nguitragool, Environmental Cooperation in South-East Asia: ASEAN's Regime for Transboundary Haze Pollution (Routledge 2011); J Sliggers and W Kakebeeke (eds), Clearing the Air. 25 Years of the Convention on Long-range Transboundary Air Pollution (United Nations 2004); A Byrne, 'The 1979 Convention on Long-range Transboundary Air Pollution: Assessing its Effectiveness as a Multilateral Environmental Regime after 35 Years' (2015) 4 Transnational Environmental Law 37.

致的环境损害，即一个国家的环境损害是由另一个国家的消费导致的。[1] 在这方面，无论是《里约宣言》[2] 还是众多多边环境协议（Multilateral Environmental Agreement）均无太多实质性帮助。绝大多数国家［除《濒危野生动植物种国际贸易公约》（Convention on International Trade in Endangered Species of Wild Fauna and Flora）[3] 的缔约国外］都重视发展本国的生产力，对因消费驱动导致的环境损害大都束手无策。

第四，不同领域公约之间的潜在冲突。从气候变化和海洋倾倒的角度来看，海洋逐渐成为碳汇或碳封存的场所，[4] 这与《联合国海洋法公约》[5] 保护海洋环境的规定和正在进行的国家管辖范围外生物多样性保护的谈判要求存在明显冲突。[6] 从法律的角度看，只有建立特定的国际环境法律体系，才能解决此类影响深远的冲突。因此，当人们认真考虑"差距"问题时，对于普遍存在的冲突，应当建立一个具有法律约束力的总体框架。

第五，《里约宣言》中的许多原则在不同条约及其相关争端解决机制的适用

---

〔1〕 在以下两个案例中，中国政府试图证明限制某些原材料和稀土出口的正当性，由于外国市场的需求导致中国的过度开采，对中国的环境造成了损害。中国政府依据《关税与贸易总协定》第 20（g）条进行论证，但被驳回。See China – Measures related to the Exportation of Various Raw Materials（5 July 2011）WT/DS394/R，WT/DS395/R，WT/DS398/R para 7.586；China – Measures Relating to the Exportation of Rare Earths，Tungsten，and Molybdenum（7 August 2014）WT/DS431/AB/R，WT/DS432/AB/R，WT/DS433/AB/R paras 5.188 – 5.194. 国外消费驱动引起环境损害的案例还包括土地间接利用变化、海洋塑料污染以及碳密集型产业所产生的排放。See，e.g.，DM Lapola et al，'Indirect Land-use Changes Can Overcome Carbon Savings from Biofuels in Brazil'（2010）107 Proceedings of the National Academy of Sciences of the United States of America 3388；JR Jambeck et al，'Plastic Waste Inputs from Land into the Ocean'（2015）347 Science 768；'Global Perspectives on a Global Pact for the Environment'（n 4）（contribution by A Wang）；R Muradian et al，'Embodied Pollution in Trade：Estimating the "Environmental Load Displacement" of Industrialised Countries'（2002）41 Ecological Economics 51；J Kitzes et al，'Consumption-based Conservation Targeting：Linking Biodiversity Loss to Upstream Demand through a Global Wildlife Footprint'（2017）10 Conservation Letters 531.

〔2〕 See C Voigt，'Principle 8：Sustainable Patterns of Production and Consumption and Demographic Policies' in Viñuales，The Rio Declaration（n 15）245.

〔3〕 Convention on International Trade in Endangered Species of Wild Fauna and Flora（adopted 3 March 1973，entered into force 1 July 1975）992 UNTS 243（'CITES'）.

〔4〕 See RE Kim，'Is a New Multilateral Environmental Agreement on Ocean Acidification Necessary？'（2012）21 Review of European，Comparative and International Environmental Law 243；Y Downing，'Ocean Acidification and Protection under International Law from Negative Effects：A Burning Issue amongst a Sea of Regimes？'（2013）2 Cambridge Journal of International and Comparative Law 242.

〔5〕 UNCLOS（n 29）art 192.

〔6〕 See E Barritt and JE Viñuales，'A Conservation Agenda for Biodiversity beyond National Jurisdiction. Legal Scan'（UNEP World Conservation and Monitoring Centre 2016）35 – 39.

中存在差异。例如，预防原则的性质和范围、[1] 环境影响评价的空间范围、[2] 公众参与[3] 等在不同的条约语境内有着不一样的含义。由于《里约宣言》缺乏法律强制力，这种差异是不可避免的。

第六，《里约宣言》作为各国法院和立法者的指导性原则，不够明确有力，[4] 预防原则再次证明了这一点。在这方面，人们可以先确定预防原则的作用，并对其进行适当延伸，[5] 同时结合以下因素：①预防原则的"潜在麻痹效应"；[6] ②判断依据预防原则所采用措施的正当性；[7] ③与诉讼程序相关（举

---

〔1〕 不同的国际审判机构对预防原则的解释适用也不同：①它不是公认的国际习惯法基本原则（EC – Biotech（n 28）para 7.88）；②在一定程度上被认可，（Tatar v Romania, App No 67021/01（ECtHR, 27 January 2009）para 120）；③是一种新的规范原则（Responsibilities and Obligations of States Sponsoring Persons and Entities with Respect to Activities in the Area（Advisory Opinion）[2011] ITLOS Rep 10（'Responsibilities in the Area'）para 135）；④与解释目的"相关"（Pulp Mills on the River Uruguay（Argentina v Uruguay）（Judgment）[2010] ICJ Rep 14（'Pulp Mills'）para 164）. See Dupuy and Viñuales（n 7）72 – 73.

〔2〕 鉴于国际法院仅要求对跨境环境工程进行环境影响评价（Pulp Mills（n 37）para 204；Costa Rica/Nicaragua（n 24）para 104），国际海洋法法庭海底争端分庭和依据《海洋法公约》附件 VII 成立的仲裁庭分别表示，这同样适用于对全球公共领域以及其他争议地区产生潜在影响的活动。In the Matter of the South China Sea Arbitration before and Arbitral Tribunal Constituted under Annex VII of the United Nations Convention on the Law of the Sea（Republic of the Philippines v People's Republic of China），PCA Case No 2013–19, Award（12 July 2016）paras 947 – 948）. See Dupuy and Viñuales（n 7）79.

〔3〕 在 Pulp Mills 案中，国际法院驳回了（尽管措辞含糊）在进行环境影响评价时必须综合考虑到公众参与因素的请求（Pulp Mills（n 37）para 216），欧洲人权法院在审理一个与土耳其相关的案件中，援引《里约宣言》原则 10 和《奥胡斯公约》的规定，指出了公众参与的必要性，遗憾的是土耳其并非《奥胡斯公约》的缔约国（Taskın and Others v Turkey, App No 46117/99（ECtHR, 10 November 2004）paras 99 – 100）。See Dupuy and Viñuales（n 7）88.

〔4〕 See Y Aguila and S Maljean–Dubois, 'Un Pacte Mondial pour l´Environnement, pour Quoi Faire?'（The Conversation, 19 June 2017）.

〔5〕 See E Scotford, 'Environmental Principles across Jurisdictions：Legal Connectors and Catalysts' in E Lees and JE Viñuales（eds），The Oxford Handbook of Comparative Environmental Law（Oxford University Press 2019 fc）；JE Viñuales, The Architecture of Comparative Environmental Law（2019 fc）Chapter 4.

〔6〕 Canada：Canadian Parks and Wilderness Society v Canada（Minister of Canadian Heritage），2003 FCA 197（理由是，为避免这种瘫痪效应，对于那些促进社会经济发展的项目，在其环境损害后果出现之前，应当允许其继续进行）。

〔7〕 EU：Case T–257/07, France v Commission, ECLI：EU：T：2011：444（在独立的基础上，对依据预防原则而采取的措施进行审查）. See Case T–229/04, Sweden v Commission, ECLI：EU：T：2007：217.

证责任倒置）的独立规范;[1] ④与案件管辖方面的环境条款司法解释相关的独立规范;[2] ⑤审查政府行为的独立规范;[3] ⑥产生积极程序性义务的独立规范;[4] ⑦重新定义责任范围的独立规范（将过错责任制度转变为严格责任制度）;[5] ⑧促进新行政体系建立的独立规范。[6] 之所以要结合以上因素，主要是因为不同的条约对预防原则的理解存在差异。意识到环境危机的立法者和法官们认为，一部有约束力的条约而非软法，将对他们的日常工作带来巨大帮助。在一国的特定时期内，环境保护可能面临着巨大阻力，许多国家会逐渐减少对国际公约的依赖，甚至公开对抗这些国际公约，但这并不会对它们的实施造成影响。

一份体系化且有约束力的条约，有助于灵活解释其原则，既可以是具体的（条约的具体条款）解释，也可以是抽象的（通过权威解释，如人权事务委员会所作的普遍性解释）解释。

总而言之，尽管《里约宣言》为全球环境治理做出了卓越贡献，但其自身

---

〔1〕 Australia（New South Wales）: Telstra Corporation Ltd v Hornsby Shire Council［2006］NSWLEC 133;（2006）67 NSWLR 256（根据预防原则，要求开发方安装安全设备以确保不存在风险）; Brazil: STJ, Resp n 1330027/SP, 3a turma, decision of 11 June 2012（这是一个举证责任倒置的民事案件，要求项目建设者证明其修建大坝的行为不会对环境造成影响）; Canada: Resurfice Corp v Hanke, 2007 SCC 7; Clements v Clements, 2012 SCC 32（由于被告的过失行为所造成的风险或科学的不确定性导致原告无法证明案件因果关系的情况下，因果关系的证明标准应当有所放宽）; India: Vellore Citizens' Welfare Forum v Union of India AIR, 1996 SC 2715（负有证明其活动未对环境造成损害的义务）; Indonesia: Ministry of Environment v PT. Kalista Alam, Decision of the Supreme Court No 651 K/PDT/2015（28 August 2015）（如 dubio pronatura 所述，采用预防性原则以降低因果关系的证明标准）.

〔2〕 Mexico: Case XXVII. 3o9 CS. , SJFG, 10th Period, Book 37, December 2016, 1840（根据《里约宣言》原则 15 对《墨西哥宪法》第 4 条享有健康环境的权利进行解释）.

〔3〕 Canada: Centre Québécois du droit de l'environnement v Canada（Environment）, 2015 FC 773（政府在保护濒临物种方面的不作为违反了预防原则）, Wier v Canada（Health）, 2011 FC 1322（如果政府拒绝对农药进行审查，则违反了预防原则，尽管政府和科学家们对农药的风险认识存在分歧）; Brazil: TRF 1, Apelação cível n 2001. 34. 00. 010329-1/DF, decision of 12 February 2004（暂时关停杀虫剂厂，以等待进一步的研究结果）; TRF 2, Agravo de instrument n 0004075-70. 2012. 4. 02. 0000, decision of 31 July 2012（暂停石油勘探活动，以等待进一步的研究结果）; India: Vellore Citizens' Welfare Forum v Union of India AIR 1996 SC 2715（对在印度泰米尔纳德邦经营的某些制革厂采取行政措施）; UK: Downs v Secretary of State for Environment, Food and Rural Affairs［2009］Env LR 19（在预防原则的基础上制定农药审批程序）.

〔4〕 Brazil: STJ, Resp 1172553/PR, 1a turma, decision of 27 May 2014（需要进行环境影响评价，尽管法律没有明确规定）; Canada: Castonguay Blasting Ltd v Ontario（Environment）, 2013 SCC 52（要求公司记录那些看似无害的物质，以便政府在出现环境问题时能及时制定应对措施）.

〔5〕 Indonesia: Dedi et al v PT Perhutani, Decision of the Supreme Court No 1794 K/PDT/ 2004（22 January 2007）（根据预防原则确定对山体滑坡受害者应负的法律责任）.

〔6〕 Brazil: STF, Recurso Extraordinário n 737. 977/SP, decision of 4 September 2014（基于"国际法中的预防原则"，需要优先处理那些威胁生态系统可持续利用的活动）; India: S Jagannath v Union of India and ors 1997（2）SCC 87（除此之外，还需采取广泛的公共监督，以修复集约养虾对环境造成的损害）.

的性质导致了其无法解决当前全球环境治理过程中所面临的诸多问题。

四、《世界环境公约》与联合国的审议程序

上文简要介绍了《世界环境公约》的相关背景。《世界环境公约》是在《巴黎协定》（Paris Agreement）之前提出的。从 2012 年 6 月在里约热内卢举行的联合国可持续发展大会[1]到 2015 年 12 月《巴黎协定》的通过，[2] 期间取得了几项重大进展，主要包括 2015 年 7 月联合国发展筹资国际会议达成的《亚的斯亚贝巴行动议程》（Addis Ababa Action Agenda）[3] 和 9 月联合国大会第 70 届会议通过的《2030 年可持续发展议程》（The 2030 Agenda for Sustainable Development）。[4]

2015 年 11 月，法国法律智库团体"法学家俱乐部"环境委员会发布了关于加强国际环境法效力的报告。[5] 报告提出了 21 项建议，其中包括通过《世界环境公约》。[6]《巴黎协定》通过后，Laurent Fabius（《联合国气候变化框架公约》第 21 次缔约方大会主席）对此（通过《世界环境公约》）表示支持，并致力于将《世界环境公约》推广至国际层面。2016 年，环境委员会搜集了大量文献资料，并于 2017 年初建立了国际环境法专家网络。迄今为止，该网络一共拥有来自 40 多个国家的 100 多名专家，几乎涵盖了世界范围内所有国家的法律制度和社会状况。在环境委员会的主持和负责起草工作的专家小组的支持下，专家们于 2017 年上半年进行的五轮结构性磋商会议中向专家网络提交了一系列意见，主要包括是否需要这一国际公约、公约的总体结构、内容以及公约原则的制定等。《世界环境公约》起草的过程还得益于早期的努力，如世界自然保护联盟起草的《环境与发展国际盟约（草案）》，以及另一份由总部在法国的国际非政府组织

---

〔1〕 The outcome of the major international conference was UNGA 'The Future We Want' UN Doc A/RES/66/288 (11 September 2012).

〔2〕 UNFCCC 'Decision 1/CP. 21, Adoption of the Paris Agreement' UN Doc FCCC/CP/2015/ 10/Add. 1 (29 January 2016).

〔3〕 UNGA 'Addis Ababa Action Agenda of the Third International Conference on Financing for Development' UN Doc A/RES/69/313 (27 July 2015) Annex.

〔4〕 UNGA 'Transforming our World: The 2030 Agenda for Sustainable Development' UN Doc A/RES/70/1 (21 October 2015).

〔5〕 Environment Commission of the Club des Juristes, 'Increasing the Effectiveness of International Environmental Law: Duties of States, Rights of Individuals' (November 2015).

〔6〕 See Y Aguila, 'La Adopción de un Pacto Internacional para la Protección del Medio Ambiente' (2016) 34 Revista Aranzadi de Derecho Ambiental; Y Aguila, 'L'Adozione di un Patto Internazionale per la Protezione dell'Ambiente' (2016) 3 Rivista Giuridica dell'Ambiente 563.

"环境法比较国际中心" （Le Centre International de Droit Comparéde l'Environnement，CIDCE）制定的项目草案。[1]

为了确定《世界环境公约》的终稿，2017 年 6 月 23 日，法国宪法委员会在巴黎召开了专家会议。由于后勤方面的原因，只有 30 余名专家参加了此次会议，会议在 Laurent Fabius 的主持下讨论并通过了《世界环境公约》。次日，在索邦大学举行的研讨会上，Laurent Fabius 向法国总统马克龙介绍了《世界环境公约》，出席会议的有联合国前秘书长潘基文、加利福尼亚州前州长阿诺·施瓦辛格、法国环境部长 Nicolas Hulot、巴黎市长 Anne Hidalgo 以及其他政界领袖、各领域专家、外交官、学生和相关民众。[2]

2017 年 6 月至 2018 年 11 月初，联合国采取了几项主要措施，包括召开许多首脑会议以及专家研讨会，推动《世界环境公约》的通过。如 2017 年 9 月 19 日联合国大会闭幕期间召开的《世界环境公约》主题峰会、[3] 2018 年 1 月 8 日~10 日法国总统伊曼纽尔·马克龙和中国国家主席习近平共同举行的会谈，[4] 以及通过《授权决议》的联合国大会。

2018 年 5 月，在内罗毕召开的联合国大会上，[5] 法国代表团向大会介绍了《授权决议（草案）》（A/72/L. 51）（以下简称《决议草案》），肯尼亚代表团针对《决议草案》提出了修正意见（A/72/L. 53），旨在确保会议在内罗毕的顺利召开。然而，部分代表团（美国、俄罗斯联邦、菲律宾和叙利亚）纷纷发言表示反对通过该《决议草案》，反对者们所提出的观点主要包括程序性问题（如《世界环境公约》未经充分讨论、法国未与 77 国集团主席国以及中国国家主席进行充分交流等）、尊重各国开发本国自然资源主权的必要性、注重现有国际公约

---

〔1〕 See 'Projet de Pacte International Relatif au Droit des Êtres Humains l'Environnement du CIDCE' ⟨https：//cidce. org/fr⟩.

〔2〕 See Y Aguila，'Vers un Pacte Mondial pour l'Environnement：Acte Fondateur à Paris le 24 juin 2017'（2017）25 La semaine juridique 718.

〔3〕 See Speech delivered by President Emmanuel Macron during the international launch summit of the 'Global Pact for the Environment'，which took place during the 72nd UN General Assembly，available at ⟨https：//www. diplomatie. gouv. fr/en/french-foreign-policy/united-nations/events/united-nations-general-assembly-sessions/unga-s-72nd-session/article/speech-by-m-emmanuel-macron-president-of-the-republic-summit-on-the-global-pact⟩.

〔4〕《中华人民共和国和法兰西共和国联合声明》（2018 年 1 月 10 日）第 8 段（"中法两国将就制定世界环境公约事项保持建设性对话"），详见 http：// www. xinhuanet. com/english/2018 - 01/11/c_136886038. htm，最后访问时间：2020 年 1 月 15 日。

〔5〕 See 'General Assembly Decides to Establish Working Group Aimed at Identifying Gaps in International Environmental Law'（UN Meeting coverage，GA 12015，10 May 2018）.

的履行而非利用政治资本推动本国发展以及与特设工作组调查结果相关的事项。会议要求进行实名投票（而非以往的未经表决通过），投票结果是 143 票赞成，6 票反对（菲律宾、俄罗斯联邦、叙利亚、土耳其、美国和伊朗，尽管伊朗表示支持，但其投票记录不准确）和 6 票弃权（白俄罗斯、马来西亚、尼加拉瓜、尼日利亚、沙特阿拉伯和塔吉克斯坦）。这一票数分布，以及反对《决议草案》的现任政府（而非国家）身份，不言自明，有助于详细记录《世界环境公约》起草过程中所面临的困难障碍。

反对者所提出的观点较为空洞，但并非完全没有依据。《世界环境公约》酝酿了数十年，继续拖延则是不作为的委婉托词。在此期间，通过对现有分散性条约协定的归纳汲取和完善，侧面推动了《世界环境公约》的发展。77 国集团主席国以及中国国家主席对《决议草案》进行了充分协商，大多数发展中国家都对《决议草案》投赞成票，中国代表团明确表示支持。关于国家主权问题，在《世界环境公约》中，并无违反当代国际法意义上国家主权的相关内容。叙利亚代表团指出：目前世界范围内存在数百个全球性环境公约，"全球环境法的概念在法律上仍然有争议"。[1] 无论如何，这些问题以及相关事项将在《决议草案》中进行充分讨论。

《决议草案》呼吁联合国秘书长撰写一份"实证分析技术报告"，以研究国际环境法与相关环境条约之间的差异，增强《世界环境公约》的可行性。[2] 该报告经《世界环境公约》特设工作组讨论通过，最终版本于 2018 年 11 月下旬发布，[3] 目的是"研究国际环境法和相关环境条约间差异的解决途径，在必要时考虑国际公约的范围、可行性等因素"。[4] 特设工作组的任务是"向联合国大会提出建议，包括召开政府间会议以推动《世界环境公约》的通过"。[5] 在《决议草案》的表述中，歧义普遍存在。特设工作组的任务必须在 2019 年上半年完成，时间较为紧迫。联合国大会主席为特设工作组任命了两位主席，一位来自葡萄牙（Francisco António Duarte Lopes 大使），另一位来自黎巴嫩（Amal Mudallali 大使）。特设工作组于 2018 年 9 月 5 日~7 日在纽约联合国总部举行了首次会议，以确定与特设工作组工作相关的事宜。肯尼亚代表团希望其他三次会议（最

---

〔1〕 Cited in ibid.

〔2〕 Enabling Resolution（n 1）para 1.

〔3〕 UN Secretary-General, 'Gaps in International Environmental Law and Environment-related Instruments: Towards a Global Pact for the Environment' UN Doc A/73/419（30 November 2018）.

〔4〕 Enabling Resolution（n 1）para 2.

〔5〕 ibid.

后一次会议定于 2019 年 5 月 20 日召开）能于 2019 年上半年在内罗毕召开，这是确保《世界环境公约》得到发展中国家和联合国环境规划署支持的关键。

《世界环境公约》以这样一种温和的修订方式获得通过，是出乎意料的。《世界环境公约》的提出代表了一种方法，这种方法可能会发生重大变化，甚至在谈判期间发生根本性变化。重要的是，《世界环境公约》的谈判将真正开始，《决议草案》将在《里约宣言》的基础上进一步发展。

五、《世界环境公约》性质、内容与现有国际公约的交融

（一）强制性公约

《世界环境公约》的目的是通过一项有约束力的公约，为众多多边环境协议提供保障。尽管《决议草案》留下一个悬而未决的问题，仅提及"研究……差异的解决途径，在必要时考虑国际公约的范围、可行性等因素"，[1] 但其明确提出"以召开政府间会议的方式推动《世界环境公约》的通过"，这意味着特设工作组的建议会对《世界环境公约》的通过产生直接影响。部分专家认为，"软法"也是一种选择。虽然该观点与《决议草案》的许多内容相符，但却在一定程度上与《授权决议》主题"迈向《世界环境公约》"所强调的精神相违背。

"Pact"一词一般指具有约束力的公约。"Pact"一词在联合国至少有三种语言表达方式（Pact，Pacte，Pacto），在属于条约范畴的其他几个术语（covenant，convention，agreement，treaty，protocol）中之所以被选中，主要是因为该词具有普遍性，侧重强调利益相关者的职责。此外，"Pact"一词还反映了国际社会的普遍价值立场，就像最近通过的《促进安全、有序和正常移民全球契约》（Global Compacts on Migration and Refugees）一样。[2]

在《世界环境公约》的初期阶段，专家们在国际环境法专家网络上进行了深入讨论，并清楚地认识到，《世界环境公约》作为研究讨论的基础，需受到各国的详细审查，其内容很可能受到实质性乃至根本性的修改。与此同时，《世界环境公约》的制定证实了来自世界各地的一百多位环境法学家、学者和专业人士提出的制定《世界环境公约》时机已到的观点。因此，《世界环境公约》更多是

---

〔1〕 ibid（emphases added）.

〔2〕 See the 13 July 2018 version of the Global Compact for Safe, Orderly and Regular Migration in UNGA 'Draft Outcome Document of the Conference' UN Doc A/CONF. 231/3（30 July 2018），adopted at an intergovernmental conference December 2018；and the 26 June 2017 version of the Global Compact on Refugees <https：//www. unhcr. org/events/confere nces/5b3295167/official-version-final-draft-global-compact-refugees. html>，于 2018 年底获得联合国大会批准。

一种"概念上的证明",旨在确保其在谈判会议中的顺利通过。许多国家对《世界环境公约》提出了反对意见,主要是针对《世界环境公约》的细节方面,这些细节在谈判过程中虽然不会对《世界环境公约》的框架造成影响,但会导致对《世界环境公约》的进一步调整。

(二)关于框架内容的基本问题

《世界环境公约》在磋商过程中主要涉及以下问题:①《世界环境公约》的简洁性;②《世界环境公约》的持续性;③《世界环境公约》在不同国家的适用;④权利义务的平衡;⑤既定原则和新原则的平衡;⑥规范性和制度性的平衡。

《世界环境公约》内容简洁,篇幅较短,避免了许多不必要的麻烦。这不仅符合《世界环境公约》的最终目标,即制定有约束力的原则,也符合《世界环境公约》本身的性质,即为各国和其他利益相关者详细审查和讨论《世界环境公约》提供基础。

《世界环境公约》制定过程中采用的方式旨在避免时代的过度嵌入,确切地说,它试图制定出对现在和未来都具有持久相关性的原则。这是宪法、人权条约、国际组织组成文书等长期发挥作用的文书的一个共同特点。与其他公约不同的是,《世界环境公约》的持续性并不取决于繁重的体系结构,而是体现在其普遍性原则中。因为我们对环境问题的科学认识以及应采取的应对措施都在不断变化。

《世界环境公约》的普遍性意味着其可以适用于不同国家的具体情况。如果《世界环境公约》在适用时"一刀切",将会有失公平。专家网络和负责起草工作的专家小组对此慎重考虑,尽最大努力确保《世界环境公约》的规范指导作用,同时允许各国根据本国的实际情况对《世界环境公约》予以变通执行。

《世界环境公约》第1条规定了"享有健康生态环境的权利",[1] 反映了各

---

〔1〕 See 'Draft Global Pact for the Environment'(24 June 2017)art 1;'White Paper:Toward a Global Pact for the Environment'(September 2017),both available at ⟨www. pactenvironme nt. org⟩.

国[1]普遍认同国际上[2]要求的享有某种质量（"健康""清洁""安全"或
"普遍令人满意"）的环境。第 2 条规定了"保护环境的义务"，其中提到"任
何国家或国际机构、自然人或法人，无论公私，都有保护环境的义务"。[3] 这一
规定较为超前，许多人认为这扩大了责任承担者的范围，从而削弱了国家作为保
护人权和环境方面主要责任承担者的地位。关于这一问题，各国需进一步研究。
《世界环境公约》第 2 条旨在明确主要的责任承担主体，换言之，旨在强调环境
保护义务不应仅被视为国家义务。《世界环境公约》的框架体系是权利和义务的
结合。第 3~20 条规定了一系列权利（如第 9、10、11 条的规定与《里约宣言》
原则 10 相符，并在此基础上指出这是"每个公民"都享有的权利）和责任（一
系列责任承担者，包括"国家""缔约方""地方实体"[4] "当代人"[5] 以及
责任范围内的任何实体[6]）。

　　《世界环境公约》中涵盖了许多众所周知的原则，[7] 其所使用的表达方式
可以澄清先前的歧义，扩大原则的适用范围。[8] 此外，《世界环境公约》还对

---

　　〔1〕 See D Boyd, The Environmental Rights Revolution（UBC Press 2012）; JR May and E Daly, Global En-
vironmental Constitutionalism : Cambridge University Press , 2015.

　　〔2〕 See 'UN Expert Calls for Global Recognition of the Right to Safe and Healthy Environment'（Office of
the High Commissioner for Human Rights, 5 March 2018）（前特别报告员 John Knox 说："我希望人权理事会认
识到建立健康环境权的时机已到，理事会应当支持在一项全球性公约中承认这一权利。"）'Report of the
Special Rapporteur on the Issue of Human Rights Obligations Relating to the Enjoyment of a Safe, Clean, Healthy and
Sustainable Environment' UN Doc A/73/188（19 July 2018）para 37（现如今联合国正式承认了享有安全、清
洁、健康和可持续环境的人权，确切地说，享有健康环境的人权时机已到）；联合国人权与环境问题特别
报告员 David R. Boyd 在联合国大会第 73 次会议（2018 年 10 月 25 日）的发言（Knox 教授在担任项目负
责人 6 年后，得出如下结论：虽然世界人权体系存在着明显差异，但就目前而言，承认享有安全、清洁、
健康和可持续环境的人权刻不容缓）。

　　〔3〕 See 'Introductory Report on the Draft Global Pact for the Environment'（September 2018）7.

　　〔4〕 Draft Global Pact for the Environment（n 72）art 17.

　　〔5〕 ibid art 4.

　　〔6〕 ibid art 6（预防）or art 20（各国国情的多样性）.

　　〔7〕 例如一体化原则、代际公平原则、预防原则、环境影响评价原则、谨慎原则、污染者付费原则、
环境信息公开原则、公众参与原则以及获得环境司法保障原则。

　　〔8〕 参见《世界环境公约》第 4 条中的代际公平原则（《里约宣言》原则 3 也规定了代际公平原则，
但仅指代际公平原则是满足当代和世世代代的发展与环境需要）。关于该原则的概念基础，see E Brown
Weiss, 'The Planetary Trust: Conservation and Intergenerational Equity'（1984）11 Ecology Law Quarterly 495.
《世界环境公约》第 8 条中的污染者付费原则，它扩大了该原则的适用范围，明确指出治理环境的费用应
由 "污染者" 承担（与《里约宣言》相比）。详见 P Schwartz, 'The Polluter-pays Principle' in Viñuales,
The Rio Declaration（n 15）429.

部分原则进行了创新，迄今为止，这些原则的一般性表述[1]在以往的公约中都未曾出现。[2] 专家组力求在《世界环境公约》的巩固和创新之间取得平衡，《世界环境公约》的巩固有利于现有规范的加强以及缓解不愿缔结《世界环境公约》的国家的潜在担忧。然而，由于《世界环境公约》是全球环境治理发展中的重要步骤，创新同样不可忽视。

最后，《世界环境公约》在规范层面（制定原则）和制度层面（建立新机构）取得了平衡。《世界环境公约》第 21 条针对专家组成员以及各国广泛关注的问题设置一个独立机构，即独立专家委员会，类似于人权公约所设的委员会以及多边环境协议所设的遵约委员会；该条所规定的非对抗性方式主要源自《巴黎协定》第 15 条，许多早期的多边环境协议也有类似的规定。由于《世界环境公约》并未建立缔约方大会或者其他有强制执行力的机构，独立专家委员会的职能更类似于 1966 年《公民权利及政治权利国际公约》（Covenant on Civil and Political Rights）下设的人权事务委员会。拥有解释原则和具体条约职能的专家委员会，主要是在不依赖《世界环境公约》体系结构的前提下着力推动《世界环境公约》的执行。

图 4-1 以图形的形式总结了这些要素，为特设工作组讨论和制定《世界环境公约》提供了参考。特设工作组和政府间会议需要根据具体情况平衡好要素之间的关系。无论是学术界还是政界的专家，在研究和讨论过程中都需要对这些要素进行梳理，阐明各要素的利弊。图 4-1 中相关要素为研究和讨论提供了必要帮助。

---

〔1〕 例如《世界环境公约》第 17 条 "不倒退" 原则。详见 M Prieur and G Sozzo, La Non-régression en Droit de l'Environnement（Bruylant 2012）.

〔2〕 例如《世界环境公约》第 14 条 "为国家行为主体和国家内部机构扮演的角色" 和第 16 条 "复原能力"。关于二者的概念，see H Bulkeley et al, Transnational Climate Change Governance（Cambridge University Press 2014）and N Robinson, 'Evolved Norms：A Canon for the Anthropocene' in C Voigt（ed）, A Rule of Law for Nature：Cambridge University Press 2013, 46.

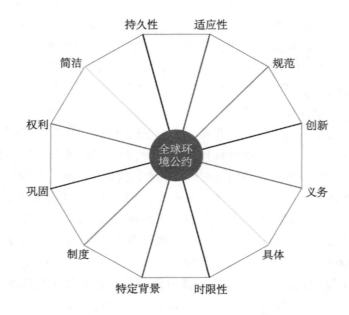

图 4-1　《世界环境公约》的要素

（三）与现有国际公约的交融

《决议草案》第 9 段指出："上述规定（不限成员名额的特设工作组及相关的政府间会议）不能与现有法律条约以及全球、区域部门机构相冲突。"

对本条进行解释的同时需要指出，相同情况下，《世界环境公约》不会排除其他公约的适用，也不会在适用其他公约时受到排斥。现有国际公约比《世界环境公约》的规定更为具体（对具体条文进行逐条分析）。《世界环境公约》涵盖了许多现有国际公约所未涉及的领域（如在专门性条约出台之前，为诸如塑料污染、陆源污染以及大气污染等普遍存在的环境污染问题提供应急管理机制），有助于解释这些领域所出现的问题（例如，阐明现有国际公约对消费驱动型污染的影响），这体现了《世界环境公约》与现有国际公约之间的相互交融。

在现有国际公约和拟议公约之间，应当避免拟定公约"破坏"现有国际公约的情况出现，这里的"破坏"主要是指损害现有国际公约的环境保护目的。《世界环境公约》必须不违背环境保护的目的，即符合《决议草案》第 9 段的规定，目前来看《世界环境公约》并不会违反这些目的。《世界环境公约》的反对者有责任证明《世界环境公约》将以何种形式、在多大程度上对现有国际公约造成破坏，且证明力应符合 2018 年 11 月下旬发布的"实证分析技术"报告的相关标准。

国际法院指出，可以通过综合不同条约规范的方式以应对复杂多变的社会状况。法院认为，在审查国家因自卫而采取武装行动的必要性时，应充分考虑该行为对环境的损害，[1] 具体而言，人权法律规范和国际人道主义法律规范（包括环境法律规范）可以综合适用。[2] 目前而言，不同条约规范之间并不完全相互排斥，如《世界环境公约》与现有的国际公约之间的关系。《世界环境公约》可以：①与其他具体公约共同适用；②在具体适用时不被其他公约排斥，也不排斥其他公约；③通过解决遗留问题以及对现有条约的解释，对各国作出贡献。

六、前景展望

制定《世界环境公约》的时机是否成熟，各国对此进行了深入探讨。笔者坚信，50 年后回看，如今反对《世界环境公约》就像当年反对《国际人权公约》（International Human Rights Covenants 1966）、《世界人权宣言》（Universal Declaration on Human Rights 1948）乃至《惩治种族屠杀行为公约》（Genocide Convention 1948）一样，要么是出于政治动机，要么是时代的退步。

《世界环境公约》并非凭空想象，相反，这是全球环境治理中关键的一步，通过一项符合国际法其他许多领域惯例的总体原则声明，它不仅涵盖了人权法律

---

〔1〕 以核武器进行威胁或使用核武器的合法性（咨询意见）〔1996〕ICJ Rep 226 para 30.

〔2〕 ibid para 25；Legal Consequences of the Construction of a Wall in the Occupied Palestinian Territory（Advisory Opinion）〔2004〕ICJ Rep 136 para 106.

规范，还囊括了海洋法、[1] 贸易法、[2] 国际刑法[3]以及国际人道主义法[4]等相关法律法规。世界各国都制定了普遍性环境法律法规，[5] 尽管它们之间存在一定的差异，但在环境保护方面有一定的共性，各国都在努力寻求部门法之间原则的统一。通常这些普遍性法律法规都在部门法之后制定，[6] 目的是促进与国际环境法密切相关的部门法之间的统一。

综上所述，《世界环境公约》在性质、范围和内容、体系框架以及在不同因素之间取得平衡方面存在较大的争议，希望本文能够为后人记录当代人在面临这一严重问题（主要由自身原因造成）时的解决方式。

---

〔1〕 See UNCLOS（n 29）.

〔2〕 See Agreement establishing the World Trade Organization（adopted 15 April 1994, entered into force 1 January 1995）1867 UNTS 154.

〔3〕 See Rome Statute on the International Criminal Court（adopted 17 July 1998, entered into force 1 July 2002）2187 UNTS 90.

〔4〕 See the four Geneva Conventions, with their two substantive additional protocols: Geneva Convention for the Amelioration of the Condition of the Wounded and Sick in Armed Forces in the Field（adopted 12 August 1949, entered into force 21 October 1950）75 UNTS 31; Geneva Convention for the Amelioration of the Condition of Wounded, Sick and Shipwrecked Members of Armed Forces at Sea（adopted 12 August 1949, entered into force 21 October 1950）75 UNTS 8; Geneva Convention Relative to the Treatment of Prisoners of War（adopted 12 August 1949, entered into force 21 October 1950）75 UNTS 135; Geneva Convention Relative to the Protection of Civilian Persons in Times of War（adopted 12 August 1949, entered into force 21 October 1950）75 UNTS 287; Protocol Additional to the Geneva Conventions of 12 August 1949, and Relating to the Protection of Victims of International Armed Conflicts（adopted 8 June 1977, entered into force 7 December 1978）1125 UNTS 3; Protocol II Additional to the Geneva Conventions of 12 August 1949 and Relating to the Protection of Victims of Non-international Armed Conflicts（adopted 8 June 1977, entered into force 7 December 1978）1125 UNTS 609.

〔5〕 See, e. g., Brazil: National Environmental Policy Act（1981）; Canada: Canadian Environmental Protection Act（1999）; China: Environmental Protection Law（2014）; France: Environment Code（2000）; India: Environment（Protection）Act, No 29 of 1986; Indonesia: Law No 32/2009 on Environmental Protection and Management（2009）; Japan: Environmental Basic Law, Law No 91/1993（1993）; Korea: Basic Environmental Policy Act, Law No 4257（1990）; Mexico: General Act on Ecological Balance and Environmental Protection（1988）; Singapore: Environmental Protection and Management Act（1999）; South Africa: National Environmental Management Act（1998）; UK: Environment Act（1995）; United States: National Environmental Policy Act（1969）. 上述法律所涉及的领域不同，有些法律规定得较为详细，有些则仅规定了程序方面的内容。See Viñuales（n 41）Chapter 2.

〔6〕 法国和德国在这方面的努力形成鲜明对比，法国与德国的部门法较为零散，一定程度上阻碍了《世界环境公约》的发展，法国于 2000 年通过了《环境法》（on the need for such a Code, see M Prieur, Rapport sur la Faisabilité d'un Code de l'Environnement（Ministère de l'Environnement 1993））。德国则至今尚未通过（see S Gabriel, 'The Failure of the Environmental Code. A Retrospective'（2009）39 Environmental Policy and Law 174）。

行政主观诉讼的客观化及其限制*

◎张　彬**

目　次

　　任何一种法律制度都含有特定的目的追求，法律目的关系整个制度体系的设计和安排，是制度建构的逻辑起点。[1] 对于行政诉讼而言，保护私权与监督行政究竟谁是首要目的，理论上可谓众说纷纭、莫衷一是。保护私权的诉讼具有主

---

　　* 基金项目：本文是湖南省教育厅项目"党政机构合署合并改革背景下公民权利救济机制研究"（18B051）的阶段性研究成果。

　　** 作者简介：张彬（1987—），女，湖北省鄂州市人，法学博士，湘潭大学法学院讲师，湘潭大学检察公益诉讼理论研究中心副秘书长，主要从事行政法与公益诉讼研究。

　　〔1〕 参见赵清林："类型化视野下行政诉讼目的新论"，载《当代法学》2017 年第 6 期。

观性，而监督行政的诉讼则具有客观性。在主观诉讼下，原告提起诉讼目的仅在于维护自己的合法权益，恢复受损利益，因此，司法审查注重原告主体资格要件，强调回应原告的诉讼请求；客观诉讼下，原告提起诉讼非为个人权益，而在于维护公共利益，试图恢复被破坏的公共秩序，因此，法院审判更多地带有客观监督色彩和"公意"（general desire）意识。考察各国行政诉讼理论与实务，传统行政诉讼似乎更倾向于主观诉讼。但随着时代变迁，"法律朝允许全体公民起诉他们感兴趣的任何行政裁决的方向发展"，[1] 行政诉讼客观化已成为未来行政诉讼发展的必然趋势。

一、主观诉讼与客观诉讼

主观诉讼（contentieux objectif）与客观诉讼（contentieux subjectif）并非法律概念，而是法学研究术语，其最早由法国波尔多大学莱昂·狄骥教授于 1911 年创立，后经德国、日本学者借鉴传播在行政诉讼法学领域中广泛应用。但由于各国行政诉讼产生的背景及体制不同，致使主观诉讼与客观诉讼的范围和理解有所差异。[2]

（一）主观诉讼与客观诉讼的起源与发展

不同种类的诉讼有不同的法律制度。在各式各样的行政诉讼中，当事人的资格、请求的内容、法官的权力、诉讼的程序、判决的效果并不完全相同。因此，为了便于司法实践操作和理论研究，必须进行分类。

法国学者率先提出了行政诉讼类型的分类方式，基于不同分类标准，主要有两种方式：（a）传统的四分法，由行政法学成立初期的学者，例如 L. 奥科、E. 拉弗里耶尔等所提出，直到今天仍为法国行政法院和许多学者所采用。四分法认为，由于当事人的诉讼请求和诉讼理由不同，因而法官判决案件的权力大小不一样。因此，根据法官判决时权力的大小，行政诉讼可以分为四类：完全管辖权之

---

〔1〕 王名扬主编：《法、美、英、日行政法简明教程》，山西人民出版社 1991 年版，第 161 页。

〔2〕 参见蔡志方："欧陆各国行政诉讼制度发展之沿革与现状"，载《行政救济与行政法学》（一），台湾三民书局 1993 年版，第 3 页。转引自林莉红、马立群："作为客观诉讼的行政公益诉讼"，载《行政法学研究》2011 年第 4 期。

诉、撤销之诉、解释及审查行政决定的意义和合法性之诉、处罚之诉。[1]

传统四分法虽然简单明了，但缺点在于这种分类不是根据诉讼本身的性质，而是以一个外部的标准，即法官作出判决的权力作为诉讼分类的根据。然而，诉讼的性质，主要决定于法官所要解决的问题的性质。为此，狄骥教授对四分法进行了评判，并在此基础上提出了二分法的分类标准，即根据所讨论问题的性质将行政诉讼分为两类：（b）一类是关于行政机关在与普通公民日常交往中违反客观的法律规则和法律所提起的诉讼；另一类是争论的问题是否违反了原告独享的某些私人权利的诉讼。其中，第一类就称之为客观诉讼，例如普通公民提起的撤销之诉；第二类就是主观诉讼，例如（行政）合同之诉。[2]

按照行政诉讼标的的性质所划分的主观诉讼和客观诉讼，优点在于能够明确反映两种诉讼的当事人资格和判决效果之差异。但缺点亦非常明显，即不可能划分全部行政诉讼，且对于客观和主观的认识也无法完全一致。例如，损害赔偿之诉，一般认为是主观诉讼，但在狄骥看来则是客观诉讼，因为这个诉讼的标的是审查是否违反禁止损害他人这一不成文规则。正是由于客观诉讼与主观诉讼分类标准的固有缺陷，使得法国大部分学者和行政法院更多采用传统四分法。

德国在行政诉讼构造的选择上与法国截然不同。尽管借鉴了法国的客观诉讼与主观诉讼的分类概念，但行政诉讼构造仍是以其联邦体制和 1949《德国基本法》为基础的，即德国行政诉讼的目的是保护个人权利，而非侧重于公共利益，因而是一种典型的主观诉讼，且在德国没有公益诉讼概念，一方面他们认为公民个人在维护公共利益方面是有限且不适格的；另一方面，法院也并非评判公共利益标准的适格机关，因而在德国行政诉讼法当中公益代表只能参与诉讼，而不能提起诉讼。[3]

当然这也并不意味着德国的行政诉讼法只是一味地关注保护个人权利，例

---

[1] 完全管辖权之诉的特点是，当事人通过诉讼主张某一项权力，法官具有广泛的裁决权，可以撤销、变更、重新决定行政机关的决定，可以判决行政主体赔偿损失。撤销之诉中，当事人请求法官撤销一个损害他的利益的违法的决定，法官在审查这个决定的合法性之后，只能判决是否撤销，而不能变更或重新作出决定，也不能判决行政主体赔偿。解释及审查行政决定的意义和合法性之诉中，法官不能作出直接产生法律效果的决定，只能为其他法官的判决提供基础。处罚之诉中，行政法官具有处罚权，是行政诉讼的例外情形，范围极小，主要针对违反不动产公产保管规则的行为。王名扬：《法国行政法》，北京大学出版社 2007 年版，第 525~526 页。

[2] 薛刚凌、杨欣："论我国行政诉讼构造：'主观诉讼'抑或'客观诉讼'"，载《行政法学研究》2013 年第 4 期。

[3] 转引自刘飞："德国行政诉讼制度"，载薛刚凌主编：《外国及港澳台行政诉讼制度》，北京大学出版社 2006 年版，第 39 页。

如，德国法院的规范审查程序不仅仅旨在于保护公民的个人权利，同时还是一种客观的对抗程序，法院对规范审查所作出的判决对该程序中的双方当事人均具有普遍性效力。[1] 另外，法院的内部机构争议程序既有保护私益的功能，也有维护秩序的功能。

同为大陆法系的日本，其立法明确规定行政诉讼的分类，包括抗告诉讼、当事人诉讼、民众诉讼以及机关诉讼。[2] 至于主观诉讼与客观诉讼则是学理分类——日本学者普遍认为抗告诉讼和当事人诉讼属于主观诉讼，即以保护公民个人权益为目的的提起的诉讼；民众诉讼和机关诉讼则属于客观诉讼，即以维护客观法律秩序和确保行政活动的适法性而提起的诉讼。[3] 由此可见，与狄骥（以诉讼标的的性质作为分类标准）不同，日本学者是从诉讼目的的角度来界分主观诉讼与客观诉讼——主观诉讼的目的在于保护个人权利和利益，只有"法律上的利益者"（权益受损者）才可提起；客观诉讼的目的在于保障行政活动的合法性和客观法律秩序，限于在法律规定的情况下，法律所规定者提起。[4]

而在英美法系国家，虽然没有真正意义上的行政诉讼概念，但从司法审查的框架和诉讼实践来看，依然存在主观性或客观性的因素。例如在英国，早期建立起的统一的司法机构是为了加强中央集权，后来通过的特别救济诉讼也是为了维护国王统治而对下级法院和行政机关进行的一种监督。[5] 但到了 16 世纪末后，与目的在于保护公民私益的普通私法救济诉讼一样，特别救济诉讼也开始加入了保护公民个人权益的主观诉讼因素，但从整体来看，特别救济诉讼的主要功能仍

---

〔1〕 参见刘飞："德国行政诉讼制度"，载薛刚凌主编：《外国及港澳台行政诉讼制度》，北京大学出版社 2006 年版，第 34 页。

〔2〕 所谓"抗告诉讼"是指对公权力的行使或不行使表示不服的诉讼；"当事人诉讼"是指有关平等主体之间公法上权利义务关系的诉讼。"民众诉讼"又称为公益诉讼，是指"以选举人资格及其他与自己的法律上的利益无关的资格提起的请求纠正国家或者公共团体机关的不适合法规的行为的诉讼"。"机关诉讼"是关于国家或者公共团体的机关相互间权限的存在与否或者其行使的纷争的诉讼，其提起主体限定为法律授权机关，主要解决国家和团体之间权限存在与争议纠纷。参见翁岳生：《行政法（2000）》（下册），中国法制出版社 2002 年版，第 1339~1344 页。

〔3〕 ［日］樱井敬子、桥本博之：《行政法》，弘文堂 2007 年版，第 251 页。转引自马立群："主观诉讼与客观诉讼辨析——以法国、日本行政诉讼为中心的考察"，载《中山大学法律评论》（第八卷）第 2 辑，第 252 页。

〔4〕 例如，《日本地方自治法》第 242 条规定，任何住民可以对地方公共团体涉及违法的财务支出行为提起诉讼。根据这一规定，原告（住民）与被告（地方公共团体）之间并不存在法律上的权利义务关系，而是基于法律的特别授权而享有诉权。

〔5〕 参见伍盼："从行政诉讼功能定位看类型化发展——以主观诉讼、客观诉讼为分析视角"，载《湖北警官学院学报》2013 年第 12 期。

然是为了维护客观的公法秩序与公共利益。[1]

（二）主观诉讼与客观诉讼之界分

虽然不同国家的行政法学者在理解和使用这一概念时，存在一定差异，但只是认识角度的不同，从诉讼的功能来看，无疑是吻合的，即无论是基于诉讼标的的性质还是诉讼目的，主观诉讼的首要功能是保护个人私益，客观诉讼的首要功能则在于维护公益。正是基于二者功能之不同，所以需要构建不同的制度体系，这恰是主观诉讼与客观诉讼分类标准的意义所在。因此，有必要对主观诉讼与客观诉讼进行区分，其标准主要有四：

1. 诉讼目的。所谓行政诉讼目的，即是从观念形式表达的国家进行行政诉讼所期望达到的目标，是统治者按照自己的需要和基于对行政诉讼及其对象固有属性的认识预设的关于行政诉讼结果的理想模式。[2] 客观诉讼与主观诉讼界分的最主要的标准就在于：主观诉讼以保护个人权利私益为目的，客观诉讼的主要目的在于制裁违法行政行为，保障良好的行政秩序，不在于保护原告的主观权利，因此，客观诉讼是一个对事不对人的诉讼。

值得注意的是，我们这里所说的诉讼目的并非一般意义上的原告起诉目的，而是指法律规范所预设的目的。毕竟在客观诉讼中不能排除原告存在私益目的，在主观诉讼当中也可能存在原告维护公共利益的情形。[3] 而且法律规范保护的目的不同，也会导致同一行政诉讼规则的性质有所不同。例如以维护公益为出发点的法国行政诉讼制度，撤销之诉毋庸置疑是属于客观诉讼的，而在德国，其行政诉讼制度的主要功能是保障个人权益，因此撤销之诉反而属于主观诉讼而非客观诉讼。[4]

2. 诉讼标的。诉讼标的亦是区别主观诉讼与客观诉讼的一个重要指标。通常主观诉讼的诉讼标的是权利主体之间因某项权益而产生的利害冲突，而在客观诉讼当中，通常不存在权利关系存在争议的双方当事人，其诉讼标的一般是以宪法或法律法规所特别规定的行政行为或有公权力介入因素的事项，例如行政立法行为、行政机关之间的争议等，常常都是以法律明文规定为限。

3. 原告资格。根据主观诉讼与客观诉讼所保护的诉讼目的不同，其原告资

---

〔1〕 参见章志远："行政诉讼类型化模式比较与选择"，载《比较法研究》2006年第5期。

〔2〕 参见马怀德：《行政诉讼原理》，法律出版社2003年版，第58页。

〔3〕 参见林素凤："日本民众诉讼与我国公益诉讼"，载曾华松大法官古稀祝寿文集编辑委员会编：《论权利保护之理论与实践》，元照出版公司2006年版，第613页。

〔4〕 参见薛刚凌、杨欣："论我国行政诉讼构造：'主观诉讼'抑或'客观诉讼'"，载《行政法学研究》2013年第4期。

格的划分标准也相应有所不同。主观诉讼同传统的"诉讼利益"理论并无二致，其原告资格往往限于"与行政行为有利害关系的人"，且须满足合法权益须受到"侵害"，否则就不是适格的原告。而客观诉讼则是以维护客观秩序和公共利益为目的，对原告资格的要求相对宽泛，并不要求原告必须具有直接的利害关系，可仅以受影响的第三人身份提起行政诉讼，但为了防止公民的滥诉，一些国家在立法中也要求原告与所诉事项在一定程度或范围内具有利益关系。

4. 判决效力。主观诉讼判决与客观诉讼判决的效力并不相同。在主观诉讼中，原告不仅有确定诉讼标的范围的权利，还在一定程度上有处分诉讼程序和实体法上的权利，因此，主观诉讼的判决效力仅限于诉讼当事人之间。[1] 而客观诉讼从程序的设定上就开始严格限制当事人的处分权，明确以法律明文规定为限，其审判的内容以行政行为的合法性、合理性为主，其首要目的在于维护公共利益，因此，客观诉讼的判决效力一般有对世效力，对一切人有效，不限于当事人之间。

（三）主客观诉讼与行政诉讼制度模式

如前所述，主观诉讼与客观诉讼是学者基于对行政诉讼功能的不同理解而进行的分类，虽然二者对首要功能的定位未获得统一认识，但保护个人权利和实现客观法律秩序两个要素无疑获得了基本认同。由于世界各国政治、历史、文化、宗教等因素的不同，各国在认识行政诉讼的功能上也有所差异，从而导致了不同历史阶段、不同国家的行政诉讼制度亦有所不同。从世界范围来看，结合功能取向而言，行政诉讼制度可分为行政主观诉讼制度和行政客观诉讼制度两种模式。

所谓行政主观诉讼制度，是指行政诉讼主要围绕主观诉讼而构建，行政诉讼的核心功能在于保障公民的个人利益，客观法秩序的维护只是在保障公民合法权益的范围内一种附带功能的模式类型。其逻辑假设就是个人权利优先，社会是个人为实现本质上属于个人的目的而建构起来的工具。在这一理念下，行政诉讼法被定位为权利救济法，而非监督行政法。[2] 所谓行政客观诉讼制度，是指行政诉讼主要围绕客观诉讼而构建，其主要功能是维持公法秩序并确保公法的有效实施。其理论基础是法国的社会连带主义法学观，其认为诉讼并非为了实现某种实体性权利，而只是对法律规则的实施而已，实体性权益只是公法秩序的副产品，因此，"任何利害关系人，哪怕只是同这种行为之间有一种道德的、间接的关系，

---

〔1〕 参见王名扬：《法国行政法》，北京大学出版社 2007 年版，第 559 页。

〔2〕 邓刚宏："论我国行政诉讼功能模式及其理论价值"，载《中国法学》2009 年第 5 期。

都可以向行政法院提出起诉"。[1]

行政主观诉讼制度模式在德国、日本和英美法系较为流行。二战后的德国将维护人性的尊严作为宪法的最高价值追求，从而奠定了个人权利保障成为行政法院司法审查核心功能的基调。但是德国行政法院的局限性也较为明显，一方面在受案范围上，行政法律保护只针对特定的行政决定形式，主要是不利行政行为；另一方面，在原告资格上，唯有主观权利受到侵害的个人方可启动行政法院程序。[2] 正是基于此，在德国行政诉讼制度发展的过程中，行政客观诉讼秩序模式也获得了较大的支持群体，并最终走向二者的统一。日本的行政诉讼最先借鉴的就是德国，它是以权利救济为中心而建构的，但同时，为了维护特定领域的公共利益和秩序，特别设置了客观诉讼类型（民众诉讼与机关诉讼）。在英美法系国家，行政法被认为是"控权法"，其目的是约束行政机关的权力，保障公民的权利。因此，由普通法院进行的司法审查主要围绕权利救济展开。但20世纪中后期以后，随着民众和社会对积极行政的需求，单纯的消极抵御观念逐渐发展转变，司法审查也开始转向促进行政良好运作以及为公民和社会谋求更大的福祉。

法国的行政诉讼制度肇始于客观诉讼。法国学者认为行政法的宗旨是依法治国，行政机关的活动必须遵守法律，此即行政法治原则或依法治国原则。该原则要求制定各种法律，并且建立各种制度来保障法律得到遵守。而其中最有效的保障就是撤销违法的行政决定，使它不发生法律效力。所以，越权之诉被认为是保障法治最有效的手段，其是指当事人的利益由于行政机关的决定而受到侵害，请求行政法院审查该行政决定的合法性，并撤销违法的行政决定的救济手段。[3]

总而言之，不管是以客观诉讼还是以主观诉讼因素为发展源头，没有哪一个国家的行政诉讼制度是完全主观诉讼化或者客观诉讼化的，都是因地因时地根据各自诉讼发展的目的从而形成与之相适应的诉讼体系，但同时也须得注意避免诉讼种类过于复杂化和多样化，以便诉讼原告在提起诉讼时能够做出明确的选择。

二、我国行政诉讼法典的主客观构造

我国行政诉讼究竟是主观诉讼还是客观诉讼，学界一直以来争议较大。有的

〔1〕 ［法］莱昂·狄骥：《公法的变迁：法律与国家》，郑戈、冷静译，辽海出版社、春风文艺出版社1999年版，第151页。
〔2〕 邓刚宏："德国行政诉讼功能模式的历史演变及其借鉴"，载《湖南科技大学学报（社会科学版）》2017年第3期。
〔3〕 王名扬：《法国行政法》，北京大学出版社2007年版，第530页。

学者主张是客观诉讼，因为根据《行政诉讼法》的规定，法院仅就被诉行政行为的合法性进行审查，可见，我国行政诉讼以监督行政公权力为主要意旨。因此，"从总体上讲，我国现行行政诉讼法确立的是一种客观诉讼制度"。[1] 另有一些学者从诉讼请求出发，认为我国行政诉讼确立的是"被害者诉讼"的原告资格标准，因此，行政诉讼制度属于主观诉讼制度。[2] 其实，纵观世界各国的行政诉讼制度发展历程，可以发现，行政诉讼发展到今天，虽然各国发展路径不同，但主观诉讼客观化却是共同发展趋势。无论是通过制定法律还是解释法律，司法审查中都明显呈现二者融合形态，我国行政诉讼亦是如此。2017 年修正的《行政诉讼法》在立法目的、原告资格判断标准、具体行政行为概念的删改、行政公益诉讼等条款的修改都传递出行政诉讼客观化的倾向。然而，分析我国《行政诉讼法》之规定可以明显发现，我国行政诉讼并非完整意义上的主观诉讼，也非完整意义上的客观诉讼，而是呈现一种扭曲的"内错裂"形态。[3]

（一）一般构造：主观性与客观性交错

从我国《行政诉讼法》的一般规定来看，其既存在主观诉讼因素，亦存在客观诉讼内容，二者相互交错。

从诉讼功能来看，我国《行政诉讼法》第 1 条明确规定："为保证人民法院公正、及时审理行政案件，解决行政争议，保护公民、法人和其他组织的合法权益，监督行政机关依法行使职权，根据宪法，制定本法。"就此而言，我国的行政诉讼是"维护公民权益"功能的主观诉讼与"监督行政权"功能的客观诉讼并行的诉讼构造。但在诉讼实践当中，我国法院在行政诉讼的案件当中明显侧重于审查行政行为的合法性，其主要目的还是在于监督行政机关是否依法行使行政职权。因而，一方面，我国行政诉讼在法院判决当中体现出来的是典型的客观诉讼，但在另一方面，《行政诉讼法》又向来被认为是以维护公民权益的主观目的的"民告官"的法典，这就使得原告诉讼请求的主观性与法院审理的客观性之间存在冲突。

从诉讼规则来看，与诉讼功能一样，我国《行政诉讼法》在规则设计上亦存在相互矛盾的地方，具体体现在以下几个方面：

---

〔1〕 梁凤云："行政诉讼法修改的若干理论前提——从客观诉讼和主观诉讼的角度"，载《法律适用》2006 年第 5 期。

〔2〕 参见于安："发展导向的《行政诉讼法》修订问题"，载《华东政法大学学报》2012 年第 2 期。

〔3〕 薛刚凌、杨欣："论我国行政诉讼构造：'主观诉讼'抑或'客观诉讼'"，载《行政法学研究》2013 年第 4 期。

原告资格判断上的主观性。我国的行政诉讼法在审判过程中具有浓重的客观诉讼色彩，而客观诉讼是以维护客观法律秩序为目标，因而其对原告资格的要求相比以救济公民权利的主观诉讼而言应当是相对宽松的。如果说主观诉讼往往将原告资格限定于与行政行为有利害关系的行政相对人，那么客观诉讼就只要求客观行政行为存在违法性，对行政相对人要求较少。但我国《行政诉讼法》第 25 条却将适格原告限定为"与行政行为有利害关系的公民"，这显然是一个纯粹的主观诉讼标准。[1]

诉讼标的上的模糊性。在原告资格呈现出纯粹的主观诉讼标准的前提之下，与之相匹配的也应当是主观诉讼的诉讼标的，即当事人某项受侵害的权利。但我国的《行政诉讼法》兼采取"公民权利"和"行政行为"标准，规定对合法权益明显不产生实际影响的行政行为不属于行政诉讼的受案范围，但又规定对合法权益不产生影响的违法行政行为，也应当予以撤销。[2] 因此行政相对人的诉讼请求究竟是属于"权利标的"还是"行政行为标的"是完全不明确的。

诉判形式上的不一致性。从审理裁判的内容上看，我国行政诉讼仅限于审查行政行为的合法性，因此在裁判方式的定位上是属于客观诉讼的。那么相应地，在被提起诉讼的行政行为被判定为合法有效的情况下，就应当作出维持原判的决定，因为只有维持判决才能使法院专注于对行政行为合法性的审查。[3] 但 2017 年修正后的《行政诉讼法》却将维持判决改成了驳回诉讼请求判决，这就很有可能使法院更加审慎地去审查原告的主观性诉讼请求，使法院的注意力分散在"救济私权"和"维护客观秩序"的选择上，从而弱化《行政诉讼法》在客观诉讼定位上的功能。[4]

判决效力上的主观性。根据客观诉讼与主观诉讼的判决标准，如果诉讼判决是客观性质的，那么其判决效力就应当具有溯及力及对世效力，及于所有与行政行为相关的主体。但在我国，法院的撤销判决仅及于提起诉讼的当事人之间，因而从这一点上看这一判决效力更倾向于主观性。但其撤销被提起诉讼的行政行为这一法律后果其实是具有对世效力的，从而使裁判效力在一定程度上又符合客观诉讼的特点。

从总体的实施效果上来看，我国《行政诉讼法》是在不断收获正面反馈的，

---

〔1〕 付荣、江必新："论私权保护与行政诉讼体系的重构"，载《行政法学研究》2018 年第 3 期。
〔2〕 邓刚宏："行政诉讼维持判决的理论基础及其完善"，载《政治与法律》2009 年第 4 期。
〔3〕 参见梁凤云："不断迈向类型化的行政诉讼判决"，载《中国法律评论》2014 年第 4 期。
〔4〕 参见马怀德主编：《行政法与行政诉讼法》，中国政法大学出版社 2007 年版，第 430 页。

但同时也不能忽略其中有关相对人的主观诉求与法院的客观裁判相互冲撞矛盾的问题，我国《行政诉讼法》的立法目的是既要保护公民、法人、其他组织的合法权益，也要维护和监督行政机关依法行政，但从目前的预期成效来看，即使是修改后的《行政诉讼法》也并没有实现有效监督行政行为和保障私权救济功能两手抓的目标，未来还需要更进一步的补足和完善。[1]

（二）特殊类型：行政公益诉讼的客观构造

2017 年 6 月 27 日第十二届全国人大常委会第二十八次会议通过了《全国人民代表大会常务委员会关于修改〈中华人民共和国民事诉讼法〉和〈中华人民共和国行政诉讼法〉的决定》，《行政诉讼法》在第 25 条增加 1 款，作为第 4 款："人民检察院在履行职责中发现生态环境和资源保护、食品药品安全、国有财产保护、国有土地使用权出让等领域负有监督管理职责的行政机关违法行使职权或者不作为，致使国家利益或者社会公共利益受到侵害的，应当向行政机关提出检察建议，督促其依法履行职责。行政机关不依法履行职责的，人民检察院依法向人民法院提起诉讼。"这一规定从立法上正式确立了我国检察机关提起行政公益诉讼的制度。但同时应当看到的是，立法对行政公益诉讼是有多重限制的，如原告资格、受案范围、诉前程序等，因此，行政公益诉讼只是《行政诉讼法》中一种特殊的、例外的存在。行政公益诉讼，顾名思义，就是为了保护公共利益而进行的诉讼活动，其不同于私益诉讼，具有明显的客观诉讼特征。

1. 起诉资格——公益诉讼起诉人。起诉资格是构建行政诉讼制度最基本也是最核心的问题。传统诉讼理论认为，只有与诉讼标的之间存在法律上利害关系的人，方具有原告资格，反之，"无利益即无诉权"。[2] 而客观诉讼的原告资格在于法律的拟制，不具有法律上利益关系的人亦可提起。根据《行政诉讼法》第 25 条第 4 款的规定，以及 2020 年《关于检察公益诉讼案件适用法律若干问题的解释》第 4 条的规定，人民检察院以"公益诉讼起诉人"身份提起行政公益诉讼，依照行政诉讼法享有相应的诉讼权利，履行相应的诉讼义务。"公益诉讼起诉人"而非"原告"的称呼本身就体现了行政公益诉讼与传统诉讼在起诉资格上的区别，即突破了一般行政诉讼中所要求的"利害关系"标准。

2. 起诉标准——维护客观法秩序。根据《行政诉讼法》第 25 条第 4 款的规定，检察机关提起诉讼的标准可分为两个层面：第一层面是行政机关是否存在违法行使行政职权或不作为的情形。只有在掌握了一定证据，对这个问题作出肯定

〔1〕 参见颜运秋：《公益诉讼理念与实践研究》，法律出版社 2019 年版，第 144 页。
〔2〕 林莉红、马立群："作为客观诉讼的行政公益诉讼"，载《行政法学研究》2011 年第 4 期。

回答时，才会进入到第二个层面，即判断行政机关在收到检察建议后，是否依法履行职责以及行为是否合乎法律的要求。如果行政机关在收到检察建议后仍不依法履行法定职责的，检察机关才能提起诉讼。[1] 就第一个标准而言，法院对行政机关是否履行法定职责的判断其实就是对"行政行为进行合法性审查"，然而，这种审查不同于一般行政诉讼中的"合法性审查"，从司法实践来看，行政机关不作为可分具体分为两类：一是法律明确规定了行政机关的监督管理职责，但行政机关不依法履行法定职责、未及时履行法定职责或未全面履行法定职责；二是法律对行政机关的职责规定不清晰或没有明确规定该职责由行政机关承担，但检察机关认为行政机关积极作为可以避免国家利益和公共利益受损或挽回损失的，也通常被法院认定为不作为。由此可见，行政公益诉讼中"不履行法定职责"的范围远比一般行政诉讼的"违法行政行为"的范围要大。究其原因，其实是出于保护公共利益的切实需要，法院直接扩展了"合法"的内涵。[2] 至于诉讼前置程序这个标准，无疑是立法对行政公益诉讼的一种特殊设置（一般行政诉讼无需经过诉讼前置程序，当然复议前置的除外），其目的是确定行政机关在公益保护上的优先性。毕竟，公益诉讼制度设立的初衷是形成保护公共利益的意识和合力，如果通过其他手段已然实现了这一初衷，为什么一定要通过诉讼的手段来确认呢？法益的保护有多种方式，在法治社会中，诉讼被公认为保护法益的一种普遍和有效的方式，[3] 但绝对不是唯一方式和首要方式。据此而言，无论是实践中对行政机关"不履行法定职责"的扩大解释，还是诉前程序的设置，至少可以证明一点，即我国行政公益诉讼的审查标准已然从"合法性"审查扩展到"维护或恢复客观法律秩序"层面。

3. 诉讼请求——确认违法+责令履职请求占据主导。行政公益诉讼的诉讼请求，承载着检察机关在办理公益诉讼案件过程中的实体要求。其不仅是修复受损国家利益及社会公共利益的判定依据，也是在对案件证据及事实综合考虑的基础

---

[1] 实践中，行政机关与检察机关在认定是否依法履行职责问题上是不一致的，或者说不完全一致。行政机关的态度是只要有所行动就是履行了法定职责，毕竟在有限的时间内真正落实到位存在诸多因素制约，尤其是环境污染问题，需要长时间的投入方可见效，不可能一蹴而就；而检察机关的观点则是必须在《检察建议书》规定的时间内完全履行，否则就是违法。而从法院的态度来看，几乎绝大多数法院更倾向于支持检察机关的观点。其实，行政机关与检察机关的不同态度，无所谓对错之分，只是正好反映了二者在公益保护上的不同角色和不同位置而已。而这一点也正是行政公益诉讼在未来长期发展中所需要去调和的重点问题之一。

[2] 刘艺："构建行政公益诉讼的客观诉讼机制"，载《法学研究》2018年第3期。

[3] 颜运秋：《公益诉讼理念研究》，中国检察出版社2002年版，第4页。

上所提出的限定审理及裁判范围、指引诉辩方向的重要航标。[1] 实践中，检察机关提起行政公益诉讼的诉讼请求一般可归结为三种模式：一是请求确认被告行为违法并判令被告依法履行法定职责；二是请求确认被告行为违法；三是仅请求判定被告履行法定职责模式。其中，第一种模式占据主导地位，即一方面对行政机关的行为进行否定评价，另一方面，也是最重要的方面，就是要求其履行法定职责，毕竟从公共利益的保护而言，行政机关是直接主体，且是站在第一线的主体，检察机关不可能代替行政机关行政，而只能是一种督促。

对于第二种模式，即仅请求确认被告行为违法的诉讼请求，一般出现诉讼期间，被告已依法履行职责，检察机关根据《人民检察院提起公益诉讼试点工作实施办法》第 49 条、[2]《关于检察公益诉讼案件适用法律若干问题的解释》第 24条[3]的规定，检察机关撤回部分诉讼请求或变更诉讼请求。例如，在"福建省清流县人民检察院诉清流县环保局行政公益诉讼案"中，2015 年 12 月 21 日，清流县人民检察院提起行政公益诉讼的诉讼请求为：请求确认清流县环保局行政行为违法，并请求判令清流县环保局违法履行职责。但诉讼期间，清流县环保局已将其查扣的电子垃圾移交至具有危废处置资质的福建德晟环保技术有限公司依法作无害化处置，并对刘文胜作出责令其停止生产、对焚烧现场残留物进行无害化处理并处罚款 2 万元的行政处罚决定，故庭审中，检察机关变更诉讼请求为：请求人民法院确认被告清流县环保局的行政行为违法。再如，"梨树县人民检察院诉梨树县林业局不履行法定职责案"，因诉讼期间梨树县郭家店镇大顶山第一采石场补办了占用林地的合法手续，开庭审理前，梨树县检察院撤回判令林业局依法履行法定职责的诉讼请求，仅请求确认梨树县林业局不依法履行管理职责违法。

至于第三种模式，即仅请求判令被告履行法定职责的诉讼请求，实践中较少出现。从现有文本分析来看，其主要存在于两种情形：一是被诉行政机关在收到

---

〔1〕 陈泽林、张源："行政公益诉讼如何实现诉讼请求'精准化'"，载《检察日报》2019 年 7 月 21 日，第 3 版。

〔2〕 2015 年 12 月 16 日最高人民检察院第十二届检察委员会第四十五次会议通过的《人民检察院提起公益诉讼试点工作实施办法》（已失效）第 49 条规定："在行政公益诉讼审理过程中，被告纠正违法行为或者依法履行职责而使人民检察院的诉讼请求全部实现的，人民检察院可以变更诉讼请求，请求判决确认行政行为违法，或者撤回起诉。"

〔3〕《关于检察公益诉讼案件适用法律若干问题的解释》第 24 条规定："在行政公益诉讼案件审理过程中，被告纠正违法行为或者依法履行职责而使人民检察院的诉讼请求全部实现，人民检察院撤回起诉的，人民法院应当裁定准许；人民检察院变更诉讼请求，请求确认原行政行为违法的，人民法院应当判决确认违法。"

《检察建议书》后，已经依法履行了职责，只是未完全履行；二是检察机关认为被诉行政机关未依法履行职责的违法行为只是判断被诉行政机关应否履行法定职责的事实基础和前提，其违法情形可被之后应当履行法定职责的请求所覆盖或吸收，因而确认违法不足以成为单独的诉请。这两种情形都反映出，行政公益诉讼的目的其实不仅在于对行政机关行为进行否定评价，以避免同类违法行为的再次发生，更为重要的是督促行政机关依法履职，从而尽可能地保障受损公共利益得以有效复原。

综上所述，我国行政诉讼法典所确立的行政公益诉讼，无论从原告资格、起诉标准，还是从诉讼请求来看，其核心目的或者说所发挥的功能都是尽可能地维护客观秩序，这正是客观诉讼最本质的特征。当然，行政公益诉讼的客观性远不止这三个方面，在受案范围、举证责任、诉讼费用承担、甚至检察机关胜诉率等方面都可体现其客观构造。

三、行政主观诉讼客观化对原告请求权的抑制

请求权的概念源于德国私法，系指请求他人为或者不为一定行为的权利。请求权不仅表明一种实体法（客观）上的权利，而且表明一个特定人针对他人的特定请求可以通过诉讼来主张和实现。[1] 尽管请求权的概念源于私法，但也被广泛应用于公法。然而，公法领域面临一个关键问题，就是当国家利益和社会公共利益受损时，谁可以代表国家和社会提起诉讼？按照主观诉讼理论，必然受到诉的利益和原告资格条件的限制。因此，对此问题，无法通过传统原告资格理论进行推导，而必须由立法予以特别授权，据此，被授权主体不仅可以获得起诉资格，同时也获得请求侵害者作为或不作为的权利。因此，客观诉讼下，原告的请求权并非该主体所享有的基础权利，而在于特别的立法创制。[2] 但是主观诉讼客观化与客观诉讼并不能完全等同，以保护主观权利为核心目的的诉讼形式，其客观化的程度必然有其界限和局限性，否则必然背离行政诉讼核心的立法目的。[3]

（一）限定原告主体资格

客观诉讼的目的在于借助公民的私权来监督行政行为的合法性和维护公共利

---

〔1〕 ［德］卡尔·拉伦茨：《德国民法通论》（上），王晓晔等译，法律出版社 2013 年版，第 322 页。
〔2〕 沈岿："检察机关在行政公益诉讼中的请求权和政治责任"，载《中国法律评论》2017 年第 5 期。
〔3〕 林莉红、马立群："作为客观诉讼的行政公益诉讼"，载《行政法学研究》2011 年第 4 期。

益，其起诉并不需要以原告个人权利受到侵害为前提。从这个角度而言，客观诉讼的原告资格可以无限扩大，且无限制的必要。但诉讼本身是一种有限的司法资源，其设立应有配套的过滤机制，以防止成为全民诉讼。[1]

例如，在英国，当强制令涉及私权（例如私法中的滋扰的法律责任）方面的案件时，通常财产法或者侵权法的规则所要讨论的问题是谁可以请求强制令。而在强制令涉及公法上的事务时（例如公法上的因阻塞公路而造成的滋扰），强制令可以由总检察长出面提起，此时，总检察长既可以以自己的名义，也可以以告发人（relator）的名义提起强制令之诉。此时，即不能由个人直接提起，而必须通过总检察长的参与。告发人在该诉讼请求中的主题事项（subject-matter）方面，除了其作为公众的一员所具有的利益之外，没有个人的利害关系。[2] 再如，《德国联邦行政法院法》规定，在联邦行政法院中设 1 名检察官，为维护公益，该检察官可以参与在联邦行政法院中的任何诉讼；在高等行政法院及行政法院内各设 1 名公益代表人，可就特定案件授权该代表，代表州或州机关参与公益诉讼案件。

我国行政诉讼原告资格主要经历了从直接利害关系人到行政相对人，从行政相对人到法律上利害关系人，再到利害关系标准。[3] 伴随着这一标准的发展，我国行政诉讼原告资格呈现扩张趋势。但无论如何扩张，其核心仍然固守于"利害关系+利益受损"，所以本质上是一种主观诉讼。而随着 2017 年新法的修正，尤其是行政公益诉讼条款的新增，检察机关获得公益诉权，成为行政公益诉讼的唯一适格主体。

由此可见，虽然客观诉讼下的原告主体资格突破了传统主观诉讼模式下的诉的利益和原告资格标准，但并非意味着毫无限制可言。相反，正是基于法律的特别创制，所以行政主观诉讼客观化下的原告资格需要特别的立法规制。当然这种规定绝不仅仅体现在原告主体资格层面，与之相关的，在受案范围层面，亦受到特别限制。例如，我国检察机关提起行政公益诉讼范围，仅限于生态环境和资源保护、国有资产保护、国有土地使用权出让、食品药品安全等领域，虽然"等"字为行政公益诉讼范围的扩展提供了空间，但绝不可随意进行扩大解释，而需要慎之又慎。

---

〔1〕 马立群："主观诉讼与客观诉讼辨析——以法国、日本行政诉讼为中心的考察"，载《中山大学法律评论》2010 年第 2 期。

〔2〕 张越编著：《英国行政法》，中国政法大学出版社 2004 年版，第 691～694 页。

〔3〕 程琥："行政法上请求权与行政诉讼原告资格判定"，载《法律适用》2018 年第 11 期。

（二）诉讼前置程序

主观诉讼制度模式下，原告向法院提起诉讼，一般无需设置诉讼前置程序，因为基于诉的利益和原告资格理论，此时行政诉讼的核心功能是尽可能地保障公民的合法权益。因此，从整体来看，行政主观诉讼制度的发展方向是扩大受案范围、拓宽原告主体资格，而非设置诸多屏障增加原告诉讼的成本。但客观诉讼本身就对原告资格有所突破，且在国家利益和公共利益的保护层面，行政机关具有天然的优先性和优势性，所以，行政客观诉讼制度一般都设置了诉讼前置程序。

根据《日本地方自治法》的规定，日本客观诉讼实行"监查请求前置主义"，即地方公共团体的住民对诉讼对象提起诉讼之前，必须在该行为发生之日或者结束之日起 1 年内向地方监查委员会提出监查请求，未经监查请求程序，不得直接提起住民诉讼。

我国《行政诉讼法》第 25 条第 4 款规定："人民检察院在履行职责中发现生态环境和资源保护、食品药品安全、国有财产保护、国有土地使用权出让等领域负有监督管理职责的行政机关违法行使职权或者不作为，致使国家利益或者社会公共利益受到侵害的，应当向行政机关提出检察建议，督促其依法履行职责。行政机关不依法履行职责的，人民检察院依法向人民法院提起诉讼。"由此可见，我国立法亦对检察机关提起行政公益诉讼设置了诉前程序，即需先向行政机关发出检察建议。

行政客观诉讼制度下，诉前程序的设置表明，在公共利益保护方面，行政执法优先于司法救济。毕竟，保护公益并非一朝一夕之事，而是涉及全体公民的长期工程，其机制设计理应优先考虑公共秩序维护的成本和效率。[1]

（三）诉讼请求与处分权

诉讼请求是指"原告以起诉的方式，通过受诉法院向被告提出的实体权利主张"。[2] 根据民事处分权原则，当事人可以自由支配和处分自己的实体权利和诉讼权利。但在行政诉讼中，由于其一般审查行政行为的合法性，而非原告的权利诉求，因而，当事人的处分权往往受到一定限制。行政客观诉讼下，原告本身并无诉的利益，其与诉讼标的之间不存在实体法上的利害关系。[3] 因此，原告的处分权应当受到约束，以避免国家利益和公共利益受损。

第一，不可随意放弃请求权。正如上文所言，请求权作为一项原告所享有的

---

〔1〕 参见刘艺："构建行政公益诉讼的客观诉讼机制"，载《法学研究》2018 年第 3 期。

〔2〕 江伟主编：《民事诉讼法学原理》，中国人民大学出版社 1999 年版，第 593 页。

〔3〕 林莉红、马立群："作为客观诉讼的行政公益诉讼"，载《行政法学研究》2011 年第 4 期。

实体权利，其可以决定行使，亦可放弃。而对于行政客观诉讼的原告而言，基于公共利益保护的请求权是否可以不予行使呢？这一点，我国立法者在《民事诉讼法》和《行政诉讼法》的修改当中，有所不同。在《民事诉讼法》中，人民检察院在履行职责中发现损害社会公共利益的行为，在没有法律规定的机关和组织或法定机关和组织不提起诉讼的情况下，可以向人民法院提起诉讼。而在《行政诉讼法》中，人民检察院在履行职责发现负有监督管理职责的行政机关违法行使职权或者不作为，致使国家利益或者公共利益受到侵害的，应当向行政机关提起检察建议，督促其依法履行职责。《民事诉讼法》中的"可以"与《行政诉讼法》中"应当"一词之区别，从字面意义上而言，意味着"检察机关通过检察建议的请求权，不仅仅是一项针对行政机关的权利，也是一项相对于立法者的义务和责任，是不能轻易放弃行使的"。[1] 当然，这并不是说针对每一个违法线索，每一次违法行为，无论情况如何，检察机关都应当毫不犹豫地进行调查、取证，然后发出检察建议甚至提起行政公益诉讼。这显然是不现实的，也非理性的制度设计。这一规定的意义更多地在于约束检察机关随意处分请求权，避免"挑肥拣瘦"，从而背离行政公益诉讼制度之根本。

第二，不可随意撤回起诉。撤诉是原告表示或者依其行为推定其将已经成立的起诉行为撤销，法院审查后予以同意的诉讼行为。通常情况下，撤诉是原告享有的诉讼权利。但是，无论是民事诉讼还是行政诉讼，都对原告的撤诉权进行了限制，即不能违反法律、法规的规定以及损害国家和社会公共利益。在行政客观诉讼诉讼制度中，出于维护公共利益和客观秩序之需要，原告之撤诉权应当受到更为严格的限制。对此，有学者甚至提出"确立禁止撤诉制度"，[2] 足见客观诉讼制度对原告请求权之严格。然而，从公共利益和公共秩序的保护来看，行政客观诉讼从来只是手段而并非目的，我们在强调发挥行政客观诉讼制度功能的同时，也应当兼顾其他公共利益的保护，避免公共资源的无谓消耗。如在诉讼之前，具有公益保护优先性的行政机关已经依法履行了职责，或者已经依法履行职责并采取有效措施但因行政执法程序及执法条件所限尚未完全消除违法后果的，

---

〔1〕 沈岿："检察机关在行政公益诉讼中的请求权和政治责任"，载《中国法律评论》2017 年第 5 期。

〔2〕 其认为在行政公益诉讼中，法院审理的对象是行政行为的合法性而非原告的权利主张。如果立法允许原告撤诉，则在他人就同一行政事件再次提起诉讼情况下，由于诉讼标的同一，则法院可能会因一事不再理原则而拒绝受理。从诉讼经济的角度讲，由于受到前诉判决既判力的拘束，确立禁止撤诉制度可以达到一次性解决纠纷和监督行政权合法行使的目的。参见林莉红、马立群："作为客观诉讼的行政公益诉讼"，载《行政法学研究》2011 年第 4 期。

原告提起诉讼并无实质意义，反而是对司法资源的浪费。故此，我国最高人民法院、最高人民检察院《关于检察公益诉讼案件适用法律若干问题的解释》（2018年）第 24 条规定："在行政公益诉讼案件审理过程中，被告纠正违法行为或者依法履行职责而使人民检察院的诉讼请求全部实现，人民检察院撤回起诉的，人民法院应当裁定准许；人民检察院变更诉讼请求，请求确认原行政行为违法的，人民法院应当判决确认违法。"此规定，既是对检察机关撤诉权的确认，但同时也是一种限制，即原告不可随意撤回起诉，应当符合法定条件。

第三，不适用调解原则。调解是我国《民事诉讼法》规定的重要的司法手段，其是指在人民法院的主持下，双方当事人就争议的实体权利和义务自愿协商，达成协议，解决纠纷的活动。[1] 基于"公权力不得处分"的信念，早期的行政诉讼一般不赞成协调处理。[2] 随着实践的发展，2017 年我国《行政诉讼法》第 60 条规定："人民法院审理行政案件，不适用调解。但是，行政赔偿、补偿以及行政机关行使法律、法规规定的自由裁量权的案件可以调解。调解应当遵循自愿、合法原则，不得损害国家利益、社会公共利益和他人合法权益。"这一规定奠定了行政诉讼不适用调解为原则、适用调解为例外的基调。在行政客观诉讼制度下，由于其不存在赔偿、补偿等财产给付诉求，所以应当贯彻不适用调解原则。

四、结语

基于公共利益保护的角度，现有研究中，很多都把行政主观诉讼客观化与客观诉讼等同，或是将客观诉讼与公益诉讼视为同义词，从而将研究目光聚焦于是否授予普通公民或其他无利害关系的主体以原告资格这一问题上。事实上，行政主观诉讼客观化并不等同于客观诉讼，也不等同于公益诉讼。行政主观诉讼客观化的一个基本前提是其行政诉讼是一种主观诉讼制度模式，而非客观诉讼制度模式，即行政诉讼建立之初就以维护个人合法权益为核心目的。行政公益诉讼虽然具有客观诉讼的特征，但也不等同于客观诉讼。行政公益诉讼是客观诉讼制度的一种具体表现形式，是行政主观诉讼客观化的一种具体体现，而非客观化本身。行政主观诉讼客观化的形式多种多样，行政公益诉讼只是其中一种，并非唯一形式。我国的《行政诉讼法》虽然从立法上正式确立了检察机关提起行政公益诉讼的制度，但同时应当看到的是，立法对行政公益诉讼是有多重限制的，如原告

---

〔1〕 江必新、梁凤云：《行政诉讼法理论与实务》（下），法律出版社 2016 年版，第 1181 页。

〔2〕 何海波：《行政诉讼法》，法律出版社 2016 年版，第 505 页。

资格、受案范围、起诉标准、诉前程序等，因此，行政公益诉讼只是《行政诉讼法》中一种特殊的、例外的存在。行政主观诉讼的客观化已成为一种不可逆转的趋势和潮流，未来我国行政诉讼的发展，必然是在维护公民合法权益的基础上，更加凸显行政诉讼在监督行政权、修复受损公法秩序上的功能和价值。

民事立法热点

《民法典》中的罗马法轨迹[*]

◎［意］Martino Emanuele Cozzi 著[**]　陶　然译[***]

一、引言

过去 40 年以来，中国开展了至关重要的民法典编纂工作。从 1986 年颁布、

---

　* 译者注：论文外文版未曾发表，中译文为全球首发。

　** 作者简介：Martino Emanuele Cozzi，男，1987 年 3 月出生于意大利米兰，米兰大学（University of Milan）法学硕士，瑞士伯尔尼大学（University of Bern）在读法学博士，苏州大学王健法学院访问博士生；主要出版物为 Usucapio and praescriptio longi temporis between Roman law and Swiss Civil Code；曾在 2019 年意大利加尔加诺博士研讨会上发表有关罗马法和中国法中正当防卫的演讲；曾在 2019 年瑞士茵特拉肯"体育，法律与传统"国际研讨会上发表演讲；曾参与 2017 年罗马"长安与罗马：一带一路与亚欧"国际研讨会；主要研究领域：罗马法、中国民法典的编纂、中国民法典编纂中的罗马法。邮箱：martino. cozzi@ students. unibe. ch，martino. cozzi@ guest. unimi. it.

　*** 译者简介：陶然，女，1996 年 10 月生，苏州大学王健法学院民商法学博士生，主要研究方向为民商法、市场退出法、体育法。联系电话：15862538550。邮箱：peachstroy@ 126. com。

1987 年生效[1]的《民法通则》开始，中国不断通过若干个法律针对各民事法律问题进行立法，例如，《合同法》（1999 年颁布）、《物权法》（2007 年颁布）和《侵权责任法》（2009 年颁布，2010 年生效）。[2] 除了这些特定部门的立法，许多民法典草案也被提出并倡导，[3] 其中也包括个人倡议的草案，[4] 比如徐国栋教授提交的《绿色民法典草案》。[5] 2015 年，在中国共产党中央委员会的倡议下，[6] 制定民法典的目标被添加到五年立法计划中，目标是在 2020 年颁布该法典，[7] 这大大加快了民法典的编纂进程。中国立法者分两步走：[8] 第一步是于 2017 年颁布《民法总则》，第二步是于 2020 年 5 月 28 日由第十三届全国人民代表大会第三次会议通过《民法典》，《民法典》自 2021 年 1 月 1 日起生效。[9] 除总则编外，《民法典》还由其余六编组成，包括：物权编、合同编、人格权编、婚姻家庭编、继承编、侵权责任编。根据《民法典》第 1260 条的规定，《民法总则》及其他先前颁布的法律被废止，而《民法总则》被吸纳为《民法典》的总则编。[10]

　　由于中国是一个大陆法系的国家，[11] 在中国现行法中捕捉到一些罗马法的轨迹是极有可能的，《民法典》也不例外。众所周知，直至今日，罗马法经验仍

〔1〕　根据《民法通则》（1986 年）第 156 条。

〔2〕　FEI ANLING, Gli sviluppi storici del diritto cinese dal 1911 ad oggi. Lineamenti di una analisi relativi al diritto privato, Roma e America, 23/2007, p. 122; M. Timoteo, La lunga marcia della codificazione civile nella Cina contemporanea, Bullettino dell'Istituto di Diritto Romano Vittorio Scialoja, QUARTA SERIE vol. VI, 2016, p. 39; IDEM, Il Codice civile in Cina: oltre i legal transplant?, Mondo Cinese 167/2020, p. 14.

〔3〕　在 20 世纪 50、60 年代，以及后来的 80 年代，这种尝试已经在进行了。参见 S. PORCELLI, La nuova "Parte generale del diritto civile della Repubblica Popolare Cinese". Struttura e contenuti, Rivista di diritto civile, 3/2019, p. 671, nt. 4. 也可参见 XU GUODONG, Note introduttive all'esame della struttura dei tre principali progetti di Codice civile per la RPC attualmente in fase di elaborazione, Roma e America, 23/2007, pp. 131–143.

〔4〕　XU GUODONG, Note introduttive, cit., p. 151. 也可参见 M. TIMOTEO, La lunga marcia, cit., pp. 41–43.

〔5〕　XU GUODONG, Note Introduttive, cit., p. 136, nt. 12, and pp. 147.

〔6〕　参见 2014 年 10 月颁布的《中共中央关于全面推进依法治国若干重大问题的决定》；被引用于 M. TIMOTEO, Il Codice civile, cit, p. 14; 也可参见 M. TIMOTEO, La lunga marcia, cit., p. 40; S. PORCELLI, La nuova, cit., p. 671.

〔7〕　China includes civil law codification in legislation plan, China Daily, 08.06.2015.

〔8〕　S. PORCELLI, La nuova, cit., p. 672.

〔9〕　China´s Civil Code adopted at national legislature, Xinhua, 05.28.2020.

〔10〕　R. CABRILLAC, Le Code civil Chinois, Recueil Dalloz, 24/2020, p. 1375.

〔11〕　JIANG PING, Il diritto romano nella Repubblica Popolare Cinese, Index 16/1988, p. 369. 此文由 N. BRILLANTE 从俄语翻译成意大利语。

对于法律的诞生和发展有着极为重要的作用。法律及其技术术语的创建，法学家的思维方式以及许多法律手段的理论阐述，通常被认为是罗马人民在历史上的主要贡献之一，是他们留给世界的遗产。罗马法在其创造者灭亡后幸存了下来，并成功地被传播开来，在不同的时空、文化中找到了自主的生存方式，并通过欧洲和其他国家的法典流传至今。

本文的目的并非分析《民法典》中每一个罗马法轨迹，而是初步揭示对一些条文的研究结果，这些条文一眼就与罗马法有共同之处。因此，针对每一个主题，本文将首先阐释罗马法法理，然后揭示中国法逻辑，并加上比较考量。再次重申，本文并未完整地揭示《民法典》中每一个可能的罗马法轨迹。

二、《民法典》中的部分罗马法例证

20 世纪以来，中国对罗马法的研究越来越多。[1] 更确切地说，罗马法研究的加强得益于意大利法学家和中国法学家之间的合作。此种合作建立的最初目的是翻译拉丁文、中文的法律文献。[2] 1989 年，这一合作协议由当时任罗马第二大学（University of Rome-Tor Vergata）的罗马法教授斯奇巴尼（Prof. S. Schipani）和当时中国政法大学校长江平教授共同签订。[3] 这推动了越来越多有意识的民法研究，私法和罗马法得以"复活"。[4] 这一过程还可被重新定义为罗马法的中国法继受。[5] 例如，截止到 2003 年，中国出版了至少 220 篇关于罗马法的文章，其中包括专论和翻译文。[6] "只有通过囊括超越欧洲大陆，在不同经济、社会、文化和政治中运行的司法经验的流动，罗马法体系才能丰富其内部活力。罗马法有识别和作出创新贡献的能力，这些贡献在当前矛盾的核心以符合现实的方式被进行嫁接，并以此种方式促进所有人法律视野的拓宽。这是该制度从其原则中所带来的，并延伸了对每个人最佳的保护"；"重要的是，在不同情况下产生

〔1〕 FEI ANLING, On Promoting the Influence of Roman law Research on the Construction of the Legal System in Contemporary China, China Legal Science, 1/2013. Translated by WANG HAO; revised by C. WHARTON.

〔2〕 S. SCHIPANI, Sistema del diritto romano comune in Cina, Rivista Marittima, 06/2019, pp. 24-25.

〔3〕 S. SCHIPANI, Sistema del diritto romano, cit. , p. 23.

〔4〕 JIANG PING, Il risorgere dello spirito del diritto romano in Cina, Index, 24/1996, p. 450. 此文由徐国栋教授和贝特鲁奇（A. PETRUCCI）教授从中文翻译而来。

〔5〕 S. SCHIPANI, Fondamenti romanistici e diritto cinese (Un 'tempo dei giurisiti': riflessioni sull' accrescimento del sistema), Roma e America, 38/2017, p. 116. 也可参考先前的作品：ID. , Diritto romano in Cina, in Treccani XXI secolo, Roma 2009, pp. 527ff.

〔6〕 G. TERRACINA, Bibliografia romanistica pubblicata in Cina, Index 32/2004, p. 260.

的观点提供了不同的看待问题的角度，这些观点对系统本身也具有贡献"。[1] 直到今天，仍可以在《民法典》的各种条款中找到这些活动的影响，下文将简要检视其中一些条款。

（一）诚信原则（GOOD FAITH）

全面描述反复出现在罗马文献中的"诚信"（bona fides）的概念并非易事。一般来说，在古典法律中，"诚信"有两种不同的含义。[2] 第一种是所谓的主观诚信，即在物权问题上，主要被用来描述当事人的心理状态——他确信自己的行为没有侵犯他人任何权利，或他不知其行为损害了他人权利。[3] 这种确信往往是错误的。例如，某人买了某件东西，但却错误地认为转让财产的人也是财产的所有者。[4] 毕竟，我们也可以在时效取得（usucapio）语境下考虑事物的原始取得。[5] 相反，诚信的第二种含义则是客观诚信，即每个人有责任以正确的方式履行法律义务。如果第一种概念是当事人的"内在"状态，那么第二种概念就是当事人的"外在"行为。[6] 诚信原则很可能出现于罗马人与外国人之间的商业活动中，这些活动受到外事裁判官（praetor peregrinus）的法律保护，在具体行为中，诚信曾成为裁判的规范化标准。这一司法程序被称为"诚信审判"（iudicia bonae fidei）。[7] 从这个意义上说，诚信原则成为一种基于经验的抽象行为范式。[8]

在西塞罗（Cicero）的《论义务》（De Officiis）中有一个很著名的片段，它

---

〔1〕 S. SCHIPANI, Il sistema del diritto romano: un ponte fra i diritti di Cina, Europa e Paesi dell'America latina. Il ruolo del BRICS., in G. DALLA TORRE - C. MIRABELLI (ed.), Verità e metodo in giurisprudenza. Scritti dedicati al Cardinale Agostino Vallini nel 25° della consacrazione episcopale, pp. 621-622. 此句由译者从原作作者的英文译文翻译而来，原作作者的英文译文由意大利语翻译而来。原作译文："it is important the contribution that derives to the system itself from the presence of points of view that, arising from different situations, offer different perspectives."

〔2〕 M. J. SCHERMAIER - H. DEDEK, Bona fides, The Encyclopedia of Ancient History, ad vocem.

〔3〕 XU GUODONG, Buona fede oggettiva e buona fede soggettiva nel diritto romano, Diritto@ Storia, 02/2003, § 1.

〔4〕 M. J. SCHERMAIER - H. DEDEK, Bona fides, cit., ad vocem.

〔5〕 L. VACCA, Usucapione (diritto romano), in ID., Possesso e acquisto della proprietà. Saggi romanistici, Torino 2015, pp. 105-106.

〔6〕 XU GUODONG, Buona fede, cit., § 1.

〔7〕 G. GROSSO, Buona fede (dir. rom.), Enciclopedia del diritto, ad vocem, § 2; M. J. SCHERMAIER-H. DEDEK, Bona fides, cit., ad vocem.

〔8〕 R. FIORI, Fides e bona fides. Gerarchia sociale e categorie giuridiche, in ID., Modelli teorici e metodologici nella storia del diritto privato, Napoli 2008, p. 250.

通过参考 Scaevola 的理论阐释了诚信的含义:[1]

Cicero, De Officiis, III, 17, 70

(…) quid sit "bene agi", magna quaestio est. Q. quidem Scaevola, pontifex maximus, summam vim esse dicebat in omnibus iis arbitriis, in quibus adderetur ex fide bona, fideique bonae nomen existimabat manare latissime, idque versari in tutelis, societatibus, fiduciis, mandatis, rebus emptis, venditis, conductis, locatis, quibus vitae societas contineretur; in iis magni esse iudicis statuere, praesertim cum in plerisque essent iudicia contraria, quid quemque cuique praestare oporteret.

译文：

西塞罗《论义务》III, 17, 70

什么是"善行"的含义，这是一个大难题。斯凯沃拉（Scaevola）过去常说，它最大的效力在于所有那些加入善意（公式）的裁判，并且善意这一概念具有非常广泛的适用性，它可用于监护、[2] 合伙、信托、[3] 委派、买卖、租赁等社会生活的基本要素；在这些裁判中，特别是当大多数案件中的反诉被受理时，需要有一个很有能力的法官来决定一方对另一方的义务范围。[4]

在此片段中，西塞罗自问诚信是由什么组成的并阐释了斯凯沃拉的观点。诚信被定义为一个宽泛的概念，实际上适用于各种各样的事项，这些事项被认为与每个人的日常生活息息相关。这一推理是基于对诉讼程序的观察，注意到了法官在"诚信之诉"语境中发挥的重要作用，因为法官被要求确立存在于诉讼双方之间的法律义务内容。

因此，这类判决将规范广泛的司法关系，实际上比之前列出的法律关系更多。这些关系表现了人与人之间的生活交往。在此之前，法学家对法官发布的司法声明作用进行了有意识澄清。该声明考虑到了已建立的法律关系的具体情况，

---

　　〔1〕 也可参见 R. CARDILLI, La "buona fede" come principio romano di diritto dei contratti, in ID. , "Bona fides" fra storia e sistema3, Torino 2014, pp. 57ff.

　　〔2〕 参见监护之诉（actio tutelae）.

　　〔3〕 拉丁文为"Fiducia"。

　　〔4〕 参见［古罗马］西塞罗：《论义务》，张竹明、龙莉译，译林出版社 2015 年版，第 132 页。原作者译文：(…) what is (the meaning of) "to act good", this is a big problem. Q. Scaevola, Pontifex Maximus, used to say that its greatest force is in all those judgements in which (the formula) ex fide bona is added, and that the concept of good faith has a very wide extension, so it is applied in guardianship, partnership, trust, mandate, things bought and sold, hiring and letting, (matters) that are fundamental for social life; in these judgements it required a judge of great ability to decide the extent of each party′s obligation to the other, especially when the counter-claims were admissible in most cases.

通过法律约束力具体确立了当事人的责任。这一法律约束力不仅通过双方明示的意愿决定，而且还由一切涉及诚信并可强加给一方以支持另一方的事项所决定，反之亦然。[1] 因此，一项原则在保留了一定程度相对性的同时，又旨在呈现各种不同的形式。这些形式不是先验可确定的，通常是创造性的，能够将道德评估引入法律场景中。如此，一项原则不会成为一个空洞的规范，或仅仅是一种传达价值的工具。[2] "这是一种根据法官评估的具体情况确定的技术机制。它遵循正确的规则和当事人之间的平衡，规制一些重要的法律关系，其中包括源自双方合意的合同关系。"[3]

我们可以在《学说汇纂》（Digest）的如下段落中找到类似的考量，这段话是关于买卖合同司法保护的：

D. 19. 1. 11. 1（Ulpianus 32 ad edictum）

Et in primis sciendum est in hoc iudicio id demum deduci, quod praestari convenit: cum enim sit bonae fidei iudicium, nihil magis bonae fidei congruit quam id praestari, quod inter contrahentes actum est. (…)

译文：

19. 1. 11. 1 乌尔比安《论告示》第 32 卷

要注意的第一点是，此行为中所包含的只是各方同意承担的责任。这是一种诚信的行为，没有什么比遵守缔约双方对各自责任的安排更符合诚信的了。……[4]

诚信原则对中国民法来说并不陌生。[5] 如今，我们可以在《民法典》中找到它：

---

〔1〕 R. CARDILLI, La "buona fede", cit., pp. 66–69.

〔2〕 IDEM, La 'buona fede' tra codici e giuristi, in ID., "Bona fides" fra storia e sistema3, Torino 2014, pp. 129–133.

〔3〕 E. TOTI, Diritto cinese dei contratti e sistema giuridico romanistico, Roma 2020, p. 169. 此句由译者从原作作者的英文译文翻译而来，原作作者的英文译文由意大利语翻译而来。原作译文："A technical mechanism to regulate some important legal relationships, including those deriving from consensual contracts, within the tracks of rules of correctness and balance between the parties identified on the basis of the concrete circumstances that it was up to the judge to evaluate."

〔4〕 此译文为译者添加，原作译文：The first point to be noted is that included in this action is only what the parties agreed to be held responsible for. This is an action of good faith, and nothing better conforms to good faith than that the contracting parties be held responsible for what they arranged. (…) A. WATSON (ed.), The Digest of Justinian, Volume II, Philadelphia 1985, revised 1998, p. 88.

〔5〕 也可以参见，比如，中国《民法通则》（1986 年）的第 4 条和《合同法》的第 6 条。参见 post, nt. 37.

第七条　民事主体从事民事活动，应当遵循诚信原则，秉持诚实，恪守承诺。

这条规则具有一般价值，因此这一原则适用于每一个民法部门。它被列入《民法典》的总则编也证实了这一点，即它必须被认为是最基本的准则之一。质言之，第 7 条清晰阐明了每一个法律实体在任何与民事法律相关的活动中都应遵守诚信原则。在此意义上，诚信原则可以包含主观和客观两方面的含义。〔1〕此条款是个典型例子，展现了在《民法典》中，如何在一些民事事项中找到非常相关的罗马法轨迹，我们可以将其定义为整个法律体系的"关键要素"。〔2〕必须注意的是，诚信原则在当今中国的立法中得到了愈发的重视，中国立法者选择专门为诚信原则单立一条规范：1986 年《民法通则》的第 4 条，即《民法典》第 7 条的先驱，不仅如此，该条还涉及其他原则。〔3〕《民法典》中的这一条款由两个关于诚实和对承诺尊重的表述组成。

另一方面，由于其潜在的道德性质，〔4〕中国法学界对这一原则的性质及其与儒家传统兼容的可能性展开了激烈的争论。从这个角度来看，在尊重中国人自己特有文化的基础之上，〔5〕诚信原则几乎已经被他们吸收（"metabolized"）了。司法实践也是如此，各级人民法院经常发现自己不得不处理这一原则。这种共鸣超越了国界，有时也在中外法学家的不断对话中被加以分析。〔6〕

（二）出卖人的权利瑕疵担保义务（GUARANTEE FOR EVICTION）

在罗马法中，买卖合同（emptio-venditio）是一种双方合意的合同，其中一方（卖方，venditor）承诺向另一方（买受人，emptor）交付某物，后者相应地支付一笔钱（价金，pretium）。〔7〕最初，罗马公民习惯于通过要式买卖（manci-

---

〔1〕　XU GUODONG, La base romanistica del Codice civile cinese, Bullettino dell'Istituto di Diritto Romano Vittorio Scialoja, QUARTA SERIE vol. VI, Roma 2016, p. 56.

〔2〕　XU GUODONG, La base romanistica del Codice civile cinese, Bullettino dell'Istituto di Diritto Romano Vittorio Scialoja, QUARTA SERIE vol. VI, Roma 2016, p. 70.

〔3〕　XU GUODONG, La base romanistica del Codice civile cinese, Bullettino dell'Istituto di Diritto Romano Vittorio Scialoja, QUARTA SERIE vol. VI, Roma 2016, p. 56. 《民法通则》第 4 条规定："民事活动应当遵循自愿、公平、等价有偿、诚实信用的原则。"

〔4〕　E. TOTI, Diritto cinese, cit., pp. 156-158.

〔5〕　S. PORCELLI, Buona fede e societas vitae dal Diritto Romano alla Cina, CRI (Italian), 07. 14. 2018.

〔6〕　R. CARDILLI, Precisazioni romanistiche su 合同 e 诚实信用, in ID., "Bona fides" tra storia e sistema3, Torino 2014, pp. 268-273.

〔7〕　B. BIONDI, Istituzioni di diritto romano4, Milano 1972, p. 484. 关于罗马法中的买卖合同，参见 M. Talamanca, Vendita, Enciclopedia del diritto, ad vocem；V. Arangio-Ruiz, La compravendita in diritto roma-no2, Napoli 1954.

patio）[标的物即要式物（res mancipi），"在古代农村经济中具有更大社会经济重要性的事物"]，或转让（traditio）[标的物即略式物（res nec mancipi）]来转让某物的产权，这是两种"实物"销售形式。第三种方法，在此不提，是一种特殊的司法程序，即拟诉弃权（in iure cessio）。[1] 在第一种情况下，卖方（转让人，mancipio dans）必须保证处分行为的民事合法性，并根据取得时效（usucapio）的要求（auctoritas，合法性保证），在转让后的 1~2 年内，向可能已被第三方起诉的买方提供司法协助。卖方应坚称自己是转让物原来的所有人，并在庭上证实这一点。如果卖方没有提供上述司法协助，或者买方败诉，则买方可以通过合法性之诉（actio auctoritatis）[2] 要求卖方支付双倍价款。这点传播了一种由第三方提供担保的理念，但对此我们知之甚少，这就是所谓的所有权担保（satisdatio secundum mancipium）。它可能基于友谊而产生，[3] 但又不一定是非法律概念。[4]

　　以上这些也许都不适用于略式物的转让（res nec mancipi's traditio），因此买方开始创造类似的保护，即通过要式口约（stipulatio）作出的自治协议，建立的一种责任形式，以此责成卖方保证自身能不受侵扰地享有所售物品（关于合法拥有的要式口约，stipulatio habere licere）。[5] 根据阿兰吉奥－瑞兹（Arangio-Ruiz）颇具影响力的观点，如果卖方不履行义务，他会被判恢复买方在没有出现权利瑕疵情况下应有的财产状况。[6] 同时，买卖（emptio venditio）天生是一个自主的法律行为，旨在允许罗马人和非罗马人或者外国人之间进行交易。在公元前 3 世纪，买卖行为开始传播开来；在加图（Cato）时期，或者更晚，公元前 1

---

　　〔1〕 L. GAGLIARDI, Prospettive in tema di origine della compravendita consensuale romana, L. Garofalo, La compravendita e l'interdipendenza delle obbligazioni nel diritto romano, II, Padova 2007, pp. 109-112. 关于 res mancipi 之定义，此处由原文作者翻译成了英文。

　　〔2〕 L. GAGLIARDI, Prospettive in tema di origine della compravendita consensuale romana, L. Garofalo, La compravendita e l'interdipendenza delle obbligazioni nel diritto romano, II, Padova 2007, p. 141。也可参见 T. DALLA MASSARA, Garanzia per evizione e interdipendenza delle obbligazioni nella compravendita romana, in L. GAROFALO (ed.), La compravendita e l'interdipendenza delle obbligazioni nel diritto romano, II, Padova 2007, pp. 283-284.

　　〔3〕 T. DALLA MASSARA, Garanzia per evizione, cit., pp. 285-286.

　　〔4〕 S. SCHIPANI, Il sistema del diritto romano / BRICS, cit., pp. 605-607.

　　〔5〕 T. DALLA MASSARA, Garanzia per evizione, cit., pp. 287-288, 293.

　　〔6〕 T. DALLA MASSARA, Garanzia per evizione, cit., p. 293。也可参见 R. ORTU, Garanzia per evizione: 'stipulatio habere licere' e 'stipulatio duplae', in L. GAROFALO (ed.), La compravendita e l'interdipendenza delle obbligazioni nel diritto romano, II, Padova 2007, p. 340; V. ARANGIO-RUIZ, La compravendita, cit., pp. 229, 341.

世纪，〔1〕 买卖行为开始慢慢地为越来越多的市民所进行〔2〕（所谓买卖市民化，"civilization" of emptio venditio）。〔3〕 此外，这种做法还会产生另一种类型的协议，这种情况主要通过要式口约（stipulatio）实现，即所谓的加倍要式口约（stipulatio duplae）。在这一约定下，卖方通常承诺，如果买方在被卖物出现权利瑕疵时买了该物品，卖方将支付一笔相当于双倍被卖物价值的钱给买方。第二种解决方案可能是针对罗马公民和外国人之间的要式物（res mancipi）买卖发展而来的，通常是在没有要式买卖（mancipatio）的情况下实现的。〔4〕 乌尔比安认为，它后来又在珍贵物品的买卖中反复出现。〔5〕 最后，第三种要式口约（stipulatio）的形式名为赔偿（simplae）要式口约。在瓦罗（Varro）时期，这一要式口约能使买方收回为存在权利瑕疵物品所支付的价金。也有证据表明，到期金额有可能提高到价格的 3~4 倍。〔6〕

然而，按照时间顺序，事实难以确定，事情已经像这里描述的那样发展。我希望自己至少能够尽可能接近真相。〔7〕

无论如何，追根溯源，如上所述，权利瑕疵担保义务并不是买卖（emptio-venditio）的典型要素。权利瑕疵担保义务既存在于要式买卖（mancipatio）完善的变迁中，也存在于当事方自己明确规定特定且自治的私人规则的情况下。〔8〕 后来在涅拉茨（Neratius）时期，通过买物之诉（actio empti）强迫卖方执行类似规定才得到承认。〔9〕 然后，得益于法学家大量的法解释工作，从诚信的概念出发，权利瑕疵担保义务开始被认为是买卖合同的一个典型要素。〔10〕 这确实是体现这一原则创造力的一个恰当例子，〔11〕 这在上文有所提及。与最初的情况相比，这种情况是可以逆转的，因为与合同相关的偶然事件相比，该条款是确定的，但

〔1〕 L. GAGLIARDI, Prospettive, cit., p. 121.

〔2〕 L. GAGLIARDI, Prospettive, cit., p. 121.

〔3〕 T. DALLA MASSARA, Garanzia per evizione, cit., p. 286.

〔4〕 T. DALLA MASSARA, Garanzia per evizione, cit., pp. 294, 302.

〔5〕 R. ORTU, Garanzia per evizione, cit., p. 355; T. DALLA MASSARA, Garanzia per evizione, cit., p. 302.

〔6〕 T. DALLA MASSARA, Garanzia per evizione, cit., pp. 296-297.

〔7〕 例如 M. TALAMANCA, Vendita, cit., §17; R. ORTU, Garanzia per evizione, cit., p. 372-373.

〔8〕 T. DALLA MASSARA, Garanzia per evizione, cit., p. 297.

〔9〕 T. DALLA MASSARA, Garanzia per evizione, cit., pp. 299-302.

〔10〕 T. DALLA MASSARA, Garanzia per evizione, cit., pp. 297-299, 306; R. ORTU, Garanzia per evizione, cit., pp. 316-317.

〔11〕 R. CARDILLI, La "buona fede", cit., p. 134.

也可以被当事方的自由意志贬低。[1] 以下亚凡勒纽斯（Iavolenus）所写的片段[2]被认为是这整个进化结果最古老的见证之一：

D. 21. 2. 60（Iavolenus 2 ex Plautio）

Si in venditione dictum non sit, quantum venditorem pro evictione praestare oporteat, nihil venditor praestabit praeter simplam evictionis nomine et ex natura ex empto actionis hoc quod interest.

译文：

D. 21. 2. 60 亚凡勒纽斯《普劳提评注》第 2 卷

如果在出卖的时候，出卖人没有说出要对追夺的发生提供担保，出卖人对于追夺承担的责任不超过单倍数额的价金，以及基于买物之诉的本质——买受人的相关利益。[3]

这一情况是关于一份没有特别约定任何权利瑕疵担保责任条款的销售合同，以上问题的提出有助于理解如果存在权利瑕疵会发生什么。法学家认为卖方必须向买方返还价款，因为这不再需要就此达成任何明确的协议。由于买物之诉（actio empti）的性质，这个方案才成为可能。在这段文字中，亚凡勒纽斯似乎证明了此条款进化过程的完成。在法学家笔下，该条款开始被认为是买卖合同中固有的条款。这种解释后来被其他法学家接受，其中包括尤里安（Iulianus）、乌尔比安（Ulpian）、阿富里坎（Africanus）。[4] 买卖合同变成一个复杂的法律行为，建立在双方当事人之间的因果协议和转让契约之上。其中，买物之诉（actio empti）保护买方的权利，使买方能够对事物享有和平、确定且排他的权利，这是卖方有义务确保的结果。[5] 因此，买卖合同是一个协同概念，其中诚信的灵活性使我们可以确定，卖方一旦获得价金，其义务就不能仅限于物品的转让。[6]

---

〔1〕 T. DALLA MASSARA, Garanzia per evizione, cit., pp. 308-310.

〔2〕 T. DALLA MASSARA, Garanzia per evizione, cit., p. 304.

〔3〕 ［古罗马］优士丁尼：《学说汇纂·第二十一卷·保护买卖的配套诉权》，徐铁英译，中国政法大学出版社 2018 年版，第 221 页。原作译文为：If it be not stated at the time of sale what liability the vendor is to incur in respect of eviction, he will be liable on eviction for no more than the price and, by virtue of the nature of the action on purchase, the purchaser's damages. A. WATSON（ed.）, The Digest, cit. II, pp. 170-171.

〔4〕 T. DALLA MASSARA, Garanzia per evizione, cit., pp. 305.

〔5〕 L. VACCA, Sulla responsabilità ex empto del venditore nel caso di evizione secondo la giurisprudenza tardo-classica, in ID., Garanzia e responsabilità. Concetti romani e dogmatiche attuali, Torino 2015, pp. 26-27.

〔6〕 L. VACCA, Ancora sull' estensione dell' ambito di applicazione dell' actio empti in età classica, in ID. Garanzia e responsabilità. Concetti romani e dogmatiche attuali, Torino 2015, p. 64.

此外，基于诚信原则，它也是"权利瑕疵担保责任与合同协同结构之间的精确结合"。[1] 所以，在诉讼中，诚信原则使法官可以在裁判时将被害人证明的所有具体事实考虑在内，而不是变得武断。因为非理性的武断恰恰会成为诚信原则本身的障碍。[2]

如今，[3] 我们在中国《民法典》中也能找到相似条款：

第六百一十二条　出卖人就交付的标的物，负有保证第三人对该标的物不享有任何权利的义务，但是法律另有规定的除外。

买卖合同是《民法典》第三编项下第二分编中第九章最先提到的合同。正如我们所看到的，卖方有特定的义务保证他人对所售物品不存在任何权利。毋庸置疑的是，在某种程度上，这与罗马法中所规定的责任形式是有千丝万缕的联系的，特别是关于在这种司法经验中所采用的较古老的解决办法。也可以认为，了解事情是如何随着时间的推移而演变的，可以帮助我们更好地理解今天被视为理所当然的规则。换言之，保护买方权利的目的一直都是一致的，只是改变了做法。如今在中国，这种保护是法定的；相似地，它是为合法性保证（auctoritas）而准备的，但显然不能这么教条地认为，合法性之诉（actio auctoritatis）在权利瑕疵案件中和现实的民事审判一样；更不用说实际上此解决路径是与要式买卖（mancipatio）有关，中国的做法是不同于罗马人合意买卖合同的法律手段。无论如何，就像罗马法中的其他解决路径一样，本文所考察的该系统漫长的演变反映了它的独特之处，它与其他经验是不同的。例如，公民法在罗马法上非常特殊，在法学家必须面对和解决的问题中起着重要作用。并且，也许只有罗马法体系才能承认该行为准则的发展在很大程度上由司法实践、法学家的解释和法律分类活动所推动。正如我们所看到的，其结果是今天众所周知的行为准则，在中国和其他现代法律制度中也可以找到。在这些制度中，权利保护的原始需求仍然是相同的。然而，有一些不寻常的事项需要在此阐明：在 D. 21，2，37，1 中，乌尔比安（Ulpian）提供了一个范例，珍贵物品的买卖通常是按照加倍要式口约（stipulatio duplae）进行的，具体还提到了丝绸（vestis serica），在意大利语的《学说汇纂》中被翻译为"中国（丝绸）服装"［Chinese（silk）dress］，这一翻译是

---

〔1〕　T. DALLA MASSARA, Garanzia per evizione, cit., p. 308.

〔2〕　M. PADOVAN, Il danno patrimoniale nel 'iudicium empti', in L. GAROFALO (ed.), II giudice privato nel processo civile romano. Omaggio ad A. Burdese, III, Padova 2015, p. 362.

〔3〕　参见《合同法》（1999 年）第 150 条。

在斯奇巴尼（Schipani）的指导下进行的；[1] 而我们读到的沃森（Watson）编写的英文译本将其翻译为"丝绸服装"（silk garment）。[2] 这或许是丝绸之路一直以来所具重要性的众多证据之一吗？

（三）简易交付（TRADITIO BREVI MANU）

在罗马法中，交付（traditio）是一种非正式的法律行为，其中包括对某物所有权的物质性转移。作为一种单纯的货物交付，它就可以执行各种法律操作。因此，一般而言，当事人之间的协议和有关交付的基本法律依据（正当原因，iusta causa）限定了不同类型的交付（traditio）。此处的交付（traditio）是一种中立的说法。[3] 在任何情况下，交付本身（物的占有转移）[4] 就是"从一个人手中转移到另一个人手中"。[5] 该法律手段也被用于转移所有那些未被要式买卖（mancipatio）规定的事物（略式物，res nec mancipi）的所有权。因此，在优士丁尼（Justinian）时代，它适用于所有货品。[6] 从这个意义上说，出于这一法律目的，它会是最后一个存活下来的法律行为，但也可能是第一个诞生的法律行为。[7] 在法律制度逐步演变的过程中，没有任何交付行为的交付（traditio）形式——被称为拟制（"fictae"，英文译文为"fakes"）——开始被接受。[8] 在简易交付（traditio brevi manu）的情形之下，一物的财产权被转移给已经占有该物的人，[9] 所以不需要任何交付行为。发生这种情况的原因可以从以下片段中推导出来：

D. 41. 1. 9. 5（Gaius 2 rerum cottidianarum sive aureorum）

Interdum etiam sine traditione nuda voluntas domini sufficit ad rem transferendam, veluti si rem, quam commodavi aut locavi tibi aut apud te deposui, vendidero tibi: licet enim ex ea causa tibi eam non tradiderim, eo tamen, quod patior eam ex causa

[1] S. SCHIPANI (ed.) [et al.], Iustiniani Augusti Digesta Seu Pandectae. Testo e traduzione, I, 1-4, Milano 2005；II, 5-11, Milano 2005；III, 12-19, Milano 2006, IV, 20-27, Milano 2011, V, 28-32, Milano 2014；在线获取原文：http://dbtvm1.ilc.cnr.it/digesto/.

[2] A. WATSON (ed.), The Digest, cit. II, p. 166.

[3] S. ROMEO, L' appartenenza e l' alienazione in diritto romano. Tra giurisprudenza a prassi, Milano 2010, p. 286.

[4] B. BIONDI, Istituzioni, cit., pp. 258-260.

[5] C. A. FUNAIOLI, Consegna, Enciclopedia del diritto, ad vocem, § 1.

[6] C. SANFILIPPO, Istituzioni di diritto romano10, Soveria Mannelli (CZ) 2002, p. 210.

[7] S. ROMEO, L' appartenenza, cit., p. 265.

[8] B. BIONDI, Istituzioni, cit., p. 260.

[9] V. SCIALOJA, Teoria della proprietà nel diritto romano, II, Roma 1931, pp. 228-229.

emptionis apud te esse, tuam efficio.

译文:

D. 41.1.9.5 盖尤斯《日常事务》第 2 卷

有时候,虽未交付而仅有交付的意愿,对所有权的转让而言即足矣,例如我把已经借给你的物,或者出租给你的物,或者寄存在你那里的物卖给你。虽然,由于那些契约的存在使得我并未实施交付,但是,由于我同意依买卖该物归属于你,现在这个物变成你的了。[1]

这个片段起始于一个法学家的主张。根据这个主张,在交付(traditio)的某些情况下,不总是有实际交付的行为,有前所有者的意愿就足够了。特别是该案例表明,如果出于各种原因某物已经被交付给某人,然后又被出售给此人,则此人是如何成为此物的所有者的。因为卖方根据新的买卖协议决定此人可以保留该资产,而这不再取决于先前建立的法律关系。原所有权人通过其意志剥夺了自身对货品的所有权,这是物权转移的基础。

需要注意的是,优士丁尼(Justinian)在《法学阶梯》(Institutes)中也撰写了一个非常类似的片段,但本文不做进一步的研究。[2]

在这方面,与以往其他民法规范一样,[3] 中国《民法典》将此表述如下:

第二百二十六条 动产物权设立和转让前,权利人已经占有该动产的,物权自民事法律行为生效时发生效力。

中国《民法典》的第二编为物权编。这一条款位于此编第二章第二节。这可以看出此法律规则适用于动产,其原则与罗马法相似。虽然权利转移(或其构成)的基础在于其下法律行为的有效性,但是这一提到了物权的规则是一般性的。这是一个非常有趣的概念。

如果从外部角度来看,交付(traditio)乍一看似乎是一个易于分析的概念,几乎是"自然的",[4] 但在今天,关于其法律性质的争论可能仍然相当激烈。当时的罗马法学家就已经存有不同的观点了。[5] 简易交付(traditio brevi manu)

---

〔1〕 [意]桑德罗·斯奇巴尼编:《物与物权》,范怀俊译,中国政法大学出版社 1999 年版,第 93 页。原作中译文为:Sometimes, indeed, the bare intent of the owner, without actual delivery, is sufficient to transfer a thing, as when I sell you something that I have already lent or let to you or deposited with you; for although I did not place the thing with you for that reason, now the fact that I allow it to remain with you on theground of sale makes it yours. A. WATSON (ED.), The Digest of Justinian, Volume IV, Philadelphia 1985, revised 1998, p. 4.

〔2〕 Inst. 2.1.44. 参见 S. ROMEO, L' appartenenza, cit., p. 217.

〔3〕 参见《物权法》(2007 年)第 25 条。

〔4〕 V. SCIALOJA, Teoria della proprietà, cit., p. 169.

〔5〕 V. SCIALOJA, Teoria della proprietà, cit., p. 169.

是这一法律手段的特殊形式，并流传至当今中国的实际民事法律体系中。

（四）饲养动物损害责任

乌尔比安曾写道，在《阿奎利亚法》（lex Aquilia）颁布之前，不同的法律对各种形式的民事责任进行了考量，[1] 但《阿奎利亚法》的颁布会减损（derogate）它们的效力。虽然法学家使用了动词"减损"（to derogate）而不是"废除"（to repeal），但直到优士丁尼时代，民事责任还是基于这一法律。[2] 事实上，《十二表法》没有提供一般《阿奎利亚法》责任的类型，而是提供了个别案例。它曾经通过特定的法律诉讼来规范动物造成的损害，这被称为动物损害之诉（actio de pauperie）。"pauperies"是一个存有争议的术语，来自于"pauper"，因此主流观点认为其可能有"贫困"（impoverishment）之意。同时，这些规范过去也被用于惩罚非法放牧。[3] 《阿奎利亚法》的规定和动物损害之诉案例之间的区别可能在于，《阿奎利亚法》将动物的损害行为与人的行为联系起来，而不仅仅是看到动物的反常行为。[4] 乌尔比安在《十二表法》第 8.6 条[5] 曾提到：

D. 9. 1. 1. pr. （Ulpianus 18 ad edictum）

Si quadrupes pauperiem fecisse dicetur, actio ex lege duodecim tabularum descendit：quae lex voluit aut dari id quod nocuit, id est id animal quod noxiam commisit, aut aestimationem noxiae offerre.

译文：

D. 9. 1. 1. pr. 乌尔比安《论告示》第 18 卷

如果有人主张四蹄动物造成了损害，诉讼将依据《十二表法》的规定而产生。该法规定：或者交出致损物，该物即造成损害的四蹄动物；或者交付等同于

---

〔1〕 D. 9. 2. 1. pr. （Ulpianus libro 18 ad edictum）Lex Aquilia omnibus legibus, quae ante se de damno iniuria locutae sunt, derogavit, sive duodecim tabulis, sive alia quae fuit：quas leges nunc referre non est necesse. 译文：《阿奎利亚法》取代了以前所有涉及不法损害的法律，无论其实在《十二表法》中，还是在其他法律中。这些法律自此后无须引用。［古罗马］优士丁尼：《学说汇纂·第九卷·私犯、准私犯与不法行为之诉》，米健、李钧译，中国政法大学出版社 2012 年版，第 13 页。原作译文：The lex Aquilia took away the force of all earlier laws which dealt with unlawful damage, the Twelve Tables and others alike, and it is no longer necessary to refer to them. The Lex Aquilia is a plebiscite, the enactment of which by the plebs was procured by the tribune Aquilius. 参见 A. WATSON（ed.）, The Digest of Justinian, Volume I, Philadelphia 1985, revised 1998, p. 277.

〔2〕 G. VALDITARA, Sulle origini del concetto di damnum2, Torino 1998, pp. 1-2.

〔3〕 L. DESANTI, La legge Aquilia, Torino 2015, pp. 4-5.

〔4〕 参见 M. POLOJAC, L'actio de pauperie ed altri mezzi processuali nel caso di danneggiamento provocato dall'animale nel diritto romano, IVS ANTIQVVM - Древнее право, 8/2001, pp. 83ss.

〔5〕 L. DESANTI, La legge Aquilia, cit., p. 4.

损害价值的罚金。[1]

在动物致损情形下，该规定仅涉及四足动物，但后来也类推适用于其他动物。[2] 致损动物的主人有两种可能的做法：他可以把此动物交给受损人，或者他可以赔偿受损人的损失。

这对中国民法来说也不是什么新鲜事，[3]《民法典》中也有相应条款：

第一千二百四十五条 饲养的动物造成他人损害的，动物饲养人或者管理人应当承担侵权责任；但是，能够证明损害是因被侵权人故意或者重大过失造成的，可以不承担或者减轻责任。

中国《民法典》第七编，也即最后一编，是侵权责任编。饲养动物损害赔偿责任具体规定在此编的第九章。将致损动物交付给受害方是一种可能出乎意料但符合罗马法律体系的解决方案；[4] 因此，此种解决方案不存在于中国法律中是正常的。支付赔偿金的对象是动物饲养人，如果损害是由被侵权人因故意或重大过失造成的，则亦可遵循此规则减轻动物饲养人的损害赔偿责任。这一规定是特殊的，但并不是唯一关于动物造成损害的条款。其规则由后续的条文进一步规定，比如第 1248 条的动物园饲养动物损害责任和第 1249 条的遗弃、逃逸动物损害责任。这一规则早在《阿奎利亚法》之前就存在，已历经千年，现仍然可以在中国民法中实际存在并加以适用。这点确实饶有趣味。

（五）高空抛掷物、坠落物致害责任（DEIECTUM VEL EFFUSUM）

优士丁尼时代责任体系的渊源包括准私犯之债（obligationes quasi ex delic-to）[5] 这一种类。[6] 由于裁判官（praetor）认为通过特定的司法保护来惩罚这些行为人是合适的，所以准私犯之债被系统整合为一份事实清单。这一分类仍有

---

〔1〕［古罗马］优士丁尼：《学说汇纂·第九卷·私犯、准私犯与不法行为之诉》，米健、李钧译，中国政法大学出版社 2012 年版，第 3 页。原作译文：In cases where a four-footed animal is alleged to have committed pauperies, a right of action is derived from the Twelve Tables, which statute provides that that which has caused the offense (that is, the animal which caused harm) should be handed over or that pecuniary damages should be offered for the amount of the harm done. A. WATSON (ed.), The Digest, cit., I, p. 276.

〔2〕 D. 9. 1. 4. 参见 L. DESANTI, La legge Aquilia, cit., p. 4, nt. 6.

〔3〕 也可参见《侵权责任法》（2009 年）第 78 条和存有部分不同的《民法通则》（1986 年）第 127 条。

〔4〕 L. DESANTI, La legge, cit., p. 4, nt. 8.

〔5〕 Inst. 4, 5. 参见 B. BIONDI, Istituzioni, cit., p. 535-536. 也可见《学说汇纂》D. 9. 3. 参见 S. SCHIPANI, Il lcontributo dell'edictum de his qui deiecerint vel effunderint e dell'edictum ne quis in suggrunda ai principi della responsabilità civile dal corpus iuris ai codici civili europei e latinoamericani, in ID., Contributi romanistici al sistema della responsabilità extracontrattuale, Torino 2009, p. 103.

〔6〕 也称作"quasi ex maleficio"，参见 Inst. 3. 13. 2.

争议。若建筑物中有东西被扔出或倒出，并对他人造成损害的，通过落下物或投掷物致害之诉（actio de effusis vel deiectis）可判决居住在建筑物中的人承担责任。[1] 乌尔比安曾提及过地方执法官的原话：

D. 9. 3. 1. pr. （Ulpianus 23 ad edictum）

Praetor ait de his, qui deiecerint vel effuderint："Unde in eum locum, quo volgo iter fiet vel in quo consistetur, deiectum vel effusum quid erit, quantum ex ea re damnum datum factumve erit, in eum, qui ibi habitaverit, in duplum iudicium dabo. Si eo ictu homo liber perisse dicetur, quinquaginta aureorum iudicium dabo. Si vivet nocitumque ei esse dicetur, quantum ob eam rem aequum iudici videbitur eum cum quo agetur condemnari, tanti iudicium dabo. Si servus insciente domino fecisse dicetur, in iudicio adiciam：aut noxam dedere. "

译文：

D. 9. 3. 1. pr. 乌尔比安《论告示》第 23 卷

就有些人向下泼洒或抛掷某物的问题，裁判官说："若某人在公众惯常用于通行或逗留之地的上方向下泼洒或抛掷某物，我将授权一个针对在此居住的人提起双倍赔偿所生之损害的诉讼。若此行为造成一名自由人死亡，我将授予 50 枚金币的诉权；若只是给受害人造成损害而未导致其死亡，我将授权由审判员来确定一个公平的赔偿金额的诉权。若致损行为出自一名奴隶，且其主人对此并不知晓，我将在判决程式中追加：或进行损害投偿。"[2]

如果从建筑物中向公共通道或人们逗留的地方投掷物体或倾倒液体，造成他人损害的，该建筑物的居住者（qui ibi habitaverit）必须承担民事责任。一般来说，侵权人可以是该建筑中的所有人，不当然是房屋的所有者，也可以是租客。建筑本身也可能是一个仓库。[3]

所列案件有三种情形：①对某物造成损害的，赔偿金额为损害价值的 2 倍

---

〔1〕 B. BIONDI, Istituzioni, cit., pp. 535-536; C. SANFILIPPO, Istituzioni, cit., pp. 321-322.

〔2〕 ［古罗马］优士丁尼：《学说汇纂·第九卷·私犯、准私犯与不法行为之诉》，米健、李钧译，中国政法大学出版社 2012 年版，第 95 页。原译文：The praetor says the following about those who pour out or throw out anything："If anything should be thrown out or poured out from a building onto a place where people commonly pass and repass or stand about, I will grant an action to be brought against whoever lives there for double the damage caused or done as a result. If it is alleged that a free man was killed by whatever fell, I will grant an action for fifty aurei. If he is alleged to be injured, but survives, I will grant an action for whatever it seems right to the judge that the defendant should be condemned to pay. If a slave is alleged to have done it without his master's knowledge, I will add to the judgment or noxally surrender him. " A. WATSON（ed.）, The Digest, cit., I, pp. 293-294.

〔3〕 D. 9. 3. 5. 3. 参见 S. SCHIPANI, Il contributo, cit., p. 105.

（duplum）；②如果该行为导致自由人死亡，50 枚金币（在古典时期约为 50000 个斯特迪，sestertii）判罚将被作出；③如果该行为对自由人造成伤害而非死亡，赔偿数额根据法官对事实的评估（只要法官认为被告应该被判承担赔偿责任就行）个案计算。[1] 此片段最后描述了一种特殊情况，即如果该行为出自 1 名奴隶，且其主人对此并不知晓，则他也可以被移交给受害方。

如果数个人住在同一屋檐下，法官可能会考虑只对那些居住在发生倾倒和投掷的一侧的人提起诉讼，并不针对其他人。如果不能辨别物品是从哪里被投掷或倾倒的，或倾倒、投掷物品的地方为公共区域，则所有居民均可被起诉。被起诉的人可以提起特定的诉讼对其他人进行反击。[2]

另一方面，这一规则的创新之处在于对身体损害（包括死亡）提供赔偿，几乎就像物（res）一样。[3]

罗马法中确定这一规定的原因之一可能是高卢人入侵（公元前 387 年）后，城市得到了发展，随后人们开始建造多层房屋，这些房屋通常也被人们租用。这是一项旨在保障公共安全的措施。[4] 在中国《民法典》中，我们也可以找到如下法律条款：[5]

第一千二百五十四条 禁止从建筑物中抛掷物品。从建筑物中抛掷物品或者从建筑物上坠落的物品造成他人损害的，由侵权人依法承担侵权责任；经调查难以确定具体侵权人的，除能够证明自己不是侵权人的外，由可能加害的建筑物使用人给予补偿。可能加害的建筑物使用人补偿后，有权向侵权人追偿。

······

这一特殊的责任形式位于《民法典》第七编的第十章，即建筑物和物件损害责任。此规范性命令首先明确禁止从建筑物中抛掷或倾倒物品，然后明确如果不遵守此规定会产生什么后果。应当注意的是，如果许多人住在同一栋楼内，就很难查明具体从事非法行为的人。饶有趣味的是，在古罗马时期，这一问题就已经显现，若真的难以查明具体行为人，法学家会创设一项特殊的规则来解决这一

---

[1] S. SCHIPANI, Il contributo, cit., p. 109.

[2] LI JUN, L' actio de effusis vel deiectis nella vigente Legge sulla responsabilità da illecito civile della Repubblica Popolare Cinese, Diritto@ Storia, 12/2014, §1.1; S. SCHIPANI, Il contributo, cit., p. 106.

[3] M. F. CURSI, Dalla tipicità della tutela del danno extracontrattuale alle clausole generali di responsabilità, in G. SANTUCCI (ed.), Fondamenti del diritto europeo. Seminari trentini, Napoli 2012, p. 24.

[4] S. SCHIPANI, Il contributo, cit., p. 104.

[5] 参见《侵权责任法》（2009 年）第 85、87 条和《民法通则》（1986 年）第 126 条。

问题。[1] 如今中国的立法者也是如此，并提供了进一步的规则，这些规则是为物业管理服务企业或建筑物管理人员设立的，并且规定在主管部门进行询问时，其还负有全面报告的义务。无论如何，在中国民法中找到这一规则非常有趣，因为它并未被包含在每个大陆法系国家的民法典中。[2] 同样不能忽视的是，这一规则为《民法典》所改进了，其最初引入的背景也是近几十年来中国发生了巨大了城市变化，这与古罗马的情况类似。[3] 最后，令人印象深刻的是它与罗马法的相似之处，尤其是两者都认可了起诉租户的可能性。

（六）文体活动中的自甘风险

在罗马法中，如果是不法（不法侵害，iniuria）造成的损害[4]是可赔偿的。这种损害肯定是违法的。因为，有时在某些情况下（正当理由）会造成损害，但不产生任何责任，这是因为这种行为不能被认为是不法（non iure）。[5] 在此意义上，不法侵害（iniuria）意味着"缺乏法律依据"。[6] 例如，在体育比赛中，参与者在活动中受伤是很常见的。乌尔比安曾写道：

D. 9. 2. 7. 4（Ulpianus 18 ad edictum）

Si quis in colluctatione vel in pancratio, vel pugiles dum inter se exercentur alius alium occiderit, si quidem in publico certamine alius alium occiderit, cessat Aquilia, quia gloriae causa et virtutis, non iniuriae gratia videtur damnum datum. Hoc autem in servo non procedit, quoniam ingenui solent certare: in filio familias vulnerato procedit. Plane si cedentem vulneraverit, erit Aquiliae locus, aut si non in certamine servum occidit, nisi si domino committente hoc factum sit: tunc enim Aquilia cessat.

译文：

D. 9. 2. 7. 4 乌尔比安《论告示》第 18 卷

如果在厮打、角斗或拳击中，一人将他人杀死，而这事发生于公开的竞赛里，则不适用《阿奎利亚法》，因为这种损害乃由于声誉和勇敢而被导致，并不

---

〔1〕 S. SCHIPANI, Il contributo, cit., p. 106.

〔2〕 S. SCHIPANI, Il contributo, cit., pp. 117-126.

〔3〕 LI JUN, L'actio de effusis vel deiectis, cit., § 3. 3. 1.

〔4〕 L. DESANTI, La legge, cit., pp. 25-26.

〔5〕 G. VALDITARA, Damnum iniuria datum2, Torino 2005, p. 33; L. DESANTI, La legge, cit., pp. 27-29.

〔6〕 G. SANTUCCI, The meaning of iniuria in lex Aquilia. A historical sketch, in I. PIRO, Scritti per Alessandro Corbino, VI, Tricase (LE) 2016, p. 529. It can also be interpreted as "wilfulness", cf. ibid. or, for a very detailed analysis on the issue, cf. M. F. CURSI, Iniuria cum danno. Antigiuridicità e colpevolezza nella storia del danno aquiliano, Milano 2002.

是不法实施。但这不得适用于奴隶，因为只有生来自由的人才进行公开竞赛；但如果参加竞赛的受伤者是个家子则可适用。不过如果某人伤害了退阵者，则可以适用《阿奎利亚法》诉讼；这同样适用于某人不是在竞赛中将一个奴隶杀死，除非这是其主人的怂恿——这时《阿奎利亚法》诉讼不予提出。[1]

如果参赛者在训练或公开比赛中被杀，《阿奎利亚法》不再适用（cessat Aquilia），因为损害并非不法造成的（non iniuriae gratia videtur damnum datum），而是在竞技活动中造成的，旨在追求"荣耀和勇气"（gloriae causa et virtutis），质言之是为了赢得比赛。[2] 乌尔比安指出这条规则不适用于奴隶，因为战士通常是自由人；此外这条规则也适用于家子（filius），[3] 如果他受伤了，可能也会因此而死亡。[4] 他还认为，《阿奎利亚法》无疑（plane）也可以适用于投降运动员受伤的情况，或者奴隶在比赛之外（non in certamine）被杀的情况，但他是在主人同意的情况下进行比赛的情况除外。事实上，在第一种情况下，损害发生在受害方不再希望参加比赛的时候，因此其不再愿意承担风险；此外，他的投降使比赛不复存在，因为它决定了对手的胜利。在第二种情况下，由于缺乏主人的同意，即缺乏对最终损害合法性的要求。[5]

必须注意的是，这种理由可以证明在超出规定之外，对自由人身体造成损害，包括死亡，获得赔偿是可以接受的（理论上，这在罗马法中是不可能的）。[6] 在古典时期，死者的继承人可能还可以拥有一种特别的诉权。[7] 这是一场世俗的辩论，[8] 有像布加鲁斯（Bulgarus）、洛杰利乌斯（Rogerius）和博

〔1〕［古罗马］优士丁尼：《学说汇纂·第九卷·私犯、准私犯与不法行为之诉》，米健、李钧译，中国政法大学出版社2012年版，第21页。原作译文：If a man kills another in the colluctatio or in the pancratium or in a boxing match（provided the one kills the other in a public bout），the lex Aquilia does not apply because the damage is seen to have been done in the cause of glory and valor and not for the sake of inflicting unlawful harm；but this does not apply in the case of a slave, because the custom is that only freeborn people compete in this way. It does, however, apply where a son-in-power is hurt. Clearly, if someone wounds a contestant who has thrown in the towel the lex Aquilia will apply, as it will also if he kills a slave who is not in the contest, except if he has been entered for a fight by his master; then the action fails. A. WATSON（ed.），The Digest, I, p. 279.

〔2〕 G. VALDITARA, Damnum, cit., p. 36.

〔3〕 L. DESANTI, La legge, cit., p. 91.

〔4〕 L. DESANTI, La legge, cit., p. 92, 108, nt. 26.

〔5〕 G. VALDITARA, Damnum, cit., p. 36.；A. Corbino, Il danno qualificato e la lex Aquilia：corso di diritto romano2, Padova 2008, pp. 169-170.

〔6〕 L. DESANTI, La legge, cit., pp. 83-94.

〔7〕 L. DESANTI, La legge, cit., pp. 90-92.

〔8〕 L. DESANTI, La legge, cit., M. F. CURSI, Dalla tipicità, cit., pp. 27-31.

洛尼亚的阿佐（Azzo）等法学家参与其中。[1] 例如，在儿子受到损害的情况下，损害赔偿可能仅包括由父亲支付的最终医疗费及其误工费。[2] 但是他可能会因这些身体伤害而死亡吗？[3] 我们已经看到，在落下物或投掷物致害之诉（actio de effusis vel deiectis）的语境下，类似的考虑并不是多余的。[4] 简而言之，这个片段是有争议的，也很难解释，但绝对内含巨大的趣味性。

中国《民法典》在第七编的第一章专门规定了本案的特殊规则：

第一千一百七十六条　自愿参加具有一定风险的文体活动，因其他参加者的行为受到损害的，受害人不得请求其他参加者承担侵权责任；但是，其他参加者对损害的发生有故意或者重大过失的除外。

……

此条款的第一部分强调了参与风险活动的自愿性质以及其风险性质；正是由于这两个因素，要求赔偿这种损害是不可能的。随后的规定涉及故意或重大过失造成的损害。总之，体育活动不能使自愿（或过失）造成的损害合法化。但这可以被认为是一种特殊或具体的责任形式。值得注意的是，这一规定受到了中国立法者的高度重视，因为其被列入了侵权责任编的一般规定（第七编第一章）中。它最后规定了有关活动组织者的内容。[5]

三、结语

《民法典》由包括总则编在内的七编内容组成，共有 1260 条法条。《民法典》的颁布标志着中国民事法律体系的历史性时刻。这是一个高效率、系统性整合中国民事法律规范的绝佳机会，其中有些规范先前已在民事单行法中得到确立，而有些是新设立的，还有一些是被完善过的。《民法典》的编纂虽道阻且长，但众人仍为之奋斗，《民法典》才得以诞生。这让人不禁联想到为将罗马法几千年的法律宝藏翻译成地方语言所做的巨大努力。[6]

中国法学家对罗马法的关注并非新奇之事。这种关注重新兴起于 20 世纪 80 年代末，后来不断得到加强，并伴随着一步步的法典化工作，促使了与传统私法

---

〔1〕　M. F. CURSI, Dalla tipicità, cit., p. 29.

〔2〕　G. VALDITARA, Damnum, cit., p. 54；A. Corbino, II danno, cit., pp. 89-90.

〔3〕　L. DESANTI, La legge, cit., pp. 81-92.

〔4〕　参见 supra 2.5.

〔5〕　参见 nt. 122.

〔6〕　R. CARDILLI, Diritto cinese e tradizione romanistica alla luce del nuovo Codice civile della RPC, Mondo cinese, 167/2020, p. 41.

主体一样多的法律的颁布。曾有一段时间，人们认为有必要制定一部民法典，并拟订了许多草案，其中包括公共和个人倡议的草案。

本文简要分析了诚信原则的概念。诚信原则的重要性可能仅次于它的复杂性；它内涵的丰富是几个世纪思考的结晶，这种思考未曾止步于罗马法学家的思考；它对当今的法律制度起着根本性的作用。得益于中国学者近年来的研究，《民法典》深谙诚信原则的重要性，并始终将其作为整个民事法律体系的基本原则。同样，出卖人的权利瑕疵担保义务，如今看来是理所当然的，但也是根源于精准的嬗变路径。这一路径回应了解决特定问题的需要，这些问题是随着时间推移而产生的。正如简易交付也是如此。最后，我们思考了与总则编中所构想的民事责任并存的特殊民事责任案例，因为在某些特殊情况下，要求立法必须考虑到这些特殊性。

研究现今的法条是如何回应过去同样的或类似的法律问题是饶有趣味的，因为有时两者会使用相同或相似的解决方法。《民法典》中的这些规则都有其特定的含义、历史和嬗变路径。如今，中国仍然是传统大陆法系的一员，[1]《民法典》的内容彰显了对过去在特殊立法中作出的精确立法抉择的尊重，加强了中国法和罗马法之间的纽带，并为中国法律制度的发展作出了兼具现实性和未来性的贡献。[2] 这一切都没有抛弃中国传统文化中的相关法律特征和基础。[3]

---

〔1〕 S. SCHIPANI, Il sistema del diritto romano / BRICS, cit, p. 608；R. Cardilli, Diritto cinese, cit. , p. 41.

〔2〕 IDEM, Fondamenti romanistici, cit. , p. 119.

〔3〕 R. CABRILLAC, Le Code civil Chinois, cit. , p. 1379.

《民法典》中物权编、合同编的创新发展

◎彭熙海　曾　震*

编纂《民法典》是党的十八届四中全会确定的一项重大立法任务，对全面推进依法治国、增进人民福祉具有重要意义。在现行民事立法的基础上，《民法典》充分总结了实践经验，坚持问题导向，体现时代特点，进行了内容制度的发

---

* 作者简介：彭熙海（1962—），男，湖南湘乡人，法学博士，湘潭大学法学院教授，博士生导师，主要研究方向：民商法学；曾震（1995—），男，湖南湘潭人，湘潭大学法学院博士研究生，主要研究方向：民商法学。

展创新。物权与债权都是《民法典》的核心内容，基于物权与债权是财产权的两大支柱特性，两者关系十分密切，因此合同、物权两编的内容变动尤为值得关注，本文将从《民法典》物权编、合同编内容变动的视角，分析考察我国《民法典》中物权、合同两编的创新发展。

一、《民法典》物权编变动中的创新发展

（一）新增居住权制度契合社会需求

党的十九大报告提出了"加快建立多主体供给、多渠道保障、租购并举的住房制度，让全体人民住有所居"的要求，确立居住权制度可以满足和保障特定人群的居住需求，特别是为公租房和老年人以房养老提供保障。将历史悠久的居住权纳入《民法典》，其一，充分尊重所有权人的意志和利益；其二，有助于保护民事主体对住房的灵活安排，充分发挥房屋的利用效能；其三，有利于发挥家庭职能，实现亲属与他人之间的互帮互助。

尊重权利人对其权利的自由处分是民法人文情怀的体现。居住权最初是为家庭成员中无继承权者的生存而设，尽管现阶段婚姻家庭领域的法律关系仍是居住权的典型适用形态，但已不限于此。在不违背公序良俗原则的前提下，法律尊重权利人为他人利益设立的居住权。房屋所有人可以通过订立遗嘱、遗赠以及订立合同的方式为他人设定居住权，同时将房屋所有权留给其法定继承人继承。在全民社会保障体系完善进程中，"以房养老"现实需求的持续增加，居住权制度相较于附条件房屋买卖、抵押贷款、反向抵押、附条件遗嘱、附条件遗赠能更好地扩充房屋物权的行使方式，契合现实社会需求。

（二）承认流质流押契约不影响优先受偿效力

《物权法》第186条、第211条确立了关于禁止流押（质）契的规则，然而绝对禁止可能会损害当事人间的意思自治，不利于担保财产价值的最大化。作为私法，民法特别强调尊重当事人的意思自治，尤其在契约法领域更是如此。根据各国民法的一般规定，除非是违反公序良俗、恶意损害第三人利益和违反法律的强行规定，否则，没有必要禁止当事人订立某种契约，更没有必要宣告当事人之间订立的契约无效。

当事人之间订立流押条款时，存在为债权进行担保的意思表示，如果否认该抵押权的效力，会使债权人的债权变成完全无担保的普通债权，这既不符合债权人与抵押人之间的意思自治，也会造成债权人的利益失衡。在优化营商环境的大背景下，为了促进中小微企业融资，解决中小企业融资难问题，《民法典》不再

绝对禁止当事人约定流押（质）条款的效力，根据《民法典》第 401 条、第 428 条，抵押权人（质权人）在债务履行期限届满前，与抵押人（出质人）约定债务人不履行到期债务时抵押财产归债权人所有的，只能依法就抵押财产优先受偿。

（三）抵押物转让规则的修改为物尽其用开放更大空间

《民法典》出台前我国《物权法》对所有权施加了过多限制，例如不承认抵押权具有追及力从而对抵押人转让抵押财产进行限制。关于抵押物能否自由转让，《民法典》并未继续沿袭此前《物权法》的做法，转而在承认抵押权具有追及力的基础上，充分保护所有权人的意思自治空间，认可抵押人有权转让抵押财产。

从抵押物转让限制的演变轨迹来看，其经历了由"同意转让"到"通知转让"再到"无条件转让"的演变轨迹，但除原《担保法司法解释》第 67 条外，不论是《民法通则意见》还是《担保法》《物权法》，均不承认抵押权具有追及力，因而均对抵押人转让抵押财产进行了限制，其主要原因是为了降低因抵押财产转让给抵押权人或者抵押人造成的风险。但是这种担心既无必要，也不符合民法原理，其理由在于抵押权人的抵押权不包括对财产的占有和所有权能，自然也不包括处分权能，而要求抵押人转移财产必须取得抵押权人的同意，即超出了抵押权的范围，将所有权人才有的处分权不妥当地给予了抵押权人。抵押权只是一种优先受偿权，而并非对抵押财产排他、独占的控制权利。

《民法典》这一修改有利于提高交易效率，降低交易成本，一方面维护了善意第三人的权益，另一方面在抵押人拥有足够多的财产从而不可能损害抵押权人的利益时，维护抵押人自由处置财产的权利，充分实现财产的交换价值，为物尽其用释放更大空间。

（四）担保合同范围的扩大进一步保障当事人意愿

《民法典》第 388 条第 1 款将各种非典型担保，例如让与担保、所有权保留等全部纳入担保合同之中，对之统一进行法律调整，能在最大程度上尊重合同自由，允许当事人根据自己意愿订立各类担保合同，避免因法律未明确规定某种担保类型而影响合同效力。

《民法典》第 388 条第 1 款的意义还在于其开辟了诠释物权法定缓和主义的一条新路径。承认刚性物权法定原则，就应当否定法律未规定的让与担保的担保物权属性；反之，承认让与担保的担保物权性质，就必须否定物权法定原则的绝对刚性，从而认可物权法定缓和。《民法典》第 388 条规定"其他具有担保功能的合同"概念的更重要价值，就在于确认《民法典》规定的以及《民法典》没有规定的那些具有担保功能的合同所产生的物权效果，确认法律没有规定的新型担保物权的合法性。

（五）遗赠因意思表示的需要回归基于法律行为的物权变动模式

遗赠行为发生物权变动效力的前提是遗赠人和受遗赠人达成遗赠的合意，相较于继承对于意思表示的标准和要求完全不同。此次《民法典》将遗赠回归于法律行为的物权变动模式，从而完成了物权变动模式的整合优化。《民法典》第230条的实质意义在于将"受遗赠"排除在非基于法律行为的物权变动的原因之外，这使得基于受遗赠产生的物权变动回归基于法律行为的物权变动的"队伍"中。《民法典》第230条规定因继承取得物权的，自继承开始时发生效力，其中最重要的变化是删除了"受遗赠"的内容，这表明"因受遗赠取得物权的，自受遗赠开始时发生效力"的规定已不复存在。无独有偶，《民法典继承编解释》第38条规定，"继承开始后，受遗赠人表示接受遗赠，并于遗产分割前死亡的，其接受遗赠的权利转移给他的继承人"，此处使用"受遗赠的权利"的表述为而非"受遗赠的物"即说明受遗赠并不会在继承开始便发生物权变动的效力，而仅产生受遗赠之权利。

二、《民法典》合同编变动中的创新完善

（一）承认预约合同为一种独立的合同

《合同法》未规定预约合同，但实践中预约合同大量存在。2003年颁布实施的《商品房买卖合同司法解释》第5条对商品房的认购、订购、预订何种情形下认定为商品房买卖合同作出了规定，首次涉及预约制度。《民法典》吸收该司法解释规定，从立法层面上认可了预约合同是一种独立合同，并扩大适用范围，不再限于买卖合同。

首先，预约合同的核心特征是为了将来一定期限内再订立一个合同，若没有这一特征，则可能只是要约。因此认购书、订购书、预定书不能一概而论为预约合同。只有约定了在将来一定期限内订立合同，才能构成预约合同。预约合同和本约合同系两个独立合同，虽然有牵连关系，但并非主从合同，预约合同的成立不以本约合同的存在为前提。其次，在一定期限内跟对方订立合同。合同一方不遵守约定，不在一定期限内跟对方订立本约，应承担违约责任。一方不履行预约合同，将承担违约责任，这一条款明确了违反预约合同系违约，而非缔约过失。最后，违反预约合同可以用违约金形态来承担违约责任，有约定按约定支付违约

金，没有约定违约金的，以信赖利益赔偿为基本原则。同时应考虑未来合同的具体内容的成熟度，如果双方已有很成熟的内容，说明预约和本约很接近了，应当扩大对守约方的保护，实践中由法官根据约定的具体情况自由裁量。

（二）格式条款中的提示和说明义务的法律效果变化

《合同法》第 39 条第 1 款规定格式条款提供人有提示和说明的义务，但是未规定其不履行的法律效果。本条对该法律效果的规定是：提供格式条款的一方未履行提示或者说明义务，致使对方没有注意或者理解与其有重大利害关系的条款的，对方可以主张该条款不成为合同的内容。即法律效果是对方可以主张该条款不成为合同的内容，学理上称为"未订入合同"。

通常订立合同由双方个别协商，但格式条款则是一方已经把合同拟定好了，另一方要么接受要么拒绝。一般订约所说的遵循公平原则，主要是指程序公平，内容上则尊重订约自由，即便权利义务不公平也是当事人自己的选择。但是在格式条款下，应当按照实质公平原则确定当事人的权利和义务。提示说明义务是一个程序上的公平，必须采取合理的方式提示注意免除或减轻提出者责任等与对方有重大利害关系的条款，让对方在作决定的时候明白自己的交易风险。我国实践中要求，对于以格式形式出现的涉及风险较大的条款、异常条款、对等义务严重失衡的条款也要提示说明。违背提示和说明义务的法律效果是对方可以主张该条款不成为合同内容。这里的主张类似于合同的撤销，一经撤销自始无效。

（三）合同成立规则的创新发展

第一，合同的成立规范向任意性规范的方向发展。在《民法典》第 483 条中，关于合同成立时间的一般规定相较于原《合同法》第 25 条新增了但书内容，即在法律另有规定或者当事人另有约定时，合同成立时间并非必然在承诺生效时成立。由于合同成立的时间是双方当事人的磋商过程结束并达成共同意思表示的时间界限，故应当允许当事人通过特别的约定或者法律的另有规定予以排除。关于合同成立规则的任意性规范方向的发展在《民法典》第 137 条第 2 款中也有所体现，其明确允许当事人对数据电文形式的意思表示约定生效的时间，即当事人可以约定数据电文形式的意思表示的生效时间并非该意思表示进入特定系统的时间，而意思表示的一致性是导致合同能否顺利成立的关键，此种对合同成立规则的修改彰显了对当事人意思自治的尊重。

根据以往通说的理解，合同的成立以及合同效力的发生应当属于法律强制性规定的内容范畴，而非当事人之间约定不明时的补充性任意性规定的调整范畴。然而在司法实践中常遇到当事人对合同成立条件的自主约定的情况，其约定内容可能与法律对合同成立的表述发生矛盾。例如目前法院如果认定当事人之间已形成订立合同的合意，并且在此基础上还特别约定了合同成立条件，则法院常对此特别约定的效力予以承认，即使当事人的另行约定实质上修改了《民法典》第490条"当事人采用合同书形式订立合同的，自当事人均签名、盖章或者按指印时合同成立"的规则内容，即将签字、盖章或按手印的择一要件修改为并列要件，但只需将合同成立的规则理解为任意性规范，其便可以通过契约自由的理论依据，认可当事人之间的约定变更以及对《民法典》第490条规范的排除适用。

第二，合同的订立方式在原有基础上新增"其他方式"。在合同的订立一章中，《民法典》第471条相较原《合同法》第13条关于订立合同的方式，在要约、承诺方式的基础上新增了"其他方式"，其最直接的法律效果意味着以往在理论和实务界中所存在的多种具有争议的缔约方式，将可能获得一种全新的解释途径。目前可能值得探讨的问题不仅包含争议已久的悬赏广告的性质问题，以及交叉要约、意思实现、竞争性缔约方式、格式合同的订立等问题是否属于合同订立的范畴。因此，该规定提高了订立合同的丰富性，为解释留下了巨大的空间。

第三，限制了国家强制缔约合同的订立条件。《民法典》第494条相较于原《合同法》第38条对于国家强制缔约的规定增加了订立条件的限制，即国家强制缔约订立合同首先需满足"国家根据抢险救灾、疫情防控或者其他需要"的目的和用途条件，相较于原《合同法》对缔约用途并未作出限定的方式，其避免了国家干预对公民缔约自由的过度影响。

（四）无权处分行为内涵的创新发展

出于鼓励交易和交易便利的考虑，《民法典》在合同编中删除了原《合同法》第51条关于无权处分的规定。其理由首先在于法理方面的无法立足，"无权处分"概念的应用在法理上十分混乱，因为合同的订立只是在当事人之间产生债法约束力的法律行为，并没有民法意义上的任何处分，如果将该行为称为"处分"，在民法原理上是完全无法立足的。其次，在实践中也产生了消极后果，因《合同法》第51条的应用一些预售合同不能生效，导致了司法裁判的困难。因此，2012年，最高人民法院在制定《最高人民法院关于审理买卖合同纠纷案件适用法律问题的解释》时，放弃了《合同法》第51条。该司法解释第3条规定："当事人一方以出卖人在缔约时对标的物没有所有权或者处分权为由主张合同无效的，人民法院不予支持。"

《民法典》合同编的编纂放弃《合同法》第51条的规定，是坚持民法科学性原则的体现，删除此规定的做法应值肯定。并且《民法典》以买卖合同为范例，在第 597 条明确了无权处分合同的效力和责任承担规则，其吸收了原《买卖合同司法解释》第 3 条所作的增补规定，解决了该法条的理解歧义和《合同法》第 51 条的冲突。

无权处分行为的规定从总则移至合同编的分则部分，并不意味着其适用范围仅限于出卖人无权处分的买卖合同。对于出租他人之物、以他人之物设定权利负担（抵押、质押）等无权处分行为，仍可依据《民法典》第 646 条"法律对其他有偿合同有规定的，依照其规定；没有规定的，参照适用买卖合同的有关规定"进行类推适用。

（五）法律行为违法无效的效果变化

第一，《民法典》没有延续原《合同法》对欺诈行为可变更的规定，而是将我国民事欺诈行为制度由二元效力模式转变为可撤销的一元效力模式，即《民法典》第 148 条不再按照民事法律关系的主体区分法律适用的效果，无论欺诈手段是否涉及损害国家利益，均统一采用可撤销主义。一方面，删除受欺诈方可要求变更的规定，主要在于平衡代表国家利益的合同主体以及普通民事主体之间的法律待遇；如果将两者进行区别对待使得代表国家利益的合同主体反而丧失了对行为效力的选择余地，此种规定的法律效果的公平公正性值得考量；另一方面，不再区分民事法律关系主体的做法也可以避免对"国家利益"进行判断认定的难题。

第二，《民法典》弱化公法对合同效力的否定性评价。公法与私法二者关系的协调是民法典编纂不可避免的问题，当公法对私法中的合同效力予以否定评价时，《民法典》采取的立场和态度必须谨慎而妥当。《民法典》第 153 条并未采取在司法解释中逐步形成的效力性强制性规范与管理性强制性规范的二元区分模式，转而采取了"原则无效，例外有效"的模式，其实质性意义在于应更强调对第 153 条但书规则的充分利用，通过"该强制性规定不导致该民事法律无效的"例外情形实现对民事主体私人自治的维护，从而构建公法与私法彼此协调的内在体系。

第三，《民法典》对建设工程合同无效后的处理进一步规范。《民法典》第 793 条在《关于审理建设工程施工合同纠纷案件适用法律问题的解释》第 2 条规定的基础上，针对建设工程合同无效后的处理作出进一步规定。相较于该司法解释而言，《民法典》并未沿用"支付工程价款"的表达，而是采用"折价补偿"这一术语，而"折价补偿"的表述也与总则编第 157 条中法律行为无效后的"折价补偿"形成呼应。根据合同法原理，合同无效后双方负有返还的义务，但是在建设工程施工领域已经验收合格的建设工程，通常难以采取实物返还的做法，从而需选择折价补偿的方案予以代替。因此《民法典》采用"折价补偿"的措辞同时也解释了审判实践中对于建设工程合同效力认定无效但处理的实质结果为有效的做法的合理性。

三、结语

《民法典》中物权编、合同编的修改变动是《民法典》立法成果的集中体现，更是民法解释学进一步发展的良好开端。本文围绕我国《民法典》物权编、合同编的重点内容变动展开讨论，其内容的创新发展乃是在既有民事立法和法律共识基础上的承前启后，继往开来，而非另起炉灶，推倒重来。在《民法典》编纂既有的主旋律中，我们必须把握创新发展的关键音符，才能铿锵奏响我国《民法典》的灿烂篇章。

《民法典》背景下小区业主自治和物业服务漫谈

◎王　莹

目　次

随着我国市场经济的蓬勃发展，特别是现代城镇化的脚步不断加快，城镇商品房住宅小区逐渐成为大部分城镇居民的聚集性居住方式。由于住宅小区的房屋是以对外公开售卖的商品经济方式决定其归属，住宅小区业主往往彼此间并不具有特定的社会联系，其内部成员结构与计划经济条件下产生的家属区住宅区和老城区长期自然形成的自发聚居区有着明显的区别：其成员间的社会联系相当薄弱，社会解组趋向明显，居民间缺乏共同认可的统一的权威。传统的"统一安排式"或者是"互相体谅式"的小区管理模式无法适应城镇商品房住宅小区的这些新的特点；通过召开业主大会凝聚小区业主共识，组织业主委员会执行居民意志的新型小区管理模式逐渐形成。而由于小区业主缺乏完成小区日常管理的相应专业技能或时间，就使得专业从事小区物业管理的市场主体应运而生。随着商品房住宅小区业主自治和物业公司物业管理实践的不断深入，小区业主与业委会之间以及小区业主与物业公司之间的矛盾日益凸显，亟待解决。

2007 年 3 月 16 日通过的《物权法》在建筑物区分所有权专章中以 9 个条文（第 75~83 条）的篇幅对物业管理的相关问题进行了规定，而后最高人民法院又出台了《区分所有权解释》及《物业服务解释》，对小区业主自治和物业公司物业管理实践中存在的一些问题进行了进一步的回应，提供了一些处理纠纷和问题的具体方法和标准，在当时的情形下，对于处理现实中的一些问题的确也起到了积极的作用。

但随着经济社会的继续发展，我们看到小区业主自治仍缺乏规范和引导，小区业主大会"表决难""决议难""被表决"现象较为普遍；我们也可以看到，一方面是小区业主对物业服务的"怨声载道"，另一方面却又是，物业服务企业由于业主大面积拖欠物业费而发出的"巧妇难为无米之炊"的无奈嗟叹。这些问题都是原有的法律规定未曾直接涉及或者无法真正解决的。

2021 年 1 月 1 日开始正式生效的《民法典》作为一部社会生活的百科全书，应该说，在小区业主自治和物业服务领域作出了一些有针对性的回应，为现实中出现的一些新问题的解决提供了制度遵循。但从笔者的实践感受而言，问题似乎又没有得到根本的解决。站在"后《民法典》"的时代节点上，作为一名法律实践一线的律师，笔者又不禁要继续想，在小区业主自治和物业服务领域还有哪些是应该或者说可以去做的。

一、《民法典》对相关制度的守成与创新评析

笔者持有这样的一种观念，即，一方面，民法所规制的领域涉及社会中每一个普通人生活的方方面面，由于其影响的深远性和广泛性，民法一直是一个尤其注重传统和相对稳定的法律领域；另一方面，民法所规制的社会生活又是最富变化的一个领域，特别是在中国这样一个近四十年，乃至于近七十年以来，大部分时间都处在一个高速发展之中的大国，社会生活每时每刻都在发生着迅速而深刻的变化；因此民法，特别是现当代中国的民法是要不断与时俱进与创新的。总之，笔者赞成这样的观点，《民法典》的创制过程就是对既有的民事法律制度的守成与创新。具体到对《民法典》本文着眼的小区业主自治和领域相关法律制度的守成与创新，笔者作具体分析如下：

笔者认为，《民法典》在小区业主自治和物业服务领域贯彻了整个《民法典》编纂过程中的一贯风格，在保留原有法律制度基本框架的同时，针对社会反映比较强烈的一些问题，作出了以下几项突出的修改：其一，对业主大会决议的形成规则作出了修改；[1] 其二，新增了紧急状况下使用维修基金的规定；[2] 其三，明确规定居民委员会应当对业主大会和选举业主委员会进行指导和协助；[3] 其四，新增共有部分收入归属和处理的规定；[4] 其五，明确物业管理服务企业的义务，并在合同编设"物业服务合同"专章对物业服务相关问题进行规定。

（一）修改业主大会决议规则，最大限度发挥业主大会作用

所谓对商品房住宅小区的管理，其实质就是全体小区业主对于小区共有部分进行共同管理。由于商品房住宅小区业主之间往往不存在相对稳定的社会联系，也没有一个共同认可的权威，全体业主的小区管理行为就有赖于一个相对的共同意志的形成。

从民事法律行为的分类理论来说，全体业主对于小区的管理行为属于一种共同行为。根据《民法典》第134条第2款的规定，这种共同行为要成立并生效就必须按照一定的议事规则和程序进行。而这一议事规则和程序就是全体业主共同组成的业主大会的决议规则。因此，业主大会的决议规则是商品房住宅小区管理的起点和基础。

早在《物权法》中，我国就对业主大会的决议规则从决议的内容范围和决议作出的方式和条件两个方面进行了规定。《民法典》在此基础上，对决议的内容范围和决议作出的方式和条件均进行了较大的修改。[5] 具体而言，在决议的

---

〔1〕 参见《民法典》第278条。

〔2〕 参见《民法典》第281条第2款。

〔3〕 参见《民法典》第277条第2款。

〔4〕 参见《民法典》第282条。

〔5〕 《物权法》第76条规定："下列事项由业主共同决定：（一）制定和修改业主大会议事规则；（二）制定和修改建筑物及其附属设施的管理规约；（三）选举业主委员会或者更换业主委员会成员；（四）选聘和解聘物业服务企业或者其他管理人；（五）筹集和使用建筑物及其附属设施的维修资金；（六）改建、重建建筑物及其附属设施；（七）有关共有和共同管理权利的其他重大事项。决定前款第五项和第六项规定的事项，应当经专有部分占建筑物总面积三分之二以上的业主且占总人数三分之二以上的业主同意。决定前款其他事项，应当经专有部分占建筑物总面积过半数的业主且占总人数过半数的业主同意。"《民法典》第278条规定："下列事项由业主共同决定：（一）制定和修改业主大会议事规则；（二）制定和修改管理规约；（三）选举业主委员会或者更换业主委员会成员；（四）选聘和解聘物业服务企业或者其他管理人；（五）使用建筑物及其附属设施的维修资金；（六）筹集建筑物及其附属设施的维修资金；（七）改建、重建建筑物及其附属设施；（八）改变共有部分的用途或者利用共有部分从事经营活动；（九）有关共有和共同管理权利的其他重大事项。业主共同决定事项，应当由专有部分面积占比三分之二以上的业主且人数占比三分之二以上的业主参与表决。决定前款第六项至第八项规定的事项，应当经参与表决专有部分面积四分之三以上的业主且参与表决人数四分之三以上的业主同意。决定前款其他事项，应当经参与表决专有部分面积过半数的业主且参与表决人数过半数的业主同意。"

内容范围上，《民法典》将改变共有部分用途或者使用共有部分从事经营活动，明确列入了决议的内容范围；并将筹集和使用维修基金，分列为决议的两项不同内容，并课以不同的决议通过条件。在决议的方式和条件上，《民法典》将《物权法》规定的单一标准下的两分决议通过条件，修改为：先要满足出席人数和代表的专有面积比例的要求，然后再针对不同的决议事项，提出不同的占出席人数及专有面积比例要求。

笔者认为，《民法典》的上述修改总的来看是旨在通过扩大决议内容范围，进一步增强业主大会作为小区管理的决策机关对小区管理的控制能力；通过拆分决议内容项目及修改决议通过条件，降低决议形成条件，避免业主大会陷入僵局。

第一，扩大决议内容范围，维护和夯实业主在小区管理中的主体地位。虽然《物权法》在《民法典》出台前就已经明确了小区共有部分归全体业主共有这样一个规定，但由于缺乏相应的程序性规定进行保障，长期以来，小区共有部分及设施的相关情况都被小区的物业管理公司所控制，小区业主没有一个明确的发生和维权的路径。《民法典》将改变共有部分用途或者使用共有部分从事经营活动明确列入了决议的内容范围，为业主主张自己对共有部分的合法诉求，排除物业公司等主体对其合法权益的不正当侵害，提供了一条明确的路径，彰显了业主的小区管理主体地位。

第二，通过拆分决议内容事项，修改决议通过条件，保障业主自主意愿的表达与避免业主大会陷入僵局之间的平衡。我们看到，修改后的决议通过条件不再以赞成票占整个小区业主人数和专有面积比例作为决议通过的条件；而是在规定业主大会最低出席业主人数及专有面积比例的前提下，将赞成票占出席业主人数及专有面积比例作为决议通过的条件。这一修改就使得一部分不参与业主大会，也不对决议事项表达态度的业主，不会对业主大会决议的形成产生影响，最大限度地避免业主大会僵局的形成，保护最大多数业主的利益；另外，《民法典》通过拆分"筹集和使用维修基金"决议项目，包括允许业委会在紧急状态下决定使用维修基金，降低使用维修基金的决议通过条件，使得业主的正常房屋修缮需求得到最大限度的满足。

但是，笔者同时要指出的是，《民法典》的这种修改并不意味着不保障每一个业主个体的意愿表达权利。正相反，这种新的设计有可能会更好地保障业主个体表达意愿和质量。在《民法典》生效前，由于《物权法》并未对出席会议人数有最低限度的要求，只是要求表示赞成的最终业主人数和专有面积比例。笔者发现，《物权法》的这一规定一方面使得业主大会的组织和召开流于形式，有些小区甚至根本没有召开，业主"被投票"的情况较为常见，对出席业主大会的人数及专有面积比例提出最低限度的要求，实质上是提高了决策要求（成本）；另一方面，由于《物权法》要求整个小区业主的赞成人数和专有面积比例，这就要求几乎整个小区的所有业主都必须表态，但由于并不是所有的业主都对小区情况关心且熟悉（有些小区甚至是相当一部分业主对于小区管理的相关事宜并不热心和了解），这种方式形成的决议极有可能并不能形成一个真正有利于小区管理的决议。《民法典》作出前述修改后，虽然降低了决议通过的条件，但是由于规定了最低参会人数，而不是要求以全部业主为赞成票比例的参考系，这就在一定程度上保证了参与投票的更有可能是真正对于物业管理事项有独立意愿的业主，从而也就在一定程度上保证了形成决议的实质质量。

可见，《民法典》的前述修改并不是简单地追求决议形成条件的降低，而是试图在业主自主意愿表达权益保障与避免业主大会陷入僵局间寻求一种合理的平衡。

现下，笔者注意到，由于城市居民生活压力普遍较大，且人口流动性较强，小区业主比较普遍地对小区管理事项，特别是不直接关涉自身利益的事项欠缺参与热情；但是另外一方面，随着全民的教育程度特别是权利意识的显著提高，涉及小区管理方面的诉讼和新闻事件显著增加，也折射出了小区业主在小区管理中保障自身意愿表达权益的强烈诉求。应该说，《民法典》对既有法律制度作出的前述修改，不失为对这种同时存在的"硬币两面"的一种回应与调和。

（二）明确居民委员会作为召开业主大会和选举业主委员会的协助和指导机构，为业主自治规范化路径指明方向

在《物权法》中，仅笼统地规定了政府有关部门负有对召开业主大会和选举业主委员会进行协助和指导的义务，由于没有指定具体的负责机构，这一条规定在实践中并不具备实际上的意义，仅能作为一种倡导性的规定来看待；随着社会的发展与进步，特别是沿海发达地区，通过引入社工组织助力业主自治的成功实践，《民法典》最终将居民委员会，这一直接同小区业主打交道的群众性基层自治组织确定为了对业主自治进行直接指导的责任机构。这一修改也明确了业主自治规范化的发展方向：以基层自治组织的指导和协调为依托，构建和谐规范业主自治下的良性小区管理状态。

但是笔者认为，《民法典》通过这一条规定仅仅明确了一个业主自治规范化的路径，要达成业主自治规范化的最终目标，仍然有待于后续配套性措施的不断

发展与完善，特别是在内地中小城市中，这方面的工作仍然有很长的路要走。

（三）设专章规定物业服务关系，厘清物业公司与小区业主的权利义务关系

在《民法典》实施以前，对物业服务关系的调整最高规格的规范性文件是《物业服务解释》，在法律层级的规范性文件中并没有出现过对于物业服务关系问题的专章规定，物业服务关系的最主要遵循是国务院颁布和各省自行颁布的物业服务方面的条例和规定。这一方面是因为我们国家物业服务领域起步较晚，立法的经验和其他相关准备并不充分；另一方面，在笔者看来，这也与物业服务的特点有一定关系。小区物业服务纠纷的爆发与小区使用年限有着比较密切的关系，从笔者的执业感受来看，物业服务纠纷也是近十年才出现了比较明显的爆发。这也可能是《民法典》出台以前，并没有法律层级的规范性文件（不包括司法解释）对于物业服务关系进行专门调整的另一原因。

小区物业服务是针对小区业主提供的，对小区的环境及其建筑与设施进行的管理和维护服务。在商品房小区初建时，由于小区内房屋尚未售卖，政府一般会指定物业公司担任小区的前期物业，而该前期物业往往又都会是该商品房小区开发商旗下的物业公司。由于建筑物新建且尚处在保修期内，问题较少，且在小区投入使用初期开发商并未完全撤出小区，因此开发商能与自己旗下的物业合作解决许多问题；再加上，投入使用初期，小区业主入住率不高，自治组织尚未形成等多种原因，在小区建成投入使用后的相当长一段时间内，关于物业服务的纠纷并不会凸显，但随着房屋超过质保期，加上小区的设施与环境的日渐老化，在一个小区建成后的 5~10 年是比较容易凸显出物业服务纠纷的。而《物权法》起草出台于 2007 年前后，从 20 世纪 90 年代算起，我国的商品房制度都只实行了短短的十余年，且大多商品房是从"房改房"而来，并不是严格意义上的商品房住宅小区。更为晚近的物业服务领域持续时间就更短了，那时的商品房住宅小区大多还未达到物业服务纠纷的集中凸显时期，物业服务领域还处在摸索的初级阶段。

笔者认为，在当前物业服务纠纷凸显的背景下，《民法典》通过在合同编设立"物业服务合同"专章对物业服务关系进行调整，明确物业公司与小区业主的关系性质和权利与义务，总结了以往立法和司法的经验，为解决物业服务纠纷提供了较为直接的法律依凭，是具有积极意义的。但笔者认为，对于如何在物业服务公司与小区业主之间，构建良性的物业服务关系，从根源上遏制物业服务纠纷的增长势头，是需要我们继续思考的问题。

二、"后《民法典》"时代，关于小区业主自治与物业服务关系问题几点思考

经过前文对于《民法典》相关制度守成与创新的评析，总的来说，在小区业主自治和物业服务关系的问题上，《民法典》保留和总结了已有的立法成果和实践做法，同时根据新的现实的社会情况，对现下尤为突出的一些问题作出了有针对性的回应，为许多问题的解决提供了依凭，指明了方向。但是，笔者认为，在以下几个方面的问题解决上，《民法典》的规定还有待构建相关的具体措施与制度：

（一）大力发展社工组织，走小区业主自治规范化的专业道路

《民法典》将居民委员会作为指导和协助小区业主自治的责任机构，但笔者从日常工作中了解到，在内地的中小城市，由于居民委员会工作人员缺乏指导和协助小区业主自治的相关知识和必要技能，所谓的指导和协助，在实践中往往就变成了出席一下会议的"走过场"或者是行政安排式的"大包干"。笔者认为，内地中小城市可以大力借鉴沿海城市的成功经验，由街道和居委会牵头，通过政府付费或者补贴的方式，引入专业的社会工作者团队，对小区的业主自治工作进行有针对性的专业指导和协助，"让专业的人做专业的事"，走出一条小区业主自治规范化的专业道路。

（二）建立健全物业服务质量评价体系，有效避免物业服务纠纷

从笔者的执业经验来看，物业服务纠纷发生的症结往往在于服务提供者和服务接受者双方信息不对等，导致服务进行过程中无法互相理解与体谅，从而极易引发纠纷。

在小区业主看来，物业服务企业提供的服务往往是很难感知的，而物业费的支出又往往是具体可感的。因此，相当一部分业主有可能在这种心理落差感的驱使下选择不交物业费；而收不到物业费，又会使得物业服务企业无法保证基本的日常运营与服务质量，进而形成恶性循环，导致纠纷。

笔者认为，应建立一套以第三方测评机构为依托的物业服务质量评价体系。向小区业主通报物业服务企业提供的服务内容及实际运行成本，并根据物业服务合同对该物业服务企业的服务质量进行专业测评，以此作为小区业主聘用和解聘小区物业服务企业的依据。通过建立这样一种服务质量评价体系，增强小区业主在物业服务合同履行过程中的参与感和获得感，一定程度上消除小区业主与物业服务企业之间的信息不对等，这也有助于小区业主自觉认识到缴纳物业服务费用的必要性，从而最大限度减少和化解物业服务纠纷。

三、结语

《民法典》的颁布和实施标志着一个全新的法治时代的到来，但绝不是民事法律领域法治探索之路的终点。笔者相信，"后《民法典》"时代的民事法律的新的实践，必将结出越来越多的丰硕成果。

《民法典》实施对金融业的影响

◎王　霞　曹　城*

---

* 作者简介：王霞，湘潭大学法学院教授、博士生导师；曹城，湘潭大学法学院 2021 级博士研究生。

金融业是市场经济中重要的导向产业。一方面，国家通过金融货币业务调控市场，为激励市场活力提供基础，另一方面，金融机构又作为民商事主体参与市场活动，成为市场活动的直接参与者。因此，金融业务的开展受到民事法律制度的规范和调整。2021 年 1 月 1 日施行的《民法典》被誉为"社会生活的百科全书""市场经济的基本法"。在《民法典》1260 条条文中，新增与实质性修订条文占比达到 30% 以上，该法的实施必然会对社会经济各行业产生重大影响，金融业亦不例外。从《民法典》各分编具体制度入手展开《民法典》对金融业可能产生的影响进行分析，有利于金融业直观地掌握现行法的基本要求，防范潜在的违法风险。

一、《民法典》总则编之职务代理制度对金融业的影响

《民法典》第 170 条规定了职务代理制度，该条规定："执行法人或者非法人组织工作任务的人员，就其职权范围内的事项，以法人或者非法人组织的名义实施的民事法律行为，对法人或者非法人组织发生效力。法人或者非法人组织对执行其工作任务的人员职权范围的限制，不得对抗善意相对人。"

职务代理，是指根据代理人所担任的职务而产生的代理。职务代理的代理人是执行法人或者非法人组织工作任务的人员，代理的是职权范围内的事项。法人或者非法人组织的工作人员在执行职务代理行为时，如果超出了职权范围，构成越权代理的，法人或者非法人组织可以主张其工作人员越权代理实施的民事法律行为无效。但对法人或者非法人组织的工作人员超越职权范围的代理行为无效的请求，不得对抗善意相对人。

就金融行业而言，金融机构工作人员以所属单位的名义实施民事法律行为一般构成职务代理，符合"具有工作人员身份""以金融机构名义"两个条件，即已初步满足职务行为的构成要件。相较于一般企业，金融机构单位利益边界更为清晰，工作人员的职权范围相对明确，原则上不存在单位与股东、法定代表人的利益混同问题，其职务代理行为的认定更为简易，如果发生争议，金融机构也将会承担更重的证明责任，因此该条对金融机构的内部管理提出了更高的要求。在金融机构内部，应当对工作人员的职权范围作出精确的划分，同时，在对外开展业务的过程中，应将金融机构内部对于其工作人员权限的限制，以合理的方式通知相对人，或者就该工作人员职权范围的限制作出明确的意思表示，以避免对方以"善意相对人"主张金融机构承担工作人员职务代理行为的后果。

二、《民法典》物权编相关制度对金融业的影响

（一）扩大担保财产范围

一方面，《民法典》第 395 条[1]在《不动产登记暂行条例》《不动产登记暂行条例实施细则》的基础上增加"海域使用权"可以抵押的规定，该规定扩大了抵押财产的范围，对沿海地区银行等金融机构的信贷担保活动有促进作用。另一方面，《民法典》第 440 条[2]将原《物权法》第 223 条的"应收账款"修改为"现有的以及将有的应收账款"。这扩大了可以质押的应收账款的范围，很大程度满足了我国金融借贷担保交易实践发展的现实需要，也与《民法典》第 761 条[3]关于保理合同中可转让的应收账款范围的规定保持了协调一致。此外，为落实党中央关于农地"三权分置"改革要求，《民法典》第 342 条[4]在 2018 年修正的《农村土地承包法》第 47 条和第 53 条的基础上规定，土地经营权可以抵押。基于此，《民法典》第 399 条[5]对《物权法》第 184 条的规定进行修改，删除"耕地"不得抵押的规定。这就为银行、信用合作社等金融机构涉农信贷扩大了可供抵押的财产范围，极大促进相关信贷担保活动的大力发展。

担保财产范围的增加对于金融机构债权的保护固然有利，但是抵押权利的实现亦需要原抵押财产的合法有效。例如对于土地经营权，其作为土地承包经营权上的权利，被称为"用益物权上的用益物权"，即"他他物权"，其土地经营权的流转期限必然受到原土地承包经营权的承包期影响。此外根据《民法典》第

---

〔1〕《民法典》第 395 条规定："债务人或者第三人有权处分的下列财产可以抵押：（一）建筑物和其他土地附着物；（二）建设用地使用权；（三）海域使用权；（四）生产设备、原材料、半成品、产品；（五）正在建造的建筑物、船舶、航空器；（六）交通运输工具；（七）法律、行政法规未禁止抵押的其他财产。抵押人可以将前款所列财产一并抵押。"

〔2〕《民法典》第 440 条规定："债务人或者第三人有权处分的下列权利可以出质：（一）汇票、本票、支票；（二）债券、存款单；（三）仓单、提单；（四）可以转让的基金份额、股权；（五）可以转让的注册商标专用权、专利权、著作权等知识产权中的财产权；（六）现有的以及将有的应收账款；（七）法律、行政法规规定可以出质的其他财产权利。"

〔3〕《民法典》第 761 条规定："保理合同是应收账款债权人将现有的或者将有的应收账款转让给保理人，保理人提供资金融通、应收账款管理或者催收、应收账款债务人付款担保等服务的合同。"

〔4〕《民法典》第 342 条规定："通过招标、拍卖、公开协商等方式承包农村土地，经依法登记取得权属证书的，可以依法采取出租、入股、抵押或者其他方式流转土地经营权。"

〔5〕《民法典》第 399 条规定："下列财产不得抵押：（一）土地所有权；（二）宅基地、自留地、自留山等集体所有土地的使用权，但是法律规定可以抵押的除外；（三）学校、幼儿园、医疗机构等为公益目的成立的非营利法人的教育设施、医疗卫生设施和其他公益设施；（四）所有权、使用权不明或者有争议的财产；（五）依法被查封、扣押、监管的财产；（六）法律、行政法规规定不得抵押的其他财产。"

341 条的规定，[1] 土地经营权的流转期限为 5 年以上的自合同生效时设立，并采用登记对抗主义。则作为抵押权人的金融机构来说，一方面应当确定抵押人的抵押财产是否真实合法有效存在，例如抵押人的经营权流转合同是否生效，其流转期限是否超过原土地承包经营权的承包期；另一方面，应当关注抵押人抵押财产是否登记，进而避免不必要的纠纷。《民法典》中对于流转期限不到 5 年的土地经营权的合法效力以及性质，并未有所规定，但是这亦警示金融机构对于抵押人以土地经营权作抵押的，应当尽可能限制土地经营权的流转期限在 5 年以上，进而更好地避免金融风险，收回应有债款。

（二）居住权

居住权是《民法典》物权编增设的亮点制度，[2] 体现了对社会实践中新型权利需求的制度回应。居住权的设立有两种方式：第一种是房屋的产权人和居住权人通过书面形式的居住权合同进行约定，并办理登记，居住权自登记时设立。第二种是通过遗嘱方式设立。通过遗嘱设立居住权的，居住权自继承开始设立，结合继承编的相关规定，遗嘱设立居住权不以登记为居住权设立的前提。但是在继承开始后，居住权人仍然应当尽快去办理居住权登记，否则将限制其权利的行使，且在所有权人处分房屋时也无法对抗第三人。

居住权的设立，意味着强调以不动产"产权"抑或"所有权"为中心的抵押融资业务可以进行再创新。在《民法典》时代，金融机构很有可能设计出以居住权为基础的金融产品或金融衍生品。

居住权制度在为金融业带来新的业务空间的同时，也产生了新的金融风险。设立居住权导致该权与抵押权产生了实现的先后顺序问题，这影响着金融机构作为抵押权人权利的实现。为了充分保障商业银行抵押权，商业银行通常要求抵押物上没有其他权利负担，以保证其在实现抵押权时可以获得更高的交换价值。因此，金融机构若作为抵押权人，当抵押物为房屋等不动产时，应当在抵押合同中严格限制居住权，对于负担由居住权的住宅作为抵押物，金融机构应审慎评估抵押物的价值。

在具体的业务处理上，金融机构应从以下方面防范风险：首先，金融机构应加强贷前居住权尽职审查。具体业务部门在对所有新设立抵押的住宅，设置居住

---

[1] 《民法典》第 341 条规定："流转期限为五年以上的土地经营权，自流转合同生效时设立。当事人可以向登记机构申请土地经营权登记；未经登记，不得对抗善意第三人。"

[2] 《民法典》第 366 条规定："居住权人有权按照合同约定，对他人的住宅享有占有、使用的用益物权，以满足生活居住的需要。"

权审查专门程序，避免在银行抵押权设立前住宅存在居住权。加强抵押转贷业务住宅居住权审查。在转贷中，如果就抵押物重新办理抵押登记，注销了原抵押权，则需要对抵押权和居住权的优先顺序进行重新审查。其次，金融机构应当在抵押格式合同增加居住权限制条款。虽然在现行法中，用益物权一般不会影响在先设置的抵押权，但是居住权人大多为没有住房保障的弱势群体，即使居住权的设立在抵押权之后，在实际清收过程中，也会造成处置困难，降低抵押物处置效率。通过合同排除居住权的设立，或者降低有居住权的抵押物的估值，是金融机构防范合同风险的有效路径。

（三）抵押物权变动的效力

根据《民法典》第 406 条的规定，[1] 允许"带押转让"。对于抵押财产转让，《民法典》不再强制要求抵押权人同意且转让价款必须提存或者提前清偿，而是允许抵押人在通知抵押权人的情况下转让抵押财产，并在抵押权人证明转让可能损害抵押权时才需提存或提前清偿，该变化提高了抵押财产的流动性，但同时也增加了抵押权人的风险。

金融机构在《民法典》实施之前的业务中过分依赖抵押权的金融活动（比如商业银行常见的抵押经营贷款、抵押消费贷款等），应当重新安排交易模式，设计具体合同条款的情况，以保障债权安全。金融机构开展业务涉及房屋、土地使用权等抵押时，为避免因抵押财产转让导致抵押权人实现抵押风险加大，可在协议中明确约定抵押财产不得转让或必须经抵押权人同意才能转让的条款。

（四）公示在先则权利优先且登记对抗

根据《民法典》第 414 条的规定，抵押权优先受偿顺序为：先登记的优先于后登记的；已登记的优先于未登记的；均未登记的，按照债权比例清偿。权利质押、所有权保留、融资租赁、保理等其他可以登记的担保物权，清偿顺序参照适用前款规定。同时，《民法典》第 641 条、[2] 第 745 条[3] 关于所有权保留和融

---

〔1〕《民法典》第 406 条规定："抵押期间，抵押人可以转让抵押财产。当事人另有约定的，按照其约定。抵押财产转让的，抵押权不受影响。抵押人转让抵押财产的，应当及时通知抵押权人。抵押权人能够证明抵押财产转让可能损害抵押权的，可以请求抵押人将转让所得的价款向抵押权人提前清偿债务或者提存。转让的价款超过债权数额的部分归抵押人所有，不足部分由债务人清偿。"

〔2〕《民法典》第 641 条规定："当事人可以在买卖合同中约定买受人未履行支付价款或者其他义务的，标的物的所有权属于出卖人。出卖人对标的物保留的所有权，未经登记，不得对抗善意第三人。"

〔3〕《民法典》第 745 条规定："出租人对租赁物享有的所有权，未经登记，不得对抗善意第三人。"

资租赁中"登记对抗主义"的规定以及《民法典》第 768 条[1]关于保理中应收账款"登记"的规定,为功能性非典型担保与担保物权的权利顺位统一解决奠定了制度基础。但是根据《民法典》第 415 条的规定,"同一财产既设立抵押权又设立质权的,拍卖、变卖该财产所得的价款按照登记、交付的时间先后确定清偿顺序",其将原《担保法司法解释》抵押登记优先受偿于质押的原则予以废除,即在抵押和质押担保物权上平等保护。据此,银行等金融机构在放贷中要加强担保权登记以及顺位管理,确保担保权的有效和处于优先顺位,使被担保债权能得到有效回收。

(五) 超级优先购买权

作为新增担保条款,根据《民法典》第 416 条的规定,[2] 债务人的动产抵押担保的主债权是抵押物的价款时,该动产在交付后,抵押权人相对于以该动产作为抵押物或质押物的其他抵押权人或质押权人,其拥有十日优先期。该抵押权又被学者称为"购买价金担保权",其优先顺序位于留置权和其他包括抵押权在内的担保权之间。

因此,金融机构应加强对该条款所涉风险的防范。一方面,金融机构若作为融资机构,对于融资动产作为抵押来担保融资款收回,应尽量提前办理抵押登记;另一方面,金融机构若作为普通抵押权人,其抵押权的登记时间即使在先,亦可能因"超级优先权"的存在而失去优先受偿效力。故金融机构对债务人的担保财产应当限制抵押存在,且应当要求债务人明示担保物相对于债务人的完全所有,不存在未将担保物价款支付完毕的情况,否则要求债务人承担相关民事责任。

三、《民法典》合同编相关制度对金融业的影响

(一) 明确要约邀请内涵

根据《民法典》第 473 条的规定,"要约邀请是希望他人向自己发出要约的表示。拍卖公告、招标公告、招股说明书、债券募集办法、基金招募说明书、商业广告和宣传、寄送的价目表等为要约邀请。商业广告和宣传的内容符合要约条

---

[1] 《民法典》第 768 条规定:"应收账款债权人就同一应收账款订立多个保理合同,致使多个保理人主张权利的,已经登记的先于未登记的取得应收账款;均已经登记的,按照登记时间的先后顺序取得应收账款;均未登记的,由最先到达应收账款债务人的转让通知中载明的保理人取得应收账款;既未登记也未通知的,按照保理融资款或者服务报酬的比例取得应收账款。"

[2] 《民法典》第 416 条规定:"动产抵押担保的主债权是抵押物的价款,标的物交付后十日内办理抵押登记的,该抵押权人优先于抵押物买受人的其他担保物权人受偿,但是留置权人除外。"

件的，构成要约"。

《民法典》将债券募集办法、基金招募说明书等以列举方式增加到要约邀请的范围，明确了上述材料的法律性质，同时也意味着一旦双方基于债券募集办法、基金招募说明书等要约邀请，做出要约承诺，上述材料也必然成为双方合同内容，具有法律约束力。对于金融机构在开展证券承销、产品募集等业务时，需审慎审核出具相关募集或者相关材料，避免因内容不当导致权益受损。

（二）改变数据电文形式合同订立地点认定表述

根据《民法典》第 492 条的规定，"承诺生效的地点为合同成立的地点。采用数据电文形式订立合同的，收件人的主营业地为合同成立的地点；没有主营业地的，其住所地为合同成立的地点。当事人另有约定的，按照其约定"。

《民法典》将收件人无主营业地时合同成立地点由"经常居住地"修改为"住所地"，不仅从表述上更加严谨，同时也将法人机构注册地纳入其中。对于金融机构来说，采取数据电文方式签署合同时，应尽量在合同中明确约定争议解决方式以及合同订立地点，避免因争议管辖处于不利地位。

（三）修改格式合同条款

根据《民法典》第 496 条的规定，[1]《民法典》将"与对方有重大利害关系的条款"纳入格式合同说明义务中，对于格式条款亦采取了更为严格的处理规则，强调提供免除或减轻责任等格式条款的一方未履行提示或说明义务时，致使对方没有注意或者理解与其有重大利害关系的条款的，对方可以主张该条款不成为合同内容，而非无效条款。金融机构制定格式合同是其提升交易效率的必然选择，尤其是互联网迅速发展的时代，在线上金融业务中，金融软件应用的内置协议，使得用户只需点击"同意"或"退出"，更加减免了合同中双方的协商可能。

该条款的实施使得对于线上金融机构而言，在合同审查时则要着重注意两个方面：一是对格式条款是否构成合同内容进行审查，如果对方没有注意或者理解与其有重大利害关系的条款，该条款不成为合同的内容；二是构成合同内容的格式条款是否有效的审查，即不合理地免除或者减轻格式合同提供方责任、加重对

---

[1] 《民法典》第 496 条规定："格式条款是当事人为了重复使用而预先拟定，并在订立合同时未与对方协商的条款。采用格式条款订立合同的，提供格式条款的一方应当遵循公平原则确定当事人之间的权利和义务，并采取合理的方式提示对方注意免除或者减轻其责任等与对方有重大利害关系的条款，按照对方的要求，对该条款予以说明。提供格式条款的一方未履行提示或者说明义务，致使对方没有注意或者理解与其有重大利害关系的条款的，对方可以主张该条款不成为合同的内容。"

方责任、限制对方主要权利的格式条款无效。[1] 对于线下金融机构而言，制定格式合同应公平确定合同双方权利义务，若涉及免除或减轻自身责任条款时，应采取合理方式提示合同相对方注意，且需对方理解相关注意条款，包括在对方提出异议或要求说明时，加强双方沟通解释，并做好相关留痕工作。

（四）债务履行选择权转移

根据《民法典》第515条的规定，[2] 在标的多项而债务人只需履行其中一项的情况下，债务人享有选择权，除非法律另有规定、当事人另有约定或者另有交易习惯。当债务选择权人不积极履行债务选择权的，选择权转移至对方。《民法典》明确了履行选择权的确定以及转移规则，对债务人较为有利。

金融机构在涉及多项履行标的的情况下，合同中应明确约定债权人具有债务履行选择权或债务履行的选择顺序，尽量将债务履行的主动权控制在自己手中，避免因债务人选择导致自身处于被动位置。此外，金融机构应当积极履行合同约定的债务履行选择权，避免合同中权利的架空影响金融债权的实现。

（五）明确禁止高利放贷行为

根据《民法典》第680条的规定，[3] 《民法典》对高利放贷持否定态度，直接作为禁止性条款写入其中。"高利贷"之前都是通过司法解释而非法律形式出现，如《民间借贷司法解释》《关于办理非法放贷刑事案件若干问题的意见》，这其中甚至从未出现"禁止高利放贷"的字样。原2015年9月1日起施行的《民间借贷司法解释》第26条规定了"两点三区"的规则，年利率在24%以内的受法律保护，24%~36%的属于自然债务，债务人可清偿可不清偿，超过36%的部分不受法律保护。现实行的《民间借贷司法解释》第25条，将其修改为民间借贷约定的利率超过合同成立时一年期贷款市场报价利率4倍的部分，法院不予认可，这使得利率降低幅度非常大。然而这有可能仅是表面现象，暗地里的管理费、手续费、保证金等手段，拉低了表面利率，实际仍在放高利贷。

---

〔1〕《民法典》第497条规定："有下列情形之一的，该格式条款无效：（一）具有本法第一编第六章第三节和本法第五百零六条规定的无效情形；（二）提供格式条款一方不合理地免除或者减轻其责任、加重对方责任、限制对方主要权利；（三）提供格式条款一方排除对方主要权利。"

〔2〕《民法典》第515条规定："标的有多项而债务人只需履行其中一项的，债务人享有选择权；但是，法律另有规定、当事人另有约定或者另有交易习惯的除外。享有选择权的当事人在约定期限内或者履行期限届满未作选择，经催告后在合理期限内仍未选择的，选择权转移至对方。"

〔3〕《民法典》第680条规定："禁止高利放贷，借款的利率不得违反国家有关规定。借款合同对支付利息没有约定的，视为没有利息。借款合同对支付利息约定不明确，当事人不能达成补充协议的，按照当地或者当事人的交易方式、交易习惯、市场利率等因素确定利息；自然人之间借款的，视为没有利息。"

"禁止高利放贷"规定的适用范围并不局限于自然人之间的民间借贷，金融业中不乏小贷公司与助贷平台合作的银行等机构发放或变相发放"高利贷"的现象。近年来，金融市场中出现了非法 P2P 爆雷、非法办理校园贷等非法金融业务的情况，在广大人民群众中造成了不良影响。其中原因之一就是缺少有效的法律法规进行规范，在其造成实际损失之前，甚至无法给这类行为准确定性，爆雷之后进行追责往往于事无补。《民法典》严禁高利贷，规范了金融环境。对于金融机构来说，在开展股票质押、融资融券以及相关非标债权等涉及借贷类业务时，应当避免违反国家有关规定的利率标准。

（六）保理合同

保理业务包括应收账款债权转让和保理人的融资等服务行为两个部分。《民法典》颁布实施前，《中国银保监会办公厅关于加强商业保理企业监督管理的通知》以及《商业银行保理业务管理暂行办法》第 6 条[1]和第 13 条[2]以列举的方式阐述了保理业务的范围，包括应收账款催收、应收账款管理、坏账担保和保理融资等。对于不合法基础交易合同、寄售合同、未来应收账款、权属不清的应收账款、因票据或其他有价证券而产生的付款请求权等不得开展保理融资业务。但是《民法典》第 761 条[3]将"未来应收账款"纳入保理业务的业务范围内，扩大了保理业务的范围，有利于金融机构业务的发展，且保理合同（无追诉权的

---

[1] 《商业银行保理业务管理暂行办法》第 6 条规定："本办法所称保理业务是以债权人转让其应收账款为前提，集应收账款催收、管理、坏账担保及融资于一体的综合性金融服务。债权人将其应收账款转让给商业银行，由商业银行向其提供下列服务中至少一项的，即为保理业务：（一）应收账款催收：商业银行根据应收账款账期，主动或应权人要求，采取电话、函件、上门等方式或运用法律手段等对债务人进行催收。（二）应收账款管理：商业银行根据债权人的要求，定期或不定期向其提供关于应收账款的回收情况、逾期账款情况、对账单等财务和统计报表，协助其进行应收账款管理。（三）坏账担保：商业银行与债权人签订保理协议后，为债务人核定信用额度，并在核准额度内，对债权人无商业纠纷的应收账款，提供约定的付款担保。（四）保理融资：以应收账款合法、有效转让为前提的银行融资服务。以应收账款为质押的贷款，不属于保理业务范围。"

[2] 《商业银行保理业务管理暂行办法》第 13 条规定："商业银行应当根据自身内部控制水平和风险管理能力，制定适合叙做保理融资业务的应收账款标准，规范应收账款范围。商业银行不得基于不合法基础交易合同、寄售合同、未来应收账款、权属不清的应收账款、因票据或其他有价证券而产生的付款请求权等开展保理融资业务。未来应收账款是指合同项下卖方义务未履行完毕的预期应收账款。权属不清的应收账款是指权属具有不确定性的应收账款，包括但不限于已在其他银行或商业保理公司等第三方办理出质或转让的应收账款。获得质权人书面同意解押并放弃抵质押权利和获得受让人书面同意转让应收账款权属的除外。因票据或其他有价证券而产生的付款请求权是指票据或其他有价证券的持票人无需持有票据或有价证券产生的基础交易应收账款单据，仅依据票据或有价证券本身即可向票据或有价证券主债务人请求按票据或有价证券上记载的金额付款的权利。"

[3] 《民法典》第 761 条规定："保理合同是应收账款债权人将现有的或者将有的应收账款转让给保理人，保理人提供资金融通、应收账款管理或者催收、应收账款债务人付款担保等服务的合同。"

保理〔1〕是买断，有追诉权的保理〔2〕是物的担保）作为非典型担保合同有效地回应了金融担保方式创新的需求，为银行等金融机构的放贷活动和市场主体的融资活动提供了便利，但是商业银行保理应当遵守特别法规定，不可对"未来应收账款"进行保理服务。

同时，根据《民法典》第763条〔3〕和第765条〔4〕的规定，基础合同是否存在以及基础合同的变更或终止对保理人不利的不发生效力。例如最高人民法院（2014）民二终字第271号案例中，双方公司之间的基础合同纠纷的解决不影响A银行钢城支行作为保理人权利的实现，这也是符合《民法典》第545条〔5〕中债权让与的相关规定，即保理商权利的实现不受原基础合同的影响。这有利于商业银行（政策性银行、外国银行分行、农村合作银行、农村信用社、财务公司等其他银行业金融机构对大中型企业进行融资）和商业保理公司（对中小企业调查、催收、管理、结算、融资、担保等系列融合服务）等金融机构的保理业务顺利开展，优先实现其因为融资等业务的债权的实现。

此外，金融机构在保理业务中应该重视保理合同相关规范的实施。尽管保理行为违反《商业银行保理业务管理暂行办法》相关规定仅属于保理业务内部行为，即保理合同的保理人行为不受原基础合同的影响，但是保理人的行为亦会影响其机构的发展。在保理风险中，尤其当应收账款债权人就同一应收账款订立多个保理合同时，根据《民法典》第768条的规定〔6〕可知，该多个保理合同均有

〔1〕《民法典》第767条规定："当事人约定无追索权保理的，保理人应当向应收账款债务人主张应收账款债权，保理人取得超过保理融资款本息和相关费用的部分，无需向应收账款债权人返还。"

〔2〕《民法典》第766条规定："当事人约定有追索权保理的，保理人可以向应收账款债权人主张返还保理融资款本息或者回购应收账款债权，也可以向应收账款债务人主张应收账款债权。保理人向应收账款债务人主张应收账款债权，在扣除保理融资款本息和相关费用后有剩余的，剩余部分应当返还给应收账款债权人。"

〔3〕《民法典》第763条规定："应收账款债权人与债务人虚构应收账款作为转让标的，与保理人订立保理合同的，应收账款债务人不得以应收账款不存在为由对抗保理人，但是保理人明知虚构的除外。"

〔4〕《民法典》第765条规定："应收账款债务人接到应收账款转让通知后，应收账款债权人与债务人无正当理由协商变更或者终止基础交易合同，对保理人产生不利影响的，对保理人不发生效力。"

〔5〕《民法典》第545条规定："债权人可以将债权的全部或者部分转让给第三人，但是有下列情形之一的除外：（一）根据债权性质不得转让；（二）按照当事人约定不得转让；（三）依照法律规定不得转让。当事人约定非金钱债权不得转让的，不得对抗善意第三人。当事人约定金钱债权不得转让的，不得对抗第三人。"

〔6〕《民法典》第768条规定："应收账款债权人就同一应收账款订立多个保理合同，致使多个保理人主张权利的，已经登记的先于未登记的取得应收账款；均已经登记的，按照登记时间的先后顺序取得应收账款；均未登记的，由最先到达应收账款债务人的转让通知中载明的保理人取得应收账款；既未登记也未通知的，按照保理融资款或者服务报酬的比例取得应收账款。"

效，各保理商保理权利的实现根据"登记优先于通知"规则，虽然《民法典》创新式将原来保理登记公示作用转为实现权利依据的法律效力，进而促进整个行业应收账款转让交易信息的公开化与精确化，有效遏制债权重复转让、重复融资等行为给保理人造成的法律风险。但是对于均未登记和通知的保理合同，无论保理业务的具体内容如何均按照保理融资款或者服务报酬的比例取得应收账款，这对于既融资又管理等多种服务于一体的保理商和仅管理的保理商之间比例分配是不公平的，这便要求保理商为顺利实现权利应当及时地审核相关应收账款是否已经办理了保理业务登记，并对自身所办理的保理合同进行登记。

（七）保证合同

一方面，保证责任的认定中，根据《民法典》第 686 条的规定，[1]《民法典》改变了原《担保法》保证责任约定不明时的认定规则，由连带保证直接修改为一般保证。对于金融机构来说，必须在涉及保证责任条款的协议中明确保证人承担保证责任的种类和内容，在无特殊情况下尽量约定承担连带责任保证，且不得出现约定冲突或者约定不明的情况，避免被认定为一般保证而导致权益受到影响。另一方面，对于一般保证人先诉抗辩权的行使范围，根据《民法典》第 687 条的规定，[2]《民法典》在一般保证人先诉抗辩权行使除外条款中增加"债权人有证据证明债务人的财产不足以履行全部债务或者丧失履行债务能力"。对于金融机构来说，应当全面收集该项证据材料，保障自身权益。

此外，根据《民法典》第 692 条的规定，[3]《民法典》改变以前担保法相关法律规范，统一规定债权人与保证人对保证期间没有约定或者约定不明确的，保证期间为主债务履行期限届满之日起 6 个月。这使得金融机构作为债权人，当债务人不按期偿还到期债务时，容易出现因其长时间与债务人谈判而超过保证期

〔1〕《民法典》第 686 条规定："保证的方式包括一般保证和连带责任保证。当事人在保证合同中对保证方式没有约定或者约定不明确的，按照一般保证承担保证责任。"

〔2〕《民法典》第 687 条规定："当事人在保证合同中约定，债务人不能履行债务时，由保证人承担保证责任的，为一般保证。一般保证的保证人在主合同纠纷未经审判或者仲裁，并就债务人财产依法强制执行仍不能履行债务前，有权拒绝向债权人承担保证责任，但是有下列情形之一的除外：（一）债务人下落不明，且无财产可供执行；（二）人民法院已经受理债务人破产案件；（三）债权人有证据证明债务人的财产不足以履行全部债务或者丧失履行债务能力；（四）保证人书面表示放弃本款规定的权利。"

〔3〕《民法典》第 692 条规定："保证期间是确定保证人承担保证责任的期间，不发生中止、中断和延长。债权人与保证人可以约定保证期间，但是约定的保证期间早于主债务履行期限或者与主债务履行期限同时届满的，视为没有约定；没有约定或者约定不明确的，保证期间为主债务履行期限届满之日起六个月。债权人与债务人对主债务履行期限没有约定或者约定不明确的，保证期间自债权人请求债务人履行债务的宽限期届满之日起计算。"

间的情形，故金融机构应当注意债权实现风险，及时请求保证人履行其保证义务。

四、《民法典》人格权编相关制度对金融业的影响

互联网经济下，个人隐私权和信息的保护成为民事主体人格权保护的强烈要求。根据《民法典》第 1033 条、[1] 第 1035 条、[2] 第 1038 条[3]的规定，《民法典》对于个人隐私权和信息保护也做了纲领性的规定，从第四编第六章的诸多规定来看，目前国家对于以信用信息、敏感信息为核心的个人信息保护日趋加强，也对未来线上交易的信息保护提出了更高要求。

对金融机构来说，其在进行业务中不可避免掌握自然人个人信息，在不违反隐私权和个人信息保护规则的前提下，有效做到信息数据的有效运用，需要关注以下几点：一是信息获取和使用需经信息权利人明确同意。金融机构在与客户开展业务或开通权限时通过签署协议的方式，必须明确信息获取和使用规则。二是信息处理必须遵循合法、正当、必要原则。金融机构应在相关协议中明确公开处理信息规则，明示处理信息的目的、方式和范围，并不得过度处理客户个人信息。三是不得泄露或者篡改信息。金融机构及员工应严格履行信息保密义务，采取技术措施和其他必要措施，确保其收集、存储的个人信息安全，防止信息泄露、篡改、丢失。

此外，由于根据《民法典》第 1053 条[4]的规定，隐瞒重大疾病导致可撤销

---

〔1〕《民法典》第 1033 条规定："除法律另有规定或者权利人明确同意外，任何组织或者个人不得实施下列行为：（一）以电话、短信、即时通讯工具、电子邮件、传单等方式侵扰他人的私人生活安宁；（二）进入、拍摄、窥视他人的住宅、宾馆房间等私密空间；（三）拍摄、窥视、窃听、公开他人的私密活动；（四）拍摄、窥视他人身体的私密部位；（五）处理他人的私密信息；（六）以其他方式侵害他人的隐私权。"

〔2〕《民法典》第 1035 条规定："处理个人信息的，应当遵循合法、正当、必要原则，不得过度处理，并符合下列条件：（一）征得该自然人或者其监护人同意，但是法律、行政法规另有规定的除外；（二）公开处理信息的规则；（三）明示处理信息的目的、方式和范围；（四）不违反法律、行政法规的规定和双方的约定。个人信息的处理包括个人信息的收集、存储、使用、加工、传输、提供、公开等。"

〔3〕《民法典》第 1038 条规定："信息处理者不得泄露或者篡改其收集、存储的个人信息；未经自然人同意，不得向他人非法提供其个人信息，但是经过加工无法识别特定个人且不能复原的除外。信息处理者应当采取技术措施和其他必要措施，确保其收集、存储的个人信息安全，防止信息泄露、篡改、丢失；发生或者可能发生个人信息泄露、篡改、丢失的，应当及时采取补救措施，按照规定告知自然人并向有关主管部门报告。"

〔4〕《民法典》第 1053 条规定："一方患有重大疾病的，应当在结婚登记前如实告知另一方；不如实告知的，另一方可以向人民法院请求撤销婚姻。请求撤销婚姻的，应当自知道或者应当知道撤销事由之日起一年内提出。"

婚姻的发生，而身体健康信息的获得一般来源于医院、单位、医保、保险公司等四个单位，这便要求保险业在对个人信息的存储和公开等处理程序上严格按照法律规定，规范保险行为，加强保险人员培训工作，防止对他人隐私权和个人信息的侵犯。

五、《民法典》婚姻家庭编相关制度对金融业的影响

（一）夫妻共同财产范围扩大并明确

根据《民法典》第 1062 条的规定，[1] 将"投资收益"和"劳务报酬"纳入到夫妻共同财产之中。这亦与现代社会中，自由职业者越来越多，夫妻或个人的收入方式多元化有关。对银行等金融机构来说，此次对婚姻财产的明确界定，无疑明确了贷款业务中个人或夫妻双方的财产范围，为金融机构事前信贷审核与事后财产追索提供了明确指引。

夫妻共有财产范围的扩大且更为明确也带动婚前财产的保险配置规划以及婚后财产的"理财"现象，例如家族信托等。这虽然带动了金融保险业的发展，但是对于金融机构实现其债权产生了严重风险，尤其受"家庭信托"制度的影响，导致债务人家庭财产不足偿还相关金融债务。对于此风险，金融机构在与金融相对人订立合同时，可要求债务人对其债务必须提供担保。

（二）夫妻共同债务共债共签规则

2019 年 7 月 10 日，《检察日报》发表了一篇名为《丈夫私自贷巨款，离婚后却要她来还——再审检察建议为"被执行人"讨回公道》的文章引发热议，"夫妻共同债务"的认定成为司法难题。根据《民法典》第 1064 条的规定，[2] 其明确了"共债共签"原则，同时与之前的《婚姻法司法解释（二）》第 24 条相比，对司法实践影响最大的变化是将借款用途的举证责任分配给了债权人，但其实在司法实践中，债权人举证债务人的借款用途往往也是比较困难的。实质上《民法典》第 1064 条属于对《最高人民法院关于审理涉及夫妻债务纠纷案件适

---

〔1〕《民法典》第 1062 条规定："夫妻在婚姻关系存续期间所得的下列财产，为夫妻的共同财产，归夫妻共同所有：（一）工资、奖金、劳务报酬；（二）生产、经营、投资的收益；（三）知识产权的收益；（四）继承或者受赠的财产，但是本法第一千零六十三条第三项规定的除外；（五）其他应当归共同所有的财产。夫妻对共同财产，有平等的处理权。"

〔2〕《民法典》第 1064 条规定："夫妻双方共同签名或者夫妻一方事后追认等共同意思表示所负的债务，以及夫妻一方在婚姻关系存续期间以个人名义为家庭日常生活需要所负的债务，属于夫妻共同债务。夫妻一方在婚姻关系存续期间以个人名义超出家庭日常生活需要所负的债务，不属于夫妻共同债务；但是，债权人能够证明该债务用于夫妻共同生活、共同生产经营或者基于夫妻双方共同意思表示的除外。"

用法律有关问题的解释》前 3 条的承接和重构，但在夫妻共同债务认定的标准上并不存在区别。该规定，其实是希望通过债权人的审慎义务从根源上消解夫妻债务的争议，但现行法律的规定必然造成对一方当事人的不公：如果认定为个人债务，则仅允许债权人就举债方的个人财产进行清偿，对债权人保护过于单薄；如果认定为夫妻共同债务，要求夫妻双方就其全部财产承担连带责任，则又对非举债方配偶过于苛责。同时这使得资金拆借或者涉及"共同经营"的家庭，在"共同债务"无力偿还之前，利用家族信托、零现金价值的人寿保险等工具"转移资产"。

这虽然在一定程度上在金融行业丰富了如保险业、信托业市场，但是却影响了如银行类金融机构债权的实现。则对于金融机构作为债权人而言，当准备出借款项的时候，不仅要考察债务人个人的偿还能力，还应该考察债务人的婚姻情况和家庭经济状况，明确债务是个人债务还是夫妻共同债务。对于债务人将借款的用途举证较为困难的情况下，为减少风险，增加债权的安全性，让举债人夫妇共债共签是最稳妥的方案。此外，亦可要求债务人为其债务提供担保，防止夫妻共同财产的合法流失影响其债权的实现。

《民法典》作为金融法律体系的基础性法律制度，正式实施之后，将对众多金融业务产生深远影响的地方还有很多，其为未来金融行业的发展与创新提供更多机遇。如何把握时代脉搏，降低金融风险，成为摆在当今每一个金融从业者面前的现实问题。更重要的是，《民法典》给了每一个人更多的筹划空间去进行探索，实现法律规制框架下的金融繁荣。

公安工作中全面实施《民法典》的思考

◎肖　峰　吴　恙*

　　《民法典》不仅是公民之间财产人身权益的标尺，也对公安机关的执法、刑事司法工作具有重要影响。它既直接规定了公安机关新的民事权益保护义务，也间接地对公安工作提出职能延伸"由公入私"的新要求。还由于《民法典》所调整的人身财产权益，构成公安机关认定自然犯罪的基础知识，这对其在办理刑事案件中，根据基本民事规定作出罪与非罪、此罪与彼罪的判断至关重要。因此，公安工作需要从民法知识、民法逻辑、民法思维等多方面，对《民法典》进行全面的实施。

　　* 作者简介：肖峰（1983—），男，四川南溪人，湘潭大学法学院副教授，硕士生导师，"湘潭大学检察公益诉讼理论研究中心"研究员，研究方向为经济法、环境法；吴恙（1997—），女，湖南长沙人，湘潭大学法学院硕士研究生，研究方向为环境法。

2020 年 5 月 28 日，十三届全国人大三次会议表决通过了《民法典》，《民法典》的颁布推动了中国特色社会主义法治体系的建设，它在保障私权的同时，也为对私人合法权益具有影响作用的公权力划定了行为范围，对行政机关的职责发挥也发生着规范作用。而在众多的行政执法机关中，公安机关承担着守护社会安全底线的职责，其法律职能也最终是围绕保障《民法典》规定的诸多民事权益而展开，并且，纳入治安执法和公安刑事司法的对象行为，较多地以民事法律行为为雏形。因此，公安工作也需要认真实施《民法典》。

《民法典》的诸多规定，也与公安工作高度关联。当前，我国正处于信息发达的互联网时代，也在经济社会发展过程中呈现出许多新样态的社会矛盾，公安执法与刑事司法工作驾驭社会生活的难度不断提高。这就需要公安机关及其办案人员熟知其执法对象——"公民"间权益互动的制度规律，才能面对高空抛物、高利贷等现象精准执法、公正司法。对此，《民法典》直接或间接地规定了许多与公安工作相关的具体规范，是其在职责履行过程中应当重视的最新行为准则。这是因为人身权、财产权、人身财产复合权以及新型民事权益等，也是公安工作的保护对象。鉴于此，笔者梳理了《民法典》中各编、章与公安工作的制度联结情况，发现《民法典》中不仅有一些直接规定公安机关职责的内容，也存在部分通过引申而与公安工作高度衔接的规定；更为重要的是，在公安机关办理自然犯类型的刑事案件过程中，公民间民事权益关系是认定罪与非罪、此罪与彼罪的基础性规定，下文分述之。

一、《民法典》直接规定的七类公安工作职责

在《民法典》各篇中，由于公民个人的民事权益与社会公共利益高度关联，而后者往往承载着重要的社会安全价值，因此立法中赋予了公安机关七类保护性职责。

第一，高空抛物中公安机关对侵权人的查明职责。原《侵权责任法》第 87 条对于高空抛物责任确定的规定在学界以及社会引发了广泛争议，不确定的"无辜"加害人使得责任承担的正当性降低。在原先关于高空抛物责任确定的规则下，《民法典》第 1254 条第 3 款作出进一步规定："发生本条第一款规定的情形的，公安等机关应当依法及时调查，查清责任人。"《民法典》将公安机关的调查取证权引入高空抛物责任中，是我国立法的一大突破。公安机关通过专业的鉴定方式，能够将责任主体尽可能地限制在最小范围，在一定程度上减轻被告的举证责任。

第二，公安户政管理中对姓名权的保障以及判定是否违反公序良俗的职责。根据《民法典》及相关法规的规定，自然人决定、变更姓名的，应当依法向公安机关办理登记手续，公安机关有户籍登记的职能。以"'北雁云依'诉济南市公安局历下区分局燕山派出所公安行政登记案"为例，该案是全国首例姓名权行政诉讼，并入选最高法指导案例，这明确了公民选取或创设姓氏应当符合中华传统文化和伦理观念，不可仅凭个人喜好和愿望在父姓、母姓之外选取其他姓氏或者创设新姓氏。《民法典》明确自然人有权依法决定、使用、变更或者许可他人使用自己的姓名，但是不得违背公序良俗；同时除特殊情形外，自然人应当随父姓或者母姓，这对公安机关的户籍登记工作具有指导意义。

第三，对新增的人格权——个人信息的保护职责。信息泄露是大数据时代日益严重的问题，《民法典》第 111 条强调要确保自然人的个人信息安全。关于个人信息的界定，《民法典》第 1034 条新增了电子邮箱、健康信息、行踪信息，这使得个人信息的内涵能更好地适应大数据时代的发展。当前正处于疫情防控阶段，公民个人的健康信息以及行踪信息通过一个二维码就能被全部掌握，因此加强对公民个人信息的保护迫在眉睫。公安机关保护个人信息首先要履行自身的保密义务，《民法典》第 1039 条对国家机关及其工作人员在履职过程中对个人信息的保密义务进行了规定。公安民警借工作便利泄露、贩卖公民个人信息的案件并不罕见，应当加强对公安进行公民信息收集、使用过程的监督，明确管理责任。与此同时，信息处理者能够收集并存储公民个人信息，极大可能会违规泄露、篡改个人信息，公安机关应履行对个人信息保护的职责，加大打击侵犯公民个人信息犯罪的力度。不仅如此，在出现盗用个人信息办卡、申报税收等民事侵权时，公安机关也应灵敏地关注到此行为中民事侵权与网络安全行政违法、犯罪的同构性，根据《网络安全法》第 64 条第 2 款之规定，对窃取或者以其他非法方式获取、非法出售或者非法向他人提供个人信息的行为，没收违法所得、罚款，为个人信息保护提供公力支持。

第四，落实《民法典》中性骚扰条款的职责。《民法典》第 1010 条对性骚扰行为及其规制进行了直接规定，其中第 2 款规定："机关、企业、学校等单位应当采取合理的预防、受理投诉、调查处置等措施，防止和制止利用职权、从属关系等实施性骚扰。"受理性骚扰投诉并进行调查处置是公安机关的职能之一，在处理相关案件时对性骚扰进行准确定性，这是公安机关工作的重点。性骚扰行为的构成要件首先是违背他人意愿，不要求被骚扰人明确反对，只要违背其意愿进行性骚扰即可；其次被骚扰对象是特定他人，这里的特定他人不限于女性，男性也是本条款的保护对象；最后是方式多样性，认定为性骚扰的行为不仅是传统观念中的言语、肢体行为，用文字、图像等方式也可认定为性骚扰。

第五，正确履行《民法典》中紧急自助条款的相关职责。公民遇到紧急情况时可以进行自力救济，《民法典》第1177条第1款规定："合法权益受到侵害，情况紧迫且不能及时获得国家机关保护，不立即采取措施将使其合法权益受到难以弥补的损害的，受害人可以在保护自己合法权益的必要范围内采取扣留侵权人的财物等合理措施；但是，应当立即请求有关国家机关处理。"公安机关保障公民的合法权益，在受害人不能及时获得公安机关保护时，可以在必要范围内采取措施来保护自己的合法权益。公安机关在认定案件是否符合本条款所述情形时，应当明确以下两点：其一，受害人采取的措施应当是限制财物的行为，不可采取侵害人身权利的行为；其二，受害人采取的措施应当在必要范围内，否则承担侵权责任。

第六，依法履行对无主物、遗失物的保管与收归国家的法定职责。《民法典》关于所有权无权处分，有三类规定：①无权处分人对不动产或动产所有权进行处分时，在一般情形下，所有权人有权追回被转让财产，但若有符合《民法典》第311条规定的善意取得情形的，则受让人取得该不动产或动产的所有权。②在拾得遗失物、发现埋藏物情形中，依《民法典》规定应交公安机关保管，如果权利人未依法领取，则应按程序规定国家所有；如权利人前来领取，则是在公安机关职责内，应协调失主与拾得人间的费用补偿问题。如其未上交而擅自进行处分时，所有权人可请求无权处分人进行赔偿或者请求第三人予以返还。③被处分的若为盗窃物、抢劫物等非法获得的财产，经公安机关查明后，该财产应当无偿返还给所有权人。这要求公安机关在办案过程中，准确区分无权处分人的不同情形，尤其是第三种情形，公安机关应当充分发挥调查取证的作用，在打击犯罪的同时，保障所有权人的合法权益。

第七，依法打击高利贷的无效民事法律行为，维护合法信贷权益的法定职责。《民法典》第680条第1款明确规定：禁止高利放贷。在民间借贷中，借贷双方主体关系大多为亲友等，同时按照《关于审理借贷案件意见》第6条规定，民间借贷的利率最高不得超过银行同类贷款利率的4倍。而职业放贷人不符合民间借贷的主体关系，根据《全国法院民商事审判工作会议纪要》的相关规定，职业放贷人从事的民间借贷行为，不论利息均整体无效。若职业放贷人资金来自于银行并以高利出借给借款人，则属于高利转贷的情形。不仅如此，职业放贷人从事的民间借贷行为可能触犯刑法规定：若出借人为不特定主体，则可能达到非法吸收公众存款罪的立案标准。《关于办理非法放贷刑事案件若干问题的意见》对于非法放贷有进一步规定，"违反国家规定，未经监管部门批准，或者超越经营范围，以营利为目的，经常性地向社会不特定对象发放贷款，扰乱金融市场秩序，情节严重的，依照刑法第二百二十五条第（四）项的规定，以非法经营罪定罪处罚"。但有组织地非法放贷，同时又有其他符合黑恶势力认定标准的违法犯罪活动（如具有暴力催收等情节），应当认定为黑恶势力类犯罪。这就要求公安机关在办案此类案件中，既要把握是职业放贷还是亲友、同事间正常的民事借贷，以民事基本关系为依据判定犯罪主体资格；也要根据 4 倍 LPR 的正常利率水平至 36% 年利率之间不同情形，把准犯罪客观方面的是与非问题。

二、《民法典》中公安机关职能延伸的两种场景

除前述七类《民法典》直接规定的公安职责，还有一些对民事权益保护的规定虽未指明，但与其他立法各篇的内容相连接。

（一）依法履职中"由刑入民"的主体转换

公安机关是刑事案件中的侦查机关，打击犯罪是其主要职能。除此之外公安机关也是民事活动中的机关法人，根据《民法典》第 97 条的规定，公安机关可以从事为履行职能所需要的民事活动，在民法上享有权利、承担义务和责任，将机关的民事活动与机关的本来职能活动作了分离，从而更好地履行公共管理等职能，主要体现为刑事犯罪不追诉的情况中公安机关支持民事起诉的规定。

如在"大连 13 岁少年奸杀 10 岁女童案"中，因行为人不满 14 周岁，根据法律规定不能追究其刑事责任。但必须承认的是，其行为对被害的 10 岁女童近亲属造成不可弥补的伤痛。从严格的刑事司法工作规定看，作出撤案决定后，公安机关大可终结其工作程序。但是，打击犯罪同样是为了保护人民，此种情形下，如公安机关径行退出，虽于法无违，但也将被害人近亲属置于丧女之痛后的自力救济之境。对此，笔者认为：由于侦查环节的证据也是民事诉讼的证据，为减少被害方自力救济成本，最大程度安抚被害方，公安机关应激活第 97 条"有独立经费的机关和承担行政职能的法定机构从成立之日起，具有机关法人资格，可以从事为履行职能所需要的民事活动"的民事角度，联结适用《民事诉讼法》第 15 条关于"机关、社会团体、企业事业单位对损害国家、集体或者个人民事权益的行为，可以支持受损害的单位或者个人向人民法院起诉"的程序法规定，通过支持起诉等方式为被害方的民事赔偿奔走。因此，公安机关既需要坚持严格依法办案，又要注意办案方法，区分好国家行政主体和民事主体，在不同主体之

间依法履职，实现"由刑入民"的程序无缝转接。

（二）维护婚姻家庭秩序中公安执法的证据支持

1. 法定离婚条件中的公安证据支持。《民法典》促进婚姻家庭和谐发展，但在严重侵害夫妻一方权益的情形下，更注重对受害者的保护。依据《民法典》的规定，有实施家庭暴力或者虐待、遗弃家庭成员以及有赌博、吸毒等恶习屡教不改情形的，且经调解无效的，应当准予离婚。同时因实施家庭暴力、虐待、遗弃家庭成员导致离婚的，无过错方有权请求损害赔偿。通常情况下，家暴发生时当事人往往首先报案以求得临时性保护；赌博、吸毒等违法行为依法也由公安机关查处，办案过程中形成的笔录和相关证据材料，不仅是作为解决人身侵害、治安违法的依据，也是确定过错方行为符合离婚条件的权威证据。但凡过错方对家庭尚存些许悔意，在办案中也应援引此效力作为其行为矫正的动力之一，并告知无过错方法定离婚条件以此给过错方造成压力，从而促进家庭的和谐。

2. 继承权丧失情形中的公安证据支持。《民法典》规定继承权丧失的绝对情形和相对情形两种，公安机关对前者存在用证据支持来促进家庭秩序稳定的制度空间。如故意杀害被继承人以及为争夺遗产而杀害其他继承人，则会绝对丧失继承权。除此之外，也规定了遗弃被继承人，或者虐待被继承人情节严重；伪造、篡改、隐匿或者销毁遗嘱，情节严重；以欺诈、胁迫手段迫使或者妨碍被继承人设立、变更或者撤回遗嘱，情节严重等几类相对丧失的情形。而对后者，《民法典》规定了继承人确有悔改表现、被继承人表示宽恕或者事后在遗嘱中将其列为继承人的，不丧失继承权。这样的话，在被继承人作出宽恕表示前，继承权处于或然状态中。而遗弃、虐待等人身侵害行为通常也是治安管理处罚的对象，在办理此类案件中，也应发挥执法证据在继承权民事纠纷中的核心作用，以恢复继承制度的可能性为诱导因素，促成继承人与被继承人间关系的修复。

三、《民法典》规定作为公安刑事司法基础依据的情形

刑事犯罪大致上可分为行政犯和民事犯（也称"自然犯"），许多的犯罪行为就是严重的民事违约、侵权行为，以民事法律关系作为基本的出发点是办理民事犯类犯罪的重要基础。而《民法典》的规范内容也与犯罪构成深度关联，民法知识、民法逻辑及其思维方式对认定罪与非罪、此罪与彼罪意义重大。

（一）民事主体规定对犯罪认定的影响

公安机关办理刑事案件的过程中，往往要结合民事主体的相关规定进行定性。例如骗取 7 岁儿童的财产的定性问题，7 岁儿童为无民事行为能力人，能够

成为财产占有的主体，但在其交付财产时不具备处分能力及意识，因此该 7 岁儿童交付财产的行为不符合诈骗罪的构成要件。行为人以非法占有为目的，侵犯他人的财产所有权，应以盗窃罪定罪处罚。除此之外，按照《民法典》第 61 条第 2 款的规定，法定代表人以法人名义从事的民事活动，其法律后果由法人承受。这就很有必要考虑到单位犯罪或被害时的主观状态问题，例如某银行负责人用虚假的贷款材料，在本单位获得贷款 100 万元，应以何罪追究。同样，在代理人行为的责任规定中，亦需考量民事主体实际影响权利取得和义务承担的因素，对民事主体作出规范。

（二）物权保护规定对犯罪认定的影响

第一，所有权保护的规定方面。财产类犯罪构成与物权之间具有契合性，惩罚财产类犯罪首先保护的是财产的所有权，同时国家、集体、个人的所有权受到平等保护。公安机关在办理涉及财产类犯罪时，应当先判断案件中的所有权是否被侵害。以最高人民法院（2016）最高法刑核 51732773 号刑事裁定书为例，行为人不具有骗取国家税款的目的，未造成国家税款损失，没有侵害国家税款的所有权，故不构成虚开增值税专用发票罪。民事主体拥有财产所有权时，便享有对该财产的占有、使用、收益、处分的权能。在刑事案件中可能存在上述四项权能分离的情况，公安机关需要对此进行准确定性。在"熊某、刘某等运营某数字平台"一案中，关于收取押金的行为是否属于传销犯罪要求的"骗取"要件的问题，需要明确熊某、刘某对于押金占有的主观心理是自主占有还是他主占有。若不以自主占有为目的，则收取押金的行为不属于"骗取财物"。

第二，担保物权保护的规定方面。设立担保物权的目的是保证债权人的债权得到完全清偿，担保物权人依法享有就担保财产优先受偿的权利。因此在司法裁判中存在伪造资料骗贷但提供足额担保而不构成骗取贷款罪的案例，在湖南省衡阳市中级人民法院（2017）湘 04 刑终 130 号刑事判决中，二审法院认为贷款人有足够的履行能力，信用社随时可以通过担保来实现其债权，不能认定信用社遭受重大损失，被告人不构成骗取贷款罪。

第三，占有权与所有权间关系的规定方面。财产的占有人并非所有权人的情况时常发生，在盗窃赃物、违禁物等案件中，受害人仅占有赃物及违禁物，对其不享有所有权。此类案件中，只要该财产不归行为人所有，行为人以秘密的方式使财产脱离占有者的掌控范围，并转移至自己的掌控范围内，行为人便侵害了公私的财产所有权，构成盗窃罪。司法实践中，企业家个人财产与企业财产发生混同的现象并不少见，此时同样应关注行为人对财产占有主观目的是基于自主占有还是他主占有。以"天新公司、魏某国申请某某省某某市人民检察院国家赔偿案"为例,省高院赔偿委员会认为,扣押资金虽然包含魏某保管的账外资金,可能存在违规违法管理,但所保管资金所有权并未转移,系错误扣押案外人财产。因此,公安机关在办案过程中应严格区分企业合法经营财产与企业家犯罪所得。

（三）债权保护规定对犯罪认定的影响

第一,合同订立过程中意思表示一致的内容,对判定犯罪类型具有重要价值。当事人双方意思表示一致时合同成立,对于同一标的物,双方一致意思表示内容的不同将对该行为的定性问题产生影响。以数字货币为例,目前市面上的数字货币平台繁多,数字货币平台可能涉及非法传销等行为,要认定其是否为传销平台,需知晓平台与用户之间一致意思表示的具体内容。若平台以出售特定数字货币的方式获取资金,并仅靠新用户的资金流入来维持老用户的盈利,如善心汇等平台,则该数字货币平台可认定为传销平台;若 A 平台的数字货币可以换取 B 平台的数字货币,则该数字货币平台属于引流平台;若平台的数字货币可以兑换成物,则该平台为合法平台。此外,意思表示产生时间的差异同样会对行为的定性产生影响,以高利转贷罪为例,若行为人申请银行贷款时不以转贷牟利为目的,获得贷款之后将资金高利转贷给他人,该行为不构成高利转贷罪。

第二,合同效力瑕疵标准是认定欺诈类犯罪的基础工具。订立合同的过程中若发生欺诈的情形,受欺诈方陷入错误认识并作出错误意思表示,受欺诈方可请求撤销该合同。民事欺诈的构成与《刑法》中的诈骗罪体系存有不同之处,应予以区分。民事欺诈的基本构成是:行为人虚构事实并隐瞒真相;骗取类犯罪的构成是:虚构事实、隐瞒真相,同时要求受欺诈结果达到刑事违法性;诈骗类犯罪的构成是:虚假陈述并以非法占有为目的。民事欺诈与刑法诈骗都具有虚假陈述的要件,但刑法诈骗中要求以非法占有为目的,同时非法占有的目的产生时间不晚于虚假陈述作出时。

（四）侵权之债规定对犯罪认定的影响

《民法典》对侵权之债规定一般与特殊两种类型,但均有其完备的构成要件,如欲将严重的侵权行为认定为犯罪,并准确定位其类型,则往往需要回到侵权构成要件中加以观察。

在部分侵权案件中,加害人与被害人的身份厘定对确定罪名至为关键。以

"杨某、邱某侵吞房产案"〔1〕为例，行为人入股后将未售出住房进行抵押，将相应款项用作个人债务偿还，造成售后返租业主无法获得租金，也造成公司企业经营困难。事实上，杨、邱二人在入股公司前便产生抵押公司房产用作还债的意图，虽然民事部分的裁判中，法院判定公司负有返租协议违约的行为。但杨、邱二人的行为有两种可能：①隐瞒入股的真实目的，将应付予业主的租赁合同租金非法占有，构成合同诈骗罪；②入股后直接以公司抵押款财产为侵害客体，间接造成业主债权无法实现，构成挪用资金罪。作为权益被侵害的两种可能性，运用侵权的主体关系为据，结合其入股前以公司未售房产为目标，应认定为后一种犯罪。

在有的侵权案件中，当诉及加害人犯罪时，如结合考量相对人混合过错的情形，则可能成为排除犯罪的抗辩理由。如"陈某强行索债案"〔2〕中，被害人欺诈陈某在先，在无法通过其他途径索债，组织多人以暴力方式强行夺取了被害人持有的第三人财产，但鉴于被害人前置行为及采取暴力之时无法分辨财产归属的紧急性，可判定陈某无非法占有第三人财产的目的，故不构成抢劫罪。

综合来看，《民法典》的颁布实施对中国特色社会主义法治体系影响深远，公安机关的工作是法治进程中的重要版块。不仅是因为存在大量的刑民交叉案件，也是由于公安工作开展过程中本身就面临着公权力介入与民事权益保护间需要平衡的问题。因此，公安机关要加强对《民法典》的深入学习，在司法实务中要能够准确分析刑民交叉案件是否达到入罪标准，将《民法典》精神落实到执法工作中，保障《民法典》的贯彻实施。

〔1〕 杨某、邱某侵吞房产案事实如下：某公司开发楼盘，通过售后返租销售一半房产，法人代表意识到该难以维持，退出。杨某、邱某因负债需资金，受让了该公司全部资产和债务。后将公司未售房产抵押后借款1.7亿，归还二人债务等，未用于公司经营。后公司无力继续履行售后返租协议，业主们向公安机关报案，并向法院提起民事诉讼，法院判决公司违约，应向业主赔偿。

〔2〕 陈某强行索债案事实如下：陈某应史某请求，为其组织了150公斤虫草，交付时才被告知资金紧张，由史某出具欠条，后史某无音信。陈某在得知史某去向后，为不惊动史某，让女婿假扮卖家，以上等样品诱使史某携款前来交易。组织人手将史某围住，出示78万欠条后，将史某车上55万现金（实为第三人委托购货款）拿走，并要其另出具23万欠条。

论集体经济组织中的股份确认与计量规则*

◎刘康磊　王俊程**

目　次

　＊　基金项目：本文为国家社会科学基金专项委托重大项目"健全自治、法治、德治相结合的乡村治理体系研究"（18VZL002）的阶段性成果。
　＊＊　作者简介：刘康磊（1982—），山东梁山人，济南大学政法学院副教授，法学博士；主要研究方向为宪法学与行政法学。王俊程（1994—），济南大学政法学院2019级硕士研究生。

随着农村集体产权制度改革逐步推进，作为制度改革的重要组成部分，集体资产股份合作制改革也在探索中不断前进。其中，对集体经济组织的股份进行折股量化是实现村集体成员共享农村发展收益的关键一步，其将有力保障集体成员定期取得股份分红的权利，从而增强村集体的发展活力，进一步提高村集体成员的收入水平。2020 年 11 月 4 日，农业农村部印发了《农村集体经济组织示范章程（试行）》（以下简称《示范章程》），对集体资产经营和管理提出了指导性意见。但是，该《示范章程》仅起到引导和宏观规范的作用，对于集体经济组织股份折股量化的具体规范，还存在缺漏。特别是对于集体经济组织中股份的确认原则、确认方式规定不明确，对未来集体经济组织中股份的转让、退出机制约定不健全。因此，如何构建完善的股份确认和计量规则，以满足当前集体经济组织折股量化后面临的实际问题，成为亟待解决的困难之一。尽管近年来，中央和各地方政府不断探索改革，尝试在实践层面上完善集体产权制度中的股份确认，但是在股份确认的法律内涵、具体措施以及股份价值计量的制度设计上，仍未形成一致意见。本文将从理论和实际出发，结合制度层面的规划和设计，为构建集体经济组织股份的确认和计量规则提供思路和建议，促进法律法规建设，从而加强对农村集体经济组织成员的权利的保护。

一、农村集体经济组织股份确认和计量中的现实困境

在农村集体经济组织折股量化的过程中，股份确认是计量股份价值的先决条件，股份价值的计量则为集体经济组织股份的流转提供了会计基础。但是根据各地实践和经验的总结来看，在集体经济组织股份合作制施行期间，出现了较多的问题，主要包括以下几个方面：

（一）集体经济组织中股份的法律内涵不明晰

为了确保集体经济组织成员能够按份享有集体经济组织收益，集体经济组织实行股份制改革势在必行。集体经济组织股份的本质是一种财产性权利，是对集体经济组织在经济活动中产生的利润进行合理分配的保证。但是集体经济组织中股份的法律内涵与商业企业中的股份并不完全相同，其在实现了集体组织经济利益按份分配的同时，还具有社会性的特质，应当保证集体经济组织成员继续对集体经济组织资产共同共有。然而在实践中，部分集体经济组织背离了法律精神，把集体经济组织股份制改革等同于集体经济组织成员对集体经济组织资产按份共有,[1] 这有悖于我国公有制的基本经济制度,也与宪法背道而驰。《宪法》中明确规定了农村集体所有制经济是社会主义公有制的重要组成部分。[2] 这是不可撼动、不可更改的。集体经济组织股份制改革不是要撼动农村集体所有制经济制度的地位,更不是对集体经济组织的资产进行分割。为了进一步巩固集体所有制的基础,2016 年 12 月 26 日《产权制度改革意见》中指出:在股份合作制改革过程中,必须牢牢坚持集体所有制的原则。[3] 尽管部分村集体组织在实践中没有区分股份合作制中的股份权利和资产所有权,但基于法律、政策的有关规定仍可以得出结论:股份合作制中的股份权利仅包含收益分配权,是一种单一性权利而非综合性权利。

(二) 集体经济组织股份划分的权利主体、资产范围存在分歧

集体经济组织股份的确认必须对股权的权利主体、资产范围进行明晰、辨认边界,否则将造成权责不明、边界模糊的后果,对股权后续流转、抵押、担保和退出形成制度性障碍。

一方面,集体成员资格的确认是获得集体资产股权的前提。[4] 目前,集体成员资格的确认问题还没有明确的法律规定,从实践中看,一般认为集体经济组织成员即为该集体经济组织股份的权利主体。对于集体经济组织成员的资格认定宜采取折中原则——户籍所在地与具体人口情况相结合的原则:通过各地方的具体政策来进行细化落实,进而实现按人量化与按人管理的目的。然而在司法实践层面,却涌现出大量的集体经济组织的成员资格认定标准问题,某些司法机关甚至以不属于受案范围为由拒绝受理案件,集体经济组织成员由此承担了因认定标准不明、法律规定缺失所带来的司法裁判的不利后果风险,这既侵犯了集体经济

---

〔1〕 参见房绍坤:"深化农村集体产权制度改革的法治保障进路",载《求索》2020 年第 5 期。"据笔者对部分地区农村集体产权制度改革试点的实地调研,多个试点单位将集体所有表述成共同共有,并进而将股份量化表述成按份共有。就法律意义而言,这种表述有分割集体资产的倾向。"

〔2〕 《宪法》第 6 条规定:"中华人民共和国的社会主义经济制度的基础是生产资料的社会主义公有制,即全民所有制和劳动群众集体所有制。社会主义公有制消灭人剥削人的制度,实行各尽所能、按劳分配的原则。国家在社会主义初级阶段,坚持公有制为主体、多种所有制经济共同发展的基本经济制度,坚持按劳分配为主体、多种分配方式并存的分配制度。"

〔3〕 《产权制度改革意见》(四) 中明确规定,"坚持农民集体所有不动摇,不能把集体经济改弱了、改小了、改垮了,防止集体资产流失;坚持农民权利不受损,不能把农民的财产权利改虚了、改少了、改没了,防止内部少数人控制和外部资本侵占"。

〔4〕 参见许中缘、崔雪炜:"'三权分置'视域下的农村集体经济组织法人",载《当代法学》2018 年第 1 期。

组织成员的合法权益，也不利于集体经济股份合作制改革的推行。

另一方面，确认集体经济组织的资产范围是实现集体经济组织股份落地的必经路径。当前各地政府对于资产范围的规定并不相同，资产范围划分方式主要分为四种。[1] 譬如，广西壮族自治区荔浦市规定，要因村施策，对有集体经营性资产的村组进行精确的折股量化，保证"确权、确股、确股值"三个确定的方式，推进改革发展；广东省四会市制定的《农村集体资产股权量化工作指导意见（试行）》中明确规定，针对全市大部分集体经济组织经营性资产较少的实际，将资源性资产也纳入折股量化的范围内；安徽省祁门县规定，对经营性资产、非经营性资产和资源性资产进行折股量化。[2] 尽管各地结合了本地的现实情况实施了相应的方案，但是《产权制度改革意见》要求"着力推进经营性资产确权到户和股份合作制改革"，对比来看，各地的股份合作制改革仍然存在"一刀切"的倾向，如从资源性资产的法律属性来看，已发包的资源性资产之上设定了他物权，是不适合对其进行折股量化的，这会对相应的制度设计产生影响，而实践中某些地方并未考虑到这一问题。

（三）集体经济组织的股权设置存在争议

对于集体经济组织股权的设置方式，争议焦点主要为三点：一是是否应当设置集体股；二是个人股的配置方式；三是股份设置后的管理方式。

针对集体经济组织是否应设置集体股的问题，部分学者认为，由于集体经济组织不仅仅行使经济职能，还承担着一定的社会服务职能，因此应当设立集体股筹集经费以保证其正常发挥公共职能；[3] 但是持反对意见的学者则认为，集体产权制度改革的目标之一就是厘清集体组织的产权归属问题，而设置集体经济组织集体股的做法无异于又保留了少量产权不明的资产，这是完全没有意义的行为。[4]

---

〔1〕 四种方式包括：一是只对经营性资产进行折股量化；二是对经营性资产和资源性资产进行折股量化；三是对经营性资产、资源性资产和非经营性资产全部折股量化；四是针对上述三种方式结合本地实际情况，灵活剔除部分资产折股后进行折股量化的方式。

〔2〕《祁门县大坦乡农村集体资产产权股份合作制改革试点推进工作实施方案》规定，"折股量化到人的资产为村集体经营性资产、非经营性资产和资源性资产"。

〔3〕 参见方志权："农村集体资产管理若干问题研究"，载《科学发展》2011 年第 8 期。"没有了集体股，农村集体经济组织也就失去了共有属性，而且目前农村集体经济组织还需要承担大量公共服务职能，需要通过集体股筹集经费。"

〔4〕 参见黄延信："让集体经济组织成员民主决定资产股权设置"，载《农村经营管理》2018 年第 8 期。"在折股量化时，如再保留集体股等于是保留一块归属不清晰资产，改革成了夹生饭。与完善市场经济体制、建立产权保护制度目的不一致。"

针对个人股的配置方式问题，争议聚焦于如何设定成员股的种类，从最新颁布的《示范章程》来看，其采用不穷尽的列举法对成员股的种类进行了设定，将集体经济组织成员股分为人口股、扶贫股、敬老股等，不穷尽式列举给予了集体经济组织充分的自由发挥空间，留下了设立其他多种形式的成员股的可能性。《示范章程》的规定实际上是对未来规范集体经济组织产权制度改革的法律预测，以此为依据，笔者认为未来成员股的类型是可以多元化的。

针对股份设置后的管理方式，目前主要采取静态管理模式。其主要特点是"生不增，死不减"，这也得到了集体经济组织成员广泛的认可，"生不增，死不减"不仅有助于解决现有条件下集体经济组织成员间的冲突和矛盾，同时也符合《产权制度改革意见》中静态管理要求，[1] 有其现实意义。但是也有学者指出，静态股权管理模式只是现行条件下的暂时规定，为了满足集体经济组织股份流转、动态退出机制以及继承等问题的落实，未来仍适宜采用动态管理模式，使得每一个组织成员都能享受到集体经营性资产带来的收益。[2]

（四）集体经济组织股份权能的实现难题及产权交易的限制

当前集体经济组织的股份流转仅限于组织内部的流转，因此对股份价值的确定可以以双方协商的形式进行。但是，未来制约集体经济组织股份权的实现和产权顺利交易的一个重要因素就是股份的价值测算难度较大。笔者认为集体经济组织的股份权能暂时只包括了收益这一单一权限，但是未来退出、抵押、担保和继承等财产性权利的实现也是不得不考虑的问题，其中基础环节就是股份价值的认定。只有股份的价值得以计算，才能在权能实现中找到合理的对价，进而提高经济交易的效率。同时，产权交易的走向和趋势也将是以股份形式进行出售，股份价值的计量问题更加重要，任何交易中都不能缺少支付对价这一关键因素。然而，在改革过程中，很多地方都借鉴吸收了"确股、确权、不确股值"的方式，这势必会为今后股份权能的实现和产权交易流转留下隐患和问题。

二、集体经济组织中股份确认的规则建构

折股量化是集体经济组织股份合作制的改革重点。[3]《产权制度改革意见》

---

〔1〕《产权制度改革意见》指出，"股权管理提倡实行不随人口增减变动而调整的方式"。

〔2〕参见赵新龙："农村集体资产股份量化纠纷的司法实践研究——基于 681 份裁判文书的整理"，载《农业经济问题（月刊）》2019 年第 5 期。

〔3〕参见孔祥智、赵昶："农村集体产权制度改革的实践探索与政策启示——基于 7 省 13 县（区、市）的调研"，载《中州学刊》2020 年第 11 期

中明确指出，社区性是集体产权制度改革要遵循的要点。[1] 因此，在集体经济组织股份的确认环节中，要重点坚持以社区为中心的基础，以保证在坚持集体所有制的背景下，实现集体经济组织股份的确认。[2]

（一）集体经济组织成员主体资格的确认规则

当前集体经济组织成员主体资格的划分以登记主义（户籍制）为中心，结合承包地、居住事实等辅助因素的规则进行确认。户籍是确定我国公民身份的基本依据，户口的迁入和迁出是一种有章可循、有据可查的行政行为。[3] 享有户籍是集体经济组织成员的通常情况，尽管随着交通的便利，农村人口流动性不断提高，但是仍然有相当数量的集体经济组织成员是稳定的，且以户籍为标准进行登记易于辨认，可操作性强。无论是从效率还是公平的角度考量，以户籍为标准进行集体经济组织成员股份划分的登记都是必不可少的。另外，在以户籍为中心的基础上，还应综合考虑承包地、居住事实、保障农村人口的基本生存条件、人员与集体经济组织的权利义务关系以及长期以来形成的集体习惯等相关因素，形成权重有别的复合标准。由此，我们在认定成员资格的时候，要着重关注在户籍登记过程中的特例问题，保障公民的合法权益，杜绝"两头空""两头占"现象的发生。本文将以 J 市 W 村的案例进行说明：

1989 年 12 月 1 日，W 村实现农改非，以每人补偿 5000 元的标准，对集体土地进行了征收，并确定了集体经济组织成员的资格，即在 1989 年 12 月 1 日前出生的所有的村民直接成为集体经济组织成员，可以享受集体的福利。W 街道办事处为此成立了 W 公司，享有资格的原村民可以直接从 W 公司领取分红，并且对党员的管理也由 W 公司党支部来进行，并一直延续至今。2021 年，W 村进行换届选举，由于担心 1989 年 12 月 1 日后出生的"新村民"当选为居委会主任，因此 W 村居委会主任选举限定在原集体经济组织成员的范围，其他在 1989 年 12 月 1 日出生的人被安排到其他临近社区参加选举，但是居委会党支部书记则由 W 社区的全部党员选举产生。在村委书记与主任"一肩挑"[4] 的现状下，矛盾凸显，集体经济组织成员认定问题亟待解决。

---

[1] 《产权制度改革意见》规定，"农村集体经营性资产的股份合作制改革，不同于工商企业的股份制改造，要体现成员集体所有和特有的社区性，只能在农村集体经济组织内部进行"。

[2] 参见孔祥智、高强："改革开放以来我国农村集体经济的变迁与当前亟需解决的问题"，载《理论探索》2017 年第 1 期。

[3] 参见孟勤国"物权法如何保护集体财产"，载《法学》2006 年第 1 期。

[4] 2019 年 9 月 1 日印发的《中国共产党农村工作条例》第三章主要任务第 19 条规定：村党组织书记应当通过法定程序担任村民委员会主任和村级集体经济组织、合作经济组织负责人。

在上述案例中，"户籍"的原始取得时点是问题产生的外在原因，而内在原因是集体经济组织成员所形成的限定性特点。由于经济利益在集体经济组织成员与非集体经济组织成员间的博弈，在"以股分红"的模式下，形成了二者之间的壁垒和界限，占据多数人的集体经济组织成员对非集体经济组织成员形成了强制的约束，使其不能参与分红。对于这部分非集体经济组织成员而言，其权益受到了限制和损害。同时，在1989年12月1日之后出生的非集体经济组织成员，由于利益相关，对资格身份更加敏感，因此对于集体经济组织成员资格的争夺欲望也更加强烈，这就会造成双方之间的排他性冲突更明显，十分不利于社区的稳定。

由于集体经济组织的成员权具有私法性质，属于私法权利，[1]要解决上述问题，以往的经验往往是直接通过民事诉讼程序进行裁判，但笔者认为可以从行政诉讼的角度出发，处理成员权资格纠纷。首先，通过区政府进行事前干预，事前干预以户籍和原始土地使用权作为确认原则。尽管在户籍确认上各村社规则有所不同，但基本遵守原始取得、加入取得，原始取得的是自然成员资格、保留成员资格等。[2]参考原始土地使用权则是考虑到1989年土地征收的初始目的，即为了解决土地高频流转带来的分配标准不统一、土地使用权属不稳定等问题。另外，按照"增人不增地，减人不减地"的规范来看，1989年12月1日之后出生的人员不应享有原始土地使用权，因此也不应享有分红，但是应当将其纳入集体经济组织成员的范围当中，因为以户籍为标准的确认原则下，其可能存在其他享受股份的情况。其次，由于关于认定成员资格问题的地方规范文件呈"满盘散沙"的现状，[3]有可能出现"同案不同判"的状况，也不利于司法公信力，如果通过向区政府申请行政复议、向法院提起行政诉讼的方式，利用行政判决的方式责令区政府作出相应的处理，则绕过了集体经济组织成员与非集体经济组织成员之间的民事诉讼无法可依的困境，有利于矛盾的解决。

（二）集体经济组织资产范围的确认规则

当前，《产权制度改革意见》规定，本次集体产权制度改革和集体经济组织股份合作制改革的首要目的，是盘活沉睡的集体资产，充分发挥其应有的活力，

---

〔1〕 参见刘竞元："农村集体经济组织成员资格界定的私法规范路径"，载《华东政法大学学报》2019年第6期。

〔2〕 参见王丽惠："集体产权共有制的成员资格塑造及认定维度——以珠三角地区为对象"，载《甘肃政法学院学报》2020年第4期。

〔3〕 参见傅晨："股份合作企业不应再设置集体股"，载《农村经济》1995年第1期。

从而提高集体经济组织成员的收入。对于集体经济组织资产股份化的范围的确定，也应当围绕此目的展开进行。

第一，针对经营性资产，宜全部划入股份收益的范围。经营性资产在前期资产核算、清点中流失最多，将经营性资产纳入资产范围中，可以对这些资产锚定所有权，并登记在册，防止进一步流失。另外，经营性资产是集体经济组织获得收益的主要方式，将其作为标的符合本次改革的目的，只有创收的主体被固定，才能保障组织成员的收益权。

第二，针对非经营性资产，不应当划入股份收益的范围。非经营性资产的主要作用是维护社会公共利益，其本身并不能产生收益，相反地，有些非经营性资产还需要通过国家、政府的财政补贴支持才能得以运营。这部分资产具有强烈的公益性，应当受到严格保护，不能被纳入资产的范围之中。但是实践当中，也有部分地区将其划入折股量化的范围，原因在于当地想通过本次改革，厘清村集体经济组织的资产数额，这仅仅是从操作角度进行的考虑，实际上，把非经营性资产划入股份收益的范围内并无意义，它并不能起到盘活沉睡资产的作用。

第三，针对资源性资产，需要更详尽的种类划分，部分划入股份收益的范围。资源性资产种类繁多，处于中心位置的是集体所有的土地资产，而集体所有的土地中，耕地是个特殊的存在。根据我国国情和法律规定，集体所有的耕地是无偿发包给集体经济组织内部的成员的，但是耕地以外的"四荒地"，则可以在某些条件下有偿发包给内部成员以外的经营主体。集体土地（除耕地外）的发包、出租是集体经济组织收益的重要来源。从现有的实践经验来看，将资源性资产纳入资产范围是一个比较恰当的方式，但对于已发包的耕地则暂时不应将其纳入资源范围。具体原因如下：首先，已发包的耕地是无偿发包给集体成员的，并不能为集体经济组织带来收益，将其纳入股份合作制的资产范围不具有可获益性；其次，即使农民流转土地经营权获得利益，其本质是农民利用自己对于土地的用益物权获利的过程。与集体经济组织股份合作制有着显著的区别，若将已发包的耕地纳入资产范围进行股份核算，与家庭联产承包责任制的基本规定相违背。[1]

（三）集体经济组织股份的设置方式和管理模式

集体经济组织的股份设置方式将决定其权能能否顺利实现。从实践来看，在股份设置方式上，有部分村集体经济组织设置了集体股，笔者对此持反对意见。

---

〔1〕《深化改革若干重大问题决定》规定，"坚持农村土地集体所有权，依法维护农民土地承包经营权"。《产权制度改革意见》另规定，"坚持农村土地集体所有，坚持家庭承包经营基础性地位"。

部分集体经济组织设置集体股的初衷是建立股池作为备用和应急，特别是当一些项目需要资金支持时，可以从集体股中进行抽调，但是本次集体经济组织股份合作制的初衷却是尽可能地让每一位集体经济组织成员享受到股份合作制增加的收益，设置集体股的做法无异于又在原先收益分配原则模糊的情况下缩小了模糊的范围，并没有彻底改变集体资产产权归属不清的问题。股份合作制产权创新的意义就在于明晰模糊的集体产权关系，而保留一块集体股是与改革的初衷相违背的。[1] 笔者支持部分集体经济组织采用设立公益金的替代方式，解决集体经济组织承受的公共服务开支压力，此种方式的好处在于将全部的股份分配给集体经济组织成员后，再按一定比例从成员手中抽取资金，使得股份分配更加明晰，提高了集体经济组织的效率。此外，笔者认为以人为单位进行股份设置是更具有实操性的，以人口股为基础，劳龄股、特殊股的方式为辅的股份设置方式，与过去按户分配的方式相区别，有利于机动配置集体经济组织股份，便于今后股份的流转。

在股份管理方式上，现存静态管理与动态管理两种，动态管理将会是今后股份管理模式的出路。从政策引导、实际情况和发展方向上看，一是集体经济组织成员的加入和退出会导致股份主体的变动，二是集体经济组织股份的对外流转将是未来的趋势。为了提高集体经济组织的生产活力和经济效率，引入市场调控和社会资本的加入是必经之路，那么静态管理下的股份就会变成一潭死水，不再产生进出，此举会极大遏制集体经济组织效能的发挥，而只有动态管理模式在市场的作用下，才能适应未来的发展要求。

三、集体经济组织中股份计量的规则进路

讨论集体经济组织股份价值的计量方式，是建立在支持集体经济组织股份可以对内、对外流转的观点之上。笔者认为，集体经济组织的股份具有单纯的收益分配属性，其与集体经济组织的管理权是互不干涉的，被权利所依附的股份不具有专属、独占的性质，因此集体经济组织股份应当可以实现有偿、合理、公平的流转。当然，由于集体经济组织股份具有特殊性，集体经济组织的股份价值计量也不同于商业企业的股权价值计量模型，因此以下具体讨论：

（一）集体经济组织股份的特点

让集体经济组织股份流转起来的首要目的是提高集体经济组织的经济效率和

---

〔1〕 参见房绍坤、任怡多："论农村集体资产股份有偿退出的法律机制"，载《求实学刊》2020 年第 3 期。

活力，鉴于该目的的要求下，首先必须从集体经济组织股份的特点入手，找到适合其特点的股权价值评估方式，从而保证集体经济组织股份估值的合理性和估值过程的效率性，加快未来股份流转的速度和便捷程度，实现集体经济组织股份的动态利用与开发。

1. 非公开流通性。集体经济组织股份的非流通性是指其无法在公开交易市场进行流通。当前我国的相关法律法规及政策虽然已经对股份流通提出了积极建议，但是构建一个公开、透明的交易平台依然遥不可及。由此决定了集体经济组织股份的非流通性。此处的"非公开流通性"不代表不流通，不同于公开市场交易主体具有普遍性和不定向性的特点，其仅决定了集体经济组织股份交易过程中交易主体的特定性。因此在未来集体经济组织股份交易的过程中，股份交易双方将面临的是一个缺少比较的公开市场，具体来说：一是股份交易的历史信息将极度缺乏，交易双方所掌握的交易信息是不对称的，在之后的交易过程中很有可能出现仅结合本行政村内集体经济组织过去的交易历史对集体经济组织股份进行定价的情形，在缺少参考和对比的条件下，通常情况是股份的受让方往往在交易中会由于资金雄厚、人脉较广等因素处于买卖的强势地位，这将使股份出让方即集体经济组织成员的交易公平不能得到很好的保障。二是股份价格不能完全反映市场信息。集体经济组织的股份并不等同于股票，其背后的资产状况、收益情况是需要具体问题具体分析的，每个集体经济组织的情况有所不同，集体经济组织所在的行政区划经济发展水平也大不相同，因此不同集体经济组织间的股份价值是不尽然相同的。那么在缺少一个有效市场且交易不够活跃的情况下，具有非流通性的集体经济组织股份是值得考虑的重要因素之一。

2. 收益的稳定性和持续性。集体经济组织是可以长期存续的，因此集体经济组织股份所带来的收益也是长期可预见的。集体经济组织收益的稳定性来源于被纳入集体经济组织资产范围的稳定性。通过上文论述可知，集体经济组织资产的范围主要应集中于经营性资产，而在农村确权过程中我们可以发现，绝大多数的经营性资产已经几年、十几年甚至几十年未曾发生过变动，其每年为集体经济组织带来的收益也相对稳定，经过审计后的年收益增长幅度也具有可预测性。此外，集体经济组织股份一般按年度进行分红，自集体经济组织股份合作制实施以来，每年每股的收益都有记录可寻，且基本不会产生断档的情况，这种收益的持续性十分利于股份价值的评估。

3. 以红利收入为主。集体经济组织股份在上文中笔者已经论述，其本质是对集体经济组织收益的分配权，因此股份的主要收益来源就是每年按持有股数所取得的分红收益。在实践中，农民持有的集体资产股份主要被视作参加集体收益分配的依据，大部分农民依据集体资产股份获得分红。[1] 笔者认为，因持有股份而卖出的增值收益不仅不能被作为衡量股份价值的因素，还要注意避免因此而产生的投机趋势苗头。若集体经济组织股份因其自身的增值收益而增加流动性，会从根本上违背农村集体产权制度改革的目的和初心，将提高农村经济组织活力的目标变成单纯的经济投机活动，对农村经济高质量、高效率发展将不会产生任何积极影响，只会变成一场零和的数字游戏。因此，集体经济组织股份流转中必须坚持以红利收入为中心。既然要以红利收入作为衡量股份价值的因素，那么红利收入的未来可预测性即预期收益将会对股份价值大小产生重大影响。

（二）集体经济组织股份价值的测算方式

一般来说，股份价值的测算方式包括资产价值基础法、市场法、收益法等方法，笔者结合集体经济组织股份的特点认为，集体经济组织股份价值应采用综合测算的方式进行评估，最后得出股份转让的价格。其包括估价和定价两个阶段。

1. 估价阶段。在估价阶段，一方面需要考虑股份本身的特点，同时又要结合股份价值衡量的实际可操作性。一般来说，估价应由专业人员根据一定的方法来进行专业的测算，但是集体经济组织股份流转一是要提高交易效率，尽快完成。另外，雇佣专业的团队进行计算往往会产生高额的经济费用，阻碍交易的进行。因此，笔者认为在估价阶段需要选取计算简单、可操作性强的估值方式，收益法是符合以上要求的股份价值评估方法。

收益法是将预测的未来自由现金流量和期末价值用一定的折现率折现成现值后进行加总，最后估算股份价值的方法。收益法的优势在于不仅仅可以考虑集体经济组织股份现期的价值，更可以反映该股份的未来的现金流入能力，将集体经济组织的未来分红现金流折算成现期价值，可以充分保障集体经济组织成员的权益。收益法具体可分为红利贴现模型（DDM）和贴现现金流模型（DCE），其基础公式为：$V = F / (1+r)^n$，其中 V 代表集体经济组织股份的价值，F 代表未来一个收益期的预期收益，r 代表折现率，n 代表收益年限。选取此公式作为集体经济组织股份价值计量的基本公式是因为其符合上文所论述的股份的特点。集体经济组织股份的收益期是持续的，其收益流入也是不间断的。同时，在签署股份转让协议时，无论该笔股份所圈定的农村集体资产使用寿命如何，有限期还是无限期，都可以适用本公式进行计算。具体来讲：对于收益年限 n 的确定，是与

---

[1] 参见房绍坤："深化农村集体产权制度改革的法治保障进路"，载《求索》2020 年第 5 期。

集体经济组织股份的价值直接相关的，收益的年限越长，依据此公式所推算出的股份价值就越高，反之亦然。对于一般股份的收益年限预测是较为困难的问题，对于集体经济组织资产的使用寿命和收益年限则相对更好预测，如作为经营性资产的房屋、机器设备等，作出使用寿命合理的评估是相对较为简单的，因为交易双方可根据营业执照期限、合同约定的期限、租赁期限等进行有效推测，从而将收益年限固定下来；对于折现率 r 的确定是相对比较困难的，当前折现率的选择上一般包括无风险利率、通货膨胀率等，笔者认为选取通货膨胀率作为折现率是现实可靠的。因为集体经济组织的股份要避免高频交易、投机性交易，维护集体经济组织的稳定性，就要在股份价值的计量上避免附加其他使股份价值产生高额溢价的利率，即集体经济组织股份流转不是普通的证券交易，不能包含一定的风险溢价率，其折现带来的时间价值仅仅只能包括集体经济组织经营性资产在最常规、最一般状态下的获利水平，不可反映出高风险高收益的倾向。对于集体经济组织资产带来的现金流入，其预测公式为预期现金流入/年 = 当前年度正常收益流入 + ∑ 预期现金流入 — ∑ 预期现金流出，利用该公式可以直接依据村集体组织资产的预期变动因素进行计算分析，保证了收益计量的客观性，而且详细反映出预期收益变动的真实情况，在具体操作中，保证了各项变动都能够被记录在册，合理、公开地提供历史交易和变动信息，保证了集体经济组织股份收益计算的准确性。

2. 定价阶段。经过了数字量化的估价阶段，在集体经济组织股份的流转中已经有了可参照的数据信息，但是仅凭估价阶段的数值是不能够促成股份的顺利流转，还需要一个更为精确的定价阶段。在定价阶段，笔者认为，集体经济组织股份的价值还要考虑以下几个因素的影响：

第一，区位因素。通过农地资本的合法化，能够产生一个合理的价格市场。[1] 在集体产权制度改革的过程中，必然会有一部分地区率先实行股份流转制度，那么在这些地区，由于股份交易逐渐成熟和发达，可参考的股份流转对价案例就相对较多，同时股份交易制度的设计也较为完善，其节约的时间和人力成本也相对较多。然而在改革落后的地区和股份流转案例较少的地区，交易双方的交易经验欠缺，会导致沟通效率低下，需要不断摸索出一套属于自己的交易习惯和方式，因此所耗费的经济成本也就相应地提高，由此产生的交易费用是需要考虑进股份的价值当中去的。

---

〔1〕 参见陈晓军："集体所有权资本化法律问题研究"，载《江西财经大学学报》2017 年第 6 期。

第二，集体经济组织股份自身的质地因素。一部分收益较低、经济利益不可观的股份，会产生流通性降低的风险，造成供过于求的局面。此时集体经济组织需要积极通过回赎的形式，来保证村集体经济组织成员的利益不受损害。对于一些本身村集体资产就没有吸引力的股份，由于强制退出等原因导致的股份流转，若想通过外部受让的方式实现流转的目的，其对价也会相应降低以实现更短时间内的流转，这种因流动性减弱而造成的股份减值或股份折扣，也应当被制度设计者考虑进来，不能以此为借口认定为对集体经济组织利益的损害。

（三）集体经济组织股份价值计量的限制条件

在集体经济组织股份流转的过程中，涉及的不仅仅是交易双方的利益，还关乎其他集体经济组织成员的实际利益。在每年收益总量一定的情况下，一旦股份价值计量出现偏差，出现股份价值被高估的计量问题，那么其他集体经济组织成员应得的利益价值必然会相应地减损，其权益势必会受到损害。这种情况发生的主要的原因是对每年收益流入的估算不够准确，特别容易存在对收益流入高估的情况。为了防范这种情况的出现，我们需要完备的程序流程。

第一，在收益流入增减变动差异上，除了利用现有的村集体经济审计报告作为基础外，村集体经济组织需出示相关收益增减变动的证据，并加盖公章。由此保证在农村产权制度的改革中，加强集体资产管理，防止集体资产流失，[1] 保证交易的公正与独立性。村集体经济组织在提供证据的同时，也作为风险和责任承担方，为股份流转提供背书。

第二，针对上文提到的股份流转折扣要设置下限，国家可以出台相应的标准，地方结合本地实际情况，实行上下浮动的折扣率；对股份价值的上限也要设置标准，防止交易过程中供不应求时出现价值虚高的情况，严格预防投机炒作的风险。

第三，设置集体经济组织强制赎回机制，设立股份回赎池，一旦出现集体经济组织股份流转过热现象时，启动强制赎回程序，不再考虑折现因素，以原价将集体经济组织股份重新归拢到集体经济组织手中。待市场冷却之后，经集体经济组织成员同意，可重新投入市场买卖，收益归集体经济组织成员享有或按法定程序将股份再分配给集体经济组织成员。

---

〔1〕 参见韩松："农民集体所有权和集体成员权益的侵权责任法适用"，载《国家检察官学院学报》2011 年第 2 期。

四、集体经济组织股份确认与计量的法制构建

在过去一段时间里，我国的农地产权制度存在着有意无意的制度模糊处理，[1] 按照上述集体经组织股份确认和计量中的价值要求，集体经济组织股份合作制应当重点建立和完善下列法律制度。

（一）有关集体经济组织股份确认的法律制度

折股量化是股权设置和股权管理的前提。因此立法者在制定有关股份合作制的法律法规时，应尽可能明确股份主体和资产范围。

在成员资格认定的标准上，逐步放开以户籍为标准的单一认定方法，鼓励更多外来成员加入集体经济组织以扩充成员队伍，灵活提高集体经济组织效率。在资产范围的划定上，将不能为集体经济组织带来收益的资产进行剥离，只为集体成员留下优质的收益资产作为分红的经济来源，从而减少冗余的划定范围，精简符合股份合作制实施目的的资产类型，最大限度地提高集体成员的经济收入。

在股权设立上，应开拓思路明确公益金的积极作用，同时划分多种类型的成员股，以实现对集体经济组织成员的激励作用。在股权管理上，要贯彻市场在资源配置中的决定性作用，逐步放开集体经济组织股份的流转，提高交易价格，从而提高成员收入。

以上只是为农村集体经济组织的制度设计提供宏观上的指引，然而，农村集体经济组织性质的特殊性、权利义务关系的复杂性、历史条件的差异和发展水平的不均衡都决定了不可采取"一刀切"的模式对其调控。现代化的农村集体经济组织要求多元化的制度构建。[2] 一方面，在静态上以法律的形式确认总的改革方向；另一方面，在动态上赋予各地法定范围内的自由裁量空间，确保制度的适应性和开放性。笔者认为应遵循两大基本原则，一是因地制宜，二是尊重成员合意。因地制宜考虑到集体经济组织存在、发展的地域差异，应针对各地具体情况作具体分析。如在公益金的提取比例上，由国家规定基准比率和浮动区间，允许各地根据资产收益情况、农转非程度等因素规定差异化的比例。尊重成员合意则回归农村集体经济组织的民主本质，其作为"统分结合"的双层经营体制中的"统"方经营者，根本目的就是服务集体成员，保障其经济和社会利益的增进。股份确认过程中的股权设置、管理等事项无不与成员利益密切相关，应该充

---

〔1〕 参见黄砺、谭荣："中国农地产权是有意的制度模糊吗?"，载《中国农村观察》2014 年第 6 期。

〔2〕 参见杨一介："我们需要什么样的农村集体经济组织?"，载《中国农村观察》2015 年第 5 期。

分保障成员的知情、参与、监督等民主权利。从农村集体经济组织的法人性质分析，组织上的强人合性也要求其意志的形成必须来自成员合意。此外，合意对于增进决策的针对性、开放性也有积极意义。因此，无论是从农村集体经济组织的本质、法人治理还是增加决策的科学性方面，尊重成员合意都有其必要性。具体而言，如在成员资格认定过程中，首先是国家确定认证标准时要经过听证、广泛征求组织成员的意见；其次在具体适用规则以判断外来人员是否可取得成员资格时，也应该将成员的合意作为最终的准入标准。

（二）有关集体经济组织股份流转的法律制度

尽管大力推进集体经济组织股份的流转能够实现农民经济利益的增长和社会资本收入的提高这种双赢局面，但是集体经济组织股份的流转依然应当坚持防止集体资产流失、防止社会资本反噬的红线。在坚持以市场为导向，双方自由协商的基础上，笔者认为，从这一方向出发可以从以下几个方面进行法律规制：

第一，各地需要出台并落实相应的规范性文件，再次明确集体经济组织股份的权能范围，特别要强调收益权与管理权的分离。对于一些以股份为基础享有村集体重大事项表决权的集体组织，在其股份流转协议中应当将对村集体经济组织的管理权剥离开来，对于通过流转取得的集体经济组织股份，约定不再享有相应的表决权，仅享有集体资产收益权能。进一步讲，该规制将对集体经济组织成员的种类进行进一步划分，享有原始股份的成员其全部权利受到保护，通过受让而取得权利的成员只能作为准成员参与收益分成。此举措的效果就是集体经济组织的管理权被掌握在集体经济组织自己手里，从而减少了集体经济组织被社会资本控制、稀释、侵吞的风险。

第二，严格限制社会资本。首先，应当加强对相关社会资本的资格审查。区分经营性资产和资源性资产，对参与经营性资产投资的社会资本采取登记备案制度，对参与资源性资产则采取审查批准制度，确保集体土地尤其是耕地对集体成员的保障作用不至失落。其次，允许社会资本在合理的范围内获得集体经济组织股份的持股，其持股比例不得超出规定的限度。不仅要限制单个社会资本持股方的持股比例，也要考虑总持股比例。若社会资本对集体经济组织股份的持股比例过高，会造成集体经济组织利益被外部资本享有，而集体经济组织内部成员的收益大幅降低的局面，严重损害农民的利益。最后，加强对社会资本参与经营过程的监督，主要是成员权行使和收益分配的过程，明确集体利益大于集体内部成员利益大于社会资本方利益的价值顺位，同时推动建设信息公开公示制度、加强审计监督等。

第三，适当的政府进入。除了财政补贴、税收优惠等外部介入方式，政府也可以通过公共投资的形式持有股份，从内部介入农村集体经济组织的运行。现有的产权制度改革要求农村集体经济组织进入市场、保持充分的开放性。然而诞生自政策的历史背景决定了其固有的封闭性和社区性，相对于社会资本处于天然弱势地位，很容易被其侵蚀。这就要求政府从保护农村集体经济组织的角度出发介入其中，实现双方利益的均衡，确保利益博弈中的机会公平。但需要注意，公权的介入需要保持谦抑，把握适度的原则，在力量对比出现显著悬殊、需要干预时才对其干预。需要以法律确认相关主体、范围、程序、责任，以限制公权自我扩张的冲动，预防政府越位带来企业自主权的丧失。

五、余论

折股量化是股权设置和股权管理的前提。[1] 因此立法者在制定有关股份合作制的法律法规时，应尽可能明确股份主体和资产范围。在成员资格认定的标准上，逐步放开以户籍为标准的单一认定方法，鼓励更多外来成员加入集体经济组织以扩充成员队伍，灵活提高集体经济组织效率。在资产范围的划定上，将不能为集体经济组织带来收益的资产进行剥离，只为集体成员留下优质的收益资产作为分红的经济来源，从而减少冗余的划定范围，精简符合股份合作制实施目的的资产类型，最大限度地提高集体成员的经济收入。在股权设立上，应开拓思路明确公益金的积极作用，同时划分多种类型的成员股，以实现对集体经济组织成员的激励作用。在股权管理上，要贯彻市场在资源配置中的决定性作用，逐步放开集体经济组织股份的流转，提高交易价格，从而提高成员收入。

尽管大力推进集体经济组织股份的流转能够实现农民经济利益的增长和社会资本收入的提高这种双赢局面，但是集体经济组织股份的流转依然应当坚持防止集体资产流失、防止社会资本反噬的红线。在坚持以市场为导向，双方自由协商的基础上，笔者认为，从这一方向出发可以从以下几个方面进行法律规制：一是各地需要出台并落实相应的规范性文件，再次明确集体经济组织股份的权能范围，特别要强调收益权与管理权的分离。对于一些以股份为基础享有村集体重大事项表决权的集体组织，在其股份流转协议中应当将对村集体经济组织的管理权剥离开来，对于通过流转取得的集体经济组织股份，约定不再享有相应的表决权，仅享有集体资产收益权能。进一步讲，该规制将对集体经济组织成员的种类

---

〔1〕 参见张洪波："论农村集体资产股份合作中的折股量化"，载《苏州大学学报（哲学社会科学版）》2019 年第 2 期。

进行进一步划分，享有原始股份的成员其全部权利受到保护，通过受让而取得权利的成员只能作为准成员参与收益分成。此举措的效果就是集体经济组织的管理权被掌握在集体经济组织自己手里，从而减少了集体经济组织被社会资本控制、稀释、侵吞的风险。二是严格控制社会资本对集体经济组织股份的持股比例。无论是单方持股还是总持股比例，都应当限定在一个合理的区间内。若社会资本对集体经济组织股份的持股比例过高，会造成集体经济组织利益被外部资本享有，而集体经济组织内部成员的收益大幅降低的局面，严重损害了农民的利益。

现阶段讨论集体经济组织的股份确认与计量规则，其基础是肯定农村集体经济组织股份的占有、收益、处分的权能。然而，目前政策导向与学术界之间的观点还存在部分分歧，其中最主要的是担忧股份确认、流转后外部资金涌入导致的村集体资产流失、丧失控股权的问题，这将留待各地实践和学术界作出进一步的研究和讨论。

诉讼理论与实务

另一种方法：小额诉讼标的额的划界

◎罗　云*

一、引　言

近 20 年来，我国的经济发展取得了举世瞩目的成绩，伴随而来的是，民商事案件数量与日俱增，既有的诉讼制度已经无法满足经济社会的诉讼需求，法官人数少而案件数量多的矛盾日益突出。统计数据显示：2013 年~2020 年，全国法院新收民商事一审案件数量为 778.1 万件、830.7 万件、1009.7 万件、1076.2 万件、1137.3 万件、1244.9 万件、1385.2 万件、1313.6 万件，年均增速 9.83%。[1] 面对数量繁多的未结案件，早在 2013 年，修正后的《民事诉讼法》

---

* 作者简介：罗云，中山大学司法体制改革研究中心研究员。

〔1〕 参见人民法院新闻传媒总社："最高人民法院关于民事诉讼程序繁简分流改革试点情况的中期报告参阅资料"，载 http://www.court.gov.cn/zixun-xiangqing-288321.html，最后访问时间：2021 年 3 月 5 日。

就新规定了小额诉讼制度。但是，司法实务中小额诉讼制度运行长期处于休眠状态，适用率始终处于较低的水平。相关数据显示，2020 年民事诉讼程序繁简分流改革试点工作开展之前，各试点基层人民法院审结民商事案件共 3 376 804 件，其中适用小额诉讼程序审结案件 192 478 件，适用率仅有 5.7%。[1] 相比于小额诉讼程序，简易程序的适用率却呈现着截然相反的局面，"2013 年至 2015 年，民事案件简易程序适用率分别为 71.45%、67.98%、66.13%",[2] 平均适用率为 68.52%，大约是小额诉讼程序适用率的 12 倍。

作为"从民事简易程序中分离出来的对诉讼标的额更小的案件所适用的更加简易化的程序的小额诉讼程序",[3] 却在实际运行过程中并未达到"立法者所预期的制度实效",[4] 这必然有着制度设计不合理的地方。有学者指出，合理界定小额诉讼程序的适用范围，以便于用小额诉讼程序处理那些真正适合它处理的案件，是建构小额诉讼程序的核心课题。[5] 也就是说，适用范围的设定对小额诉讼程序的适用率有着重要的影响，如果小额诉讼程序的适用范围过于狭窄，即小额诉讼标的额取值过低，会导致小额诉讼程序难以处理所设标的额以外的案件，进而导致小额诉讼程序适用率低下。因此，笔者认为，现行的小额诉讼标的额设定过低，是小额诉讼程序适用率低下的主要原因。

基于本文分析方法的需要，笔者整理了一个由 1461 篇裁判文书组成的数据集，数据采集步骤如下：

1. 我国不同地区经济发展水平差距大，如果仅选择一个法院作为研究对象，其数据并不具有代表性，故本文选取了东、中、西部各一个基层人民法院作为研

〔1〕 参见孙溯清："最高人民法院关于民事诉讼程序繁简分流改革试点情况的中期报告——2021 年 2 月 27 日在第十三届全国人民代表大会常务委员会第二十六次会议"，载 http://www.court.gov.cn/zixun-xiangqing-288321.html，最后访问时间：2021 年 3 月 5 日。

〔2〕 参见李少平："大力推进繁简分流 全面深化司法改革"，载《人民法院报》2016 年 9 月 14 日，第 5 版。

〔3〕 章武生：《民事简易程序研究》，中国人民大学出版社 2002 年版，第 92 页。

〔4〕 参见谢勇："杜万华在宁夏调研时强调要认真做好小额诉讼实施准备工作"，载《人民法院报》2012 年 10 月 9 日，第 1 版；王亚新："小额诉讼，好的起点能否达到好的终点"，载《法制日报》2011 年 10 月 15 日，第 7 版；蔡彦敏："以小见大：我国小额诉讼立法之透析"，载《法律科学（西北政法大学学报）》2013 年第 3 期。杜万华在调研中指出：根据我们初步估计，全国法院小额诉讼案件将占到全部民事案件的 30% 左右，总数将超过 120 万件，对人民法院的民事审判工作格局将产生重大影响。王亚新教授认为，作为小额诉讼程序适用对象的民事案件在一审法院约占其年受理案件量的 10%~30% 应该比较稳妥，蔡彦敏教授在接受王亚新教授观点的基础上，进一步认为达到 30% 或接近 30% 的程度的话，其被称为"有效解决中国严峻的司法现实问题"，"及时解决面广量大的民事纠纷"的机制之一，或许大体上是说得过去的。

〔5〕 参见章武生：《民事简易程序研究》，中国人民大学出版社 2002 年版，第 12 页。

究对象。三个法院的基本情况如表 12-1 所示：

表 12-1

	地理位置	2019 年度该地区 GDP（亿元）	2019 年该地区就业人员 年平均工资（元）[1]
P 区	广东省广州市	2079.5	81 072
X 区	湖北省黄石市	292.15	64 661
J 区	云南省玉溪市	133.94	68 640

2. 登录威科先行，界定筛选条件为：基层人民法院/X 省 X 市 X 区法院/民事/一审/2020 年/判决书，共检索到 P 区法院裁判文书 6908 篇，X 区法院裁判文书 493 篇，J 区法院裁判文书 460 篇。

3. 威科先行共收集 P 区法院裁判文书 6908 篇，将其编号为 1~6908，逢 1 取裁判文书，下载 P 区法院的裁判文书 691 篇；下载 X 区法院的裁判文书 493 篇；下载来自 J 区法院的裁判文书 460 篇。

4. 通过逐一查阅裁判文书获取案件诉讼请求，在剔除诉讼请求不包括金融给付内容的案件后，形成本文所需的数据库：P 区法院的裁判文书数据 651 组；X 区法院的裁判文书数据 447 组；J 区法院的裁判文书数据 363 组。总体数据合计 1461 组。

二、小额诉讼标的额的历史考察

现行小额诉讼标的额的取值为何如此之低，可能是确定小额诉讼标的额的立法思路出现问题。为此，笔者梳理了小额诉讼标的额确定的立法全过程，以观察小额诉讼标的额是以何种思路确定的。

我国对于小额诉讼标的额的规定，可追溯到 2011 年 7 月召开的全国民事诉讼法学研究会年会，在会议上，全国人大常委会法制工作室委员会民法室指出要将小额初步确定在 6000 元。这一观点反映的是立法者偏向于在立法上采取"制定全国统一性标准"的思路，但这个数值到底是取值多少，立法者却始终处于摇

---

〔1〕 GDP 数值来自于政府对人大做的工作报告；同时，因未找到国家统计局发布的 2019 年度各省份就业人员年平均工资数据，此处采用的数据是广东、湖北、云南三省公布的 2019 年全省全口径从业人员年平均工资以作代替。

摆和变化之中。在 2011 年 10 月底公布的《中华人民共和国民事诉讼法修正案（草案）》中，立法者修改了 6000 元的标准，将其重新确定为：基层人民法院和它派出的法庭审理标的额人民币 5000 元以下的民事案件，实行一审终审。2012 年 4 月下旬公布的修正案草案又修改其标准为：基层人民法院和它派出的法庭审理标的额人民币 1 万元以下的民事案件，实行一审终审。"不难看出，二次审议稿的基本思路未变，仅是小额的数额从五千元以下又上升到一万元以下。"[1]

但"制定全国统一性标准"这一思路引起极大争议，部分常委委员和学者认为："我国各地区经济社会发展不平衡，确定一个相对数更符合实际需要。"[2] 同时，"确定一个相对数"能够"使得小额的确定与各省、自治区、直辖市所辖地域及其社会经济发展状况具有了直接的对应性联系"，社会适应性更强。据此，修正案最终将小额诉讼标的额确定为一个相对数额，即"各省、自治区、直辖市上年度就业人员年平均工资百分之三十以下"。

通过对小额诉讼标的额确定的立法过程的梳理，我们发现立法的思路从"制定全国性的统一标准"走向"比例抽象原则"，[3] 但"抽象比例原则"的立法思路也存在着一个问题，那就是立法者所设想的"小额案件诉讼标的额的增长速度与当地上年度就业人员年平均工资增长速度存在一定的比例性关系"[4] 是否成立还存疑。根据笔者收集到的裁判文书的数据显示，如果湖北省和云南省高院仍以 2019 年度本省就业人员年平均工资 30% 以下的标准确定 2020 年度本省的小额诉讼标的额，其能覆盖的案件数量占民事一审案件数量的比例仅为 15.88% 和 19.83%，两个数值都与 30% 的立法预期相去甚远。这说明，因为我国民间一审案件的诉讼标的额增长速度高于当地上年度就业人员年平均工资的增长速度，以该思路确定的小额诉讼标的额能够覆盖的案件数量越来越少，在司法实务中基本处于失效状态。

---

〔1〕 蔡彦敏："以小见大：我国小额诉讼立法之透析"，载《法律科学（西北政法大学学报）》2013 年第 3 期。

〔2〕 参见全国人大常委会法制工作委员会民法室：《民事诉讼法立法背景与观点全集》，法律出版社 2012 年版，第 11 页。

〔3〕 参见张卫平：《民事诉讼法》，法律出版社 2016 年版，第 333 页。张卫平教授指出，所谓"抽象比例原则"，即确定一定比例，根据上一年度的情形具体确定当年的标的数额。

〔4〕 在回答"如何确定民事诉讼法第一百六十二条规定的各省、自治区、直辖市上年度就业人员年平均工资"时指出，最终立法对标的额采用了"各省、自治区、直辖市上年度就业人员年平均工资"的表述，这样可以使小额诉讼程序适用案件标的额能保持与各省、自治区、直辖市人均收入水平同步的趋势。

三、结构分析法：诉讼标的额的集中度

通过对小额诉讼标的额确定的立法过程的梳理，我们发现现行的立法思路错误地估计小额案件诉讼标的额与当地上年度就业人员年平均工资增长的协调性，造成小额诉讼标的额设定得过低，难以解决"案件适用比例的问题"。所以，我们需要另一种方法以取代旧的立法思路。

如何确定新的方法，还是要回溯到小额诉讼标的额的设计初衷。我国之所以在民事诉讼制度中增设小额诉讼制度，主要是因为小额诉讼制度可以分流一部分案件以更"简化"的程序审理，进而减轻基层人民法院法官的业务压力，故设定小额诉讼标的额的初衷是要确保一部分民事一审案件分流到小额诉讼程序。而旧的立法思路也是基于此目标而建立，正如张卫平教授所指出的："我国民诉法中之所以以'抽象比例原则'作为最后的规定，主要考虑案件适用的比例问题，即某一标的数额案件如果适用小额诉讼程序，则这些案件的数量将在一审案件中占有多大比例。"[1] 但显然地，旧的确定方法并没有真正解决"案件适用比例的问题"。

因此，从法院案件管理的角度出发，以解决"案件适用比例的问题"为政策目标，笔者提出另一种方法：结构分析法，即通过观察民事一审案件诉讼标的额的分布结构，根据该分布结构确定小额案件的集中分布区间，如果小额诉讼标的额的取值落于该区间内，就可以效益最大化地覆盖一定数量的民事一审案件，进而解决"案件适用比例的问题"。

为了观察民事一审案件诉讼标的额的分布结构，笔者逐一查阅 1461 份裁判文书，从裁判文书中采集到 1461 个案件的诉讼标的额。[2] 然后，将案件的诉讼标的额按照数值从小到大的顺序排序，并确定它们的序号是 1～1461。最后，以序号为 X 轴，诉讼标的额为 Y 轴，制作出如下所示的散点图。

---

〔1〕 张卫平：《民事诉讼法》，法律出版社 2016 年版，第 333 页。
〔2〕 诉讼标的额的确定标准来自于《最高人民法院关于印发〈民事诉讼程序繁简分流改革试点问答口径（一）〉的通知》。最高人民法院认定金钱给付类案件的"标的额"，是指当事人起诉时确定的诉讼请求数额，对于持续发生的违约金、利息等或者存在特定计算方法的，应当以当事人起诉之日确定的金额总额作为标的额。

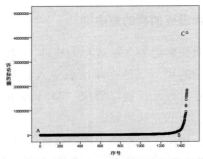

图 12-1 原始的民事一审案件诉讼标的额分布图

在图 12-1 中，A 点代表的是诉讼标的额为 612.88 元的案件，B 点代表的是诉讼标的额为 1 000 000 元的案件，C 点代表的是诉讼标的额为 41 830 319.54 元的案件。显然，与 B、C 两点所代表的案件的诉讼标的额之差相比，A、B 两点所代表的案件的诉讼标的额之差可以忽略不计，这导致曲线段 AB 与 X 轴近似平行。

鉴于此，我们必须要缩小案件诉讼标的额数值上的差距，让曲线段 AB 上案件的诉讼标的额的差距显现出来。所以，笔者对诉讼标的额取其对数值，[1] 而 Y 轴的变量也就变成 ln（诉讼标的额），X 轴仍代表序号，原先的散点图变为如图 12-2 所示的散点图。

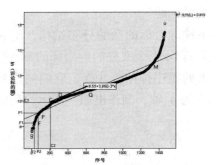

图 12-2 民事一审案件诉讼标的额分布图

---

〔1〕 假设原来某案件的诉讼标的额为 a 的话，取对数值的意思就是 a 变成 ln（a）。之所以这样做有这样一个好处：ln 函数在定义域内是单调增函数，取对数之后并不会改变诉讼标的额原先的大小关系。例如，如果 a>b>0 的话，那么，ln（a）>ln（b）仍然成立。

下面将对图 12-2 做一些说明：

由于对案件的诉讼标的额做了对数化处理，原先 618.22~41 830 319.54 的诉讼标的额取值区间就变成了 6.418~17.549 的 ln（诉讼标的额）取值区间，而 6.418~17.549 的取值位于 0~18 之间，所以 Y 轴的取值区间变成 0~18。

笔者利用 SPSS 软件，自动生成了曲线的拟合直线，该条直线的 R^2（拟合优度）处于 0.9~1 之间，说明该条直线对曲线的拟合程度极好。

设定该拟合直线沿 X 轴从左到右方向与曲线交于 P、Q、M 三点。

F 点为散点开始密集分布的起始点。

C 点向 X 轴作垂线交 X 轴与 C2，向 Y 轴作垂线交 Y 轴于 C1；P 点向 X 轴作垂线交 X 轴于 P2，向 Y 轴作垂线交 Y 轴于 P1；F 点向 X 轴作垂线交 X 轴于 F2，向 Y 轴作垂线交 Y 轴于 F1。其中，P1F1＝P1C1。

点 D 是曲线上的一点，其满足一个条件：过点 D 做曲线的切线，该条切线与拟合直线平行。

据图 12-2 所示，F 点（F 所代表的案件的 ln（诉讼标的额）的取值为 8.3，还原到诉讼标的额就是 4024 元）以下的散点分布较为稀疏，意味着诉讼标的额处于 0 元~4024 元之间的案件的数量占总体案件数量的比例较低；而在曲线的中段部分，散点分布密集，说明诉讼标的额落在这个区间的案件数量多。故小额诉讼标的额设置在曲线的中段部分较为合适，可以覆盖一定数量的民事一审案件。

在已经界定曲线的中间部分为初步的取值区间后，需要进一步确定小额诉讼标的额在中间部分的哪一段取值。通过观察图 12-2，中间部分的曲线呈现着"陡峭—平缓—陡峭"的走势。显然地，曲线段 FP 走势较为陡峭，曲线段 PC 的走势较为平缓。又因为 P1F1＝P1C1，即曲线段 FP 和曲线段 PC 诉讼标的额取值区间是相同长度的，[1] 但 P2C2 的长度明显长于 P2F2，所以曲线段 PC 中分布着数量更多的案件。进而，我们得出一个结论：走势较为平缓的曲线段较陡峭的曲线段在相同的诉讼标的额取值区间中能够容纳更多的案件数量，集中趋势更为明显。据以上分析，小额诉讼标的额设定在曲线中段部分的平缓走势的区间更为合适，也即在曲线段 PM 取小额诉讼标的额更为合适。

在 PM 一段中，由于诉讼标的额在 Q 所代表的案件的诉讼标的额以下的案件数量占总案件数量的比例接近 50%，可以满足覆盖一定数量的民事一审案件的要

---

〔1〕 为了便于读者理解什么是"相同的诉讼标的额取值区间"，笔者在这举一例：10 000 元~11 000 元和 11 000 元~12 000 元就是两个相同的诉讼标的额取值区间。

求，所以在曲线段 PM 中只取 PQ 一段。而在 PQ 一段中，以 D 点为分界点，[1] PD 段曲线的走势比拟合直线的倾斜程度更为陡峭，DQ 段曲线的走势比拟合直线的倾斜程度更为平缓。根据"走势较为平缓的曲线段较陡峭的曲线段在相同的诉讼标的额取值区间中容纳更多的案件数量，集中趋势更为明显"这一结论，可以认定 DQ 段的集中趋势较 PD 段明显。

至此，笔者利用结构分析法，确定 DQ 段是小额诉讼标的额的取值区间，能够效益最大化地覆盖一定数量的民事一审案件。

接下来，笔者将分别确定[2] P 区法院、X 区法院和 J 区法院的小额诉讼标的额。

（一）P 区法院的案件诉讼标的额的集中分布区间

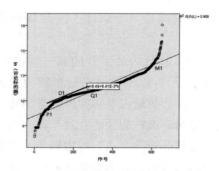

图 12-3　P 区法院诉讼标的额分布图

图 12-3 是基于 P 区法院的 651 份裁判文书数据制作而成，其曲线仍呈现着"陡峭—平缓—陡峭"的走势，和图 12-2 相似，故此处的方法仍沿用结构分析法。

在整体的曲线中，曲线 P1M1 段是整体曲线中走势较为平缓的一段，故 P1M1 段是集中趋势较为明显的一段。同样地，在 P1M1 一段中，由于诉讼标的

---

　〔1〕　之所以以 D 点为分界点，是因为过 D 点的切线是与拟合直线平行的。
　〔2〕　我国地缘辽阔，各地区经济发展差距大。2019 年，广东省、湖北省和云南省就业人员年平均工资分别为 81 072 元、64 661 元和 68 640 元。其中，广东省就业人员年平均工资是湖北省的近 1.25 倍，如果实行全国一刀切的标准，广东因其经济发达而案件的诉讼标的额偏高，导致统一的标准下覆盖的案件数量过少，促使广东的小额诉讼程序适用率较湖北和云南更低。来自裁判文书的数据也证实了这一观点，处于东部地区的 P 区法院的一审民事案件的诉讼标的额中位数分别为 93 714.29 元，而处于中部和西部地区的 X 区法院和 J 区法院相关数值则为 90 500 元和 83 262.58 元。所以，我们必须先基于各地的案件数据来确定各地的小额诉讼标的额，而不能忽略各地方的差异性，盲目地直接划定全国统一性标准。

额低于点 Q1 所代表的案件的诉讼标的额的案件数量占总案件数量的比例接近
50%，已经满足覆盖一定数量的民事一审案件的要求，所以取 P1Q1 一段。而
P1Q1 一段又可以以点 D1 为分界点，P1D1 一段走势较为陡峭，而 D1Q1 一段走
势较为平缓。因此，最后的集中区间就是 D1Q1 一段，经过计算，该段区间的取
值为 10. 29～10. 87。

　　由于图 12-3 只能粗略地反映散点的集中趋势，不能很精准地认定某个区间
为案件分布的集中区间，因此，笔者采用"分箱元素"[1] 的处理方法，以另一
种可视化的方式呈现 P 区法院诉讼标的额分布结构，得到图 12-4。

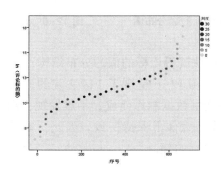

图 12-4　P 区法院诉讼标的额"分箱元素"图

　　正如图 12-4 所示，点的颜色深度意味着等分区间内散点的个数，颜色越深
的点在该区间内散点分布的个数越多。

　　观察图 12-4，我们发现在 10. 19～13. 19 之间颜色深的点出现得最多，意味
着 10. 19～13. 19 区间之内案件分布的数量最多，是民事一审案件的集中分布
区间。

　　综合图 12-3、图 12-4 的结果，取 10. 29～10. 87 和 10. 19～13. 19 的重合部
分，得到最终的区间为 10. 29～10. 87。还原到原先的诉讼标的额，就是 29 437
元～52 575 元这个区间。如果 P 区的小额诉讼标的额确定在 29 437 元～52 575 元
的取值范围之间，就可以保证小额诉讼标的额覆盖一定数量的案件。

---

　　[1]　所谓"分箱元素"，是指在原有散点图的基础上，SPSS 软件自动划分一个一个很小的取值相同
的区间，比如 8～8. 2、8. 2～8. 4，通过这样的划分可以来观察小区间内散点的个数的分布数量。

（二）X 区和 J 区法院的案件诉讼标的额的集中分布区间

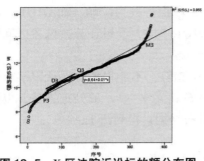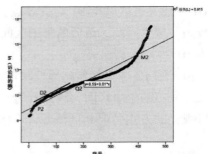

图 12-5　X 区法院诉讼标的额分布图　　　图 12-6　J 区法院诉讼标的额分布图

图 12-5 呈现了 X 区法院诉讼标的额的分布结构，是基于 X 区法院的 447 份裁判文书数据制作而成；图 12-6 呈现了 J 区法院的诉讼标的额分布结构，是基于 J 区法院 363 份裁判文书数据制作而成。不难发现，图 12-5、图 12-6 曲线的走势和图 12-2 的曲线走势大体上保持一致。因此，本部分仍沿用结构分析法来求取两个地区的小额诉讼标的额。

X 区法院

分析图 12-5，在整个曲线中，P2M2 段是曲线中走势最为平缓的一段，故 P2M2 段是集中趋势明显的一段。同样地，在 P2M2 一段中，由于诉讼标的额低于点 Q2 所代表的案件的诉讼标的额的案件数量占总案件数量的比例高度接近 50%，可以满足覆盖一定数量的民事一审案件的要求，所以取 P2Q2 一段。而以点 D2 为分界点，在 P2Q2 一段中，P2D2 一段走势较为陡峭，而 D2Q2 一段走势较为平缓。因此，最后的集中区间就是 D2Q2 一段。经过计算，该段区间的取值为 9.87~10.97。

J 区法院

观察图 12-6，在整个曲线中，P3M3 段是曲线中走势最为平缓的一段，故 P3M3 段是集中趋势明显的一段。而在 P3M3 一段中，因为 P3D3 一段散点分布较 D3Q3 段略显稀疏，所以直接取 D3Q3 一段。经过计算，该段区间的取值为 10.33~10.87。

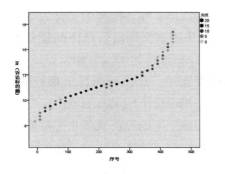 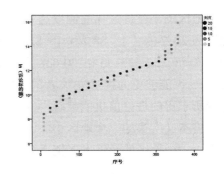

图 12-7　X 区法院诉讼标的额"分箱元素"图　　　**图 12-8　J 区法院诉讼标的额"分箱元素"图**

图 12-7、图 12-8 分别是图 12-5、图 12-6 的另一种可视化形式，可以更为直观地呈现 X 区法院、J 区法院的诉讼标的额的集中分布区间。

X 区法院

观察图 12-7，颜色深的点在 10.39～12.61 这个区间内出现得最多，意味着大多数的案件都分布在 10～12.61 区间内。

通过对图 12-5、图 12-7 的分析，得到 9.87～10.97 和 10.39～12.61 两个区间，这两个区间的交集是 10.39～10.97。还原到原先的诉讼标的额，10.39～10.97 就是 32 533 元～58 104 元这个区间。如果 X 区法院的小额诉讼标的额确定在 32 533 元～58 104 元的取值范围之间，可以解决"案件适用比例的问题"。

J 区法院

观察图 12-8，可以发现在 10.13～12.93 的区间内，颜色深的点出现得最多，意味着该区间案件数量多，所以认定为集中区间为 10.13～12.93。

综合图 12-6、图 12-8 的结果，我们认定集中区间为 10.33～10.87，还原原始值得到集中区间为 30 638 元～52 575 元。所以对 J 区法院来说，如果小额诉讼标的额确定为 30 638 元～52 575 元之间，可以覆盖一定数量的民事一审案件，提高小额诉讼程序的适用率。

（三）结果分析

本文利用结构分析法，求得 P 区、X 区和 J 区法院小额诉讼标的额取值区间分别为 29 437 元～52 575 元、32 533 元～58 104 元和 30 638 元～52 575 元。而如果继续采用"比例抽象原则"的立法思路来确定 P 区、X 区和 J 区法院小额诉讼标的额，P 区、X 区和 J 区法院小额诉讼标的额将为 24 321.6 元、19 398.3 元和 20 592 元，这三个数值均低于本文利用结构分析法得到的小额诉讼标的额。倘若三个地区的小额诉讼标的额以这三个取值点为标准，能够覆盖的案件的数量比例分别为 20.74%、15.88% 和 19.83%。但如果采用本文的取值范围的最低值，即 29 437 元、32 533 元和 30 638 元，其覆盖率也能达到 23.50%、25.06% 和 25.62%，能够更为接近立法者的 30% 的政策预期。这说明相比于现行的标准，笔者所求得的理论值更能破解小额诉讼程序适用率低下的运行困境。

将本文所得的三个地区小额诉讼标的额与该地区的经济发展水平对照，笔者发现，一个地区的经济发展情况，并不必然地决定该地区小额诉讼标的额的数值大小。从宏观的经济指标——GDP 的视角出发，P 区法院的 GDP>X 区法院的 GDP>J 区法院的 GDP，但小额诉讼标的额数值大小关系为：X 区法院的小额诉讼标的额>J 区法院的小额诉讼标的额>P 区法院的小额诉讼标的额，[1] P 区的 GDP 数值最高，但小额诉讼标的额的取值却是最低。也就是说，GDP 数值越高的地区，小额诉讼标的额不一定会比经济欠发达地区的小额诉讼标的额高。从微观的经济指标——就业人员年平均工资的视角看，如果以 2019 年三省份就业人员年平均工资的数值大小的排序来确定小额诉讼标的额的排序结果，该排序结果是 P 区法院的小额诉讼标的额>J 区法院的小额诉讼标的额>X 区法院的小额诉讼标的额，这与实际的结果也是不一致的，实际的结果是 X 区法院的小额诉讼标的额>J 区法院的小额诉讼标的额>P 区法院的小额诉讼标的额。这意味着，某地区的就业人员年平均工资也不能决定该地区小额诉讼标的额的大小。据以上分析，可以认定：小额的确定，与各省、自治区、直辖市所辖地域及其社会经济发展状况的对应性关系并没有立法者和学者所设想的那么强，进一步验证了"比例抽象原则"的立法思路是有问题的。

同时，可以看到，三个法院所求的小额诉讼标的额取值范围的最低值都在 30 000 元附近，最高值都为 55 000 左右。这意味着，三个法院的小额诉讼标的额取值区间可以认为是大致相同的，即 30 000 元~55 000 元，其并不因三个地区的经济发展水平的差异性而发生很大的变化，这推翻了我们之前一直坚持的"某地区的小额诉讼标的额是与当地的经济发展水平相匹配"的设想。也就是说，我们是可以"制定全国统一性标准"的，以本文所求的结果来看，全国性的小额诉讼标的额设定在 30 000 元~55 000 元之间较为合适。这与现行的改革试点是不谋而合的，立法者也在调整小额诉讼标的额的确定方法从"比例抽象原则"重新转回"制定全国统一性标准"。2019 年 12 月 28 日，第十三届全国人大常委会

---

〔1〕 在这里，比较大小所用的数值是取值区间的中位数。

第十五次会议作出《全国人民代表大会常务委员会关于授权最高人民法院在部分地区开展民事诉讼程序繁简分流改革试点工作的决定》，在文件中明确指出要进一步深化民事诉讼制度改革，完善小额诉讼制度。在这份文件的指导下，最高人民法院出台《民事诉讼程序繁简分流改革试点方案》，适当提高小额诉讼程序案件标的额至 50 000 元。而 50 000 元正好与本文所求小额诉讼标的额取值区间 30 000 元~55 000 元之间，也就是说，这次改革试点的阶段性成效能够为我们的结果提供一种可参考的实效性论证，即在一年的改革试点后，如果小额诉讼程序适用率低下的局面有所改变，那么，通过结构分析法求取的结果也是科学的。事实上，经过一年的改革试点，"小额诉讼程序适用率从试点前的 5.7% 上升至 19.3%，有效改变了试点前小额诉讼程序的'休眠'状态，形成常态化适用趋势"。[1] 可见利用结构分析法确定的小额诉讼标的额的确能在司法实务中破解小额诉讼程序适用率低下的困境。

但我们也要认识到：最高人民法院确定的 50 000 元这个标准的思路仍是一种经验式的推断，即先设定"案件适用比例要达到多少"的政策预期，然后根据经验判断将小额诉讼标的额设置在 50 000 元的时候，大概可以实现政策预期，于是就确定最终的小额诉讼标的额为 50 000 元。这种基于立法者的经验判断所得出的结果，其在司法上的长期实效性是难以保证的，所以必须要定期调整小额诉讼标的额，但修改执行的小额诉讼标的额的时间周期仍需要立法者的经验判断。与之相反的是，结构分析法是从案件管理的角度出发，所需的数据来源于法院内部系统，对数据的收集整理工作可以融入法院系统日常的统计工作，法院可以对执行的小额诉讼标的额进行动态的监测，倘若发现执行的小额诉讼标的额不能够覆盖一定数量的民事一审案件，立法者就可以很快地基于变化的数据重新确定小额诉讼标的额，而不需要经验式地推断何时修改小额诉讼标的额。

四、合理性论证：当事人诉讼权利保障的维度

我国的民事诉讼具体制度设计的设立始终遵循着解决民事纠纷与保护当事人权利这两大目标，小额诉讼制度的建立亦不外乎于此，正如学者所指出的那样，我国小额诉讼制度的立法目的有二：一是案件繁简分流，二是诉讼权平等保

---

〔1〕 孙溯清："最高人民法院关于民事诉讼程序繁简分流改革试点情况的中期报告——2021 年 2 月 27 日在第十三届全国人民代表大会常务委员会第二十六次会议"，载 http://www.court.gov.cn/zixun-xiangqing-288321.html，最后访问时间：2021 年 3 月 5 日。

护。[1] "案件繁简分流"更强调民事纠纷的快速解决；"诉讼权平等保护"更强调当事人的诉讼权利保障。理论上讲，小额诉讼制度应该在案件繁简分流与诉讼权平等保护之间力图兼顾平衡，但实际上，由于我国小额诉讼制度的设立多从法院本位主义出发，主要解决"案件适用比例的问题"以缓解法院压力，"案件繁简分流"成为法院系统的唯一价值取向。"案件繁简分流"至上的价值取向导致当事人的诉讼权利保障在司法实务中往往被忽视，小额诉讼程序成为当事人被动接受的制度设置，是强加于当事人的义务而非权利，这最终导致的不是当事人愿意适用小额诉讼程序的理想状态，而是公正的丧失和司法制度的变质。[2]

本文采用结构分析法求得的小额诉讼标的额的政策目标是解决"案件适用比例的问题"，并未考虑当事人诉讼权利的保障，同样存在着重"案件繁简分流"而轻"诉讼权平等保护"的问题。因此，有必要考察本文所得的小额诉讼标的额是否会对当事人的诉讼权利保障造成实质性阻碍。

原告和被告分属于对立的两方，二者的诉讼利益请求并不完全相同，必须要分开考察原被告的诉讼权利保障问题。从原告的角度来看，由于小额诉讼程序适用的主要案件类型为金钱债务案件，"原告一方作为案件诉讼请求的提出者，出于希望尽快实现自己诉讼请求的心理，其对诉讼效率的吁求相对于被告一方而言或许更为强烈"。[3] 也就是说，原告更希望小额金钱债务案件适用小额诉讼程序审理，小额诉讼标的额的提高不但不会影响到原告的诉讼权利保障，相反地，更多的金钱债务案件适用小额诉讼程序审理可以满足原告的效率化请求。但从被告的角度出发，情况变得不同。在原告的诉讼请求是小额金融给付内容的前提下，出于诉讼拖延的目的，被告可以"通过严格的程序流程拖长诉讼的整体时间，获得债务喘息时间，或者将诉讼变成折磨对手及消耗实体权利的手段"，[4] 最终实现债务逃避的目的。所以，被告可能需要的更多是程序公正，而不是非普通程序的不严谨、不慎重和不规范，被告对于小额案件适用小额诉讼程序审理是持否定态度的。而在本文所得的小额诉讼标的额较现行标准有所提高的情况下，更多数量的民事一审案件将会适用小额诉讼程序审理，这可能会对被告的诉讼权利保障造成更大的阻碍。

---

〔1〕 参见刘卓越："论我国小额诉讼制度的缺陷及完善"，载《哈尔滨学院学报》2020 年第 1 期。

〔2〕 参见傅郁林："繁简分流与程序保障"，载《法学研究》2003 年第 1 期。

〔3〕 占善刚、王甜："小额诉讼程序的运行效果之实证分析——以'中国裁判文书网'数据为基础"，载《河南财经政法大学学报》2018 年第 6 期。

〔4〕 王福华："程序选择的博弈分析"，载《法治现代化研究》2020 年第 5 期。

据以上分析，在下文中，笔者着重探讨新的小额诉讼标的额是否会对被告的诉讼权利保障造成更大的负面影响。

在梳理下载的裁判文书的过程中，笔者发现在收集的1461份裁判文书中，有740份裁判文书出现被告"未出庭参加诉讼"或者"未作答辩"的现象。例如，在"高凌军诉肖新国民间借贷纠纷案"[1] 中，被告肖新经法院合法传唤，未到庭参加诉讼，也无答辩，法院认为"被告肖新国经本院合法传唤，拒不到庭应诉，视为其放弃抗辩权利"，并依法作出裁判。也就是说，"未出庭参加诉讼"且"未作答辩"这两种行为的出现意味着被告主动放弃了自己的诉讼权利，在这种情况下，无论该案是否适用小额诉讼程序审理，都不会对被告的诉讼权利保障造成实质性阻碍。由此，如果在某段诉讼标的额的区间内"被告消极行使诉讼权利"[2] 这个事件出现的次数多，就可以认定小额诉讼标的额设定在该段区间内并不会对被告的诉讼权利保障造成实质性阻碍。

鉴于本部分是考察"被告消极行使诉讼权利"的案件的集中分布区间，故该部分所使用的样本数据是已经剔除掉被告积极行使诉讼权利的案件后形成的样本数据，共计740组。又因为诉讼标的额超过1 000 000元的案件的数量仅有31件，占案件总体数量的比例较小，但诉讼标的额跨度却从1 019 102.1元到17 312 254.53元，若以100 000元为一个间隔区间，部分区间会存在数值缺失的问题，故将该31个案件剔除出本部分的样本范围，故本部分的样本数据共计有709组。

笔者以100 000元为一个间隔区间，观察0元～100 000元、100 000元～200 000元、…、900 000元～1 000 000元这十个区间内分布的案件数量，并将结果制成图12-9。

---

[1] 广东省广州市番禺区人民法院（2019）粤法民初9529号民事判决书。

[2] 具体来说，笔者以被告是否在诉讼过程中有实质性辩解和是否出庭来考察被告是否积极行使诉讼权利。如果被告在诉讼过程中无实质性辩解，赋值为0，相反则为1。同理，如果被告未出庭的话，赋值为0，相反则为1。将被告是否有实质性辩解和是否出庭赋值相加，得到三种结果0，1，2（其中，根据所搜集的数据来看，除广州市骥鑫汽车有限公司诉赵金付车辆租赁合同纠纷案和艾小兰诉明方楚、中国人民财产保险股份有限公司济宁市分公司机动车交通事故责任纠纷案代表的是书面答辩和未出庭外，1所代表的结果都是被告未有实质性辩解和出庭），笔者认为0的结果代表着被告全部地放弃自己的诉讼权利，故将0这种结果认定为"被告消极行使诉讼权利"。

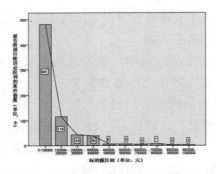

图 12-9　0 元~1 000 000 元内被告消极行使诉讼权利的案件数量分布图

据图 12-9 所示，随着诉讼标的额的增加，"被告消极行使诉讼权利"的案件的数量总体呈现着下降的趋势，从百位数下降到个位数，这与我们的设想是一致的，考虑到随着诉讼请求中金融给付内容的绝对值的增加，胜诉的可得利益将会更加重大，被告会在一审程序中更加重视自己的权利，通过实质性辩解和出庭来维护自身的合法权益，被告消极行使诉讼权利的动机是越来越小的。同时，在整体下降的趋势中，从 0 元~100 000 元转到 100 000 元~200 000 元是出现了最为明显的阶梯式下降，"被告消极行使诉讼权利"的案件的数量从 481 个快速下落到 116 个，这意味着一旦案件的诉讼标的额超过 100 000 元，被告消极行使诉讼权利的动机大幅度降低，转而更倾向于到庭参加诉讼和做出实质性辩解来维护自己的实体权利，故当案件的诉讼标的额在 0 元~100 000 元之间的时候，被告消极行使诉讼权利的动机强。如果小额诉讼标的额划定在 100 000 元以下，可以避免对被告的诉讼权利保障造成实质性影响。

将 100 000 元作为小额诉讼标的额的划界上限是可行的，但 100 000 元仍是一个较大的数值，可能需要进一步缩小该数值。因此，笔者以 10 000 元为一个间隔区间，观察 0 元~10 000 元、10 000 元~20 000 元、…、90 000 元~100 000 元这十个区间内被告消极行使诉讼权利的案件数量，并将结果制成图 12-10。

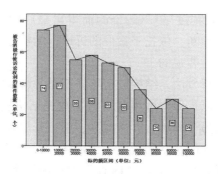

图 12-10　0 元~100 000 元内被告消极行使诉讼权利的案件数量分布图

从图 12-10 可以看出，随着诉讼标的额的增长，被告消极行使诉讼权利的案件数量总体仍呈现着下降趋势，从 0 元~100 000 元区间的 74 个下降到 90 000 元~100 000 元区间的 24 个，可见"诉讼标的额越高，被告消极行使诉讼权利的动机越小"的设想在 0 元~100 000 元内部同样是成立的。但在总体下降的趋势中，70 000 元~100 000 元的下降趋势却不明显，甚至在 80 000 元~90 000 元区间内案件的数量还变多了，随后在 90 000 元~100 000 元区间内案件数量又回归到 24 个，这意味着当案件的诉讼标的额超过 70 000 元时，被告消极行使诉讼权利的动机不因诉讼标的额的增长而变低。举例来说，如果有两个案件，诉讼标的额分别是 73 000 元和 95 000 元，被告消极行使诉讼权利的动机是差不多的。因此，我们认为将小额诉讼标的额的上限划定在 70 000 元更为合适。

通过上文的分析，最终得到"被告消极行使诉讼权利"事件出现的频率较高的诉讼标的额区间为 0 元~70 000 元。对比于全国性的小额诉讼标的额取值区间 30 000 元~55 000 元，不难看出，小额诉讼标的额取值区间是"被告消极行使诉讼权利"事件出现的频率较高的诉讼标的额区间的子集，也就是说，当小额诉讼标的额取值为 30 000 元~55 000 元时，既能解决"案件适用比例的问题"，也不会对被告诉讼权利保障造成更大的负面影响。

五、方法论指导下的小额诉讼标的额划界

本文利用结构分析法求得当小额诉讼标的额划界在 30 000 元~55 000 元，其能够很好地回应我国小额诉讼制度"案件繁简分流"与"诉讼权平等保护"这两大立法目的，在公正与效率中寻求到一种很好的平衡。

但在本文的最后，笔者想抛开这个结果，来单独谈谈结构分析法这种分析方法，不同于现行的"比例抽象原则"的立法思路，多是经验式的推断，基于对

"人们所认知的利害关联程度"[1] 的推测而得出最后的小额诉讼标的额，结构分析法是基于统计学的推断，依托于案件的诉讼标的额分布结构来划界小额诉讼标的额，其确定的过程是客观的。

同时，作为一种分析方法，结构分析法并不是一种仅能用来确定小额诉讼标的额的划界的方法，可以扩展其适用范围到"数据结构划界"这一类普遍问题。例如，在民事诉讼法的另一领域，即在对高、中、基层人民法院三级人民法院管辖第一审民商事案件标准的认定问题上，也始终有着到底是否应该依据"案件的标的额"来确定案件是否在"本辖区内有重大影响"的问题，这实质上也可以从案件管理的角度出发，利用结构分析法对民事一审民商事案件的诉讼标的额分布结构做一个划分，进而让三级人民法院能够更合理地分工。

---

[1] 张卫平：《民事诉讼法》，法律出版社 2016 年版，第 332 页。

基层法官助理隐性知识的培养

——基于知识管理学的视角*

◎李　茜*

目　次

---

* 基金项目：湖南省社科基金智库专项第二批重点项目"法制湖南建设指标评价"（19ZWB14）。

* 作者简介：李茜，湖南省永州市中级人民法院法官，湘潭大学硕士研究生。

法官助理中选任法官与逐级遴选等机制初步构成法官养成制度的框架。由于中级以上法院将主要采取逐级遴选方式产生法官，故探讨助理选任法官的场域应集中于基层人民法院。现有对法官助理培养的研究多集中于分级定职的程序设计及职业教育的路径改良，[1] 未触及法官养成的知识基础，难以有效弥合助理与法官间的知识缝隙。本文从知识管理学的角度出发，以知识属性中最为经典、最难习得的隐性知识为视角，探讨基层法官助理知识培养的逻辑与路径，以期对审判力量的充实与司法技艺的优化有所助益。

一、法官助理隐性知识的形态及意义

司法裁判的过程，既包含了可通过信息编码传递的系统化、客观化、精确性的显性知识，也涵盖了无固定表征的、具有较强情境特定性、主体能动性和不确定性的知识，此即隐性知识。隐性知识是显性知识的来源，并暗含于法官助理工作全过程，能有效弥合助理与法官间的知识缝隙。

（一）隐性知识在法官助理工作中的表现形态

根据法官助理职务的具体内容，隐性知识的形态[2]主要表现为：

1. 重要性的整体感知力。此项知识包含了对司法程序性与实体性事务的全局观，与助理对工作的熟悉程度、案件的差异性识别、审判工作节奏等一系列因素，需有一定的工作经验才能掌握。

---

〔1〕 夏锦文、徐英荣："法官助理制度改革需求与法治人才培养创新"，载《法学》2017 年第 12 期。

〔2〕 因隐性知识形态难以用言语明确表达，故文中重要性的整体感知力、认知颗粒度和思维层次性指代的是隐性知识的效用。事实解释、事实剪裁、图式加工严格说应属法律方法的内容，在文中指代隐性知识的存在领域和外化形式。观念辐射与结果导向是隐性知识运用的方法。常理常情常识的经验参与是隐性知识的渊源。另，司法前见作为一种法感觉，也是以隐性知识为基础。

表 13-1 隐性知识在法官助理工作职能中的体现

隐性知识存在领域	重要性的整体感知力 认知颗粒度 思维层次性	事实剪裁	事实解释	图式加工	常理常情常识的经验参与	观念辐射	结果导向	司法前见
初步审查管辖、当事人信息及诉讼费交纳	✓							
筛选案件委托人民调解并进行诉调对接	✓						✓	✓
筛选不适宜速裁的案件送至其他业务庭室	✓	✓	✓	✓		✓	✓	✓
案件排期、文书送达	✓				✓			
组织庭前调解、协助庭外调解	✓	✓	✓	✓	✓		✓	✓
召开庭前会议	✓	✓	✓				✓	✓
（协助法官）调查取证或与检察机关、侦查机关对接补充证据	✓	✓	✓	✓	✓		✓	✓
法庭记录（兼任书记员职责）	✓			✓	✓	✓	✓	
处理评估、监督、审计、保全、管辖等法庭谈话并转移材料	✓							
起草调解书、判决书、裁定书	✓	✓	✓	✓				✓
文书的实质性核对（证据分析、事实认定、法律适用）	✓	✓	✓	✓	✓			✓
卷宗转移、归档等（兼任书记员职责）	✓							
撰写调研、信息、论文或庭室综合材料	✓	✓	✓	✓	✓	✓	✓	✓

2. 认知颗粒度和思维层次性。认知颗粒度是法官助理对工作内容"门、纲、目、科、属、种"的细致认识程度，它决定了思维层次性和精确度，体现了当事人对案件细节的把控能力、繁杂材料抽象提取能力和类型化分析整合能力。

3. 事实解释与事实剪裁。现行的证据规范只对事实提供了一种方向性、结构性的指引，如何在证据不足、存疑、矛盾的情况下创造性完成叙述事实的完整形态，极其考验事实解释的知识。另一方面，如何在原生混沌状态的证据资料中，梳理出法律上的因果线索，提炼出全体构成要件的法律事实，则体现着事实剪裁的知识。

4. 图式加工。图式加工可以引导并加速法官助理对案件的认知，可借助其他案件的类似情境去理解并合理解释证据存疑案件的情境。值得注意的是，事实解释、剪裁与图式加工常被融汇运用，这些隐性知识是理解法官思维模式的核心要素。

5. 常理常情常识的经验参与。司法裁判虽是高度专业化的行为，但法律适用的基础仍是事实判断。越复杂的事实，越要回归常识，并在各种证明手段、标志和情势的综合联系中得到心证的结果，防止证据锁链的不断拉长。法理、事理、情理的有机统一也是增强裁判结果可接受性的重要途径。[1]

6. 观念辐射与结果导向。司法裁判的结果受到了法官道德性、阐释性和批判性的观念辐射，与法官的习惯、良知、职业理想甚至是社会的意识形态、民众接受程度紧密相关。

（二）隐性知识在不同辅助职能中的分布样态

隐性知识在不同职能的法官助理中存在明显差异（见表 13-2）：①院领导的助理直接从事审判实质性事务，并在法官的准予范围内拥有非常大的案件处理权限及自由，甚至极少部分助理有"影子法官"之嫌，许多未入额的审判员、助理审判员就归于此类助理之中。需注意的是，由于这类法官带头承办大案要案，对助理在观念辐射、结果导向等有助于权衡结果的隐性知识要求最高。②部门负责人的助理在法官在指导下承担了大量的实质性事务。由于本类法官长期处于审判一线，改革前具有审判文书审批权，对文书写作要求较高，甚至有将写好的文书交由助理提出意见、进行实质性修正的习惯，故助理在事实剪裁、解释、图式加工等有助于事实认定的隐性知识涵养较高。③普通法官的助理负责大量的非实质性审判事务及与书记员工作的协调，以最大限度地协助法官将精力集中于审判核心事务。助理的隐性知识多集中于重要性的整体感知力、认知颗粒度、思维层次性等方面，这些也是顺利开展工作的基本要求。

---

〔1〕 江必新："坚持法理情的统一 切实让人民群众感受到公平正义"，载《人民司法（应用）》2019 年第 19 期。

表 13-2 隐性知识在不同类型法官助理中的分布

序号	法官助理类型	对接法官类型	对接法官特点	助理的职能特点	隐性知识侧重类型	隐性知识功效	隐性知识程度
1	院领导的助理	院长、副院长、专职审委会委员等	办案数仅是普通法官的30%，本身行政管理事务较多，对助理的依赖性非常大	审判的实质性事务；处理权限及自由程度非常大	观念辐射结果导向	权衡裁判结果和利益分配	最高
2	部门负责人的助理	业务部门及审管办、研究室等综合性审判业务部门的负责人	办案数通常只有普通法官的50%，自身的行政事务较多或存在其他审管调研等专项职能，对助理的依赖程度及能力要求较高	承担大量审判实质性事务	事实剪裁事实解释图式加工	证据分析事实认定	较高
3	普通法官的助理	无行政职务的一线员额法官，也包含部分庭室副职	对案件承办量最大，法官与助理常表现为一对一或多对一的组合	非实质性审判事务及与书记员工作的协调	重要性的整体感知力、认知颗粒度、思维层次性	顺利完成基础辅助性工作	一般

（三）隐性知识对助理晋升和法官养成的意义

法官助理承载了辅助法官审判和法官养成的二元功能，而司法改革和修订后的《法官法》彻底取消了由法官助理行使审判权的可能性，将审判权更加单一、完整地赋予了员额法官，[1] 其对法官助理的权责界定却难以承载法官养成的功能。法官与助理职能界分的关键在于审判核心事务与辅助性事务的区别，即是否行使司法权的判断权能（事实认定、法律适用、司法裁断）。辅助性事务与判断性事务存在着本质差异，法官助理的履历积淀并不对法官养成具有当然正效应，二者间不存在方向性、发展性的关系。然而，法官助理对司法隐性知识的积累却暗合于法官养成的应然逻辑。隐性知识是支持司法判断的"无言之知"，[2] 法官的判断权能体现在证据不充分、事实不明确、法律适用存在争议时的决断之中，这是最能体现法官裁判技艺的场域，也是隐性知识生成、富集和流动的场域。隐性知识是法官助理遴选的核心竞争力，能有效弥合法官助理辅助性事实和司法判断性事务间的知识缝隙。

二、法官助理隐性知识缺乏的样态分析

法官助理隐性知识的含量虽无法精确测量，但其对隐性知识的缺乏却是现实常态。笔者通过对 Y 市人民法院 100 名法官助理的调查，初步描摹了法官助理隐性知识的缺乏样态。

---

〔1〕 傅郁林："修订后法官法的罅漏与弥补"，载《人民司法》2019 年第 22 期。

〔2〕 ［美］理查德·A. 波斯纳：《法理学问题》，苏力译，中国政法大学出版社 2002 年版，第 137 页。

（一）助理群体隐性知识缺乏的形态各异

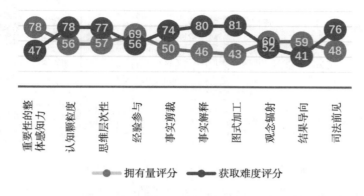

图 13-1　Y 市百名法官助理隐性知识含量及获取难度自测结果

经统计，100 名助理对隐性知识拥有量自测平均分为 56.6 分，认为隐性获取难度为 66.2 分（满分 100 分）。从隐性知识的缺乏种类分析：①重要性的整体感知力、常识常理常情经验参与的缺乏程度最低，前者可随工作经验而习得，后者源于生活的点滴积累，与法学知识的关联度较低。②与经验积累正相关的司法前见，反而呈现缺乏状态，这表明单纯的经验还不足以形成较为准确的法感觉，司法前见的培养离不开法学知识积累与沉淀。③最为缺乏的隐性知识集中在证据分析及事实认定领域，这一领域关系到司法判断权能，是法官职能的核心，本就与助理的工作存在疏离。该类隐性知识也是司法裁判的重点与难点，与证据科学的学习难度呈正相关，后者集合了各方面知识的学科，是法学各学科中偏难、偏冷且变幻莫测、无一定解的学科。

（二）助理个体差异对隐性知识积累的影响不大

统计对助理进行了年龄和学历层面的区分，[1] 发现隐性知识的分布呈如下规律：①各项隐性知识的习得难易程度在不同群体中趋同。这说明知识的难易程度有自身的独特评价体系，不由身份、年龄、受教育程度等因素决定。②学历的高低不能从根本上决定隐性知识的富含量，但可以提升对隐性知识体察的敏锐度。③不同职责的助理对隐性知识的感知程度不同。隐性知识习得的难易程度并不能反映出助理对隐性知识的实际拥有程度或渴望习得的迫切程度。

---

〔1〕　其中，1970~1979 年占 10 人，1980~1989 年占 20 人，1990 年后占 70 人；大专学历 11 人，本科 73 人，研究生 16 人。另因各法官助理担任的职责差异过大，不便进行分组，故未以职能进行数据提取。

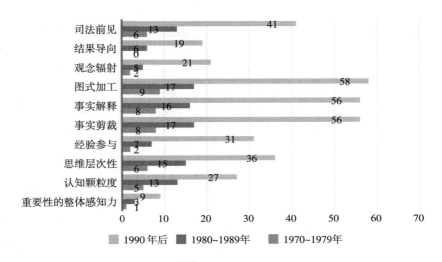

图 13-2 法官助理隐性知识获取难度的分类统计

（三）辅助职能差异对隐性知识积累的影响显著

在访谈中，一个值得注意的现象是越接近审判实质性工作的助理越感觉到隐性知识的缺乏，而负责事务性工作或兼任书记员职务的助理，对隐性知识的感知程度远不如前者深刻。表 13-3 中，助理 A 和 C 对法官的指示或机械执行或不知深意。二人系从事程序性、事务性的辅助工作，而法官的指示则是源于对案情发展的判断，故与法官因职能不同而对相同信息作出了不同的知识输出。助理 E 因已深入到证据分析和事实认定的职能之中，故虽为名校法本毕业也深感隐性知识的缺乏。助理 G 虽具有一定的审判经验，但涉及民刑问题交界处理时，反而容易被法学知识牵制，而法官 H 则利用了经验参与的隐性知识化解了这一法律问题、维护了判决的既判力和安定力。助理 I 虽受到了结果导向的指引，但缺乏如法官 J 般将隐性知识转化为显性判决的能力。

表 13-3　法官及助理对隐性知识的感知访谈摘录

隐性知识类型	法官助理的实践感知		员额法官的实践感知	
	身份	感知	身份	感知
重要性的整体感知力	聘任制助理A，22岁，护理大专毕业，入职法院一年	难以判断法官指令的重要程度，在紧急时刻基本上依赖法官指示工作的先后顺序	法官B，在民、刑、行庭轮岗锻炼，审判经验丰富，多次被评为Y市办案标兵	优秀的法官助理应合理安排法官的时间，而不是被法官安排时间
认知颗粒度思维层次性	聘任制助理C，23岁，法本毕业，入职法院一年	困惑于法官对其工作细节的过分掌控，如法官预料到某案可能上诉，遂叮嘱其在通知当事人参与宣判时，先听原告反应，再通知被告；但C认为先后顺序并不影响宣判	法官D，名校法本毕业，从事民事审判多年，业务素质极强且调解能力强	对个案态势的掌握都隐藏在与当事人沟通的细节中，如法律适用的判断、合理安排庭审节奏、沟通方式、文书说理重点及详略、提前应对上诉风险等一系列的因素
事实的剪裁解释与图式加工	政法编助理E，名校法本，入职5年，负责裁判文书撰写	最大的难点在于对事实的表述，尤其是在证据不充分、存疑、矛盾又无法补证的疑难案件中，如何在有限的证据中尽可能地清晰表述法律事实，其始终在探索	法官F，名校法本毕业，从事刑事审判15年，业务能力过硬	法官不仅要从混沌且充足的证据中涵摄出法律构成要件的事实，更要善于判断，从证据和事实的空缺结构中"构造"情节，合理地解释相关的事实
常理常情常识的经验参与	政法编助理G，工作7年，历任书记员、助审员、审判员，具备一定独立审判经验，过渡期内尚未入额	对生活的观察和感知非常有助于案件的审理，G曾承办结一起涉案金额特别巨大的非法吸收公众存款罪案，现非吸的公司对早年借款人甲诉请返还利息（借款200万，已归还本息近400万），G对是否支持该公司的诉请摇摆不定	法官H，助理G所在法院党组成员、分管刑事审判，从事刑事审判近20年	不能仅通过刑事结论去看待一个持续性、发民变化的行为，要仔细审查借款时间是否处于公司困难初期、借款是否个别私密进行等；个案的处理结果会引发社会秩序震动的蝴蝶效应，故审判不能脱离生活现实而是应回归常识，做到情理法相通
观念辐射结果导向	招录助理I，法本毕业，过法考一年，在行政庭工作两年	一个行政案件的原告在交通事故后积极救助了伤者，但因经济压力而实施伪造现场及骗保行为，未遂后拒绝对伤者完全赔付并称与事故无关，现原告不服交警大队做出的肇事逃逸及扣分罚款决定，提起撤销之诉。I认为如不支持行政处罚，将极大放纵此类行为	法官J，名校法学硕士毕业，从事行政审判5年，I所负责案件的二审法官（充分考虑了原告伪造现场、否定事故、骗取保险等一系列行为，支持了行政处罚决定）	行政案件兼具合法与合理的双重审查，同时也要注意各案引发的社会反响，在出现法律适用结果与民众普遍良知不符时，要合理地解释法律，甚至要预设合理的裁判结果并为其寻找论证的理由

三、法官助理隐性知识缺乏的原因探寻

隐性知识本质上是一种对知识与经验萃取、提炼和领悟的能力，因而习得不易，这也让我们有充足理论相信 Y 市样本情况在全国各法院普遍存在。法官助理隐性知识何以普遍缺乏，其原因值得深思。

（一）制度设计的反复性使得隐性知识难以生成

自 1999 年"一五"改革纲要至本轮司法改革，法官助理制度经历了从规范到实践的多重摩擦。"一五"改革纲要提出在高院层面可对法官配备助理和取消助理审判员进行试点，2004 年"二五"改革纲要确立了法官助理制度，并在全国法院经历了由点到面、由表到里、从常识到经验的法制历程；由于缺乏实质性、全局性的部署，加之改革内生动力减弱，法官助理的探索始终无法形成固定

的模式及成熟的体系。2009 年后，各试点法院几乎停滞了助理制度的探索，[1]直到 2015 年司法改革的再次激活。法官助理制度由于存在反复，且实践中亦与书记员、助理审判员的身份交错，故终未形成一个独立鲜明而稳定的群体。然而，隐性知识的生成具有强烈的主体性，且在身份类似、认知相近的群体中才可能进行流动，遗憾的是，法官助理制度的变迁并未赋予隐性知识依附的稳定主体。

表 13-4　法官助理制度在我国的发展实践

时间	规范性文件或决议	法官助理制度设计	意义
1979 年 1983 年 1986 年	《人民法院组织法》	设立了审判员、助理审判员，无法官助理的设立	法官助理制度尚未萌芽
1999 年	人民法院"一五"改革纲要	高级人民法院可以对法官配备法官助理和取消助理审判员工作进行试点，摸索经验	此后每一轮人民法院改革都把法官助理制度放在改革的突出位置
2004 年	人民法院"二五"改革纲要	总结试点经验，逐步建立法官助理改革制度	法官助理制度探索期
	《关于在部分地方人民法院开展法官助理试点工作的意见》	最高人民法院正式确定在海南高院、深圳中院等 18 个法院试行法官助理制度	
2006 年	《人民法院组织法》	设立审判员、助理审判员，仍无法官助理的设立	法官助理制度未得立法确认
2008 年	《关于在部分地方人民法院开展法官助理试点工作的意见》	最高人民法院加大改革试点力度，决定在西部 12 省份 800 余个基层人民法院试行法官助理工作	法官助理制度改革不断深化，但法官助理单独序列化管理未有效落实
2009 年	人民法院"三五"改革纲要	建立健全以法官、法官助理、书记员等绩效和分类管理为主要内容的岗位目标考核管理体系	推动了法官职业化进程，实践中仍存在法官助理的助理审判员化倾向
2014 年	新一轮司法改革	人员分类管理被列为改革试点的四项重点内容之一	为法官助理制度开启新篇章
2015 年	人民法院"四五"改革纲要	细化了法官助理制度改革举措，科学确定法官与审判辅助人员的数量比例，建立审判辅助人员的正常增补机制；拓宽审判辅助人员的来源渠道，探索以购买社会化服务的方式，优化审判辅助人员结构	人员分类管理改革的系统推进，为法官助理制度改革提供了强有力的组织保障和系统支撑；法官助理单独序列化管理，寻求职业化发展
	《关于完善司法责任制的若干意见》	明确了法官助理的 7 项职责，侧重于"业务性"，书记员的职责更偏重于"事务性"	员额法官将集中精力处理庭审、裁判等核心性质的审判业务
2018 年	《人民法院组织法》	人民法院的法官、审判辅助人员和司法行政人员实行分类管理，设法官助理，并规定符合法官任职条件的法官助理，经遴选后可以任命为法官；取消了对助理审判员的设立，但存在初任法官的表述	明确了法官助理向员额法官的晋升通道

（二）辅助工作的事务性使得隐性知识难以积累

隐性知识是一种关于选择行动及怎样行动的知识，往往生长于实质性的审判事务之中，积累于疑难、非常规性的案件之中，游走于正反观点势均力敌的司法开放地带。然而，本轮司改对法官助理职责定位却偏离了隐性知识的累积领域：一方面，法官助理的职能定位于"业务性"的司法辅助事务，既与书记员的纯

---

〔1〕　宁波市中级人民法院、余姚市人民法院联合课题组、李泽明："法官职业化建设背景下法官助理制度的重新审视与现实进路"，载《时代法学》2013 年第 6 期。

"事务性"工作容易形成交叉甚至部分混同，又与展现法官职业精妙的审判"实质性"工作形成了职能的疏离，故缺乏隐性知识积累的制度推力。另一方面，法官助理制度旨在培养一批正规化、专业化、职业化的助理群体，具有一定的内部封闭性。助理内部虽然有一到五级的等级划分，但不涉及职能和内容的区分，收入和待遇更高的一级助理也可只负责最基础的业务辅助，其履职的难易程度并不影响其级别晋升。因此，当前制度缺少对法官助理接触实质性审判事务的激励机制，难以激发法官助理主动积累隐性知识的内在动力。

（三）主体间的高位知识势差使得隐性知识难以传递

助理审判员在代行审判员职责阶段就完成了从助理到法官的思维、能力、知识等多重素养的平稳过渡，同时顺畅地融入于法官群体。助理审判员制度的消亡，使得"助理—法官"的养成机制出现了断层，现行助理与法官间的职能"鸿沟"缺乏连接桥梁，二者在职业素养方面也存在着极大的差距，其中，最难在短时间内弥合的就是隐性知识。隐性知识在不同主体中的富含程度不同，个体对知识的"位势差"能促进知识的转移并在不同主体间趋近平衡。[1] 但如不同主体之间知识势差过大，知识的需求方则会出现知识的理解及吸收障碍，反而阻碍了隐性知识的流动。助理从事的事务性或非审判实质性的工作难以积累审判核心知识，无法消减其与员额法官之间的知识高位势差，进而实现完成隐性知识的顺畅流动。

（四）教育的单向性填充使得隐性知识难以淬炼

司法过程不是概念、理论的逻辑演绎或照搬，而是一种基于经验的判断过程。[2] 在此过程中，知识完成了从纸面静态向运行动态的转变，并形成一个知识再造的螺旋式上升循环。而在高校法学教育阶段，考虑到学生发展的多元性，未局限于法律家的培养方向，法学生在积累法律知识之时，未同步提升将抽象的法律转化为具象的裁判、将矛盾转化为依照诉讼程序和技术解决问题的能力。[3] 同时，现有对法官助理的培养仍属于单线无互动的、格式化的知识与技能灌输，偏重审判辅助性事务的培训内容，并非知识再造的当然途径，不含任何创造性元素，未给予知识生成的足够耐心，未为隐性知识的生成与淬炼提供生态环境，也无法服务于助理晋升的远景。

---

〔1〕 张睿等："技术联盟组织间知识转移动因与类型研究"，载《情报杂志》2010 年第 1 期。

〔2〕 徐昕："司法过程的性质"，载《清华法学》2010 年第 2 期。

〔3〕 胡学军："隐性知识视角下我国法官制度的改革"，载《江西社会科学》2013 年第 9 期。

四、法院助理隐性知识培养的路径

法官助理制度承载了法官养成的功能，在辅助性职能、权限等客观限制下，应不断涵养助理的隐性知识、汲取司法技艺，才能为法院的发展储备稳定的后续力量，同时也进一步促进隐性知识在司法人员群体里转移与流动，实现知识价值的最大化。

（一）制度完善：通过助理分级培养促进隐性知识的累积

司法隐性知识的养成是一个集法律学习、法律训练和法律实践为一体的长期过程。对法官助理而言，司法实践的锤炼对隐性知识的积累不可或缺，这一点在域外法官培养模式中表现得尤为明显。

表 13-5　域外法官培养模式对比

法官养成模式	国家	法官来源	养成方式
任前经验积累+任职训练	英国	几乎产生于律师队伍 40岁前任命为法官极为困难	1. 律师成长阶段：法学知识学习及实习后，第一次考试（法科生可跳过此阶段）；参加实践性课程并选修税收法、财产法等至少两门后，第二次考试；跟随出庭律师见习一年，参加职业考试；以律师身份进行执业 2. 法官养成阶段：职前训练+转岗前的在职训练，通过法官选任程序成为法官
	比利时	10年以下司法经验者，需通过考试后才录取为司法研习生	3年实习法官
		10~12年工作经验者	1年实习法官
		20年以上经验律师	无实习法官历练要求
任职前培训+审判历练	德国	法科毕业生（大学学历以上）	1. 任职前培训：法科生参与本地区初级周试+两年见习期+第二次周试（考察法律知识的实践应用），合格者将具备被选任法官的资格 2. 入职实务历练：初审法院任职试署法官，3年历练期后可获得终身制法官的资格
	日本		1年司法研修，考试合格后任后补法官（判事补）；5年审判经验，判事补可取得与实任法官相同权限；10年审判经验，具备正式法官资格

由表 13-5 可知，域外的法官培养模式主要分为两种：一种是职业共同体的输送，英美法系国家十分重视司法技艺的实践积累，法官的候选人员从具有丰富实务经验的律师（也含部分学养深厚的法律学者）中产生，因此，法院不需花费太多资源培养入职人员的实务经验。[1] 这类人员在进入法院之前，已在丰富的实践经验中积累了一定的隐性知识，但隐性知识的个性差异性也较大。另一种是职业考训模式，大陆法系的国家和地区多采此模式，如日本法科生毕业后经过

〔1〕　蔡碧玉："司法官进用及养成教育之现况与未来展望"，载《国家菁英杂志》2016 年第 4 期。

多轮测试及 10 年司法实务的历练，才有获得正式法官的资格，[1] 这个模式也更贴合我国大陆地区对法官助理的培养径路。值得注意的是，此模式下，助理成长为合格的法官，需经过试署法官（补事判）的实质性审判岗位过渡，候补法官过渡能让助理更为直观地接触到了审判的精髓部分，是隐性知识孕育和丰盈的起点。

对比审视我国对法官助理的培养，由于助理审判员过渡机制的取消、法官助理与员额法官的权责互异、不同等级的助理工作内容缺乏区分等一系列原因，法官助理对判断权能所涉及隐性知识培养得不到充分的制度保障。长此以往，法官助理即使获得遴选入额资格，也未必能符合"业务水平高、司法经验丰富、审判业绩突出、具备独立办理疑难复杂案件能力的高素质法官"[2] 的职业要求。

考虑到隐性知识孕育于司法的开放地带，生长于审判经验的感悟默会之中，故建议在现行法院人事分类的框架下对法官助理进行分级定职，弥合助理晋升法官的知识裂缝。可根据助理的职业成长周期，采用法官助理的初级、中级和高级梯度培养模式，不同级别对应不同职责，以便综合立体地累积隐性知识。

1. 初级助理处于隐性知识含量较低、增量较快的阶段，可短期代行书记员职能以熟悉基础性、事务性工作，这一阶段是认知司法的感性阶段，主要提升隐性知识中的重要性的感知力水平、细化认知颗粒。

2. 中级助理处于隐性知识含量和增量的提速阶段，应广泛从事各类案件的审判辅助性工作，工作重心倾向于审判技能的培养，如从事调解、庭前会议、审查证据、草拟裁判文书等，助理从事的仍属于常规案件的辅助办理，初步培养事实剪裁、解释和图式加工等隐性知识。

3. 高级助理则处于隐性知识的缓慢深化积累阶段，应在法官指导下深度参与审判辅助事务，根据个人意愿及岗位需求双向选择，在多个业务领域轮岗学习积累审判经验，深度学习法官核心事务判断的隐性知识。能力培养应侧重于：①争议性事实的研判能力。能从繁杂的证据群中抽丝剥茧出基本的法律事实，正确地分析证据，从证据群中搭建整体的事实样态，这是隐性知识中事实剪裁、事实解释、图式加工的集中体现。②争议性法律问题的研判能力。助理应系统性地搜索国内外实务判例及理论文献，并融合隐性知识中的常识常理常情及阅历经验进行辩证思考。③文字表达及沟通能力。在一些争议性案件中，裁判文书的说理

---

〔1〕 See Carl F. Goodman, Justice and Civil Procedure in Japan, Oceana Publications, 2004, pp. 505–506.

〔2〕 周强院长于 2017 年 6 月 21 日在最高人民法院法官遴选委员会成立会上的讲话。

及修辞一定程度上就是隐性知识的理性化表现，尤其是争议性案件的判决书中的说理往往隐藏了支持该判决的隐性知识，集中体现了司法前见、观念辐射、结果导向等隐性知识。这样的隐性知识分阶累积使得高级助理的职务可成为法官人才的储备库，也可成为培养法律职业精英的演练场。[1] 在此模式下，助理只需临门一脚遴选助力即可成为员额法官。

表 13-6　法官助理分级培养与隐性知识积累

项目 职务	职责范围	任职年限	隐性知识培养方向	意义
初级助理	短期代行书记员职能 熟悉基础性、事务性工作	6个月	提升重要性的感知力水平、细化认知颗粒	快速融入审判环境
中级助理	常规案件的审判辅助性工作 着力培养审判技能	18个月以上	积累事实剪裁、解释及图式加工等隐性知识	理性认识审判事务
高级助理	在法官指导下深度参与审判事务，重点培养：争议性事实及法律问题的研判能力、文字表达及沟通能力	24个月以上	事实剪裁及解释、图式加工、常识常理常情、阅历经验、司法前见、观念辐射、结果导向等	弥合与员额法官间审判实质性事务的知识裂缝、积累隐性知识

（二）组织激励：促进隐性知识流动与知识势差弥合

隐性知识在法官与助理之间的积极流动可提升法院队伍的知识存量，并推动新一轮的知识再生产，因此，对隐性知识的培养不能局限于助理个体分散性、默会式的慢性习得，而应从知识生态系统视角出发，积极调动法院系统整体的知识人才、知识资源和知识环境的要素优势，[2] 建构适宜隐性知识传递的模式。

知识生态系统视角下司法隐性知识的流动模式可分为四类七种（见表13-6），这七种模式在审判实务中共存，具有不同的应用范围。①知识导向模式。师徒制的点辐射结构是隐性知识传递的典型方式，但覆盖范围狭窄。②知识主体导向模式。根据主体的形态又分为知识管理者导向模式、知识主体间的点对点导向模式、知识群体导向模式。其中，知识管理者导向模式是自上而下的官方培训模式，由于隐性知识本就难以表达与检验，故此模式对隐性知识培养最为困难；知识主体间的点对点导向模式是知识主体自主自发的交流模式，其范围窄、交流私密，故隐性知识的传递也更为流畅；知识群体导向模式常表现为知识小组等实体群，具有一定公开性，囿于语言表达的模糊性，助理需具备较强的语境理解能力才能领悟出隐性知识。③知识环境导向模式。由于隐性知识的传递具有一定的情

---

〔1〕 刘斌："从法官'离职'现象看法官员额制改革的制度逻辑"，载《法学》2015年第10期。

〔2〕 孙振领："国内外知识生态学研究综述"，载《情报科学》2011年第3期。

境性，而官方所组织的培训难以模拟出所有适宜传递的情境，故隐性知识传递不易。④信息技术导向模式。常见形式是各种线上学习群，这能使隐性知识内容和范围转移更易操作，但因隐性知识难以编码，且外化和整合存在很大困难，故传递难度较大。[1]

表 13-7　生态系统视角下司法隐性知识转移模式对比

模式	知识导向模式		知识主体导向模式			知识环境导向模式	信息技术导向模式
	新型司法知识产生导向模式	知识存量增长导向模式	知识管理者导向模式	知识主体间的点对点导向模式	知识群体导向模式		
核心目标	满足新类型案件中对司法知识更新和使用的需求	增加个人知识存量，改善团队知识结构	隐性知识转移管理和审判队伍控制	在审判队伍之间建立共同思维模式和技能	通过公共交流平台促进隐性知识转移	制度相应的制度和激励措施	通过网络知识转移平台，突破时间和空间限制
转移难度	简单	简单	困难	简单	稍有难度	困难	较困难
结构	线性结构	点辐射结构	网络结构	线性结构	网络结构	网络结构	网络结构
覆盖范围	狭窄，仅在新类型个案的法官和当事人之间	广泛，在审判队伍全体成员之间	狭窄，适用于自上而下的只是科层管理	狭窄，仅在两个知识主体之间	广泛，在交流所涉成员之间	广泛，对整个制度构建主体均有影响	广泛，网络平台接入群体广泛参与

由上述分析可知，法官助理隐性知识的积累是多种方式的融合，其中，通过实践历练与群体互动交流来是充实隐性知识的最有效方式，而通过自上而下、整齐划一的官方培训对助理隐性知识的培养效果不佳且难度较大。因此，欲实现隐性知识流动、提升法官助理隐性知识整体含量，不能仅依靠统一集中授课，而应为知识势差的合理引流提供强大的组织保障。

助理与助理、助理与法官、法官与法官之间，因自身隐性知识含量不同而形式了知识的势差。知识势差的弥合过程是一个"产生势差—弥合势差—产生更高势上的势差—弥合更高势上的势差"的动态良性循环。[2] 因此，知识势差的弥合能在一定程度上促进司法人员群体间的知识转移，增加该群体的整体知识存量，当势差降低到零时群体间的知识转移即成功结束。值得注意的是，势差的存在并不会自动发生隐性知识的流动，知识流动始终遵循了"公平交换律"这一人类社会认可的普遍性交换准则。知识势差的弥合需遵守"公平交换律"之准则，设定相当程度的激励机制，并消减隐性知识的流动阻力。

第一，建立隐性知识传递的梯队，防止势差过大而产生传递障碍。①初级助理+区分审判类型+定向辅助一个或几个一线法官+基础性辅助工作，初步掌握审

---

〔1〕　参见陈菁菁等："企业创新团队隐性知识转移模式分析及选择——基于知识生态系统的视角"，载《管理现代化》2019 年第 1 期。

〔2〕　张睿等："技术联盟组织间知识转移动因与类型研究"，载《情报杂志》2010 年第 1 期。

判工作整体情况；②中级助理+刑事、民事、行政庭轮岗+辅助资深法官+常规案件文书写作实质辅助工作，学习不同类型案件中法官对证据分析和事实认定的思维方法；③高级助理+集中刑、民、行一个领域（根据自身兴趣与庭室双向选择）+辅助庭室负责人、院领导+重大疑难案件的办理全程，深入积累某一领域的隐性知识，理解大案办理的法律思维、利益权衡与社会期待。

第二，建立知识传递的激励与保障机制，维护知识网络的运行。法官个体对隐性知识的淬炼背后是时间与精力的沉淀，其对隐性知识的分享应得到物质及精神奖励。①畅通系统内部交流机制，鼓励法官通过法院知识小组、法官协会活动、线上学习群、MOOC等形式分享自身知识，可将相关经验介绍的课件或文字做成内部分享资料，让法官感受知识分享的荣誉感；法官分享知识所需购买的图书应得到单位支持，法官根据审判经验出版的图书应在法院系统内推广；②完善业绩考评奖励机制，赋予积极分享知识并取得良好反响的法官以更多的个体价值，如通过折抵办案数量、年终考评加分等方式减少因知识分享所带来的职业风险，让法官的知识分享更具持续性；③建立专项人才数据库，并根据法官擅长领域定制知识目录，对知识活动进行有效分工，丰富法院内部的知识交流活动，进一步提升知识分享效率。

第三，依托知识共治文化的营造，进一步丰盈隐性知识。法院内部的知识治理不能遵循科层制的行政管理模式，而应发挥知识经验丰富的一线法官智慧，从领导层面的"对知识进行治理"转为资深法官的"用知识进行治理"，将法院内部零散化、情境化的知识协调起来，构筑起隐性知识孕育与发展的基础。[1]

（三）个体努力：实现知识从隐性到显性的升华循环

知识的生成是理解、表达、重要性感知的三位一体，任何理解之前先有表达，而表达之前则有重要性的整体感知。[2] 法官与助理是隐性知识生成的供体，也是受体。隐性知识的培养，应关注知识生发端和继受端对知识生成与汲取的效果，以实现隐性知识的显化与流动。

1. 助理自身对隐性知识的努力探求。法官助理如需完成向员额法官的知识飞跃，必须深度参与审判辅助事务，通过实践去感知隐性知识的存在与表现，进而针对性地探索学习。具体言之：一是扩大对隐性知识的接触广度。助理应不断趋近核心辅助性事务，在法官的指导下更多地从事庭前会议协助、阅卷笔录及庭

〔1〕 黄文武等："大学知识治理的现实审视与理性实践——知识生产模式转型视角"，载《高教探索》2017年第11期。

〔2〕 汪丁丁："什么才是一流的知识?"，载《文化纵横》微信公众号2019年7月6日。

审提纲制作、承担裁判文书初稿写作及合议庭记录等，最大限度地接触隐性知识集中存在的核心事务。二是提升对隐性知识的感知深度。助理需在各种情境中观察法官的一举一动，不断趋近法官的思维模式和行为方式，探寻支持法官选择如何行为的隐性知识。三是领会法官隐性知识的独特性。助理明辨法官与诉讼参与人之间的思维差异，如法官对指控罪名持其他看法时如何掌控庭审等，感受法官隐性知识下的行动选择。

2. 助理群体对隐性知识的交流表达。表达是隐性知识外化为显性知识的重要过程，由于助理之间的知识势差不大，故助理间的群体性交流能积极地带动知识的流动。助理们可以用模糊型、比喻式等描述方式询问其所感知到的隐性知识。需注意的是，传统的知识形态呈"信息—知识—理解—智慧"的层层收紧三角形态，而在信息时代，知识被松散的网状结构所链接，知识形成的过程不再封闭，存在更多互动的空间；这也使得隐性知识的生成变得更为漫长、知识结晶更为稳定。针对知识本身的新变化，可借助信息的知识外化手段，通过数字法院内网平台设置专门的交流区，鼓励广大助理群体进行交流和提问。所有法院用户都可以公开回复并票选最优解答。所有提问及回复中的关键词将按照法律部门、法院层级、程序进度、裁判情节等进行多重编码分类，并对相关问题进行指导案例、公报案例等关联性推荐，最大限度地促进隐性知识的外化。

3. 法官对助理的提点与协助。司法责任制取消了案件的层层审控，司法知识也由院领导行政集体生产转为法官个体生产，知识体量变得更为丰富与多元，足够的知识广度本身就成为一种深度。[1] 隐性知识的产生愈发个体化，法官对助理提点和协助也愈发重要，具体指导应从三个层面入手：一是司法技艺层面，让助理近距离接触司法判断所涉事务（见表 13-8）。这是法官履职的精髓，也是助理晋升为法官的实战演习阶段。法官对助理提供庭前、庭审、庭后和裁判四个环节的指导，帮助助理多维度、立体式地积累隐性知识。同时，助理应将所学内容积极应用于实践并丰富答案，提炼出专属于自身的经验、心得，并再次将所悟的隐性知识提交至审判场域接受检验。这也是隐性知识与司法历练共生演化、达到知识"真且通"的过程。二是心理认同层面，法官在尊重助理职务及身份独立的情况下，也要增强心理认同。可积极带动助理参与法官沙龙等交流活动，同时院领导也要定期开展茶话会、直接听取助理们的内心需求，破除助理对法官的敬畏和疏离、增进其与法官间的情感友谊。对于从助理遴选成长的初任法官，资

---

[1] [美] 戴维·温伯格：《知识的边界》，胡泳、高美译，山西人民出版社 2014 年版，第 22 页。

深法官可"扶上马、送一程"地协助组成合议庭并继续提供智力支持。三是价值传递层面。隐性知识的培养不应局限于司法技艺,更应深入到对法官和法律职业的终身信仰之中,尤其在改革浪潮对利益冲击拍打之下,法官应将对职业的坚守与信仰在语言和行动中传递给助理、由助理延续和呈现。

表 13-8　法官对助理的司法技艺指导

阶段	目的	隐性知识侧重	法官对助理的指导内容
庭前	锻炼助理对案情的全盘预判能力	重要性的整体感知力	重点审查助理汇报庭前准备成果,如诉讼材料的审查、庭前会议中当事人争议焦点的归纳、与代理人的程序问题沟通等
庭审	查考助理对庭审程序、规范性和节奏驾驭的感知能力	认知颗粒度思维层次性	重点考察助理对庭审过程的收获,如助理所总结的法官对庭审节奏把握、打断当事人程序的节点方式、法庭调查阶段对当事人询问的内容、询问的目的倾向及语气、仪态表现等亮点,了解助理认为自身的差距所在,及时解答助理对庭审细节的疑惑之处
庭后	带领助理见识功夫在法外	常理常情常识的经验参与	庭审后法官对当事人的沟通和交流也是促进案件顺利审结的关键,法官可带领助理直接参与该阶段,锻炼助理对当事人情绪安抚能力、矛盾调处能力、折中方案及利益协调能力、局面稳控能力等
裁判	助理理解法官、成为法官的核心阶段	事实剪裁、事实解释、图式加工、司法前见、观念辐射、结果导向	对助理所草拟的文书,应重点审查是否涵盖了构成要件事实、事实及情节的表述是否完整明确及有无证据支持、文书对争议焦点的回应是否有针对性有说服力、裁判观点是否依附于被普遍认可的观点之上及有无逻辑问题、对重大案件是否涵盖了历史的、道德的、政策性的因素对裁判文书可接受性的判断是否合理等

五、结语

法官助理制度承载了辅助审判和法官养成二元功能,但二者间并不当然存在递进积累效应,强调法官助理的隐性知识培养,就是希望能从知识路径弥合助理与法官间的知识缝隙,做好初任法官养成的知识衔接,推动司法队伍正规化、专业化和职业化建设。

刑事"自诉"转"公诉"规则完善之立法探讨

◎王 译 曾诗雨*

目 次

一、问题的提出

在 2020 年最高人民检察院发布十大法律监督案例后，"杭州快递造谣案"不仅在网络舆论阵地上引起了轩然大波，更是引发了学界对于刑事自诉转公诉制度与程序的理性探讨。当前，我国实行的起诉模式是"以公诉为主，自诉为辅"的双轨追诉模式。与实行单一的公诉垄断主义的国家不同，双轨制诉讼模式不可避免地会涉及公诉权和自诉权两者之间的关系。正如学者所言，公诉在保障和促进自诉自由的同时，对自诉进行干预，即将自诉转化公诉；自诉在遵从公诉的前提下，对公诉进行超越和突破，即公诉转自诉。[2] 而我国在先前的刑事起诉程序设计立法理念中，尝试将"公诉"和"自诉"划定为两条不相交的轨道。有学者表示，我国在纯粹的"自诉"和"公诉"案件关系中试图设立泾渭分明的实体和程序界限，从而使国家追诉权与被害人自诉权获得独立的运行空间，互不

---

* 作者简介：王译（1988—），男，湖南邵阳人，法学博士，湘潭大学反腐败司法研究基地研究人员，湘潭大学法学院讲师、硕士生导师，湖南勤人坡律师事务所兼职律师。研究方向为监察法学，刑事诉讼法学。曾诗雨（2001—），女，湖南邵阳人，湘潭大学反腐败司法研究基地研究助理。

[2] 参见王新环：《公诉权原论》，中国人民公安大学出版社 2006 年版，第 263 页。

牵扯与干涉。〔1〕然而，在司法实践中自诉与公诉之间完全互不干涉是无法实现的。立法寻求平衡自诉与公诉之间关系的方法，以克服自诉权在司法实践中遇到的困难。自 1979 年《刑事诉讼法》颁布以来，我国自诉案件便与公诉案件产生了相应的交叉关系。《刑事诉讼法》第 210 条、《刑事诉讼法解释》第 1 条的规定确立了"公诉"转"自诉"的法定案件类型范围。这实质上为"自诉"转"公诉"提供了可能，并从规范上设定了一定的参照。因此，1998 年《关于实施刑事诉讼法若干问题的规定》（以下简称《规定》）的第 4 条，进一步界定了自诉与公诉的关系。尽管《规定》极大地促进了自诉转公诉制度的建设，但是在现阶段自诉转公诉制度仍有许多待于解决的地方。

在监督案例颁布之后，众多学者对自诉转公诉制度进行了深入的探讨。熊秋红教授在深度分析刑事诉权的历史发展、基础理论和观念的基础上，指出我国应当完善被害人诉权的多元化实现途径等基本思路。〔2〕吴宏耀教授从清末以来刑事诉讼的现代化历程视角予以论证，"告诉才处理"的案件应当构建"公诉—自诉"并行的二元追诉制度。〔3〕时延安教授从基础理论、法理根据和政策意义等方面论证自诉转公诉的合理性，从实体法和程序法两个层面分析自诉转公诉这一诉权竞合的问题，并认为国家启动追诉权不仅没有侵犯自诉权反而有利于自诉权的目标实现。〔4〕上述学者们大多都是从法理、政策等基础理论论证自诉转公诉存在的合理性及其积极意义，但是在自诉转公诉具体制度和程序的构建方面在学理界仍有空白。

自诉转公诉，即当被害人由于非主观原因不能行使或者难以行使法律赋予的诉权，发生自诉障碍时，由检察机关对自诉进行干预。〔5〕从上述定义可知，自诉转公诉涵盖了两个层面的特点：一是两个诉权之间的转化，并且是由自诉转化为公诉；二是自诉权只有在被害人由于非主观原因导致自诉障碍时，公诉才能够被允许介入。根据上述特点可以得出，自诉转公诉程序规则的构建需明确几个问题：

第一，两个诉权转化的范围和条件有待确定。根据学理的解释，自诉转公诉

〔1〕 参见徐阳："我国公诉与自诉的协调机制探析"，载《政法论坛》2010 年第 3 期。
〔2〕 参见熊秋红："论公诉与自诉的关系"，载《中国刑事法杂志》2021 年第 1 期。
〔3〕 参见吴宏耀："告诉才处理犯罪的追诉制度：历史回顾与理论反思"，载《中国刑事法杂志》2021 年第 1 期。
〔4〕 参见时延安："'自诉转公诉'的法理分析"，载《中国刑事法杂志》2021 年第 1 期。
〔5〕 本文提到的自诉案件即特指存在且存活下来具备诉讼能力的被害人，即为一般意义上的原告人。若无特指，本文刑事自诉"原告人"与"被害人"采同一语义范畴，特此说明。

的范围应当是自诉的范围，具有自诉权是发生自诉不能的前提条件。尽管我国的自诉案件类型仅有三种，但其范围边界在学理中仍存在争议，需要进一步的完善。[1] 至于自诉转公诉的条件，我国法律明确规定的只有被害人受到强制、恐吓或者证据不足等情况，不能完全覆盖司法实践当中的所有案件类型。

第二，当出现严重侵犯国家和社会公共利益的自诉案件时，当前立法缺乏对自诉转为公诉的类型化规制。以"杭州快递造谣案"为例，因行为人严重侵犯国家和社会公共利益的缘由，检察机关通过发出检察建议，督促公安机关及时立案，将法院已经受理的自诉案件转为公诉程序处理。此种转化不论从法理还是规范上均需论证其合理性方得证成合理合法。[2] 但是，此类基于公共利益保护的自诉转化在法律规范中欠缺专门的类型化规定，因而有待完善。

第三，自诉转公诉的转化程序有待构建。我国自诉转公诉的规定主要在实体法方面，诸如自诉转公诉的内容、代为告诉等，《刑事诉讼法》中关于自诉转公诉的规定寥寥无几，遑论自诉转公诉的完整程序设计。在被害人有证据证明的轻微刑事案件类型中，《规定》将自诉权与公诉权并存。立法的本意是根据实际情况自由选择合适的诉讼程序，但是实践中易因此出现"同案不同罚"的现象。[3] 因此，从程序上自诉转公诉应明确相对稳定的案件办理共通标准。比如，何者优先？怎样启动转化程序？不同阶段如何转化？一律转化到公安机关立案侦查阶段，或者不同的自诉阶段转化到相对应的公诉阶段？这些问题均可对司法实践中的办案产生直接的影响。

第四，在自诉转公诉后，如何照顾原自诉人在程序处分上的意志和程序救济权利？自诉转公诉是两个追诉权之间的转化，而自诉与公诉两大诉权在追诉主体、客体、权利、程序等方面差异悬殊。尤其对于自诉人而言，诉权转化完成后自诉人从常规意义上失去了诉讼程序中的主体地位，同时也失去了对起诉、和解、调解乃至独立上诉的程序处分自治。对于被告人而言，公诉程序当中亦对其和解产生一定限制，而自诉程序中具备的调解和反诉更无生存土壤。尽管公诉主体以查清事实、惩治犯罪为己任，但这无法避免程序转换后权利缺失对双方当事人带来的负面影响。

---

〔1〕 参见罗智勇："对我国公诉与自诉关系的理性思考"，载《中国刑事法杂志》2006 年第 2 期。

〔2〕 参见张建伟："涉嫌诽谤案自诉转公诉的法眼观察"，载《检察日报》2020 年 12 月 30 日，第 3 版。

〔3〕 参见吴小帅、周长军："从实践困境看我国刑事自诉圈的立法重构——以对 S 省若干区县的实证调研为基础"，载《法学论坛》2015 年第 2 期。

本文以上述问题为突破口,以自诉转为公诉程序后原自诉人的程序权利保障为研究对象,寻求当前刑事起诉制度中在转为公诉的同时如何克服程序转换的缺陷,以期为自诉转公诉的规则完善形成些许行之有效的学理建议。

二、刑事"自诉"转"公诉"规范运行的现实困境

在现有规范体系中,囿于立法未明确法律效力层级的"自诉"转"公诉"适用规则。因此,这一过程表现在被害人主体的程序处分意愿可因公权力介入而易被曲解,削弱了被害人作为自诉人的诉讼地位和诉讼权利。另外,"自诉"转"公诉"规则的不完全构建对社会人际关系的稳定性易造成不当影响,有碍刑事自诉资源的合理分配。笔者将从下述几个方面具体展开:

(一)易偏离被害人的程序处分意愿

在世界范围内公诉权不断强化的大背景下,我国的自诉案件范围却呈扩大趋势,自诉制度不断得到强调,其地位也越来越重要。[1] 很早之前,卞建林教授从三个国家政策方面论证了我国保留刑事自诉的原因。[2] 在法益平衡的价值导向之中,立法在一定范围内赋予被害人自由追诉的权利,除考量到制衡公诉权、合理配置司法资源等因素,在民众的法律意识逐渐加强,越来越多的人学会用法律武器保障自己的权利的当下,另一主要原因便是为了充分尊重人权和保护自由。对公共利益危害相对较小的案件,从法益上主要表现为人身、财产权利的侵犯。此类轻微刑事案件被纳为自诉案件后,被害人享有充分的自诉程序处分权,即作出可以向法院提起诉讼,也可以依法不追究被告人刑事责任的程序选择。

当被害人因非主观原因而导致自诉程序产生障碍时,由刑事司法的公权力介入将案件转化为公诉程序追究犯罪,这应然符合被害人的主观心理,并未可直接得出违反其意愿的结论。当被害人不愿追究被告人的刑事责任,案件符合并且触发自诉转为公诉程序的条件时,公诉的提起便违背了被害人的真实意愿。比如,案件影响的恶劣程度达到严重侵害社会公共利益的标准导致程序的转化,而此时被害人并不想追究被害人刑事责任。任何存在被害人的刑事犯罪,无论刑事责任的大小,其均具有社会危害性。但值得明确的是,被害人是刑事犯罪危害影响作用的第一对象。国家在立法赋权时就已经考虑好刑事自诉的弊端和自诉人自由处分自诉权可能产生的不利影响,在法益权衡的过程中,立法将极有限的刑事案件

---

〔1〕 参见吴宏耀:"刑事自诉制度研究",载《政法论坛》2000年第3期。
〔2〕 参见卞建林:"论国家对自诉的规制和干预",载《政法论坛》1993年第3期。

的求刑权赋予个人允许其自由处分，便证明这符合公共利益的需要。[1] 立法既已作出了公诉与自诉界分的制度安排，在立法之初就应考虑到当事人对自诉案件程序选择的利弊。所以，当被害人不愿意追究被告人法律责任的时候，无论什么原因导致自诉案件转为公诉程序处理，均违背了被害人的真实意愿。

（二）削弱被害人作为自诉人的诉讼地位和诉讼权利

在自诉程序中，被害人始终处于主体地位。自诉程序的启动、运行和终止取决于被害人的意志。被害人拥有起诉权、调解权、自行和解权、撤回自诉权以及独立上诉权，这些权利均属于被害人对自诉的处分权。当自诉转为公诉后被害人尽管在法律形式上和公诉机关一同处于主体地位，但实质上被害人失去了作为自诉程序"两造对立"一方主体地位的权利。尽管 2012 年《刑事诉讼法》将被害人作为当事人对待，相较于自诉人的程序处分权限范围，二者不可同日而语。当上述权利因转换为公诉后，原自诉人不再享有可对诉讼进程进行主导的权利。对于被告人而言，在自诉程序中同样拥有调解权、自行和解权以及反诉权。当自诉转为公诉程序后，上述这些权利也同样消失。

笔者认为，被告人这些权利的消失可能产生更为恶劣的影响。首先，当自诉转为公诉后，被告人承担刑事责任的可能性将会大幅度增加。我国台湾地区学者林钰雄对此做过相应统计。早在 1998 年我国台湾地区法院审理终结的自诉案件中，共有 10 850 名被告人，受科刑判决者 1359 人中有 3 人免刑。自诉案件中有罪判决者 1362 人，占被告人总人数 12.55%。而在同年的公诉案件中，受有罪判决的被告人共 111 369 人，占公诉被告人总人数 142 552 人的 78.13%。[2] 由此可知，自诉案件在性质上表现为情节相对轻微。倘若被告人取得了被害人的谅解并且有其他更好的方式补偿被害人，将自诉转为公诉让被告人受到刑事处罚的必要性须重新作审慎考量。其次，转为公诉程序对被告人影响最大的是失去反诉权。自诉案件中，被告人行为主要侵犯的是被害人的人身权利。在司法实践中许多自诉案件的发生都是"事出有因"，不完全是被告人的过错，被害人也有着不可推卸的责任。[3] 以故意伤害（轻伤）为例，倘若此类案件存在被害人的挑衅，抑或被害人也有动手伤害、辱骂被告人的情形，那么在这种情况下，被告人完全可以提起反诉。换言之，当反诉成功提起时，一定存在被告人人身权益受到实际侵犯的真实情况。反诉权是自诉程序赋予被告人保护自身合法权益的诉讼权

---

[1] 参见孟红："浅谈刑事自诉权的排他性"，载《东南大学学报（社会科学版）》1999 年第 4 期。
[2] 参见林钰雄：《刑事诉讼法》（下册各论编），中国人民大学出版社 2005 年版，第 139 页。
[3] 参见李蕴辉："论自诉转公诉"，载《山东审判》2005 年第 4 期。

利,其专属于自诉程序而存在。在公诉程序中,被告人因在控辩双方的对抗中相对成为特殊的诉讼主体而存在,并没有反诉权。若存在此种特殊情形时,被告人的权益无法得到及时保障。最后,因自诉中双方当事人的诉讼地位平等,当被害人拥有起诉权时,赋予被告人反诉权乃是对被害人的程序制约。当被害人具有过错,被告人若无反诉权作为程序平衡的救济时,被害人可因公诉程序的恣意启动而不会受到任何惩罚。即便允许被告人另行起诉以消解无反诉权的程序状态,但这实质上造成了司法资源的浪费。

(三) 对社会人际关系的稳定性易造成不当影响

由于自诉案件主要侵犯被害人的人身权利,并且特定罪名由刑法明文规定仅可由特殊主体构成。基于此种特定身份关系,自诉案件中的被害人和被告人避免不了人际上的客观联系。比如,遗弃罪的犯罪主体为对被遗弃者负有法律上的抚养义务而且具有抚养能力的人;暴力干涉婚姻自由的犯罪主体多为当事人的近亲属或者是对象。诚如学者所言此类自诉犯罪大多数情况下出现在"熟人社会"内部,难以将单一的侵害行为从现实的人际社会关系中剥离。因而,对于居中裁判的司法机关而言,难以通过诉讼的方式断明是非曲直。[1] 司法实践中,被害人和被告人多存在着家人、朋友、同事、同学和邻居等相熟相知,或者有着深厚感情的关系。当被害人提起自诉时,在某种特定情形下不一定是为了从诉讼当中寻求对被告人的刑事处罚,也不一定从本质上希望被告人承担刑事责任。从规范保护层面,立法为避免公诉权过度侵蚀亲权关系而将该部分罪名让渡给被害人,因而此可作为被害人可在自诉程序中取得程序自由处分权利的重要原因。当转换为公诉程序后,被害人不再拥有调解、和解的程序处分权利,被害人承担的社会关系成本等隐性责任将因公诉程序而增加。这不仅不利于修复已经破裂的身份关系,甚至会加剧被告人和被害人之间原有的社会紧张关系从而影响社会的稳定和秩序。正因在自诉程序中,基于被告人的和解和调解权利,自诉审理的结果并不一定表现为刑事责任。而当转换为公诉后,基于"捕诉合一"的要求,被告人被提起公诉时可承担刑事责任的概率大幅增加。刑罚之目的在于惩治、教育和预防等几大主要功能。自诉程序中的被告人,在转为公诉而接受刑事处罚后,因轻微的刑事案件而被添加可跟随其一生的"罪犯"标签,不仅对被告人将来生活产生负面影响,不利于其重新融入社会,更有可能阻却刑罚中的特殊预防目的。被告人可能因轻微刑事犯罪形成逆反心理,而此类罪犯容易因较短的监狱生活易

---

[1] 参见车浩:"杭州诽谤案为何能转为公诉",载《检察日报》2020年12月30日,第3版。

造成"交叉感染"。"破罐子破摔"及对司法程序处置的不公心态等因素，使得其在出狱后增加了再犯可能性。[1] 自诉犯罪罪名的刑期有限，转为公诉可不受原罪名设定的刑期限制。从社会关系保护层面审视自诉转公诉程序，其虽存在诸多社会关系恢复上的因素，但其可因法益的升格保护而获得相当之正当性，此点不可不察。

（四）在法律适用层面有碍司法资源的合理配置

自诉程序的立法目的之一在于合理配置司法资源。我国幅员辽阔、社会环境相对复杂，与案件数量众多相冲突的是，我国司法资源相对紧缺。自诉案件的立案条件之一便是有证据证明，而不需要动用侦查机关的力量。尽管在取证过程中公安机关可协助自诉人获取相应证据，但直接向法院提起自诉便可达到审判目的这一立法安排，可将更多的司法资源运用到其他更为棘手、复杂的刑事大案、要案当中，实现司法资源的合理分配，有效提高诉讼资源的利用效率。但当转为公诉案件之后，轻微的自诉案件需要完成所有的公诉程序，包括重新立案、侦查、起诉和审判，这涉及刑事司法公权力的二次运用。由法定的侦查权能分配设定可知，公安机关承担着大量犯罪案件的侦查职能。若将"告诉才处理"案件也交由给公安机关立案侦查，将分散公安机关的侦查精力，而公安机关重点侦查的对象应当是严重危害社会治安的犯罪案件。[2] 再者，自诉案件适用的是简易程序，公诉是普通程序，其审判期限相较于公诉缩短不少。转换为公诉，这也存在着损耗诉讼参与主体人力、物力的可能。因此，宏观上分析，自诉转公诉从效果上并不利于司法资源的合理配置。当涉及刑法保护的法益存在国家性、社会性与公共性时，刑事自诉转为公诉存在一定的合理性。此种合理性仅可在司法实践当中得以证成，而现有规范难以自证其合理性所在，故存在着从法律层面的修改和完善的空间。

三、刑事"自诉"转"公诉"规则完善的应然面向

"自诉"转"公诉"须明确总体原则，即"以充分保障当事人意思自由为前提，以追诉犯罪、维护国家和社会的利益为根本"。同时，立法还应对当前规范中欠缺"自诉担当"的现实问题作出必要回应。增加可以代为告诉的法定类型，扩宽代为告诉主体范围。细化维护国家和社会公益类型案件"自诉"转"公诉"

---

〔1〕 参见姚红梅："狱内罪犯交叉感染与重新犯罪"，载《湖北警官学院学报》2012 年第 2 期。

〔2〕 参见陈光中、严端：《中华人民共和国刑事诉讼法修改建议稿与论证》，中国方正出版社 1999 年版，第 125 页。

的程序条件，包括"告诉才处理"与"有证据证明的轻微刑事案件"两种类型。当应对自诉转公诉的整体程序构建问题时，应把握刑事"自诉"转"公诉"的时空阶段与普通转换之间的程序关联。对此，本文将从下述几个方面作具体展开：

（一）确定刑事"自诉"转"公诉"的总体原则

法律原则在法律体系中居于重要地位，可直接决定法律制度的基本性质、内容和价值取向。法律原则作为法律制度内部和谐与统一的重要保障，对于法律改革具有鲜明的指引作用。[1] 诚然，法律原则另一重要作用在于当法律规则存在欠缺时，法官可根据法律原则作出判断。刑事自诉转公诉的规则完善，首要须明确程序转换的法定原则，这表现为须"以充分保障当事人意思自由为前提，以追诉犯罪、维护国家和社会的利益为根本"。"充分保障当事人意思自由为前提"乃指赋予被害人及其近亲属提起刑事自诉的权利，其主要在于自行追诉的处分自由、诉讼主体地位的权利基础以及主导诉讼程序进行的程序便利等。被害人因非主观原因导致自诉不能需要公诉机关的介入救济，此时公诉机关介入应体现为辅助作用，帮助自诉人解决自诉不能的相关问题。尽管转换为公诉程序，此时的被害人作为当事人仍然对程序处分可主张自己的部分意志。因此，检察机关在认罪认罚从宽程序的适用过程中，尤其应该充分保障被害人的意见得到表达。其次，被告人失去反诉权、调解权与和解权作为自诉转公诉的缺陷之一，在一定情境下对被告人而言也是一种"不公平"。此时也应当充分保障被告人的意思自由。"以追诉犯罪、维护国家和社会的利益为根本"，当自诉需要转化为公诉程序时意味着自诉程序发生了障碍，被害人的诉权无法得到保障。刑事诉权的意义在于查清犯罪事实，追究罪犯的刑事责任，因此不论普通公诉案件，还是由自诉案件转化而来的公诉案件，追诉和打击犯罪乃是其根本目的。最后，国家利益不容损害，社会秩序不容破坏，因此维护国家和社会的利益也是自诉转公诉制度的根本原因之一。

（二）完善刑事"自诉"转"公诉"的罪名范围

在我国现行立法中，法律明确规定由自诉可转为公诉的案件类型包括两种：第一种是"告诉才处理"中转为公诉的情况。例如《刑法》第246条第2款、第257条第2款、第260条第2款告诉才处理的结果加重犯。另一种是1998年《规定》第4条第2款明确了有证据证明的轻微刑事案件作为可自诉可公诉的案

---

[1] 参见邹瑜、顾明主编：《法学大辞典》，中国政法大学出版社1991年版，第133页。

件类型。在上述所列八项案件中，被害人直接向人民法院起诉的，人民法院应当依法受理，对于其中证据不足、可由公安机关受理的，应当移送公安机关立案侦查。被害人向公安机关控告的，公安机关应当受理。但是这些范围在司法实践中表现过于狭窄，不能完全地概括实际情况中其他自诉需要转化为公诉的情况，因此立法对此需作出相应的修改和调整。

第一，修订"告诉才处理"的类型范围。这包括两个层面：一是修改"代为告诉"的规定。由《刑法》第 98 条规定可知，"本法所称告诉才处理，是指被害人告诉才处理。如果被害人因受强制、威吓无法告诉的，人民检察院和被害人的近亲属也可以告诉"。有学者认为，该条内容过于原则化，主张细化代为告诉的规定。[1] 只有当被害人受到强制、威吓时检察机关和近亲属才可以代为告诉，但是这只是被害人无法告诉的非主观原因之一。当有其他引起自诉机制发生障碍的原因时，该条就无法保障当事人的自诉权。《刑事诉讼法》第 114 条规定，对于自诉案件，被害人有权向人民法院直接起诉。被害人死亡或者丧失行为能力的，被害人的法定代理人、近亲属有权向人民法院起诉，人民法院应当依法受理。但这也只是规定了当被害人死亡和丧失行为能力这两种情况下被害人的法定代理人和近亲属可以起诉，其他被害人无法告诉的情形没有法律的保障。例如，被害人失踪、下落不明等。[2] 再者，被害人的近亲属和法定代理人可以向法院提起诉讼，在本质上这仍然是自诉性质，他们承担着举证责任以及其他作为自诉主体的义务，难免会发生自诉不能的情况。综上所述，有效的解决办法在于直接修改《刑法》第 98 条，增加被害人其他无法提起自诉的情况作为兜底性条款。二是将"检察机关代为告诉"明确为自诉转公诉的法定类型。尽管代为告诉规定了当被害人无法告诉时，可以由检察机关向法院提起诉讼，但是在《刑法》和《刑事诉讼法》中没有明确规定检察机关代为告诉时的性质和相关的适用程序。有学者从原因、适用案件范围、适用阶段、效力四大方面来阐述代为告诉和自诉转公诉的不同，并且认为代为告诉的目的在于启动审判权，其性质是仍然是自诉。[3] 也有学者认为，代为告诉的本意是为了保护被害人的利益，检察机关代为告诉被认定为公诉案件的话显然违背了刑法"告诉才处理"的立法本

〔1〕 参见兰耀军："'代为告诉'规定要细化"，载《人民检察》2007 年第 13 期。

〔2〕 参见赖早兴："论告诉才处理刑事案件中被害人告诉之帮助"，载《湖南大学学报（社会科学版）》2017 年第 1 期。

〔3〕 参见兰跃军："自诉转公诉问题思考"，载《中国刑事法杂志》2008 年第 6 期。

意。[1] 若《刑法》第 98 条不修改,笔者对此种建议持赞同态度。但如前文所述,代为告诉应增加其他的兜底性条款。而兜底性条款中"代为告诉"的原因还涵盖了其他的主客观原因,不仅表现为上述的两种非主观因素,因此修改过后检察机关代为告诉的性质应当是公诉权的行使。在检察机关代为告诉中,立案侦查阶段公权力便已经全权介入,启动的乃是公诉程序。因此,将检察机关代为告诉明确规定为自诉转公诉的法定类型,可简化审查起诉中不必要的过程。

第二,增加维护国家和社会公共利益的"自诉"转"公诉"类型。由传统的刑法基本原则内容可知,犯罪的社会危害性涉及法益的不同位阶。无论何种犯罪,只要实施了犯罪行为,对国家和社会的公共利益就会造成侵犯。出于司法实践需要,对自诉转公诉的范围扩张须将"维护国家和社会公共利益"纳入自诉转公诉的法定范围。[2] 在自诉权行使过程中,自诉罪名的前提是须满足公共利益侵害较小的特征。现实中,存在交叉的案件既可侵害公民主体的人身、财产权益,同时还可严重侵害国家利益或者社会公共利益。倘若被害人与被告人私下达成和解使得被告人无须承担刑事责任,这样尽管被害人的私人利益得到了补偿,但无法实现国家、社会公共利益层面的保障。并且被害人无权代表国家向被告人追诉国家和社会公共利益受损部分,被告人仍然可脱离于公共利益的刑法审判之外。除此之外,公诉与自诉程序在实现刑责的武器、手段与力量等因素均存在资源分配上的显著差异。相较于公诉程序启动的法定性,程序运行的特定性以及法律后果的稳固性等特点,尤其在证据层面实现证据调查对象的充分性与完整性,公诉比自诉更有程序安定性层面上的优势。所以,当自诉案件严重侵犯国家和社会公共利益的时候,无论自诉程序是否发生障碍,检察机关皆有代位取得公诉程序主导权的现实必要性。

(三)完善"自诉"转"公诉"的启动条件

第一,明确"告诉才处理"类型中"无法告诉"的程序转化条件。代为告诉规定了被害人无法告诉时,检察机关和被害人的近亲属也可以告诉,但没有明确规定主体顺位的问题,此时便会形成自诉与公诉之间的诉讼程序适用冲突。被害人近亲属在代为告诉时行使的仍然是自诉权,检察机关代为告诉的被明确规定为自诉转公诉。既然立法规定此时行使的乃是公诉权,以何者为先体现的是自诉转公诉的立法价值取向。笔者认为,对于"告诉才处理"的案件类型,应当是

---

〔1〕 参见曾淑清、廖道明:"检察机关代行告诉权的几个问题",载《人民检察》2005 年第 19 期。

〔2〕 参加车浩:"诽谤罪的法益构造与诉讼机制",载《中国刑事法杂志》2021 年第 1 期。

"自诉优先"。如果在亲告罪的范围内"公诉优先"，不告不理便失去了自诉本身的制度价值。公诉机关代表的国家权力在自诉不能的情况下填补了自诉救济的功能，因而首先体现在近亲属代为告诉的层面。当近亲属无法告诉或者自诉不能的，检察机关再代为告诉。此时可能产生的问题是，当出现近亲属犯罪相互包庇以及近亲属相互推卸责任时，"无法告诉"应如何解决？其路径有二：首先，可以明确规定被告人是近亲属的自诉案件直接由检察机关代为告诉。其次，可以限定近亲属提起自诉的期限。在该期限内，当其近亲属没有提起自诉或者向检察机关书面申请自愿放弃自诉权而由检察机关代为告诉的，检察机关可以直接提起公诉。此时，近亲属不得再提起自诉。对此，笔者认为近亲属提起的自诉期限应以案发后 7 日为宜。此即为，被告人是近亲属的，直接由检察机关提起公诉，不需要征得被害人和近亲属的同意。而当超过了 7 日的自诉期限或者近亲属在该期限内向检察机关书面申请放弃自诉权，检察机关直接提起公诉，不需要征得被害人同意，近亲属也不得再提起自诉。若是近亲属提起自诉时遇到了自诉不能的情况，可由法院或者近亲属本人向检察机关提出转为公诉的申请。

第二，明确"有证据证明的轻微刑事案件"转化限度。确定这一类的自诉转公诉案件转化条件，首先须解决三个问题：其一，自诉权与公诉权同时并存，何者优先的问题。其二，如何解决《刑事诉讼法》第 211 条第 1 款第 2 项"缺乏罪证的自诉案件，如果自诉人提不出补充证据，应当说服自诉人撤回自诉，或者裁定驳回"与《规定》第 4 条第 2 款的冲突问题。其三，如何界定"对于证据不足、可由公安机关受理的，应当移送公安机关侦查"中的"证据不足"。

对于问题一涉及公诉权和自诉权并存的问题，学界存在对"何者优先"的探讨和争议，而"公诉优先"的观点占主流地位。[1] 公诉以国家机器为后盾，比自诉存在着力量的优势，当自诉和公诉冲突、牵连、竞合时直接全部移交至公诉机关全权受理，可节约司法资源和时间成本。再者，自诉案件可转交至公诉机关处理，而除公诉转自诉案件之外其他公诉案件均无可能交由被害人处理。所以，当自诉与公诉存在适用冲突时，"公诉优先"是最好的选择。也有少部分学者认为，由自诉转为公诉的案件应当"自诉优先"。[2] 这是因为刑事诉讼当事人根据自诉获得的程序处分便宜，对于被害人而言可同时享有自由追诉的权利。

---

〔1〕 参见束传祥："论刑事自诉完善性构建——以公诉权与自诉权冲突为视阈"，载《邢台学院学报》2014 年第 3 期。

〔2〕 参见吴小帅、周长军："从实践困境看我国刑事自诉圈的立法重构——以对 S 省若干区县的实证调研为基础"，载《法学论坛》2015 年第 2 期。

早在 1998 年的《规定》内容中，比较其与当前《刑事诉讼法解释》的差异，亦未明确规定何者优先。但是，从案件的类型名称中可知，"人民检察院没有提起公诉，被害人有证据证明的轻微刑事案件"已经暗含了"公诉优先"的价值倾向。笔者通过查阅案件裁判文书可知，司法实践中法院也以此条规定为由驳回自诉。被害人须证明检察机关作出了不起诉决定后，才能够提起自诉。但是本文深入研究自诉案件的类型后认为，除基于维护国家和社会公共利益的自诉转公诉类型之外，皆应为"自诉优先"。"自诉"在转换为公诉以前，具备更为明显的程序处分"私权"特质。有学者认为，公权与私权产生冲突的原因之一便是对公权的监督制约不力，公权具有自然的扩张性，如果没有制度的约束容易"越界"。[1] 所以，这类自诉转公诉案件应该明确"自诉权优先"的规则。对此，可主张将"人民检察院没有提起公诉，被害人有证据证明的轻微刑事案件"中的"检察机关没有提起公诉"的条件删除，其无须作为自诉转公诉的程序启动必备条件对待。对于"被害人向公安机关控告的，公安机关应当受理"的情形，公安机关也应当明确告知被害人拥有自诉权及相关事项，被害人明确表示放弃自诉权公安机关才可以立案侦查。

第二个与第三个问题主要需要解决的是如何界定"证据不足"。"证据不足"分为两种情况：一是被害人确实是举证能力欠缺导致的证据不足，被害人证据能力的欠缺也属于当前自诉制度的一项缺陷。[2] 二是被害人恶意、虚假诉讼，滥用诉权导致的证据不足。本文探讨的"证据不足"乃是由自诉转为公诉的证据标准，并非自诉案件的立案证据标准，此二者应区别对待。前者的证据标准应低于后者，甚至应低于普通公诉案件的立案证据标准。其缘由在于，自诉案件中案情普遍相对简单，无须动用刑事侦查权力，法院在立案受理后可直接审判。因此，自诉案件中的证明标准多体现为"事实清楚、证据充分"，这是法院作出一审裁判的最低标准。对于"证据不足，移送公安机关立案侦查"也需要被害人有证据证明自己确实受到侵犯，存在明确的被告人，有基本的证据证明被告人侵犯了被害人的权益。但是被害人个体举证能力有限，在司法实践中有大量自诉案件因此做撤案处理。有数据显示，自 2007 年至 2012 年，河北省秦皇岛市各基层人民法院受理自诉案件总共才 150 件，其中撤诉结案的案件数为 96 件，撤诉结

---

〔1〕 参见徐铜柱："社会治理中公权与私权的冲突及调适"，载《社会主义研究》，2014 年第 2 期。

〔2〕 参见兰耀军："自诉案件被害人人权保障及其完善"，载《贵州民族学院学报（哲学社会科学版）》2004 年第 2 期。

案的主要原因表现为"证据不足"。[1] 因此，立法应当适度降低此类"证据不足"需要转为公诉的案件类型证据标准，理由如下：首先，被害人要提供相应证据证明自身受到侵犯。例如，因虐待受到轻伤的鉴定书，个人婚姻受到外部暴力干涉的医学诊断证明等。其次，应有明确的被告人。对于侵占罪，大部分的被害人不知道自己的财物在何处丢失，亦不清楚被告人是谁，或者不认识、找不到被告人，因此侵占罪没有被告人的应为例外。对于第三点"有基本的证据证明被告人侵犯了被害人的法益"可降低程序转换的标准。部分自诉案件的自诉人取证能力有限，取证方法缺乏经验，确实难以固定证据。尤其是侵占罪，需要动用相关的公共摄像头和公民户口查询。基于证据调查的直接原则，法官可对此类证据予以裁量其证据力。至于被害人妄图恶意、虚假诉讼而导致的证据不足，该类自诉案件立案成功需转为公诉程序也应符合前两点的证据标准。

第三，细化维护国家和社会公共利益类型案件的转化条件。《刑法》第 246 条第 2 款规定了诽谤、侮辱罪的结果加重犯转为公诉的类型，其表述为"前款罪，告诉的才处理，但是严重危害社会秩序和国家利益的除外"。但该条文并未明确细化严重危害社会秩序和国家利益的具体标准。有学者指出，"公共利益"若没有法律明确的规定，只由控诉方判断，便带有追诉方的主观性，追诉方若恶意公诉，则侵犯了被告人的合法权益。[2] 2013 年两高颁布了《关于办理利用信息网络实施诽谤等刑事案件适用法律若干问题的解释》（以下简称《解释》），第 3 条对此作了明确的限制：利用信息网络诽谤他人，具有下列情形之一的，应当认定为《刑法》第 246 条第 2 款规定的"严重危害社会秩序和国家利益"：①引发群体性事件的；②引发公共秩序混乱的；③引发民族、宗教冲突的；④诽谤多人，造成恶劣社会影响的；⑤损害国家形象，严重危害国家利益的；⑥造成恶劣国际影响的；⑦其他严重危害社会秩序和国家利益的情形。2020 年度十大法律监督案例之一的"杭州快递员造谣事件"从自诉转为了公诉便是适用第 7 项这一兜底性条款。

笔者认为，对于"维护国家和社会公共利益"的案件转化类型，其条件完善的立法路径可以参考《解释》的第 3 条，原因在于：其一，该条各款项规定仍然过于笼统。什么情况属于群体性事件、什么情况属于公共秩序混乱等均没有界定。其二，该条是针对网络信息诽谤造成的严重后果，不能概括自诉转公诉中严

---

〔1〕 参见潘爽："试论我国自诉制度的废除"，载《嘉兴学院学报》2014 年第 4 期。
〔2〕 参见李蕴辉："论自诉转公诉"，载《山东审判》2005 年第 4 期。

重侵害国家和社会公共利益的具体情况。而这些问题有待立法融合司法实践和现存学理作更深层次的探讨。[1]

（四）"自诉"转"公诉"整体程序构建的现实问题应对

在刑事自诉转公诉的文献梳理过程中，程序构建一般分为三套程序，各自形成了一套相对独立的程序体系。笔者认为，当前立法从制度发展的长远视角考量，应致力于构建一整套适用于所有自诉转公诉类型的程序。对此，首要应解决司法实践中现存的两类问题。

第一，自诉程序转化的时空阶段问题。我国没有"自诉担当"制度，承认自诉对公诉的排他性乃是学界的基本共识。[2] 在现有的自诉转公诉的文献中，几乎是自诉还没有立案时直接转为公诉程序。但是实践中现实地发生了由法院自诉立案审判后，再转为公诉程序的法律监督案例，即"杭州快递造谣案"。2020年12月14日，杭州市余杭区人民法院立案审理，2020年12月25日，根据杭州市余杭区人民检察院建议，杭州市公安局余杭区分局对郎某、何某以涉嫌诽谤刑事立案侦查。2021年2月26日，杭州市余杭区人民检察院依法向余杭区人民法院提起公诉。因此，自诉转公诉的时空阶段应如何界定，须引起立法的重视。

"自诉担当"乃指被害人已经提出控诉，自诉程序已经启动，但被害人由于某种原因不能或不愿继续进行其诉讼行为，改由国家公诉机关替代被害人行使控诉职能的法律制度。[3] 俄罗斯、德国存在着自诉担当的立法例。学界通说认为，自诉担当的性质仍然是自诉，检察机关只是代替被害人将自诉程序进行下去，并且自诉担当的原因、范围、条件以及程序等与自诉转公诉存在着天然的差别。[4] 故本文仅借鉴自诉担当对自诉转公诉的阶段作限定解释，从内容上看，这包括三方面：其一，自诉处于法院立案审理前，自诉转化为公诉程序参见普通转化程序。其二，自诉处于立案后审判前需要转化为公诉程序，只能基于维护国家和社会的公共利益，须由检察机关向法院提出申请。法院审查后认为需要转换的，由自诉人撤回自诉。当检察机关另行提起公诉时则直接适用公诉普通程序，无须征得自诉人的同意。其三，自诉案件审理完结不得就同一事项再提起公诉，此为"禁止双重危险"原则之体现。

而在自诉立案后，需要转为公诉程序的案件范围只能是为"维护国家和社会

〔1〕 参见董来阳："浅析我国的自诉转公诉制度"，载《韶关学院学报》2010年第10期。
〔2〕 参见孟红："浅谈刑事自诉权的排他性"，载《东南大学学报（社会科学版）》1999年第4期。
〔3〕 参见兰跃军："论自诉担当"，载《重庆工商大学学报（社会科学版）》2009年第6期。
〔4〕 参见王志强："论自诉与公诉的关系"，载《上海市政法管理干部学院学报》2002年第3期。

公共利益"，检察机关需向法院提出申请，不能对其自行转换，其理由有二：其一，自诉在一般情况下由被害人直接向法院申请而受理。法院在立案过程中不仅可了解案情，并可首先判断出是否严重侵犯国家和社会公共利益，因此在法院业已先行受理自诉案件后，基于"不告不理"的程序启动谦抑特质，应当由检察机关向法院申请是否允许变更起诉。其二，由于自诉权具有排他性，自诉已经立案了的情况下公权无权自动侵入私权，又因此种转换不需征得自诉人的同意，为保障自诉人的程序处分自治，法院与检察机关在此转换过程中应保持双向的监督与制衡。超出法定范畴之外的自诉案件，均不得恣意转换为公诉案件。另外，之所以是自诉人撤回自诉，而非由其他法院驳回自诉，其乃为保护被害人的自诉权。只有被害人撤回自诉才能保留被害人再次提起自诉的权利。[1] 在自诉立案后出现自诉人死亡、丧失行为能力等情况，由自诉人的近亲属代为告诉，近亲属不能告诉的，检察机关可通过自诉担当取得自诉转公诉的主导权。

第二，刑事"自诉"转"公诉"普通转化适用中的程序问题。程序正义为实体正义保驾护航。当案件满足自诉转公诉的范围和条件时，开启转换以及转换后的衔接程序。自诉转公诉的程序缺陷之一表现为诉讼效率降低，司法负担增加。因此，自诉转公诉整体转换程序的构建在于保障当事人意志自由，追诉犯罪以及维护国家和社会利益的总原则基础上，应当同时兼顾节约司法资源和提高司法效率的立法价值。从整体上包括以下内容：其一，被害人向公安机关报案时属于自诉案件的，公安机关告知被害人自诉权及其相关事项，被害人在清楚自诉权的权利义务后做出自诉或者申请转为公诉的程序选择。其二，被害人向法院提起自诉，发生了自诉不能的原因。由被害人或者检察机关向法院提出转换为公诉的申请，法院认为需要转换为公诉的，停止自诉案件的审理，并将案件材料移送给刑事司法机关予以重新立案、侦查直至提起公诉。法院认为无需转换为公诉的，驳回申请，仍按照自诉程序审理。

对于严重侵犯国家和社会公共利益的类型，由检察机关向法院提出申请，无须征得被害人同意直接转化为公诉程序，并且只能适用普通程序。流程图如图 14-1 所示：

---

〔1〕 参见樊崇义："诽谤罪之自诉转公诉程序衔接——评杭州郎某、何某涉嫌诽谤犯罪案"，载《检察日报》2020 年 12 月 28 日，第 3 版。

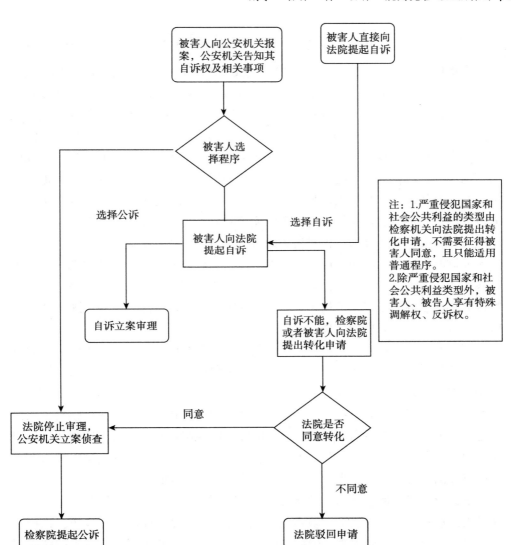

图 14-1

　　自诉转公诉整体程序的构建秉持"以充分保障当事人意思自由为前提，以追诉犯罪、维护国家和社会的利益为根本"的总原则，致力于保障被害人为主的自诉人程序处分意思自治，在转换为运用公权力追诉犯罪过程中维护国家和社会利益，节约司法资源，实现多元主体间的程序制衡效果。

四、代结语：优化刑事"自诉"转"公诉"配套规则的阶段性展望

刑事自诉转公诉配套规则构建的阶段性展望还涉及专门机关的告知与监督义务，以自诉人和被告人的双方当事人为主体的刑事调解与反诉制度，具体包括两个方面：

第一，构建以国家专门机关为主体的制度，即以刑事自诉中的告知与监督义务为内容。被害人主导着自诉程序，在自诉转公诉程序中也有着举足轻重的地位，在自诉程序中双方当事人需要具备较高的法律素养，而我国此类法律普及较为薄弱，并且双方当事人聘请专业律师代理的比重小之又小，有人进行实地调研发现双方有代理人、辩护人的比例为 15.5%，[1] 因此这便产生了当事人法律素养较低但是相关要求较高的矛盾，所以应当建立配套的告知制度对双方当事人及时进行权利及义务的告知。告知义务的履行主体应为公安机关和检察机关。因自诉转公诉的程序启动时间、地点存在差异性，两机关在刑事诉讼的前期阶段均可与被害人、被告人产生接触，有义务及时将相关权利义务告知双方当事人。与检察机关主动追诉的法定义务相比，主动告知被害人如何行使自诉权，这也是"检察官客观公正义务"的应然体现。

第二，构建以双方当事人为主体的制度：特殊的刑事调解和反诉制度。为克服自诉转公诉缺失的和解、调解和反诉的天然程序缺陷，笔者认为转为公诉后应赋予双方当事人以特殊的调解权与反诉权，因涉及严重侵害国家和社会公共利益的类型除外，其理由如下：其一，需要明确此两项权利的授予是在检察机关已经提起了公诉阶段，在原则上刑事公诉不能够有这些权利的，但由于这是从自诉程序转化过来的案件，这些权利被剥夺具有较大的弊端，所以根据比例原则协调和平衡双方的权益，笔者主张赋予被害人最重要的两项权利。其二，对于被告人来说，反诉权无疑是最重要的。反诉权如果得到了行使，就意味着被害人也侵犯了被告人的法益，被告人也是"被害人"，有利于实现刑事诉讼追究犯罪、维护公平的目的。此外，笔者主张反诉另案处理。其三，至于赋予双方当事人调解权而不是和解权，原因在于这已是公诉程序，公安和检察机关已经侦查审理完毕，事实清楚、证据充分，这个时候双方当事人私下和解无异于是浪费司法资源，破坏公诉权和公诉程序的权威与尊严。但是调解权却不同，调解权的运用有着法院这一国家专门机关的参与，并且其结果具有法律效力，调解权能够很好地体现比例原则，平衡自诉权与公诉权之间的关系。

---

〔1〕 参见刘锋："论我国刑事自诉制度的完善"，中国政法大学 2011 年硕士学位论文。

论履行判决中行政主体法定职责的认定[*]

◎刘欣琦　肖　红[**]

目　次

---

　　[*] 基金项目：湖南省社科评审委课题"行政协议纠纷多元解决机制研究"（项目编号：XSP 18YBC157）。
　　[**] 作者简介：刘欣琦，湘潭大学法学院，讲师，湖南勤人坡律师事务所兼职律师；肖红，女，湘潭大学法学院硕士研究生。

一、问题的提出

行政主体是否具有被指控不履行的"法定职责"，是人民法院审查履行类案件的起点与重点。关于履行判决中行政主体"法定职责"的规定，1989 年《行政诉讼法》与修正后的《行政诉讼法》规定如出一辙。1989 年《行政诉讼法》第 54 条第 1 款第 3 项规定，"被告不履行或者拖延履行法定职责的，判决其在一定期限内履行"。修正后的《行政诉讼法》第 72 条规定，"人民法院经过审理，查明被告不履行法定职责的，判决被告在一定期限内履行"。但由于修正后的《行政诉讼法》增设了一般给付判决与行政公益诉讼的内容，这使得履行判决中行政主体"法定职责"的内涵发生了重大变化。修正后的《行政诉讼法》第 73 条规定："人民法院经过审理，查明被告依法负有给付义务的，判决被告履行给付义务。"该条与履行判决的规定并列，显然履行判决中的法定职责与给付判决中的给付义务存在差异，但理论界与实务界均存在混同"法定职责"与"给付义务"的错误做法。此外，修正后的《行政诉讼法》增加了行政公益诉讼，公益诉讼的构造与一般的履行之诉不同，二者的"法定职责"也存在不同之处，然而，目前理论界和实务界对此也并未加以区分。概而言之，目前对履行判决中行政主体法定职责的认定均存如下误区：其一，对于法定职责的内涵认定不明确，在适用履行判决时，混淆了法定职责与给付义务；其二，在法定职责的来源上，不断扩大法定职责的来源范围；其三，在主客观诉讼的对比下，将行政公益诉讼中法定职责等同于履行判决中的法定职责。

（一）混淆法定职责与一般给付义务

2014 年《行政诉讼法》第一次修正后，在规定履行判决内容的基础上增加一般给付判决条款，自此，法定职责与一般给付义务共同构成行政主体的给付义务。当行政主体不履行法定职责时，适用履行判决；当行政主体不履行一般给付义务时，适用一般给付判决。通说认为法定职责是指行政处分的给付，一般给付义务是指行政处分之外的金钱或财产等行为的给付。[1] 也就是说，行政履行判决中的法定职责仅指除一般给付义务之外的其他作为义务。但在司法实践中，经常将二者混淆：

第一，将"一般给付义务"认定为行政履行判决中的"法定职责"。在检索

---

〔1〕 参见杨东升："论一般给付诉讼之适用范围——《行政诉讼法》第 73 条评释"，载《行政法学研究》2015 年第 6 期；郭修江："行政诉讼判决方式的类型化——行政诉讼判决方式内在关系及适用条件分析"，载《法律适用》2018 年第 11 期。

出的 2020 年人民法院适用履行判决的 5041 篇案例中,[1] 包含多份责令被告向原告进行财产性给付[2]以及向原告作出信息公开的判决。[3] 此外,行政机关"不履行法定职责"案件中还包含了大量行政机关不履行行政协议的情况。如在"任家玉诉荥经县房屋征收事务中心不履行行政协议约定的义务案"中,人民法院根据《行政诉讼法》第 72 条判决两被告履行协议内容。[4]

第二,将"不履行法定职责"作为一般给付判决的案由。在检索出的 2020 年人民法院适用一般给付判决的 1412 篇案例中,[5] 存在 45 篇以"不履行法定职责"为由的案例。其主要的纠纷是行政机关不支付工伤保险、[6] 不报销医疗费用、[7] 不支付丧葬补助金和抚恤金等。[8]

第三,对法定职责与一般给付义务不予以区分,直接以《行政诉讼法》第 72 和 73 条一起作为判决的依据。如在"肖大枝等人诉十堰市张湾区人民政府红卫街道办事处未按照约定履行房屋拆迁补偿协议案"中,法院根据《行政诉讼法》第 72、73 条、第 78 条第 1 款以及《最高人民法院关于审理行政协议案件若干问题的规定》第 19 条的规定判决被告根据《房屋拆迁补偿协议书》对肖大支等人进行安置;[9] 在"吕海明诉辉南县医疗保险经办中心要求履行法定职责案"中,法院根据《行政诉讼法》第 72 条和 73 条判决被告向吕海明支付医疗费用。[10]

(二)扩大了法定职责的来源

关于法定职责的来源,理论界和实务界众说纷纭。有学者认为,法定职责仅

---

〔1〕 搜索条件定为:"引用法规《中华人民共和国行政诉讼法》第 72 条;案件类型:行政;裁判年份:2020;审理程序:一审;文书性质:判决",载无讼案例网:https://www.itslaw.com/,最后访问时间:2021 年 3 月 15 日。

〔2〕 重庆市开州区人民法院(2020)渝 0154 行初 13 号、瓦房店市人民法院(2019)辽 0281 行初 80 号、兴城市人民法院(2020)辽 1481 行初 95 号、肥东县人民法院(2019)皖 0122 行初 7 号。

〔3〕 郴州市中级人民法院(2020)湘 10 行初 3 号。

〔4〕 雅安市雨城区人民法院(2020)川 1802 行初 10 号。

〔5〕 搜索条件定为:"引用法规《中华人民共和国行政诉讼法》第七十三条;案件类型:行政;裁判年份:2020;审理程序:一审;文书性质:判决",载无讼案例网:https://www.itslaw.com/,最后访问时间:2021 年 3 月 15 日。

〔6〕 平原县人民法院(2020)鲁 1426 行初 16 号。

〔7〕 通化县人民法院(2019)吉 0521 行初 7 号。

〔8〕 通榆县人民法院(2020)吉 0822 行初 11 号。

〔9〕 十堰市张湾区人民法院(2019)鄂 0303 行初 15 号。

〔10〕 辉南县人民法院(2020)吉 0523 行初 9 号。

指法律规范明确规定的职责，约定职责、后续义务等不属于法定职责的范围。[1]
有学者则认为，法定职责除了法律规范规定的职责外，还包括先行行为引起的职
责、行政允诺引起的职责、行政协议规定的职责。[2] 上述观点主要分歧在于：
除法律规范之外，先行行为、行政承诺、行政合同是否能成为法定职责的来源。
从文义上来看，"法定"二字使得法定职责的来源必须是法律、法规、规章的明
确规定，除此之外的职责不属于"法定职责"。[3] 但是，随着服务型政府的建
设，行政机关的管理方式不断增加，行政协议、行政允诺等也成为行政执法的方
式，行政协议和行政允诺等行为在某种程度上也为行政主体创设了义务。在《行
政诉讼法》修正以前，如果严格将法定职责的来源限定在法律、法规和规章中，
就会导致如果行政机关不履行"法定职责"之外的行政不作为行为侵犯了相对
人的权益，相对人无法请求法院针对其不作为行为作出履行判决的后果。为此，
法院在判决中对"法定职责"的来源不断拓展。但是，自《行政诉讼法》修正
以后，增设了第 73 条的给付判决，该项判决属于 2014 年《行政诉讼法》初创，
也是对政府职能从管制到管制与服务并重的回应。[4] 由此，"法定职责"的来
源也须回归其本位，应当予以限缩。根据修正后《行政诉讼法》的规定，法定
职责是除了一般给付义务之外的其他作为义务。法律规范、先行行为、行政承
诺、行政合同都属于作为义务的来源，[5] 但是并不能据此得出，先行行为、行
政承诺、行政合同与法律规范一样，当然地成为法定职责的来源。将法律规范之
外的先行行为、行政承诺、行政合同也认定为法定职责的来源，导致法定职责内
涵的进一步扩大，成为司法实务中混淆履行判决和给付义务判决的重要原因。

（三）没有区分主观诉讼与客观诉讼中的法定职责

在大陆法系国家，根据诉讼目的的不同，行政诉讼通常被划分为主观诉讼与

---

〔1〕 信春鹰主编：《中华人民共和国行政诉讼法释义》，法律出版社 2014 年版，第 193 页；曹福春、
刘鹤："行政不作为与行政不履行法定职责界定"，载《延边大学学报（社会科学版）》2008 年第 1 期。

〔2〕 参见沙金："论行政复议决定中的不履行法定职责——基于《行政复议法》第 28 条第 2 项规定
之展开"，载《求索》2016 年第 3 期；江勇："审理不履行法定职责行政案件的十大问题"，载《人民司
法》2018 年第 4 期；最高人民法院在"河南神马氯碱化工股份有限公司诉平顶山市湛河区轻工路街道高楼
村村民委员会、平顶山市人民政府履行法定职责案"中（［2018］最高法行申 6667 号），也是秉承这一观
点。

〔3〕 章剑生："行政诉讼履行法定职责判决论——基于《行政诉讼法》第 54 条第 3 项规定之展开"，
载《中国法学》2011 年第 1 期。

〔4〕 参见信春鹰主编：《中华人民共和国行政诉讼法释义》，法律出版社 2015 年版，第 194 页。

〔5〕 参见朱新力："行政不作为违法之国家赔偿责任"，载《浙江大学学报（人文社会科学版）》
2001 年第 2 期；杨小军："怠于履行行政义务及其赔偿责任"，载《中国法学》2003 年第 6 期；沈岿："论
怠于履行职责致害的国家赔偿"，载《中外法学》2011 年第 1 期。

客观诉讼。主观诉讼旨在保护公民法律上的权利和利益，而客观诉讼旨在维护社会公共利益以及客观的法律秩序。[1] 2017 年《行政诉讼法》第二次修正，增设了行政公益诉讼条款，其第 25 条第 4 款规定："人民检察院在履行职责中发现生态环境和资源保护、食品药品安全、国有财产保护、国有土地使用权出让等领域负有监督管理职责的行政机关违法行使职权或者不作为，致使国家利益或者社会公共利益受到侵害的，应当向行政机关提出检察建议，督促其依法履行职责。行政机关不依法履行职责的，人民检察院依法向人民法院提起诉讼。"行政公益诉讼的目的在于保护公共利益，属于典型的客观诉讼，这与以保护主观公权利为目的的主观诉讼具有根本的区别。例如，当履行判决是以客观诉讼存在时，行政机关履行职责的目的是恢复公共利益，行政机关的法定职责范围限定在特殊的公共利益保护领域，而不包含所有相对人权益受到侵害的领域。但目前，理论界并未将客观诉讼法定职责的认定独立于主观诉讼外进行深入研究，导致事实上，对客观诉讼与主观诉讼中的法定职责在范围上进行了同等认定。

为解决以上问题，本文将以《行政诉讼法》第 72 条为起点，结合立法目的，首先明晰法定职责的内涵与来源，然后，通过分析履行判决与相关判决类型的关系以及其在主客观诉讼中的位置，对行政履行判决中的法定职责予以明确认定。

二、法定职责认定的前提：区分法定职责与给付义务

(一) 诉讼类型化：法定职责与给付义务分离的源头

行政诉讼类型化是大陆法系国家普遍的做法，一般将行政诉讼类型分为形成之诉、确认之诉和给付之诉，其中给付之诉又可分为课予义务诉讼和一般给付诉讼。原告所请求的给付内容为行政处分作成的，称为课予义务诉讼；原告所请求的给付内容为非行政处分的其他特定作为、容忍或不作为行为，称为一般给付诉讼。[2] 诉讼类型不同，诉前程序、原告资格、举证责任分配等都会存在很大区别。在旧《行政诉讼法》实施期间，没有一般给付判决，履行判决在适用范围上，往往包含行政主体所有的义务，既有作出行政决定（行政法律行为）的义务，也包含作出特定事实行为的义务；[3] 如在"何小强诉华中科技大学拒绝授予学位案"中，人民法院判决行政机关作出行政决定；[4] 在崔应辽、赵琴因认

---

〔1〕 林莉红、马立群："作为客观诉讼的行政公益诉讼"，载《行政法学研究》2011 年第 4 期。

〔2〕 李震山：《行政法导论》，三民书局 2009 年版，第 597~601 页。

〔3〕 闫尔宝："论我国行政诉讼类型化的发展趋向与课题"，载《山东审判》2017 年第 5 期。

〔4〕 武汉市中级人民法院 (2009) 武行终字第 61 号。

为被告建始县民政局不履行婚姻变更登记法定职责案件中，人民法院则判决行政机关作出特定的事实行为。[1] 我国在 2014 年对《行政诉讼法》进行了大幅度的修正，在修正前，许多学者都主张构建行政诉讼类型，在充分汲取域外行政诉讼类型化模式有益经验的基础上，适当拓展若干新型的行政诉讼。[2] 但限于修法体例无法进行彻底的类型化改造，最后立法者通过具有类型样态的判决方式的设计，使得修正后的《行政诉讼法》在诉讼类型上基本具备规模。[3] 目前我国行政判决包括七种类型：驳回诉讼请求判决、撤销判决、变更判决、履行判决、一般给付判决、确认判决、赔偿判决。判决类型即诉讼类型的雏形，履行判决对应课予义务之诉，一般给付判决对应一般给付之诉。在司法实践中，最高人民法院也引用课予义务诉讼与一般给付诉讼这一对概念来对履行判决与一般给付判决的关系进行说明。[4]

由此可知，履行判决与一般给付判决的适用范围应当有明显的区分，如果将适用于履行判决的情形，适用一般给付判决，会导致诉讼规则混乱，从而不利于行政相对人的权益保护。《行政诉讼法》第 73 条规定了一般给付判决，《最高人民法院关于适用〈中华人民共和国行政诉讼法〉的解释》第 92 条对给付义务进行了进一步的规定："原告申请被告依法履行支付抚恤金、最低生活保障待遇或者社会保险待遇等给付义务的理由成立，被告依法负有给付义务而拒绝或者拖延履行义务的，人民法院可以根据行政诉讼法第七十三条的规定，判决被告在一定期限内履行相应的给付义务。"这两个条文构成了我国的一般给付判决体系。增加了一般给付判决之后，履行法定职责的判决更加接近于德国法意义上的课予义务判决，给付判决更加接近于一般给付判决，那么履行判决适用范围也应进行必要的限缩。[5] 具体来讲，履行判决适用范围应当是在广义给付判决范围内，减去一般给付判决的范围。广义上的给付判决范围即行政主体所有义务的范围，既包括履行"法定职责"的义务，也包括履行"给付义务"的义务。

（二）义务内容不同：法定职责与给付义务区分的关键

履行法定职责判决类似于课予义务之诉，一般给付判决类似于一般给付之诉，履行"法定职责"是课予义务之诉的适用范围，履行"给付义务"是一般

---

[1] 建始县人民法院（2019）鄂 2822 行初 15 号。

[2] 参见章志远："行政诉讼类型化模式比较与选择"，载《比较法研究》2006 年第 5 期；李广宇、王振宇："行政诉讼类型化：完善行政诉讼制度的新思路"，载《法律适用》2012 年第 2 期。

[3] 参见李广宇：《新行政诉讼法逐条注释》（下），法律出版社 2015 年版，第 607 页。

[4] 中华人民共和国最高人民法院（2019）最高法行申 1249 号。

[5] 闫尔宝："论我国行政诉讼类型化的发展趋向与课题"，载《山东审判》2017 年第 5 期。

给付之诉的适用范围。因此，要正确区分"法定职责"与"给付义务"必须从课予义务诉讼与一般给付诉讼的适用范围着手。在明确课予义务诉讼与一般给付诉讼各自适用范围前，必须先解决两类诉讼的适用范围是否可以重合的问题。诉讼类型化本质上即寓有使各种诉讼间具有排斥关系，换言之，对于一定之程序标的仅能有一种最适合之救济种类，而不能可此亦可彼。也就是说，课予义务之诉的适用范围与一般给付之诉的适用范围是互斥不重合的关系。

如上所述，原告所请求的给付内容为行政处分作成的，为课予义务诉讼；原告所请求的给付内容为非行政处分的其他特定作为、容忍或不作为行为的，为一般给付诉讼。也就是说课予义务诉讼只适用于行政主体负有作出行政处分义务的情形，一般给付之诉则适用于作出行政处分义务之外的其他义务。[1] 例如：①财产上的给付，如支付抚恤金、最低生活保险待遇、行政奖励费用、返还公法上的不当得利等；②行政处分以外的其他非财产上的给付，如提供信息、阅览卷宗及缔结公法契约；③公法上契约的给付，如继续履行协议等。[2] 相较于课予义务诉讼与撤销诉讼等同于与行政处分有关的行政处分诉讼，一般给付诉讼的适用范围则是删减去课予义务诉讼所剩余的其他给付诉讼适用范围，因此其相较于课予义务诉讼具有补余诉讼的性质。

综上，课予义务之诉的适用范围是行政处分，行政处分类似于狭义上的行政行为，是行政主体针对外部具体事宜做出的产生法律效果的单方行政行为，与之对应履行判决中的"法定职责"特指做出狭义上的行政行为的职责；一般给付之诉的适用范围是行政处分之外的其他处分，与之对应，一般给付判决中的"给付义务"指狭义行政行为之外的其他行为，如财产给付、资讯给付等。

三、法定职责认定的关键：明确"法定职责"中"法"的范围

（一）法的范围："法律"或"法律+行为"？

"法定职责"与"给付义务"的分离必然会影响"法定职责"中"法"的范围。在行政诉讼法修改前，履行判决适用于行政主体的一切作为义务，因此作为义务来源的范围即"法定职责"中"法"的范围。但这一实践的做法并不当然具有理论正当性，在《行政诉讼法》修正前已有学者明确提出要正确区分法

---

〔1〕 ［德］弗里德赫尔穆·胡芬：《行政诉讼法》，莫光华译，法律出版社 2003 年版，第 283 页。

〔2〕 参见熊勇先、李亚琼："论行政给付诉讼及其构造"，载《海南大学学报（人文社会科学版）》2013 年第 1 期；杨东升："论一般给付诉讼之适用范围——《行政诉讼法》第 73 条评释"，载《行政法学研究》2015 年第 6 期。

定职责与给付义务。[1] "行政不作为的应为依据，既可以是法定职责，也可以是行政义务，行政义务可能来自行政机关已经作出的某一行政行为，但不履行法定职责的应为依据，仅限于法定职责。"[2] 也正是基于此认识，学者才会发出在履行判决基础上增设一般给付判决的呼吁。[3]《行政诉讼法》修正后，立法者对于"法定职责"的外延进行了明确，"法定职责是指法律、法规、规章明确规定的职责，原则上约定职责、后续义务等不属于履行判决适用情形"；[4] "《行政诉讼法》第 73 条的一般给付义务不同于第 72 条的法定职责。行政义务不仅包括法定职责，而且包括行政机关先行行为引发的义务、承诺引起的义务、合同义务、附随义务等，给付义务是法定职责以外的其他行政义务"[5]。由此，法定职责的来源应当为法律规范，对于先行行为、行政承诺等法律行为引起的须履行一定行为的职责不属于履行判决中的法定职责。

（二）"法定"：由"根据规范"规定

职责可从广义和狭义两个维度理解，广义上的职责即管理某项行政事务的权力，狭义上的职责是管理某项行政事务而采取某些具体措施的权力。法律规范也可从宏观和微观两个维度理解，宏观上的法律规范即组织规范，组织规范将一定的行政事务分配给特定的行政机关处理，只有在此范围内的相应行为才归属于国家，[6] 如《中华人民共和国地方各级人民代表大会和地方各级人民政府组织法》第四章第 73 条规定，"县级以上的地方各级人民政府行使下列职权：……（五）编制和执行国民经济和社会发展规划纲要、计划和预算，管理本行政区域内的经济、教育、科学、文化、卫生、体育……行政工作"。微观上的法律规范即根据规范，根据规范是在组织规范之外，行政机关为了管理某项行政事务而采取的某些措施所要特别根据的规范，是对行政机关必须依据特定程序作出特定作为进行的动态限制，[7] 如《治安管理处罚法》第 39 条规定，"旅馆、饭店、影剧院、娱乐场、运动场、展览馆或者其他供社会公众活动的场所的经营管理人

---

〔1〕 参见江必新、邵长茂：《新行政诉讼法修改条文理解与适用》，中国法制出版社 2015 年版，第 272 页。

〔2〕 参见章剑生："行政诉讼履行法定职责判决论——基于《行政诉讼法》第 54 条第 3 项规定之展开"，载《中国法学》2011 年第 1 期。

〔3〕 参见熊勇先："行政履行判决之反思与重构"，载《学术探索》2010 年第 3 期。

〔4〕 信春鹰主编：《中华人民共和国行政诉讼法释义》，法律出版社 2014 年版，第 193 页。

〔5〕 江必新、邵长茂：《新行政诉讼法修改条文理解与适用》，中国法制出版社 2015 年版，第 272 页。

〔6〕 参见姜明安、余凌云：《行政法》，科学出版社 2010 年版，第 69 页。

〔7〕 参见［日］盐野宏：《行政法总论》，杨建顺译，北京大学出版社 2008 年版，第 137 页。

员，违反安全规定，致使该场所有发生安全事故危险，经公安机关责令改正，拒不改正的，处五日以下拘留"。广义上的职责由组织规范调整，狭义上的职责由根据规范调整，由此"法定职责"也可有广义与狭义两种解释。广义上的"法定职责"只要求组织规范规定行政主体必须管理某项事务，行政主体即负有做出特定行为的职责（权力）；狭义上的"法定职责"则更进一步，除要求组织规范赋予行政主体抽象的管理权外，还需要根据规范明确规定行政主体可以做哪些具体的行为，若仅有组织规范抽象赋权，而没有根据规范具体明确，仍然不能认定行政主体赋有某项"行政职责"。

那么，我国履行之诉中的"法定职责"中的"职责"到底应该做广义理解还是狭义理解呢？从对依法行政理念的演进以及行政救济的角度来看，可以得出狭义理解的结论。依法行政最初的含义是行政必须服从国会法律，无法律之处无行政，所有的行政活动由法律绝对保留。进入 20 世纪以来，随着经济、科技和社会发展以及政府职能的逐步扩张，依法行政之"法"扩大到行政立法、地方立法。后来，人们意识到，立法文件永远落后于社会生活，依法行政所依据的"法"不仅限于上述制定法的一些规定，还包括一些基本的法理，在特殊条件下还包括那些尚未上升为法律规范的国家政策。[1] 但无论"法"的外延如何确定，行政职权必须明确具体，否则行政主体将无所适从。从行政救济的角度来说，尽管我们在服务行政的大视野下要求行政主体能够履行诸多法律没有明确规定的职责，但是若将行政主体拒绝履行法定职责用救济制度确立下来，那么职责的法定性就是一个基本的定在，因为没有这样的定在，就无法建构行政主体和行政相对人之间的理性关系。即"法定职责"应当是有关实体法和程序法有明确规定的职责，行政相对人请求行政主体所履行的相应职责都应当从行政实在法中找到依据。[2] 原告向法院寻求救济来源于原告的请求权，只要原告对其所追求的行政行为具有请求权，行政机关对原告所申请的行政行为的拒绝或者停止作为就是违法的。[3] 而课予义务之诉的请求权的依据在于行政机关具有法定职责，这里所指的法定职责是一种现实的、特定的法定职责，而非抽象的、规范层面上的法定职责。若当法定职责没有明确规定，而只是抽象概括时，原告仍具有请求权的话，会导致被告范围的不断扩大，行政救济制度难以实现。由此，应当对

---

〔1〕 参见莫于川："法治视野中的行政指导行为——论我国行政指导的合法性问题与法治化路径"，载《现代法学》2004 年第 3 期。

〔2〕 关保英："行政主体拒绝履行法定职责研究"，载《江淮论坛》2020 年第 5 期。

〔3〕 ［德］弗里德赫尔穆·胡芬：《行政诉讼法》，莫光华译，法律出版社 2003 年版，第 439 页。

"法定职责"做狭义的理解，即"法定职责"应当由根据规范规定，也就是说，只有当行政主体具有法律规定的具体职责，行政相对人对其提出了履行的意思表示而不履行，行政相对人才可以向法院提起履行之诉。

四、行政公益诉讼中"法定职责"的认定

前文已对主观诉讼中"法定职责"的内容及来源进行了明确，公益诉讼作为客观诉讼，遵循的是另一套诉讼构造。在法定职责的内容及来源上，为了达到恢复公共利益的目的，存在将给付义务纳入法定职责的情况，使得客观诉讼中法定职责的内容及来源范围扩大。在法定职责的对象及范围上，客观诉讼也不同于主观诉讼，客观诉讼中法定职责的对象不特定，而职责的范围目前仍限定在特定的领域。

（一）法定职责的内容：所有给付义务

在主观诉讼中，履行判决中法定职责的内容主要与给付判决中的给付义务相区分，法定职责特指作出行政行为的职责，而不包含行政行为以外的其他行为，比如资讯给付、财产给付、继续履行协议等。在客观诉讼中，《关于检察公益诉讼案件适用法律若干问题的解释》25 条并未明确规定一般给付判决这一判决类型。通过对行政公益诉讼中以"不履行法定职责"为案由的 310 个案例进行梳理，[1] 可以发现行政机关不履行法定职责的判决类型主要有三类：确认违法判决、履行判决、确认违法判决与履行判决同时适用，未发现有适用给付判决的案件，而是将主观诉讼中给付判决的适用情形纳入行政公益诉讼中的履行判决。比如，"延吉市人民检察院诉延吉市自然资源局不履行法定职责案"中，法院将自然资源局收回出让金的合同权利视为法律规定的行政职责在具体行政管理过程中的体现，责令自然资源局继续履行法定职责。[2] 在"利川市人民检察院诉利川市汪营镇人民政府不履行法定职责案"中，检察院认为人民政府在建设、使用垃圾填埋的过程中，造成了环境污染，要求人民政府采取填埋垃圾场、清理垃圾等行为，法院也判决人民政府继续履行法定职责。[3] 可以看出，在实践中，行政公益诉讼中的法定职责的内容既包含了对违法行为作出行政处罚等行政行为，还

---

〔1〕 搜索条件限定为"引用法规《中华人民共和国行政诉讼法》第二十五条第四款；案件类型：行政；案由：不履行法定职责"，载无讼案例网：https：//www.itslaw.com/，最后访问时间：2021 年 5 月 10 日。

〔2〕 敦化市人民法院（2019）吉 2403 行初 36 号。

〔3〕 利川市人民法院（2019）鄂 2802 行初 1 号。

包含了行政行为以外的其他行为，比如契约的履行、行政事实行为等。

出现这一现象的原因在于对给付义务范围的限缩，立法上规定给付义务的内容包括履行支付抚恤金、最低生活保障待遇或者社会保险待遇等金钱给付义务，这些给付义务都是针对特定相对人的义务，不适用于客观诉讼中。此外，行政公益诉讼中行政机关的法定职责主要是监督管理职责，履行监督管理职责的方式主要是对违法行政行为作出行政处分以及对行政处分的执行监督，不包含给付一定的金钱。从这两个角度来看，判决行政机关履行给付义务的适用的空间较小。然而，如前所述，给付义务不止包含金钱的给付，还包含行政处分以外的其他非财产上的给付、公法上契约的给付，这也是给付判决与履行判决区分的关键。在上述两个公益诉讼的案件中，检察机关要求被告履行合同中的义务、作出一定事实行为都属于一般给付之诉，从诉判一致的角度来说，应当作出给付判决，而实践中往往是作出履行判决。为了达到修复公共利益的目标，对履行判决中的"法定职责"作扩大解释，不符合行政诉讼类型化的要求，需要进一步整合主观诉讼和客观诉讼中的法定职责，对行政公益诉讼类型进行更加精细化的研究。

（二）法定职责的来源："法律+行为"

主观诉讼中法定职责来源于法律规范，在客观诉讼中，最高人民检察院公布的《人民检察院公益诉讼办案规则》第72条规定："人民检察院认定行政机关监督管理职责的依据为法律法规规章，可以参考行政机关的'三定'方案、权力清单和责任清单等。"该条规定明确了在公益诉讼中，监督管理职责的来源为法律法规规章。"三定"方案、权力清单和责任清单以遵循法律法规规章为前提，可以与法律法规规章结合起来判断行政机关是否具有监督管理职责，是判断是否具有监督管理职责的辅助工具，而不是监督管理职责的来源。但是，根据上述行政公益诉讼中法定职责的内容可以看出，实践中法定职责的来源不止源于法律规范，还来源于行政合同、先行行为等法律行为。这是在客观诉讼中未区分履行判决与给付判决的条件下形成的。在主观诉讼尚对法定职责的来源存在争议的情况下，将法定职责的来源扩大，符合行政公益诉讼保护公共利益的立法宗旨，但是从长远来看，仍应将履行判决中法定职责的来源予以限定，以完善行政公益诉讼的判决类型，促进行政公益诉讼的诉讼类型化发展。

五、结语

行政履行判决中行政机关法定职责的认定，关系到履行判决与一般给付判决的选择适用，关系到行政公益诉讼的原告资格和受案范围。在主观诉讼中，履行判决的法定职责主要与一般给付判决的给付义务相区分，法定职责的内容只可能是做出行政行为的职责，不包括做出财产给付、行政行为外的其他非财产性给付以及契约给付，法定职责的来源也只能是法律规范，而不包括先行行为、行政承诺等法律行为引起的须履行一定事实行为的职责。在客观诉讼中，法定职责的内容和来源范围在实践中存在扩大的情形。通过法定职责这一关键点来正确区分履行判决与给付判决，可以深化理解行政诉讼中的判决类型，同时，正确区分客观诉讼与主观诉讼中的法定职责，厘清不同判决的适用条件，进一步区分与整合行政主观诉讼和行政客观诉讼，才能进一步在行政诉讼类型化上达成共识，打造具有中国特色的完整的行政诉讼制度。

刑事法治现代化

我国社区矫正执法行为的属性之辨

◎夏尊文 *

一、我国社区矫正的性质之争

从国内的情况来看，尚无人对社区矫正执法行为的定性进行专门研究。已有的研究主要是针对社区矫正的性质而展开的，虽然这些研究没有专门针对社区矫正执法行为的定性，但是在某种程度上有助于我们去研究社区矫正执法行为的定性。以下就国内针对社区矫正性质的研究分《社区矫正法》出台之前与出台之后两个阶段进行梳理。

（一）《社区矫正法》出台之前的学术分歧

在《社区矫正法》出台之前，主要存在四类不同的观点：

第一类观点基本上赞同始初官方对社区矫正的界定，即将社区矫正纯粹视为

---

* 作者简介：夏尊文（1968—），男，湖南东安人，湖南理工学院政治与法学学院副教授。

一种刑罚执行方式，有的学者将社区矫正称为社区刑罚执行。[1]

第二类观点在第一类观点的基础上有所变化。有的学者强调社区矫正非监禁处遇的一面；[2] 有的学者强调社区矫正福利性的一面；[3] 有的学者强调社区矫正社会工作的一面；[4] 有的学者强调社区矫正矫正教育的一面；[5] 有的学者强调社区矫正出狱人社会保护的一面；[6] 有的学者强调社区矫正措施、方法或者制度的综合性；[7] 有的学者将社区矫正概括为在社区中对犯罪人进行的矫正和控制活动。[8]

第三类观点反对将社区矫正纯粹视为一种刑罚执行方式。其中，有的学者认为社区矫正是针对社区矫正对象的行为矫治、生活扶助活动；[9] 有的学者认为社区矫正是对犯罪人的保护管束和保护观察措施，具有限制人身自由的保安处分的性质；[10] 有的学者认为社区矫正是对犯罪的非监禁的预防与矫治方式；[11] 有的学者认为社区矫正是一种罪犯矫治制度。[12]

第四类观点具有开放性，主张社区矫正是一系列非机构性处遇措施，并提出，对社区矫正的定性可以宽泛一些，定性太精确、概念太具体不利于社区矫正

〔1〕 参见汤啸天："社区矫正试点与矫正质量的提高"，载《当代法学》2004 年第 4 期；康均心、杜辉："对我国社区矫正适用范围的质疑——以社区矫正的性质为视角"，载《辽宁公安司法管理干部学院学报》2006 年第 4 期；陈志海："社区矫正法立法若干重大问题探究"，载《中国司法》2018 年第 1 期。

〔2〕 参见陈兴良："社区矫正的理念与法律渊源"，载 http://www.aisixiang.com/data/31110.html，最后访问时间：2020 年 11 月 29 日。

〔3〕 参见王顺安："社区矫正的法律问题"，载《政法论坛》2004 年第 3 期；参见张昱："论复合型社区矫正制度"，载《学习与探索》2005 年第 5 期；史柏年："刑罚执行与社会福利：社区矫正性质定位思辨"，载《华东理工大学学报（社会科学版）》2009 年第 1 期。

〔4〕 参见王志亮、王俊莉："关于我国社区矫正制度的思考"，载《中国司法》2004 年第 12 期；但未丽："社区矫正概念的反思与重构"，载《武汉理工大学学报（社会科学版）》2008 年第 1 期；王燕飞："我国社区矫正性质的新思考——以最近刑法、刑诉法修改为视角"，载《山东警察学院学报》2012 年第 4 期。

〔5〕 参见连春亮："我国社区矫正基本理念的冲突与裂变"，载《河南司法警官职业学院学报》2018 年第 1 期。

〔6〕 参见刘永强、何显兵："关于社区矫正工作者的定位及其队伍建设"，载《河北法学》2005 年第 9 期。

〔7〕 参见郭建安、郑霞泽：《社区矫正通论》，法律出版社 2004 年版，第 68~70 页。

〔8〕 参见吴宗宪："关于社区矫正若干问题思考"，载《中国司法》2004 年第 7 期。

〔9〕 参见王利荣："从司法预防视角谈社区矫正制度的发展思路"，载《法治论丛》2004 年第 2 期。

〔10〕 参见程应需："社区矫正的概念及其性质新论"，载《郑州大学学报（哲学社会科学版）》2006 年第 4 期。

〔11〕 参见童德华："中国社区矫正法的立法构想——基于对《社区矫正法（征求意见稿）》的评论"，载《法治社会》2017 年第 4 期。

〔12〕 参见骆群："'社区矫正'再界定"，载《南通大学学报（社会科学版）》2010 年第 2 期。

的发展。[1]

（二）《社区矫正法》出台之后的学术分歧

在《社区矫正法》出台之后，主要存在三类不同的观点：

第一类观点根据《社区矫正法》第 1 条的规定,[2] 得出社区矫正的性质是刑事执行的结论。其中有的学者认为，这是对理论与实践中社区矫正"刑罚执行说"的纠偏和超越。[3] 有的学者指出，刑事执行大于刑罚执行，刑事执行是所有生效刑事判决、裁定、决定和禁止令、法官令乃至赦免等活动执行的总称。[4] 有的学者强调，社区矫正是刑事执行工作，但不仅仅是刑罚执行。[5]

此类观点与官方的观点一致。司法部社区矫正局局长姜爱东在全国人大常委会举行的新闻发布会上回答《光明日报》记者的提问时指出，"社区矫正是在党中央、国务院正确领导下，立足我国基本国情发展起来的具有中国特色的刑事执行制度"。[6]

第二类观点仍然坚持认为社区矫正是一种刑罚执行制度。有的学者认为社区矫正（对社区罪犯的管理）的性质是社区刑罚执行。[7] 有的学者认为，社区矫

---

〔1〕 参见刘守芬、王琪、叶慧娟："社区矫正立法化研究"，载《吉林大学社会科学学报》2005 年第 2 期。

〔2〕 《社区矫正法》第 1 条规定："为了推进和规范社区矫正工作，保障刑事判决、刑事裁定和暂予监外执行决定的正确执行，提高教育矫正质量，促进社区矫正对象顺利融入社会，预防和减少犯罪，根据宪法，制定本法。"

〔3〕 参见周鹏："社区矫正的理性回归——兼评《中华人民共和国社区矫正法》"，载《犯罪与改造研究》2020 年第 1 期。

〔4〕 参见王顺安："从刑罚执行到刑事执行——谈对社区矫正性质的认识"，载《河南司法警官职业学院学报》2020 年第 2 期。论者还根据《社区矫正法》的立法目的或立法宗旨，试着给目前与未来的社区矫正下了两个定义，目前社区矫正的定义是："法定机关依法对被判处管制、宣告缓刑、假释和暂予监外执行的罪犯，在社区并依托社区所进行的旨在提高教育矫正质量，促进其顺利融入社会，预防和减少犯罪的监督管理和教育帮扶工作，是一项非监禁的刑事执行活动和制度。"未来社区矫正定义为："法定执行机构依法对决定机关作出的刑事判决、裁定和决定的被矫正人，在社区并依托社区所实行的旨在提高教育矫正质量，促进其顺利融入社会，预防和减少犯罪的一项非监禁刑事执行制度。"

〔5〕 参见梅义征：《社区矫正、社区治理与社区安全——社区矫正执法实务研究》，上海人民出版社2020 年版，第 17~18 页。

〔6〕 王瑞芳："全国人大常委会就证券法修订草案等举行发布会"，载 http://www.china.com.cn/zhibo/content_ 75545479.htm，最后访问时间：2020 年 11 月 30 日。姜爱东局长在后来的论文中也重申了这一观点："社区矫正执行刑事判决、刑事裁定和暂予监外执行决定，是在党中央和国务院正确领导下，立足我国基本国情发展起来的具有中国特色的非监禁刑事执行制度，是推进国家治理体系和治理能力现代化的一项重要制度。"姜爱东："《社区矫正法》具有里程碑意义"，载《人民调解》2020 年第 2 期。

〔7〕 参见刘强："论社区矫正法律制度的发展创新空间"，载《犯罪研究》2020 年第 3 期。

正是刑罚执行方式之一。[1] 有的学者主张社区矫正应当定性为在社区执行刑罚。[2] 有的学者认为，社区矫正是一种非监禁刑执行制度，并对"刑事执行措施说""刑事执行活动说"进行了批判，认为这种观点回避了社区矫正的刑罚执行性质，其实刑事执行就是刑罚执行，将社区矫正的性质归结为"刑事执行"仍然没有超出社区矫正就是刑罚执行的范畴；采用另外的表述也不能规避社区矫正的刑罚执行性质。[3] 论者同时认为，在当前我国社区矫正实践中，将罪犯称为社区服刑人员是妥当的，只是为了同立法保持一致，才在其主编的教材中使用社区矫正对象这一概念。[4]

第三类观点与前两类观点不同。有的学者认为，《社区矫正法》没有对社区矫正概念进行界定，而是采取了"留白"的处理方式，保持了"社区矫正"概念的开放性。[5] 类似观点指出，《社区矫正法》并没有对社区矫正性质作出明确规定，而是采取了模糊或回避的态度。[6] 在有的学者看来，《社区矫正法》规避争论不休的社区矫正性质，属于智慧立法。[7]

纵观上述系列观点，可以发现，《社区矫正法》出台之前的四类观点基本上是针对社区矫正措施（有的是执法行为的措施）的性质而言的，没有看到社区矫正措施与社区矫正的区别，社区矫正是目的而非手段。《社区矫正法》出台之后的第二类观点也没有摆脱这一点。只有《社区矫正法》出台之后的第一类观点涉及了社区矫正执法行为的法律性质——刑事执行，遗憾的是此类观点大多建立在否定社区矫正的措施（主要是缓刑、假释）具有刑罚执行属性的基础上的，而这是两个不同的问题。尽管如此，上述研究对社区矫正执法行为的性质研究还是很有帮助的。对社区矫正执法行为的定性分析需要从法律属性、内容属性两个层面展开。

二、社区矫正执法行为的法律属性

从刑事一体化的角度理解，《社区矫正法》适用于犯罪后的社区矫正对象，

---

〔1〕 参见司绍寒："试论《社区矫正法》的意义与不足"，载《犯罪与改造研究》2020 年第 8 期。

〔2〕 参见王志亮、危攀攀："社区矫正本质研究"，载《宜宾学院学报》2020 年第 9 期。

〔3〕 参见吴宗宪：《社区矫正导论》，中国人民大学出版社 2020 年版，第 5~6 页。

〔4〕 参见吴宗宪：《社区矫正导论》，中国人民大学出版社 2020 年版，第 92~93 页。

〔5〕 参见梁云宝："社区矫正法：开启矫正法治化新时代"，载《检察日报》2020 年 1 月 14 日，第 3 版。

〔6〕 论者同时提出了自己对社区矫正性质的看法：具有相当开放性的非监禁性的刑事处遇方法。参见郑丽萍："互构关系中社区矫正对象与性质定位研究"，载《中国法学》2020 年第 1 期。

〔7〕 参见张荆："《社区矫正法》的立法意义与执法难点"，载《犯罪研究》2020 年第 4 期。

属于刑事法律，所以在法律属性层面，应当将社区矫正执法行为归属于刑事执法行为。就此而言，我国司法部社区矫正局局长姜爱东以及前述《社区矫正法》出台之后的第一类观点将我国的社区矫正定性为刑事执行制度有一定道理，只是没有证据表明此类观点是从社区矫正执法行为法律性质的角度理解这一个问题的，因而说它歪打正着一点也不为过。

问题在于，是否所有的社区矫正执法行为都属于刑事执法行为？若社区矫正对象违反法律法规或者监督管理规定的，被社区矫正机构依法给予训诫、警告，或者被社区矫正机构提请公安机关予以治安管理处罚，这种处罚是不是一种行政处罚？如果肯定这种处罚的行政处罚属性，那么此时的社区矫正执法行为是否变成了行政执法行为？有的学者对此予以肯定。第一种观点认为，训诫不是行政处罚措施，警告是较轻的行政处罚措施，治安管理处罚也是一种行政处罚。[1] 第二种观点认为，训诫、警告，治安管理处罚（包括罚款和拘留）是行政处罚，撤销缓刑、撤销假释、对暂予监外执行的收监执行是司法处罚。社区矫正机构负责作出训诫、警告；公安机关负责治安管理处罚；社区矫正决定机关负责撤销缓刑、撤销假释、对暂予监外执行犯的收监执行。论者还分析了《社区矫正法》处罚制度的不足，认为在刑事执行体系中，不应该也没有必要存在治安管理处罚。[2]

我们认为，这两种观点都存在认识上的误区，将训诫排除在处罚措施之外是不正确的，将训诫、警告、治安管理处罚归属于行政处罚也是不正确的。毕竟治安管理与社区矫正管理属于不同的法律关系，前者属于治安管理关系，对违反治安管理行为处罚的依据是《治安管理处罚法》，处罚的对象是违反《治安管理处罚法》的公民，《治安管理处罚法》是行政法，所以一般的治安管理处罚属于行政处罚；而后者属于刑事执行关系，对违反社区矫正管理行为处罚的依据是《刑法》《社区矫正法》《社区矫正法实施办法》（以下简称《实施办法》），处罚的对象是违反《刑法》《社区矫正法》《实施办法》的具有罪犯身份的社区矫正对象，《刑法》《社区矫正法》《实施办法》是刑事法，所以，即便社区矫正机构对违反社区矫正管理行为提请公安机关予以治安管理处罚，这种治安管理处罚也不是一般的治安管理处罚，其已经进入到广义的刑事处罚的范畴，至少不能将其与一般的行政处罚相提并论，训诫、警告也是这样，社区矫正对象违反法律法规或

---

〔1〕 参见严庆芳：“《中华人民共和国社区矫正法》立法理念之嬗变”，载《中国监狱学刊》2020年第4期。

〔2〕 参见司绍寒：“试论《社区矫正法》的意义与不足”，载《犯罪与改造研究》2020年第8期。

者监督管理规定的，社区矫正机构依法提请撤销缓刑、撤销假释、对暂予监外执行的收监执行亦是如此。而且，《实施办法》对于受到过训诫、警告、治安管理处罚仍不改正的社区矫正对象，都规定了渐次升级的惩戒措施。例如，根据《实施办法》第 35 条第 5 项的规定，社区矫正对象受到社区矫正机构两次训诫，仍不改正的，执行地县级社区矫正机构应当给予警告。根据《实施办法》第 46 条第 1 款第 3 项、第 4 项的规定，社区矫正对象在缓刑考验期内，因违反监督管理规定受到治安管理处罚仍不改正或者受到社区矫正机构两次警告仍不改正的，由执行地同级社区矫正机构提出撤销缓刑建议。根据《实施办法》第 47 条第 1 款第 2 项、第 3 项的规定，社区矫正对象在假释考验期内，受到社区矫正机构两次警告仍不改正或者其他违反有关法律、行政法规和监督管理规定尚未构成新的犯罪的，由执行地同级社区矫正机构提出撤销假释建议。根据《实施办法》第 49 条第 1 款第 2~5 项的规定，暂予监外执行的社区矫正对象有下列情形之一的，由执行地县级社区矫正机构提出收监执行建议：未经社区矫正机构批准擅自离开居住的市、县，经警告拒不改正，或者拒不报告行踪，脱离监管的；因违反监督管理规定受到治安管理处罚，仍不改正的；受到社区矫正机构两次警告的；保外就医期间不按规定提交病情复查情况，经警告拒不改正的。可见，只要社区矫正对象受到过训诫、警告、治安管理处罚，仍不改正，后果将很严重，故而，训诫、警告、治安管理处罚远非一般的行政处罚所能比拟。此外，上述第二种观点将撤销缓刑、撤销假释、对暂予监外执行的收监执行归于司法处罚也不妥当，因为司法处罚的范围太广。从法理上看，《社区矫正法》所规定的所有处罚措施都应该归入到广义的刑事处罚范畴，鉴于人们已经习惯将刑事处罚等同于刑罚，我们认为，可以考虑将《社区矫正法》所规定的处罚措施统称为"社区矫正处罚"，以区别于刑罚和一般的行政处罚。

根据我国《刑法》的规定，可以肯定的是，管制犯、暂予监外执行犯在社区矫正的过程中是在服刑，那么，社区矫正的刑事执法行为与刑罚执行行为又是一种什么关系呢？事实告诉我们，刑事执法行为是从执法行为的法律属性角度看社区矫正，刑罚执行行为是从执法行为的内容属性角度看社区矫正（当然还不够全面）。以下就社区矫正执法行为的内容属性展开论述。

三、社区矫正执法行为的内容属性

单纯从法律属性的角度将社区矫正执法行为定性为刑事执法行为，对于规范社区矫正执法行为以及社区矫正执法行为的有效展开意义不是很大，这些目的的实现有赖于对社区矫正执法行为内容属性的研究。从内容属性的角度看，根据是否对社区矫正对象的权利义务产生具体影响，可以将社区矫正执法行为分为程序性社区矫正执法行为与实体性社区矫正执法行为。

（一）程序性社区矫正执法行为的内容属性

程序性社区矫正执法行为只具有程序性，对社区矫正对象的权利义务不会产生具体影响，比如，社区矫正对象的报到、社区矫正对象的移送、社区矫正宣告、社区矫正方案的制定、社区矫正的解除和终止等。

（二）实体性社区矫正执法行为的内容属性

实体性社区矫正执法行为则会对社区矫正对象的权利义务产生具体影响，比如刑罚的执行、对社区矫正对象自由的限制、治安管理处罚、就业培训等。

如前所述，在《社区矫正法》出台之前，围绕社区矫正的性质是否是刑罚执行制度的争议主要是针对部分实体性社区矫正执法行为的内容属性而展开的，主要争议在于我国的缓刑、假释是否是刑罚执行制度，在每一次的立法研讨会议上，缓刑问题尤其是争议焦点。[1] 这种争议在《社区矫正法》出台之后还在继续。[2]

持社区矫正的性质是刑罚执行制度观点的学者始终肯定缓刑的刑罚执行性。其中，有的学者认为，对缓刑的执行是否是刑罚执行应当看缓刑是否符合刑罚的内涵，缓刑符合刑罚的内涵，因此，缓刑属于刑罚的范畴，对缓刑的执行是刑罚执行。[3] 有的学者主张，以《社区矫正法》关于"正确执行刑事判决、裁定和暂予监外执行决定"的规定，认定社区矫正的定性为刑事执行，属于半途而终，没有精准到底。根据《刑法》《刑事诉讼法》《社区矫正法》的规定，执行管制即执行刑罚，执行缓刑属于监狱收监行刑前变更执行，执行假释、暂予监外执行均属于监狱收监执行中变更执行，归纳起来就是在社区执行刑罚。[4] 有的学者提出，我国刑法中的缓刑虽然不是一个独立的刑种，但作为一种刑罚制度，同样具有刑罚执行的内容，它只是附条件地不执行原判的监禁刑，但对缓刑人员的监

---

〔1〕 参见王顺安："从刑罚执行到刑事执行——谈对社区矫正性质的认识"，载《河南司法警官职业学院学报》2020年第2期。

〔2〕 诚如有的学者所言，虽然《社区矫正法》规避了之前针对社区矫正的性质之争，但是，这种争议还将继续下去。参见连春亮："《社区矫正法》出台的意义与特点"，载《犯罪与改造研究》2020年第4期。

〔3〕 参见刘强："论社区矫正法律制度的发展创新空间"，载《犯罪研究》2020年第3期。论者提出，刑罚的内涵有三个基本特征：一是由国家司法机关依据《刑法》对犯罪人作出的有罪裁决；二是对犯罪人的权利予以一定的限制和剥夺；三是刑事裁决需要依靠国家的强制力保证实施。

〔4〕 参见王志亮、危攀攀："社区矫正本质研究"，载《宜宾学院学报》2020年第9期。

督、考察，也属于行刑活动的组成部分。[1]

反对社区矫正的性质是刑罚执行制度观点的学者，否定缓刑或假释的刑罚执行性。其中，有的学者认为，我国现行刑法规定并不支持社区矫正的"非监禁刑罚执行"说，缓刑、假释都不属于非监禁刑罚执行的范畴。[2] 有的学者主张，缓刑在我国不是刑种，仅只是量刑和特殊的刑罚附条件的暂缓执行制度，根据罪刑法定的基本原则，不能将缓刑定为刑罚，因此，缓刑执行也就不是刑罚执行。前述"刑罚执行"说是机械地将英国社区矫正的性质移植到我国现行刑事法律体系中来，在社区矫正的性质认定上，超出了罪刑法定基本原则的规定。[3]

在美国的刑法制度之下，可以说缓刑、假释是刑罚执行制度，缓刑犯、假释犯都是在服刑，因为一旦撤销缓刑或假释，已经经过的考验期间可以折抵刑期。然而，根据我国《刑法》的规定，缓刑、假释都不是刑罚执行制度，缓刑是附条件的刑罚消灭制度，假释是附条件的余刑消灭制度，因为一旦撤销缓刑或假释，已经经过的考验期间都不能折抵刑期。[4] 2020 年 1 月 17 日《最高人民法院、最高人民检察院关于缓刑犯在考验期满后五年内再犯应当判处有期徒刑以上刑罚之罪应否认定为累犯问题的批复》（高检发释字〔2020〕1 号）[5] 更是彻底否定了缓刑犯的"社区服刑"性质。[6] 所以，将我国的社区矫正定位于"行刑方式"或"非监禁刑罚执行活动"是没有考虑我国与外国立法模式的差异。

否认我国缓刑、假释的刑罚执行性，是否会出现有的学者所担心的情况——"缓刑是无刑，假释是真释"？[7] 其实，这种担心是多余的，虽然我国的缓刑、假释不是刑罚的执行，但是缓刑犯、假释犯并非没有刑事义务，缓刑期间所附限制自由的条件是缓刑犯的刑事义务，假释期间所附限制自由的条件是假释犯的刑

〔1〕 参见吴宗宪：《社区矫正导论》，中国人民大学出版社 2020 年版，第 92 页。

〔2〕 参见梅义征：《社区矫正、社区治理与社区安全——社区矫正执法实务研究》，上海人民出版社 2020 年版，第 14~15 页。

〔3〕 参见王顺安："从刑罚执行到刑事执行——谈对社区矫正性质的认识"，载《河南司法警官职业学院学报》2020 年第 2 期。

〔4〕 参见夏尊文："刑事政策视野中的社会管理创新——以社区矫正为视角"，载《云梦学刊》2015 年第 2 期。

〔5〕 该批复规定：被判处有期徒刑宣告缓刑的犯罪分子，在缓刑考验期满后 5 年内再犯应当判处有期徒刑以上刑罚之罪的，因前罪判处的有期徒刑并未执行，不具备《刑法》第 65 条规定的"刑罚执行完毕"的要件，故不应认定为累犯，但可作为对新罪确定刑罚的酌定从重情节予以考虑。

〔6〕 参见连春亮："《社区矫正法》出台的意义与特点"，载《犯罪与改造研究》2020 年第 4 期。

〔7〕 参见刘强："论社区矫正法律制度的发展创新空间"，载《犯罪研究》2020 年第 3 期。

事义务，[1] 除此以外，还有其他刑事义务，只是这些刑事义务不同于刑罚而已。

退一步讲，即便认为我国的缓刑、假释属于刑罚执行制度，将社区矫正定位于刑罚执行制度也是片面的。因为刑罚的本质属性是其惩罚性，接受刑罚的惩罚是大多数罪犯应当承受的义务，并不具有权利的属性。然而，纵观中外的社区矫正措施，有的纯粹是强制社区矫正对象履行的义务，有的纯粹是社区矫正对象所享有的权利，有的则具有权利和义务的双重属性。[2] 例如，在美国的俄勒冈州，为了使罪犯能够遵守法院和假释委员会确定的监督条件，使罪犯在社区承担刑事责任时尽可能减少其今后犯罪的可能性，在社区矫正中采取了许多不同形式的制裁、服务和干预的项目和措施。其中主要包括：①在制裁方面的项目：工作中心、电子监控、家中拘留、日报告中心、强化的特别的监督、社区服务、社区劳务小组等。②在服务和干预方面的项目：滥用酒精和毒品的门诊矫治、居住的滥用酒精和毒品的治疗、精神健康的治疗、对发怒的控制、认知的重建、对性罪犯的治疗、就业、教育、解决在危机状态和过渡期的居住条件、过渡期的服务等。③其他措施：尿检、测谎器、对使用抗滥用毒品和酒精药物的罪犯提供资助、提供补助金等。[3] 在这些社区矫正项目和措施中，有的是制裁性的，也有许多是服务和干预性的。[4] 在英国，社区矫正除了执行社区刑罚，还有很多刑罚之外的内容，比如为被判处缓刑或社区服务的罪犯提供辅导和帮助，包括戒毒、精神和心理医疗、教育、培训、就业安置以及适应社会正常生活的辅导等。[5] 因此，在英国，社区矫正不再是简单的行刑方式，也非是带有惩罚性或者制裁性的刑罚执行活动，而是一种特殊群体"重新自我改善"的一系列社会工作方法——"对犯罪人实行的不同类型的非机构性矫正计划"。[6] 在加拿大，社区矫正执法除了执行刑罚，还有诸多矫正项目，比如：扫盲项目、认知技巧训练、生活技能

---

〔1〕 参见夏尊文："刑事政策视野中的社会管理创新——以社区矫正为视角"，载《云梦学刊》2015年第2期。

〔2〕 参见夏尊文："刑事政策视野中的社会管理创新——以社区矫正为视角"，载《云梦学刊》2015年第2期。

〔3〕 参见刘强主编：《各国（地区）社区矫正法规选编及评价》，中国人民公安大学出版社2004年版，第116~119页。

〔4〕 参见陈和华、叶利芳："国外社区矫正的经验和问题"，载《犯罪研究》2006年第1期。

〔5〕 参见冯卫国：《行刑社会化研究——开放社会中的刑罚趋向》，北京大学出版社2003年版，第104页。

〔6〕 See Belinda Rodgers McCarthy & Bernard J. McCarthy, Community-based Corrections, Brooks/Cole Publishing Company, 1991, p. 2. 转引自郭华："《社区矫正法》制定中的争议问题研究"，载《法学》2017年第7期。

项目、性罪犯治疗项目、物质滥用干涉项目、家庭暴力预防项目、暴力预防项目、生活之线等。[1] 在我国，社区矫正除了执行刑罚（管制、暂予监外执行）、缓刑、假释，还有对社区矫正对象的教育、心理辅导、就业培训、出狱人保护等措施。由此看来，将社区矫正定位于刑罚执行制度，无论是在中国还是外国，都是一叶障目，只见树木不见森林。[2]

既然在社区矫正措施中，有的纯粹是强制社区矫正对象履行的义务，有的纯粹是社区矫正对象所享有的权利，有的具有权利和义务的双重属性，那么，为了更清楚地展现在社区矫正过程中执法主体与执法对象的权力（权利）义务关系，划清权力的边界，有必要对实体性社区矫正执法行为作进一步划分：监督社区矫正对象履行纯正的刑事义务［接受刑罚的处罚或惩罚（自由的限制）、接受监督管理、参加公益劳动］、矫正过程中的奖惩、帮助社区矫正对象履行非纯正的刑事义务（接受教育、心理辅导、就业培训等）、纯粹帮助社区矫正对象实现权利（出狱人保护、帮助联系低保、就业等）。这种划分的意义在于：社区矫正对象所履行的纯正刑事义务不具有权利的属性，因而社区矫正执法行为具有刚性的一面。但是，社区矫正对象所履行的非纯正刑事义务同时具有权利的属性，因而社区矫正执法行为具有柔性的一面，社区矫正机构在帮助社区矫正对象履行非纯正的刑事义务的同时，实质上也在帮助社区矫正对象实现他们的权利，帮助他们顺利融入社会。纯粹帮助社区矫正对象实现权利的社区矫正执法行为就更不用说了。明晰社区矫正对象的权利与刑事义务范围，有利于划清社区矫正执法权力的边界，树立正确的社区矫正执法的理念。

---

[1] 中国监狱学会、加拿大刑法改革与刑事政策国际中心：《中加社区矫正概览》，法律出版社 2008 年版，第 464~465 页。

[2] 之所以坚持将我国的社区矫正定位于刑罚执行制度，可能是因为有的学者将社区矫正的所有希望都寄托在刑罚身上，认为"刑罚的功能具有多元化，包括报应、威慑、伸张正义、安抚被害、教育、恢复、回归社会等"，"现代的社区刑罚执行，是在满足惩罚的前提下，尽可能对罪犯教育矫正和帮困扶助，需要将惩罚与人文关怀有机结合，但并不能因此而否认其惩罚的本质属性"。参见刘强："我国社区矫正立法的隐忧——对《社区矫正法（征求意见稿）》的若干修正建议"，载《上海政治学院学报（法治论丛）》2017 年第 2 期。从而将许多并不属于刑罚的教育矫正、帮困扶助等矫正措施一并归入到刑罚的名下。

诉告陷害罪基本问题研究

◎温登平

诉告陷害罪，又称为诬告罪、诬陷罪，是指故意向司法机关等告发捏造的违法犯罪事实，意图使他人受到处罚或制裁的行为。各国刑法普遍规定了诉告陷害罪。例如，《德国刑法》（2017 年修订）第 164 条第 1 款规定："意图使他人受有关当局的调查或处分，而违背良知地向有关当局、有权接受告发的官员、军队长官或公众，告发他人有违法行为或者违背职务义务行为的，处五年以下自由刑或罚金刑。"第 2 款规定："以同样意图，违背良知，向第一款所述当局或公众告发他人有其他犯罪事实，致使他人受到当局调查或处分的，处与前款相同之刑罚。"我国《刑法》第 243 条规定："捏造事实诬告陷害他人，意图使他人受刑事追究，情节严重的，处三年以下有期徒刑、拘役或者管制；造成严重后果的，处三年以上十年以下有期徒刑。国家机关工作人员犯前款罪的，从重处罚。不是有意诬陷，而是错告，或者检举失实的，不适用前两款的规定。"

从我国理论研究和司法实践看，关于诬告陷害罪的理解和适用存在很多问题，主要有：其一，诬告陷害罪的保护法益，是公民的人身权利、民主权利，还是司法机关的活动？其二，针对无责任能力人、单位等实施诬告陷害行为的，是否构成诬告陷害罪？其三，"捏造犯罪事实"是否诬告陷害罪的实行行为？其四，行为人故意捏造事实诬告陷害他人，而他人实际上实施了有关犯罪的，以及律师为被害人代理控告业务，该控告未被司法机关认可并作出有罪判决的，是否构成诬告陷害罪？其五，诬告陷害罪的故意是仅限于确定性的认识，还是也包括未必的认识？其六，"意图使他人受到刑事追究"是否本罪的唯一目的？其七，对于诬告陷害他人，致其被法院判处重罪甚至死刑的，如何才能实现罪刑相适应？本文将结合国内外刑法规定和研究成果，围绕上述问题进行研究，希望能对理论研究和司法实务有所裨益。

一、诬告陷害罪的法益和行为对象

（一）诬告陷害罪的法益

多数国家和地区，例如德国、瑞士、意大利、西班牙、波兰、俄罗斯、日本、韩国等，均将本罪规定在妨害司法或者司法行政的犯罪中。只有少数国家如法国、中国将其归属于侵犯人身权利罪之中。

1. 日本学者的观点。《日本刑法》（2005 年修订）第 172 条规定："以使他人受到刑事或者惩戒处分为目的，作虚假的告诉、告发或者其他申告的，处三个月以上十年以下惩役。"关于诬告陷害罪的法益，主要有下列三种学说：其一，人身权利说，认为刑法规定诬告陷害罪是为了保护被诬陷人的人身权利。平野龙一、曾根威彦、山口厚等坚持此说。[1] 根据此说，诬告陷害行为必须具有侵害他人人身权利的性质，否则不成立该罪。其二，司法作用说，认为刑法规定诬告

---

〔1〕 参见 [日] 平野龙一：《刑法概说》，东京大学出版会 1977 年版，第 290 页；[日] 山口厚：《刑法各论》，王昭武译，中国人民大学出版社 2011 年版，第 703 页。

陷害罪是为了保护国家的司法作用尤其是审判作用或者司法机关的正常活动。团藤重光等坚持此说。[1] 根据此说，即使诬告行为没有侵犯他人的人身权利，只要妨害了客观公正的司法活动本身，就成立该罪。其三，并合说，认为刑法规定诬告陷害罪既是为了保护公民的人身权利，也是为了保护司法作用。其中，有的将国家法益放在首位，有的将个人法益放在首位。例如，大谷实认为，诬告陷害罪的保护法益首先是国家法益，其次是个人法益，理由是："为了使他人受到刑事或惩戒处分而进行诬告的话，就会危害作为国家的审判职能前提的搜查权和调查权的正常行使，因此，本罪首先是以国家的审判职能的正常进行为保护法益的。但是，本罪的结果，是使成为诬告等对象的被告发者，受到搜查机关等的搜查和调查，因此，防止被告发者个人不当地成为国家的刑事以及惩戒处分的对象的个人法益也成为保护法益。"[2]

上述分歧涉及的问题是，没有侵犯他人的人身权利的诬告行为是否构成诬告陷害罪？有三种典型情况：其一，针对自己的诬告行为是否构成诬告陷害罪（自我诬陷）？其二，得到被害人承诺的诬告行为是否构成诬告陷害罪（承诺诬陷、同意诬陷）？其三，诬告虚无人的行为是否构成诬告陷害罪？如果重视国家法益，也就是国家司法权的正确行使，则被害人的同意在刑法上是无效的，上述行为都构成诬告陷害罪。相反，如果重视个人法益，由于具有被害人的同意，则上述行为都不构成诬告陷害罪。

日本学者大多主张"司法作用说"或者"并合说"，主要有两个原因：其一，《日本刑法》分则是按照"对国家法益的犯罪、对社会法益的犯罪和对个人法益的犯罪"这一顺序来排列各章的，其第二十一章所规定的诬告陷害罪与第二十章的伪证罪均被视为对国家法益的犯罪；日本刑法理论对此也没有争议。于是，诬告陷害罪属于对司法作用的犯罪。其二，《日本刑法》分则对犯罪分类后，并未明确规定各类罪的法益。诬告陷害罪是独立的一章。既然立法没有限定法益的内容，就给解释者留下了较大的空间，于是"并合说"具有存在的空间。

2. 中国学者的观点。关于诬告陷害罪的法益，我国刑法理论上主要有公民的人身权利说、[3] 国家司法（审判）作用说、公民的人身权利和国家机关的活

〔1〕 参见［日］团藤重光：《刑法纲要各论》（改订版），创文社1985年版，第107页。
〔2〕 ［日］大谷实：《刑法讲义各论》，黎宏译，中国人民大学出版社2008年版，第561页。
〔3〕 参见张明楷：《刑法学》（下），法律出版社2016年版，第902页；周光权：《刑法各论》，中国人民大学出版社2016年版，第52页。

动择一说、[1] 公民的人身权利和国家机关的活动说[2]以及公民的人身权利和民主权利与司法机关的活动说。[3] 由于诬告陷害罪位于我国《刑法》分则第四章"侵犯公民人身权利、民主权利罪"，公民的人身权利显然是本罪的保护法益。存在争议的是，公民的民主权利、司法机关的活动是否是本罪的法益。

（1）诬告陷害罪的法益是否包括公民的民主权利？本文认为，诬告陷害罪的法益不包括公民的民主权利方面的内容。主要是因为，公民的民主权利是指公民享有的管理国家和参加正常的社会活动的权利，包括申诉权、控告权、检举权及选举权和被选举权等。诬告陷害罪表现为意图使他人受到刑事追究，捏造他人犯罪事实予以告发的行为。这种行为不可能直接侵犯公民的民主权利中的任何权利，若将公民的民主权利作为诬告陷害罪的保护法益，与该罪的实际情况不符。

（2）诬告陷害罪的法益是否包括司法机关的活动？关于司法机关的活动是否本罪的法益，张明楷教授提出："或许有人认为，任何诬告陷害行为都必然侵犯司法活动，因为刑法规定本罪必然保护司法作用。但这只是客观事实（况且肯定会有例外），而不是法律规定。对此，可以联系伪证罪来考虑。"[4] 曲新久教授指出："诬告陷害罪是借助于国家司法机关力量侵犯公民人身权利的犯罪，所以一般会侵犯司法机关的正常活动，又由于刑法将诬告陷害罪规定为情节犯，所以，是否侵犯以及侵犯国家司法机关正常活动的程度可以影响犯罪的成立与否，但是，既不能说没有侵犯国家司法机关正常活动的不构成本罪，也不能说没有侵犯公民人身权利但是侵犯国家司法机关正常活动的构成本罪。"[5]

诬告陷害罪是将不存在的犯罪事实或者他人的犯罪事实"张冠李戴"，妄称是本案被害人所为，司法机关通常会启动司法程序，经过侦查和审查发现不存在犯罪事实或者犯罪事实并非本案被害人所为的，则不予立案或者撤案；有些则经由侦查、起诉、审判甚至作出有罪判决。无论司法机关作出何种反应，本罪首先使被害人的人格遭到贬损，名誉遭受侵害，甚至身陷囹圄，失去人身自由。

但是，本文认为司法机关的活动原则上并非本罪的法益。主要理由是：其

---

〔1〕 参见王作富主编：《刑法》，中国人民大学出版社 2009 年版，第 421 页；何秉松主编：《刑法教科书》，中国法制出版社 2000 年版，第 891 页。

〔2〕 参见高铭暄、马克昌主编：《刑法学》，北京大学出版社、高等教育出版社 2017 年版，第 476 页；王作富主编：《刑法分则实务研究》（中），中国方正出版社 2013 年版，第 805~806 页。

〔3〕 参见赵秉志主编：《妨害司法活动罪研究》，中国人民公安大学出版社 1994 年版，第 35~36 页；周玉华、鲜铁可："论诬告陷害罪"，载《法商研究（中国政法学院学报）》1998 年第 4 期。

〔4〕 张明楷：《刑法学》（下），法律出版社 2016 年版，第 901 页。

〔5〕 曲新久：《刑法学》，中国政法大学出版社 2017 年版，第 430 页。

一，如果《刑法》将本罪规定在妨害司法活动罪中，应当采取司法作用说。但是，诬告陷害罪被规定在分则第四章"侵犯公民人身权利、民主权利罪"，属于侵犯个人法益的犯罪，而不是对国家法益的犯罪。其二，是否主张本罪的法益包括司法机关的活动，对于被害人同意他人诬陷自己的行为是否构成犯罪，具有重要意义。如果认为诬告陷害罪的法益仅仅是公民的人身权利，被害人对这一法益具有处分权，只要被害人同意放弃这项权利，他人的诬告陷害行为不能构成诬告陷害罪。相反，如果认为本罪的法益还包括司法机关的活动，则被害人对此没有处分权。其三，即便诬告陷害行为会对司法机关的活动产生一定的影响，但是在被害人承诺的场合，由于诬陷行为不可能对他人的人身权利造成实际侵害，不存在滥用国家司法权侵害公民利益的可能，因此，这种对国家司法活动的影响仅限于观念层面而已。[1]

3. 被害人同意或者承诺对定罪的影响。由于刑法规定诬告陷害罪是为了保护公民的人身权利，所以征得他人同意或者经他人请求而诬告他人犯罪的，阻却违法性，原则上不成立诬告陷害罪。当然，得到被害人承诺的诬告陷害行为，如果使得司法机关投入大量的人力、物力进行案件的侦查，并且在社会上引起较大反响，是否一律不成立本罪，还值得研究。在此种场合下，由于司法机关的强力介入，被害人的人身自由、名誉以及其他人身自由总是会受到一些侵害；虽然刑法将诬告陷害罪规定在侵犯个人法益的犯罪中，也要考虑该罪侵害国家法益的侧面。所以，即便诬告陷害行为得到了被害人的承诺，但如果对被害人的人身权利之外的其他法益造成了危害后果，也可以考虑以本罪处理。

（二）诬告陷害罪的行为对象

1. 诬告陷害罪的对象是具体的、特定的"他人"。各国刑法一般将本罪对象限定为"他人"，因此自我诬告一般不构成犯罪。不过，有的国家单独规定了自我诬告罪，例如《意大利刑法》（1930 年通过，1931 年生效）第 368 条规定："以匿名或者化名文书向前条所列官署之一申告或者于法院自白将他人之犯罪或不存在之犯罪承担为自己之犯罪者，处一年以上三年以下徒刑。"《瑞士刑法》（2003 年修订）第 304 条规定："行为人错误地在官署指控自己犯罪的，处监禁刑或罚金刑。"我国《刑法》第 243 条明文规定诬告陷害罪的对象必须是"他人"。因此，向司法机关虚假诬告自己犯罪的，不成立诬告陷害罪。但是为开脱他人的罪责而作自我诬告的，可能构成包庇罪。

---

〔1〕 参见黎宏：《刑法学各论》，法律出版社 2016 年版，第 255~256 页。

诬告陷害的对象不能是虚拟的人，必须是现实的人；不能是抽象的、不特定的人，必须是特定的人。不针对特定对象进行诬陷，而只是泛泛而谈，胡乱指称犯罪嫌疑人，要求司法机关追究刑事责任，从其指称中无法合理推断犯罪嫌疑人的，由于不存在被诬陷的他人，仅仅是虚报案情的，不能引起刑事诉讼，也就谈不上对公民人身权利的侵犯，不能以本罪论处。但是，对诬告陷害的对象，不一定指名道姓，只要从诬陷的内容和对被诬陷者的形象方面的描述，使人不难判断出被诬陷者是谁就足够了。"特定的对象并不要求明确指出被诬告者的姓名，只要从诬告的内容中能推断出是谁，即为特定对象。"[1] "被诬陷的特定对象，必须清楚明确，通常是有名有姓的，但并非要以指名道姓作为先决条件，只要从所诬陷的内容中能清楚地表明被诬陷的是谁就可以了。"[2]

2. 诬告陷害的"他人"是否必须达到法定年龄，具有相应的辨认控制能力？日本学者一般认为，只要是实际存在的他人，即便被告发的人是无责任能力人或者没有应当受到惩戒处分的人的身份的，也能够成为本罪的对象。[3] 我国传统的观点则认为，诬告的对象必须具有刑事责任能力的人。[4] 但是，诬陷没有达到法定年龄或者没有辨认或者控制能力的人犯罪，虽然司法机关查明真相之后不会对这些人科处刑罚，但将他们作为侦查的对象，使他们卷入了刑事诉讼，就侵犯了其人身权利，仍然构成诬告陷害罪。[5]

第一，诬告陷害罪不以诬告行为是否导致被诬告者被定罪判刑为成立条件；被诬告者是否具有辨认控制能力，与其人身权利是否遭受侵害，也不是一一对应关系。诬告没有辨认控制能力的人犯罪的，同样可能侵犯其人格权、名誉权。特别是，被诬陷者是否达到刑事责任年龄、是否具有辨认控制能力，除了非常明显的情况外，往往需要经过司法机关进行调查才能确认。司法机关基于行为人的诬告陷害启动追诉程序，必然侵害守法公民的人格权、名誉权，因此可以构成诬告陷害罪。[6]

第二，对于未达到刑事责任年龄的人，要结合行为人诬告陷害他人所犯的罪

〔1〕 高铭暄、马克昌主编：《刑法学》，北京大学出版社、高等教育出版社 2017 年版，第 476 页。

〔2〕 周道鸾、张泗汉："试论诬告陷害罪"，载《法学》1983 年第 8 期。

〔3〕 参见 ［日］大谷实：《刑法讲义各论》，黎宏译，中国人民大学出版社 2008 年版，第 563 页。

〔4〕 参见高憬宏主编：《刑法刑事诉讼法适用问题研究》，中国政法大学出版社 1999 年版，第 136 页。

〔5〕 参见张明楷：《刑法学》，法律出版社 2007 年版，第 674 页。

〔6〕 参见王作富主编：《刑法分则实务研究》（中），中国方正出版社 2013 年版，第 806 页；谢彤："诬告陷害罪探析"，载《中国人民大学学报》2001 年第 3 期。

行，合理限定被害人的范围。根据我国《刑法》第 17 条的规定，不满 14 周岁的人实施犯罪行为的，原则上不负刑事责任；已满 14 周岁不满 16 周岁的人，仅对故意杀人、故意伤害致人重伤或者死亡、强奸、抢劫、贩卖毒品、放火、爆炸、投放危险物质八种犯罪行为承担刑事责任。除非行为人诬告未达到刑事责任年龄的人已经达到法定年龄，或者误认为未达到法定年龄的人已经达到法定年龄，并捏造他人犯罪的事实进行诬告，对于被诬告陷害者明显达不到法定年龄，司法机关不可能启动追究程序的，原则上不构成诬告陷害罪。

第三，对于达到刑事责任年龄，但因具有精神疾病而导致辨认控制能力降低甚至丧失的，也需要结合所诬告的犯罪行为和行为人是否存在错误认识等进行判断。在司法实践中，有些精神病的症状并不明显，如果被害人被诬告陷害，司法机关通过司法精神病鉴定确认被害人患有精神病，没有辨认和控制能力的，对行为人的诬告陷害行为应当以犯罪论处。但是，对于被诬告陷害者患有众所周知的精神疾病，症状非常明显，司法机关不可能启动刑事司法程序的，不宜将行为人的诬告陷害行为认定为犯罪。[1]

3. 诬告陷害罪的对象是否包括单位在内？关于诬告陷害罪中的"他人"是否包括单位在内，日本学者大多认为，在处罚法人的场合，也可以构成诬告陷害罪。[2] 在国内，则存在肯定说与否定说的对立。

第一种观点认为，"他人"包括单位在内。例如，有的学者认为，既然新《刑法》规定了单位犯罪，单位可以成为部分经济犯罪和渎职犯罪的主体，诬告单位犯罪的，既能造成对司法机关正常活动的干扰与破坏，也能导致对单位有关工作人员的人身权利和民主权利的侵害，应当以诬告陷害罪论处。[3] 有的学者主张，由于现行《刑法》中存在着单位犯罪的规定，通常又采用两罚制度，自然人作为直接责任人员受到处罚。因此，如果行为人意图使特定自然人受到刑事追究而直接诬告单位犯罪，但是所捏造的事实导致可能追究自然人刑事责任的，也成立诬告陷害罪。[4]

第二种观点认为，"他人"不包括单位。例如，有的学者认为，本罪属于侵犯公民人身权利的犯罪，被诬陷者是单位的场合，谈不上侵犯公民人身权利的问

---

[1] 参见李希慧："诬告陷害罪若干问题研析"，载《法学评论》2001 年第 6 期。
[2] 参见［日］山口厚：《刑法各论》，王昭武译，中国人民大学出版社 2011 年版，第 704 页。
[3] 参见赵秉志主编：《妨害司法活动罪研究》，中国人民公安大学出版社 1994 年版，第 38 页；周玉华、鲜铁可："论诬告陷害罪"，载《法商研究（中南政法学院学报）》1998 年第 4 期。
[4] 参见陈兴良主编：《刑法学》，复旦大学出版社 2003 年版，第 376 页。

题。《刑法》所限定的法益侵害事实不存在，所以，捏造事实，单纯诬告单位的，不成立本罪。但指明有关责任人的姓名，诬告陷害单位的，实质上是诬告陷害个人，属于对个人的诬陷，可以成立本罪。[1] 有的学者主张，诬告陷害罪的保护法益是公民的人身权利，单纯诬告单位，一般不会对某个公民的人身权利造成损害，所以不构成本罪。但如果单位是个体企业、外商独资企业、私有企业等，诬告单位犯罪事实上也就是诬告这些企业的负责人犯罪。在这种情况下，诬告单位犯罪的，同样可以构成本罪。[2]

本文认为，由于诬告陷害罪属于侵犯公民人身权利的犯罪，而只有诬告陷害自然人犯罪的，才可能侵犯公民人身权利。因此，诬告陷害单位犯罪的，原则上不构成诬告陷害罪。但是，也有例外情况：其一，对于诬告个体企业、私有企业等，诬告单位可能实际上就是诬告这些企业的法人代表犯罪，如果诬告陷害行为导致这些企业的法人代表受刑事追究，可以构成诬告陷害罪。其二，由于我国刑法通常对单位犯罪实行双罚制，既处罚单位，也处罚单位的主管人员和其他直接责任人员；在有些实行单罚制的场合，甚至仅处罚单位的主管人员和其他直接责任人员。因此，即便行为人只是诬告陷害单位犯罪，但最终可能会使自然人蒙受不白之冤。因此，如果行为人实施前述诬告陷害行为，可以构成诬告陷害罪。

二、诬告陷害行为

诬告陷害罪在客观上表现为，捏造他人犯罪的事实，向国家机关或者有关单位告发，或者以其他方法足以引起司法机关的追究活动。

（一）捏造他人犯罪事实的行为

1. 行为人"捏造"事实是否包括"栽赃陷害"等情形？"捏造事实"是指行为人无中生有，虚构他人犯罪的事实。但是，司法实践中也有这样的情形，行为人以他人名义作案；或者在实施盗窃、故意伤害等犯罪后，向有关部门告发，声称是被诬告者所为；或者将毒品等违禁品放到被诬告者车辆内，声称被诬告者持有该违禁品，意图使被诬告者受到刑事追究。上述情形是否构成诬告陷害罪？对此，存在不同观点：

第一种观点认为，栽赃行为和陷害行为之间存在着目的和手段的关系，在处理时应当按牵连犯原则以重罪吸收轻罪。这种观点认为所有的栽赃与陷害之间都

---

〔1〕 参见高铭暄主编：《新编中国刑法学》（下册），中国人民大学出版社 1998 年版，第 718 页；周光权：《刑法各论》，中国人民大学出版社 2016 年版，第 53 页。
〔2〕 参见王作富主编：《刑法分则实务研究》（中），中国方正出版社 2013 年版，第 806 页。

存在着手段与目的的关系，与实际情况是不相符的。在司法实践中，有的栽赃陷害案件中的行为人并非在本人实施犯罪以前就有陷害他人的目的，而是在实施犯罪之后，为了逃脱罪责而栽赃于他人，这种情况下栽赃与陷害之间不存在手段与目的的关系，因为行为人开始并没有想到将自己实施犯罪作为陷害他人的一种手段。所以，一概认为本人实施犯罪与栽赃陷害他人之间存在着手段与目的的关系存在着片面性。对先实施犯罪然后再栽赃于他人的案件不能一概以牵连犯论处。[1]

第二种观点认为，栽赃行为是为陷害行为作准备的，因此，应按其实行行为即陷害行为定诬告陷害罪。例如，王作富教授等认为："以他人名义作案，实质上是一种特殊的告发形式，其目的是诬陷他人，使司法机关信以为真，去追究他人的刑事责任，不论其作案后又另外告发与否，都构成诬告陷害罪。"[2] 这种观点认为栽赃是为陷害作准备的，也过于绝对。前已述及，行为人有时候是在实施犯罪以后才想到将罪责转嫁于人，不存在为后者作准备的问题。基于栽赃是为陷害作准备的观念而得出对栽赃陷害的案件按实行行为吸收准备行为的原则，以诬告陷害罪定罪处罚更是不妥。因为诬告陷害罪不是一种非常严重的犯罪，法定刑不是特别重，如果实施了任何犯罪后都将其栽赃于他人，对其只按诬告陷害罪定罪处罚，必然使罪刑严重失调，放纵犯罪分子。例如，一个人故意杀人并且既遂，然后栽赃于他人，对这种情况按诬告陷害罪定罪处罚是不合理的。因此，对先实施犯罪后再栽赃于他人的案件，不能按照陷害行为吸收前面的犯罪行为的原则处理。[3]

第三种观点认为，对于栽赃陷害案件的处理，应当具体分析，区别对待。如果出于单纯的陷害目的而对别人进行栽赃陷害，只定一个诬告陷害罪；如果行为人既有陷害的故意，也有实施其他犯罪的目的或故意的，应当实行数罪并罚；如果行为人在实施其他犯罪后，为逃避自己的罪责而栽赃陷害他人的，也应实行数罪并罚。[4] 这种观点主张对栽赃陷害的案件具体情况具体分析，分别按一罪和数罪处理，是正确的。但认为如果行为人出于单纯的陷害目的而栽赃陷害他人的只定诬告陷害罪一罪，则是不妥的。因为行为人先行实施的犯罪可能重于诬告陷害罪，如果行为人出于陷害的目的，先实施了一个比诬告陷害罪重的犯罪然后栽

〔1〕 参见李希慧："诬告陷害罪若干问题研析"，载《法学评论》2001 年第 6 期。

〔2〕 王作富主编：《刑法》，中国人民大学出版社 2016 年版，第 389 页。

〔3〕 参见李希慧："诬告陷害罪若干问题研析"，载《法学评论》2001 年第 6 期。

〔4〕 参见赵秉志：《妨害司法活动罪研究》，中国人民公安大学出版社 1994 年版，第 57~58 页。

赃于他人，这时候只定一个诬告陷害罪就很不妥当。[1]

第四种观点认为，应当根据行为人产生诬告陷害目的的时间和实施诬告陷害行为的目的进行判断。如果行为人出于陷害他人的目的，先实施某种犯罪后进行告发，行为人的行为完全符合牵连犯的规定，应按照处理牵连犯的原则以其中的一个重罪定罪并从重处罚；如果行为人起初没有诬告陷害的目的，而是在实施某种犯罪后为逃避罪责栽赃于他人，行为人的行为就不符合牵连犯的规定，不应该按照处理牵连犯的原则定罪处罚，行为人在产生数个犯意支配下实施了数个犯罪行为，应对行为人按照其先前实施的犯罪和诬告陷害罪实行数罪并罚。[2]

本文认为，"捏造犯罪事实"不仅包括凭空捏造犯罪事实，而且包括"以他人的名义作案"，以及在实施犯罪事实后捏造"犯罪人"。①"以他人的名义作案"是一种特殊的告发形式，目的是诬陷他人、使司法机关信以为真，从而追究他人的刑事责任。在以他人名义作案后，无论行为人有无告发他人，均应以诬告陷害罪定罪处罚。[3] ②对于为了诬告他人，实施其他犯罪，然后进行告发，诬陷他人的，实际上是实施了两个犯罪，应当将行为人实施的其他犯罪和诬告陷害罪进行并罚。如果只实施了其他犯罪，但还未进行告发，只能以所构成的犯罪论处，意图诬陷他人应作为量刑情节。[4]

2. 行为人所捏造"事实"是否必须是犯罪事实？从国外刑法规定看，不限于捏造他人的犯罪事实（"犯罪事实说"），还可以是违法事实甚至于违纪行为（"违法事实说""违规事实说"）。例如，《德国刑法》（2017 年修订）第 164 条规定为"告发他人有违法行为或违背职务义务行为"，或者"告发他人有其他犯罪事实"；《法国刑法》（2015 年修订）第 226-10 条规定为"足以使被告发人受到司法、行政、纪律制裁的"事实。

我国 1979 年颁布的《刑法》第 138 条规定："……凡捏造事实诬告陷害他人（包括犯人）的，参照所诬陷的罪行的性质、情节、后果和量刑标准给予刑事处分。"就这一规定看，采取了犯罪事实说的立场。但是，1997 年《刑法》第 243 条表述为"捏造事实诬告陷害他人，意图使他人受刑事追究"，未明确限定捏造的事实必须是犯罪事实。从我国刑法理论看，大多采取犯罪事实说，认为必须是

---

〔1〕 参见李希慧："诬告陷害罪若干问题研析"，载《法学评论》2001 年第 6 期。

〔2〕 参见周清水："犯罪后为逃避追究诬告无刑事责任能力人并作伪证应如何处理"，载《中国检察官》2009 年第 3 期。

〔3〕 参见黎宏：《刑法学各论》，法律出版社 2016 年版，第 256 页。

〔4〕 参见高铭暄、马克昌主编：《刑法学》，北京大学出版社、高等教育出版社 2017 年版，第 477页。

捏造犯罪事实，否则不构成犯罪。例如，李希慧教授认为："捏造犯罪事实，是指行为人所捏造的事实客观上符合我国《刑法》所规定的具体犯罪的构成，而不是行为人主观上认为是犯罪的事实。如果行为人自以为他所捏造的是某种犯罪事实，而实际上不符合《刑法》所规定的具体犯罪的构成，那么，就不能构成诬告陷害罪。"再如，张明楷教授曾主张不仅捏造犯罪事实的行为成立本罪，而且捏造他人一般违法事实的也构成诬告陷害罪。[1] 但是，张明楷教授在其后出版的教科书中，认为捏造他人一般违法事实的，不成立诬告陷害罪。因为《刑法》明文要求行为人主观意图必须是"使他人受到刑事追究"。[2] 诬告陷害罪的实行行为是向司法机关等告发捏造的犯罪事实（虚假告发）。[3]

对某一犯罪成立条件或者要素的理解，不能脱离本国刑法的规定。我国1997年《刑法》第 243 条规定："捏造事实诬告陷害他人，意图使他人受刑事追究，情节严重的……"虽然立法上并未将"事实"限于犯罪事实，但是，由于立法要求行为人主观上"意图使他人受到刑事追究"，因此所捏造的应当是犯罪事实。[4] 对于虚假告发他人违反《治安管理处罚法》行为的，不构成诬告陷害罪。

接下来的问题是，如何理解这里的"犯罪""事实"呢？众所周知，"犯罪"至少可以分为犯罪学意义上和刑法学意义两个层次。就刑法上的犯罪而言，由于我国司法实践中通常对财产犯罪等规定了数额或者情节等要求，对于虽然行为人实施了犯罪行为，但未达到定罪标准的，最终也不以犯罪论处。因此，即便通说认为行为人捏造的事实必须是犯罪事实，[5] 也不必然意味着行为人捏造的犯罪事实必须达到定罪程度。

在司法实践中，有的行为人捏造了某种自认为是犯罪事实实际上并不是刑法所禁止的行为诸如通奸等，作为犯罪事实加以告发，其主观意图也完全可能是"意图使他人受到刑事追究"。虽然行为人主观上具有诬陷他人的犯罪意图，但这种行为不具有刑事违法性，不可能使他人受到刑事追究，因此不属于"捏造事实"。如果被告发者存在较轻的犯罪事实或者此种犯罪事实，告发者因为认识错误而不是基于诬告陷害的意思，向有关机关指控为较重的犯罪事实或者他种犯罪事实的，也不属于"捏造事实"。但是，如果捏造他人生活作风等虚假事实，情

---

〔1〕 参见张明楷：《刑法学》，法律出版社 1997 年版，第 749 页。

〔2〕 参见张明楷：《刑法学》，法律出版社 2003 年版，第 734 页。

〔3〕 参见张明楷：《刑法学》（下），法律出版社 2016 年版，第 902 页。

〔4〕 参见高铭暄主编：《新编中国刑法学》（下册），中国人民大学出版社 1998 年版，第 718 页。

〔5〕 上引高铭暄主编：《新编中国刑法学》（下册），中国人民大学出版社 1998 年版，第 719 页。

节严重的，可构成诽谤罪。

3. "捏造事实"是捏造全部虚假事实，还是捏造部分虚假事实？从国内外刑法规定看，《法国刑法》（2015 年修订）第 226-10 条规定为"完全或部分"虚假事实。但是，我国《刑法》并未明文规定捏造的事实全部是犯罪事实，还是部分属于犯罪事实即可。从刑法理论看，有的观点认为，"捏造事实"是指捏造全部犯罪事实，即整个案件完全是编造出来的。如果行为人只是捏造了某些情节，意图加重他人的罪责，不构成诬告陷害罪。即捏造就是无中生有，纯属虚构（全部犯罪事实说）。[1] 也有观点认为，捏造不仅可以表现为凭空捏造全部犯罪事实，还可以表现为捏造部分犯罪事实强加于人，使其产生加重罪责的结果（部分犯罪事实说）。[2] "至申告之事实，全部不实抑或仅一部不实，此不过程度之差，仍难解其罪（诬告罪）责也。"[3]

本文认为，诬告陷害的本质就在于捏造事实，凭空捏造或者栽赃陷害、歪曲事实都属于编造、杜撰虚伪事实的行为。至于所告发的内容是全部虚假还是部分虚假，不影响本罪的成立。如果将捏造局限于完全虚构，势必会放纵某些犯罪人的诬告行为，不利于保护公民的人身权利。因此，部分犯罪事实说是妥当的。

4. 行为人捏造的事实应当具有一定程度的具体性，否则难以达到被诬告陷害的危险性。但是，捏造犯罪事实以行为人捏造的事实足以使司法工作人员认为其涉嫌某种犯罪就够了，既不要求捏造犯罪的具体细节，也不要求达到司法机关追究涉案人员的刑事责任的程度。例如，山口厚指出："所申告的事实，必须能够对犯罪或惩戒的成立与否产生影响，而且，只要是达到足以促使搜查机关或者惩戒机关发动职权的程度的具体事实即可。"[4] 周光权教授也认为，这种具体性的要求不能过高，只要能够使司法机关由此产生特定人实施了特定犯罪的认识，从而能够引导启动刑事追诉程序即为已足。

5. 行为人捏造的"虚假"事实是指违反客观真实，还是违反法律真实？在司法实践中，突出表现在所谓"诬告成案"行为的处理。"诬告成案"行为是指行为人并没有掌握被告发者的犯罪事实，但基于诬告陷害的目的捏造了他人犯罪

---

〔1〕 参见青峰、朱建华："认定诬陷罪的几个问题"，载《政治与法律》1986 年第 5 期；高铭暄主编：《新编中国刑法学》（下册），中国人民大学出版社 1998 年版，第 718~719 页。

〔2〕 参见王作富：《中国刑法研究》，中国人民大学出版社 1988 年版，第 570~571 页；李希慧："诬告陷害罪若干问题研析"，载《法学评论》2001 年第 6 期。

〔3〕 赵琛：《刑法分则实用》（下册），台湾梅川印刷有限公司 1979 年版，第 214 页。

〔4〕 ［日］山口厚：《刑法各论》，王昭武译，中国人民大学出版社 2011 年版，第 704~705 页。

的事实并予以告发，结果却被司法机关查证属实的场合。[1]

（1）日本的判例和刑法理论观点。日本的判例和刑法理论的通说认为，诬告陷害罪中的"虚假"是指有违客观真实。这是因为，只要申告内容符合客观真实，就不会妨害国家的审判职能、个人的自由与利益。因此，即便本人认为属于虚假事实而仍然进行申告，只要在客观上属于真实事实，则欠缺构成要件该当性。相反，即使客观上属于虚假事实，但本人在主观上认为属于真实事实，则不具有本罪的故意。[2] 此外，行为人所申告的事实不仅要求能够对犯罪或者惩戒的成立与否产生影响，而且是达到能够促使搜查机关或者惩戒权拥有者发动职权的程度的具体事实。例如，大谷实认为："虚假是指违反客观真实。因为只要是真实的，就不会危害国家的审判作用。因此，和伪证罪不一样，即便误认客观真实的事实为虚假而加以告发的，也不构成本罪。"[3]

当然，如果行为人所告发的事实虽然违反真实性，但只是对案情有些夸张，不影响犯罪是否成立时，只是不实的告发，还不能构成诬告陷害罪。例如，大冢仁认为："作为报告的内容的事实，必须可能成为刑事或者惩戒处分的原因，因此，例如，即使报告事实违反真实，但是，只是对事件的情况加以夸张，并不影响犯罪的成立与否时，其不实的报告就不成立本罪。"[4]

（2）我国学者的观点。关于"诬告成案"行为的性质，在我国也存在有罪说和无罪说的对立。例如，黎宏教授认为，"诬告成案"行为成立诬告陷害罪，理由是："成立诬告陷害罪，只要行为人有捏造他人犯罪的事实，并向有关机关告发，使他人面临被追究刑事责任的危险就足以成立，不要求行为人已经造成了他人实际被追究刑事责任的结果，换言之，诬告陷害罪是危险犯。诬陷成案的场合，尽管被告发的他人碰巧被追究了刑事责任，但这并不是行为人所掌握的事实所引起的。行为人捏造他人犯罪的事实并予以告发，极有可能引起司法机关的误判，导致他人被错误追究，侵害他人的人身权利，因此，这种场合下，应该将诬告陷害行为作为犯罪处理。"[5]

但是，也有学者认为这种情形不构成诬告陷害罪。例如，张明楷教授指出："行为人虽然具有诬告陷害的故意，但所告发的事实偶然符合客观事实的，不成

---

[1] 参见黎宏：《刑法学各论》，法律出版社 2016 年版，第 256 页。

[2] 参见 [日] 山口厚：《刑法各论》，王昭武译，中国人民大学出版社 2011 年版，第 704 页。

[3] [日] 大谷实：《刑法讲义各论》，黎宏译，中国人民大学出版社 2008 年版，第 562 页。

[4] [日] 大冢仁：《刑法概说》（各论），冯军译，中国人民大学出版社 2003 年版，第 578 页。

[5] 黎宏：《刑法学各论》，法律出版社 2016 年版，第 256 页。

立诬告陷害罪。"〔1〕 周光权教授主张："被告人有意诬告陷害他人并捏造了犯罪事实，但捏造的事实偶然地与客观事实相符合，被指控者的确有该犯罪行为的，由于捏造行为没有侵害公民人身权利的现实危险性，也对国家的司法作用没有造成实际的妨害，不成立诬告陷害罪。"〔2〕

本文赞同否定说的观点。主要理由是：其一，根据《刑法》第 243 条的规定，构成诬告陷害罪，要求行为人"捏造事实诬告陷害他人"，"捏造"行为的本质是违背客观事实捏造虚假的犯罪事实。在"诬告成案"的场合，虽然行为人主观上具有"捏造"他人犯罪事实的故意，并意图以此诬告陷害他人，但客观上却不存在"捏造"的虚假的犯罪事实。其二，只有行为人"捏造"他人虚假的犯罪事实的场合，才具有使无辜者受到错误刑事追究的危险。在他人客观上存在真实的犯罪事实的情况下，恰恰应当依法追究其刑事责任。其三，如果将"诬告成案"行为认定为诬告陷害罪，必然会限制公民行使举报犯罪的法定权利，有失妥当。

（二）告发行为：向国家机关或者有关单位告发，足以引起司法机关的追究活动

告发是指诬陷者通过一定的形式实现其诬陷意图的行为。如果行为人只有捏造他人犯罪事实的行为，而没有进行告发，其诬陷意图难以实现，不能构成诬告陷害罪。〔3〕 捏造事实而不向司法机关告发，只是在私下向他人传播，意图损害他人名誉的，可以构成诽谤罪。

1. 告发的自发性和主动性。一般认为，告发原则上是自发的、主动的，即通过告发来启动刑事司法程序。这和司法机关采取搜查、调查取证等行为之间有时间上的先后顺序性，即告发在前，司法反应在后。司法机关怀疑某人有违法、犯罪行为而向行为人调查取证时作虚伪的回答的，不属于诬告陷害罪中的告发。〔4〕 对于在审讯过程中，因为刑讯逼供被迫供认而诬陷他人的，不宜按照本罪论处。但是，行为人在司法机关调查他人的 A 种犯罪行为，为了使他人陷入刑事追究而故意编造 B 种事实提供给司法机关，捏造行为可能引起更为强烈的司法反应的，应当认定为告发行为，以诬告陷害罪定罪处罚。

---

〔1〕 参见张明楷：《刑法学》（下），法律出版社 2016 版，第 902 页。

〔2〕 周光权：《刑法各论》，中国人民大学出版社 2016 年版，第 53 页。

〔3〕 参见周道鸾、张泗汉："试论诬告陷害罪"，载《法学》1983 年第 8 期。

〔4〕 参见 ［日］大谷实：《刑法讲义各论》，黎宏译，中国人民大学出版社 2008 年版，第 562 页；胡婵、李国栋："诬告陷害罪的理解与适用"，载《中国检察官》2016 年第 22 期。

2. 告发行为的指向。向哪个机构进行告发，也是存在争议的问题。有的国家如苏联、奥地利、西班牙、日本和韩国等未作明确规定。也有很多国家作出了明确规定。其中，有些规定的机构范围较为抽象，例如《瑞士刑法》（2003 年修订）第 303 条、第 304 条规定为向"官署"诬告；有些规定的机构范围较为具体和宽泛，例如《德国刑法》（2017 年修订）第 164 条规定为向"有权接受告发的官员、军队长官或公众"诬告，《法国刑法》（2015 年修订）第 226-10 条规定为"向司法官员、行政或司法警察，或有权予以答复或移交主管部门的权力机关，或者被告发人的上级或雇主"诬告，《波兰刑法》（2007 年修订）第 234 条规定为向"负责起诉、审判犯罪、财政犯罪、一般违法、财政违法、违反纪律行为的机关"诬告。

我国刑法学界对此也有不同的看法。第一种观点认为，行为人是向有关机关告发。此种观点认为，向司法机关或被诬告者所在机关或单位告发，可以构成本罪。"告发既可向司法机关告发，也可向被诬告者所在单位及其他有义务向司法机关转送告发内容的机关、机构告发。"[1] 这是因为，向司法机关以外的其他机关或单位告发，按照一般原则，它们都会将告发材料转送司法机关，从而引起对被害人的刑事追究。[2] 第二种观点认为，行为人是向公安、司法机关或者有关国家机关捏造的（虚构的）犯罪事实，足以引起司法机关的追究活动。[3] "告发的机关通常是公安或司法机关，向其他足以引起刑事追究的机关、机构或者组织告发的，也可以构成本罪。"[4] "告发既可向司法机关告发，也可向被诬告者所在单位及其他有可能向司法机关转达的机关告发。"[5] 第三种观点认为，行为人是向党政机关或有关人员告发。[6] 第四种观点认为，不需要向国家机关或者有关单位进行告发。[7] 主要理由是："司法实践中有的人捏造他人犯罪事实后并不是向司法机关或者有关单位告发，而是将捏造的犯罪事实写成传单或者大小字报到处散发或者张贴，从而引起司法机关对有关人员的刑事追究。如果将告发的对象限定在国家机关或者有关单位，对这类案件就无法以诬告陷害罪定罪处罚，这就使犯罪得不到应有的惩治，公民的权利得不到切实的保护。再者，从法律的

---

〔1〕 高铭暄、马克昌主编：《刑法学》，北京大学出版社、高等教育出版社 2017 年版，第 476 页。

〔2〕 参见高铭暄主编：《中国刑法学》，中国人民大学出版社 1989 年版，第 492 页。

〔3〕 参见张明楷：《刑法学》（下），法律出版社 2016 年版，第 902 页。

〔4〕 阮齐林：《中国刑法各罪论》，中国政法大学出版社 2016 年版，第 249 页。

〔5〕 黎宏：《刑法学各论》，法律出版社 2016 年版，第 256 页。

〔6〕 参见沈国峰："略论诬告罪"，载《北京政法学院学报》1981 年第 3 期。

〔7〕 参见李希慧："诬告陷害罪若干问题研析"，载《法学评论》2001 年第 6 期。

规定来看，《刑法》第 243 条并没有明确规定告发的对象，因此，将向国家机关或者有关单位告发作为诬告陷害罪定义中之必备内容，对司法实践有害，在法律上没有根据。"[1]

告发只是行为人借以达到实现其使他人受到刑事追究的目的的一种手段，告发的关键并不在于向谁告发，而在于行为人的告发是否足以引起司法机关的刑事追究。上述第一种观点和第三种观点将告发的单位限定为国家机关或有关人员，忽视了告发只是作为手段存在的特点，而且"有关人员"的含义并不十分明确。[2] 第四种观点则认为不需要向国家机关或者有关单位告发，也不妥当。本文赞同第二种观点，向国家机关或者有关单位告发，主要是指向国家司法机关告发；向有关的单位告发但这些单位极有可能将告发材料转交给司法机关的，也属于告发。

3. 告发的形式。关于告发的形式，口头的或书面的，署名的或匿名的，以自己的名义或者以他人的名义等，均在所不问。但是，关于告发是主动的还是被动的，存在不同观点。有的学者认为，无论行为人是主动向有关单位告发，还是在受询问时被动地作虚假陈述，均不影响本罪的成立。[3] 但是，如果一个人在受审理时被刑讯逼供，而被迫乱咬乱攀，诬陷了好人，甚至有时牵连了多人，使他人受到冤枉的，不宜按照诬告陷害罪处理。因为他的这种行为并不是主动的诬告，而是受刑不过，被迫所为。但是，如果并没有受到逼供，而是为了逃避罪责，在法庭上或者预审中捏造事实诬陷他人，可以构成诬告陷害罪。[4]

本文认为，将告发的形式限定为主动告发是合理的。因为在犯罪嫌疑人、被告人受到刑讯逼供的情况下，行为人诬陷他人主要不是为了使他人受到刑事追究，而只是为了摆脱自己的困境，而且这种诬陷的出现，司法机关负有不可推卸的责任，将受刑不过迫不得已而为之行为视为诬告陷害，对受刑人而言是不公正的。[5]

在行为人未受到刑讯逼供，为了逃避罪责而捏造事实诬陷他人的，是构成诬告陷害罪，还是仅仅将此视为犯罪嫌疑人、被告人的辩护行为呢？本文认为，这种情况下行为人属于栽赃陷害的主动告发行为。如果被诬陷者属于本案犯罪嫌

---

〔1〕　上引李希慧："诬告陷害罪若干问题研析"，载《法学评论》2001 年第 6 期。
〔2〕　参见王作富主编：《刑法分则实务研究》（中），中国方正出版社 2013 年版，第 808 页。
〔3〕　参见赵秉志主编：《刑法争议问题研究》（下册），河南人民出版社 1996 年版，第 296 页。
〔4〕　参见王作富：《中国刑法研究》，中国人民大学出版社 1988 年版，第 571 页。
〔5〕　参见王作富主编：《刑法分则实务研究》（中），中国方正出版社 2013 年版，第 809 页。

人或者被告人，行为人的诬告行为则属于狡辩行为，可以作为认罪态度不好的表现，不构成本罪。如果行为人是以证人的身份在接受调查时诬陷他人，则构成伪证罪。[1]

（三）诬告陷害行为的着手、既遂和情节

1. 诬告陷害罪的着手。本罪属于具体的危险犯，行为人开始实施虚假告发是本罪的着手。虚假告发是指行为人"向有权行使刑事追究活动的公安、司法机关，或者向事实上能够对被诬陷人采取限制、剥夺人身自由等措施的机关告发捏造的犯罪事实（虚假告发）"。[2]

我国《刑事诉讼法》（2018年修正）第110条第3款规定："公安机关、人民检察院或者人民法院对于报案、控告、举报，都应当接受……"第112条规定："人民法院、人民检察院或者公安机关对于报案、控告、举报和自首的材料，应当按照管辖范围，迅速进行审查，认为有犯罪事实需要追究刑事责任的时候，应当立案……"因此，在开始告发前，行为人捏造犯罪事实，制作告发材料的，属于本罪的预备行为。行为人将捏造的诬告陷害他人的材料送达司法机关或者有关单位，后者接受报案、控告、举报材料后，通过审查并立案的，是本罪的着手。[3] 至于被诬陷的人是否受到刑事追究，不影响诬告陷害罪的成立。

2. 诬告陷害罪的既遂。在日本，一般认为，本罪在虚假的申告达到相关政府机关之时，即达到既遂。在通过邮局投递诬告信的场合，仅仅是"发送"还不够，必须是"达到"，但不必已经实际拆阅。这里所说的"到达"，只要求是处于有关机关的工作人员的可能阅览的状态，至于是否接收到，事实上是否阅览，是否着手调查，或者是否提起了公诉，都不影响犯罪既遂的成立。[4]

在国内，关于诬告陷害罪的既遂标准，按照时间先后顺序，主要存在下列几种观点。

第一种观点认为，本罪是行为犯，只要行为人捏造他人犯罪的事实，并进行告发，无论司法机关是否对被害人追究刑事责任，都构成本罪的既遂。这是我国刑法理论的通说。例如，高铭暄教授等认为："本罪是行为犯，只要行为人实施了捏造犯罪实施，进行告发的行为，就构成本罪。至于被害人是否被错误地追究

---

〔1〕 参见谢彤："诬告陷害罪探析"，载《中国人民大学学报》2001年第3期。

〔2〕 张明楷：《刑法学》（下），法律出版社2016年版，第902页。

〔3〕 参见周光权：《刑法各论》，中国人民大学出版社2016年版，第53页。

〔4〕 参见［日］西田典之：《日本刑法各论》，王昭武、刘明祥译，法律出版社2013年版，第486页。

刑事责任，应作为量刑的情节考虑。"[1] 王作富教授等认为："本罪属于行为犯，只要行为人以诬陷他人为目的，实施了捏造犯罪事实并告发的诬陷行为，便构成既遂。"[2]

第二种观点认为，只要有关机关收到诬告陷害材料，就构成本罪既遂，至于有关机关收到材料后是否受理或者审阅材料，以及是否着手进行侦查、起诉活动，在所不问。赵秉志教授等认为，如果捏造事实向国家机关或有关组织告发，不管以口头或以书状，必须是国家机关或有关组织接到或听到诬告材料为既遂；伪造证据的故意栽赃陷害，必须是国家机关或者有关组织发现栽赃证据为既遂；向公众传播捏造的关于某人犯罪事实，则以司法机关知道所捏造的事实为既遂。[3]

第三种观点认为，应当以司法机关接到并实际阅读、处理该诬告陷害的材料，才构成犯罪既遂。例如，陈兴良教授等认为，本罪以诬告陷害的材料送达司法机关为既遂的标准；将告发材料交给其他机关、通过邮政部门邮寄的，必须以材料转送、邮寄到司法机关，司法机关实际阅读、处理该材料时才是既遂。至于是否展开侦查活动、是否提起公诉，都对本罪既遂的成立没有影响。这主要是考虑到本罪是侵害公民人身权利的犯罪，司法机关收到告发材料就有可能启动相应的司法程序，被害人的人身权利受到侵害的现实危险性就存在。如果没有告发至有关机关，例如诬告信件在邮寄过程中丢失而未能送至司法机关，应当认为其告发行为尚未完成。由于此种行为情节显著轻微，没有必要按照犯罪论处，因而也没有讨论其是否构成未遂的必要。[4]

第四种观点认为，本罪以司法机关等对被诬告者采取一定措施，限制其人身自由为既遂标准。例如，李希慧教授认为："确定本罪既遂的标准，应该以诬告陷害行为是否使被诬陷者的人格权和名誉权受到了实际损害为根据。受到实际损害的，构成犯罪既遂；否则，构成犯罪未遂。根据这一原则，本罪既遂的标准应该是诬告陷害行为已经导致司法机关开始对被诬陷者采取一定的行动，这种行动可以是对被诬陷者进行讯问，也可以是予以立案侦查。因为只有司法机关开始对被诬陷者采取行动，被诬陷者的人格权和名誉权才受到实际的侵害。如果行为人

---

〔1〕 高铭暄、马克昌主编：《刑法学》，北京大学出版社、高等教育出版社 2017 年版，第 476~477 页。

〔2〕 王作富主编：《刑法》，中国人民大学出版社 2016 年版，第 389 页。

〔3〕 参见赵秉志主编：《妨害司法活动罪研究》，中国人民公安大学出版社 1994 年版，第 55~56 页。

〔4〕 参见陈兴良主编：《刑法学》，复旦大学出版社 2003 年版，第 375 页。

实施了捏造犯罪事实并予以告发的行为，但司法机关并没有采信行为人的诬陷不实之词，没有对被诬陷者采取行动，那就意味着被诬陷者的人格权和名誉权并没有受到实际的损害，而只是受到了直接的威胁，因此，只能是犯罪未遂。"[1]

本文认为，司法机关等根据行为人的告发材料启动立案、侦查等追诉程序的，即构成诬告陷害罪的既遂。主要理由是：本罪是侵害公民人身权利的犯罪，根据《刑事诉讼法》（2018 年修正）第 112 条的规定，法院、检察院或者公安机关等司法机关对于报案、控告、举报和自首的材料，应当按照管辖范围，迅速进行审查，认为有犯罪事实需要追究刑事责任的时候，应当立案。因此，在行为人将告发材料交给有关司法机关，司法机关人员接收材料，在审查后予以立案的，被诬陷者可能被剥夺、限制人身自由，就已经达到诬告陷害罪的既遂程度。至于司法机关是否对被诬告陷害者采取限制、剥夺人身自由措施，与行为人诬告陷害他人涉嫌违法犯罪的严重程度、刑事诉讼阶段等有关，不影响诬告陷害罪的既遂。

3. 对"情节严重"的理解。根据《刑法》第 243 条的规定，成立本罪，要求"情节严重"。之所以要求"情节严重"，是为了合理限制本罪的成立范围，避免处罚范围过于宽泛。原则上，只要行为人故意捏造的犯罪事实以及告发的方式足以引起司法机关的追究活动的，就应当认为是"情节严重"。[2] 除此之外，对于多次捏造事实告发他人，告发多人次，捏造严重的犯罪事实，诬告陷害手段恶劣，严重影响司法机关正常工作的情形，也可以认定为"情节严重"。

三、诬告陷害罪的主观故意和目的

诬告陷害罪是故意犯罪，行为人明知自己所告发的是虚假的犯罪事实，明知诬告陷害行为会发生侵犯他人人身权利的危害结果，并且希望或者放任这种结果的发生。[3]

（一）成立诬告陷害罪，是否要求行为人认识到所告发的确实是虚假的犯罪事实？

众所周知，诬告陷害罪是故意犯罪。存在争议的是，成立诬告陷害罪，是否要求行为人认识到所告发的确实是虚假的犯罪事实？换言之，在行为人认识到所告发的可能是虚假的犯罪事实，仍然告发的，是否构成诬告陷害罪？

---

[1] 李希慧："诬告陷害罪若干问题研析"，载《法学评论》2001 年第 6 期。

[2] 参见张明楷：《刑法学》（下），法律出版社 2016 年版，第 903 页。

[3] 参见张明楷：《刑法学》（下），法律出版社 2016 年版，第 903 页。

从各国刑法规定看，有些明确规定了诬告陷害行为人的认识因素和意志因素。例如，《西班牙刑法》（2015 年修订）第 456 条要求行为人"明知不实或者明知其过失会造成不实"，《德国刑法》（2017 年修订）第 164 条要求行为人"意图使他人受有关当局的调查或处分"，《瑞士刑法》（2003 年修订）第 303 条明确要求行为人"意图使他人受到刑事追诉"，《日本刑法》（2005 年修订）第 172 条要求行为人"以使他人受刑事或者惩戒处分为目的"。

从刑法理论看，关于诬告陷害罪主观方面的理解，主要存在未必的认识说与确定的认识说的对立。

1. 未必的认识说。日本的判例和部分学者（平野龙一、藤木英雄、内田文昭、前田雅英、平川宗信等）认为只要有未必的认识即可，其根据在于：其一，在故意的一般理论上，并没有排除未必的故意的必然性；其二，根据《日本刑法》（2005 年修订）第 35 条的规定，可以将正当的告诉、告发予以正当化，因而没有必要限于确定的认识；其三，只要集中在使某人受到错误的处分这一点上即可。我国也有学者认为，本罪主观上既可以是直接故意，也可以是间接故意。行为人有可能在为达到其他目的的心理支配下，放任使他人受刑事追究的危害结果的发生。[1]

2. 确定的认识说。日本有的学者（团藤重光、福田平、曾根威彦、中森喜彦、大冢仁、大谷实、山口厚、山中敬一等）持确定的认识说。其根据主要在于，如果采取未必的认识（未必的故意）说，由于大多数告发行为都是基于犯罪的嫌疑而进行的，缺乏确定性的认识，有可能导致诬告陷害罪适用范围的不当扩大化，侵害了国民的控告权（举报权）。[2] 例如，大谷实认为，按照未必的认识说，既然已经告诉，则告诉人对其所告发的事实必须确信为真实的结论。但是，告诉是基于犯罪嫌疑而实施的，因此，实施告诉的人对于该事实，一般来说都具有可能是虚假这种未必的认识，可见，按照未必的认识说的见解，就会不当地限制告诉权，因此确定的认识说的见解是妥当的。[3]

我国多数学者认为，行为人主观上必须具有陷害他人或者意图使他人受到刑

---

〔1〕 参见赵秉志主编：《妨害司法活动罪研究》，中国人民公安大学 1994 年版，第 469 页；周玉华、鲜铁可："论诬告陷害罪"，载《法商研究》1998 年第 4 期。

〔2〕 参见 ［日］ 西田典之：《日本刑法各论》，王昭武、刘明祥译，法律出版社 2013 年版，第 487~488 页。

〔3〕 参见 ［日］ 大谷实：《刑法讲义各论》，黎宏译，中国人民大学出版社 2008 年版，第 563 页。

事追究的目的。[1] 例如，周光权教授认为："行为人应当对被诬告陷害的事实是虚伪的事实有所认识，由于虚假的事实是行为人自己捏造的，所以对事实虚伪性的认识应当是确定性的认识。"[2]

上述争议的核心问题是，应当在什么范围内对告诉人、告发人进行保护？由于本罪的保护法益是公民的人身权利，行为人捏造某种对他人不利的事实并予以告发，其诬告陷害行为导致出现他人的人身权利特别是名誉权受到损害的结果，而且还有使他人受刑事追究的意图。因此，行为人必须认识到所告发的事实是虚假的。"为了防止不当限制公民的告发权，应当要求行为人明知自己所告发的确实是虚假的犯罪事实（确定的认识说）。因此，当行为人估计某人实施了犯罪行为，认识到所告发的犯罪事实仅具有可能性时而予以告发的，不宜认定为本罪。"[3]

在司法实践中，对于告发者不是有意诬陷，而是因为认识错误，对于被告发者存在较轻微的犯罪事实，而向有关机关指控为较严重的犯罪事实，或者将他人的此种犯罪事实，向有关机关指控为其他性质的犯罪事实的，属于错告或者检举失实，客观上不是捏造事实，主观上不具有诬告陷害罪的故意，不构成诬告陷害罪。

（二）成立本罪是否要求行为人具有使他人受到刑事追究的目的？

1. 成立本罪，是否要求行为人具有使他人受到刑事追究的目的？对此，有的观点认为，只要是捏造犯罪事实诬告陷害他人，无论是否具有使他人受到刑事追究的目的，均可构成诬告陷害罪。[4] 但是，多数学者认为，要成立本罪，行为人必须具有使他人受到刑事追究的目的（意图）。[5]

本文认为，根据我国《刑法》第 243 条第 1 款的规定，构成诬告陷害罪，要求行为人"捏造事实诬告陷害他人，意图使他人受刑事追究"，因此必须具有使他人受到刑事追究的目的。但是，如果认为成立诬告陷害罪必须具有该目的，而且不能有其他目的，则会导致本罪成立范围过于狭窄。从司法实践看，有的行为人之所以实施诬告陷害行为，是为了报复他人。因此，不要求将该目的作为其行

---

〔1〕 参见高铭暄、马克昌主编：《刑法学》，北京大学出版社、高等教育出版社 2017 年版，第 477 页；张明楷：《刑法学》（下），法律出版社 2016 年版，第 903 页。

〔2〕 周光权：《刑法各论》，中国人民大学出版社 2016 年版，第 54 页。

〔3〕 张明楷：《刑法学》（下），法律出版社 2016 年版，第 903 页。

〔4〕 参见青峰、朱建华："认定诬陷罪的几个问题"，载《政治与法律》1986 年第 5 期。

〔5〕 参见高铭暄、马克昌主编：《刑法学》，北京大学出版社、高等教育出版社 2017 年版，第 477 页；张明楷：《刑法学》（下），法律出版社 2016 年版，第 903 页。

为的唯一目的或者主要目的，只要行为人认识到自己的行为可能使他人受到刑事追究，就足以认定行为人具有本罪的目的。[1]

2. 如何界定"意图使他人受到刑事追究"的内容？是否要求行为人希望他人现实地受到刑事追究？如果行为人只有使他人遭受刑事调查的目的，能否构成本罪？对此，日本学者团藤重光、福田平、曾根威彦等认为行为人主观上必须是希望他人受到刑事追究。[2] 但是，日本刑法理论和判例的通说认为，成立本罪，只要行为人主观上对于该结果具有未必的认识就够了。平野龙一、大谷实、西田典之、山口厚等坚持此说。例如，山口厚认为："虚假告诉等罪的法益侵害，由基于虚假告诉等所错误发动的刑事司法职能、惩戒职能而造成。这种法益侵害的有无及其程度，与目的要件无关。为了将处罚范围限定在，存在因虚假申告而错误发动刑事司法职能、惩戒职能之危险的情形，才引入了此目的要件，由此可见，是通过要求对这种受到客观限制的构成要件该当事实存在认识，而试图达到限制处罚范围的目的。换言之，是通过规定这种具备了限定性内容的主观要件，进而通过限定属于其认识对象的客观事实，以试图限制处罚范围。即使没有使对方受到刑事处分、惩戒处分之意图，但意图使对方成为搜查、调查之对象的，也会侵犯承受搜查、调查之负担的个人的利益，因而应属于本罪的处罚对象。这样，就应该认为，只要对会受到刑事处分、惩戒处分存在未必的认识即可。"[3]

本文认为，根据我国《刑法》第 243 条第 1 款的规定，构成诬告陷害罪必须具有使他人受到刑事追究的目的（意图）。但"意图使他人受到刑事追究"不等于意图使他人受到刑罚处罚，也不等于他人实际受到了刑事处罚。行为人虽然明知自己的诬告行为不可能使他人受到刑罚处罚，但明知自己的行为会使他人被刑事拘留、逮捕等，意图使他人成为犯罪嫌疑人而被立案侦查的，也应当认定为"意图使他人受刑事追究"。[4] 因此，对于本罪的目的而言，存在未必的认识即可。

〔1〕 参见［日］西田典之：《日本刑法各论》，王昭武、刘明祥译，法律出版社 2013 年版，第 488 页；张明楷：《刑法学》（下），法律出版社 2016 年版，第 903 页。

〔2〕 参见［日］福田平：《刑法各论》（全订第 3 版增补版），有斐阁 2002 年版，第 40 页；曾根威彦：《刑法各论》，弘文堂 2012 年版，第 312 页。

〔3〕 ［日］山口厚：《刑法各论》，王昭武译，中国人民大学出版社 2011 年版，第 706 页。

〔4〕 参见张明楷：《刑法学》（下），法律出版社 2016 年版，第 903 页。

四、诬告陷害罪的处罚

（一）从"诬告反坐"到法定刑的明确化

早在古巴比伦王国时期，《汉谟拉比法典》第 1 条规定："倘自由民宣誓揭发自由民罪，控其杀人而不能证实，揭人之罪者应处死。"显然，该法采取的是"诬告反坐"之类的做法。

我国自秦汉以来，均对诬告行为进行严厉的惩罚。特别是，从秦律开始实行"诬告反坐"制度。例如，《睡虎地秦墓竹简》"法律答问"规定："伍人相告，且以辟罪，不审，以所辟之罪罪之。"汉宣帝元康四年诏曰："诸年八十以上，非诬告、杀伤人，佗皆勿坐。"将诬告作为重罪，即便年满八十岁的老人，构成犯罪的，也不从宽处罚。《唐律》明文规定："诸诬告人者，各反坐。"对于诬告他人谋反、谋大逆的，斩首。其后，《宋刑统》《大明律》和《大清律》等历代律法都规定了诬告罪。

在抗日战争和解放战争时期，我党领导的革命根据地颁布的法令中也有诬告罪的规定。例如，《晋冀鲁豫边区危害军队及妨害军事工作治罪暂行条例》（1942 年）第 1 条第 8 款规定，"勾结敌伪陷害抗日军人有据者"，处死刑。《晋冀鲁豫边区破坏土地革命治罪暂行条例》第 10 条规定："栽赃诬陷他人犯本条例各罪者，按所举之罪处罚。"不难看出，对诬告陷害行为的处罚是非常严厉的。

在新中国成立后，《惩治反革命条例》（1951 年）第 19 条规定："对反革命罪犯，任何人均有向人民政府揭发、亲告之权，但不得挟嫌诬告。"但是在"文革"期间，诬告陷害行为使国家、社会和民众饱受其害。为此，第五届全国人大第二次会议于 1979 年 7 月通过的《刑法》第 138 条规定了诬告陷害罪，该条第 1 款规定："严禁用任何方法、手段诬告陷害干部、群众。凡捏造事实诬告陷害他人（包括犯人）的，参照所诬陷的罪行的性质、情节、后果和量刑标准给予刑事处分。国家工作人员犯诬陷罪的，从重处罚。"该规定没有规定诬告陷害罪的法定刑，而是采取了"诬告反坐"制度。1982 年 12 月，第五届全国人大第五次会议通过的《宪法》明文规定："中华人民共和国公民的人格尊严不受侵犯。禁止用任何方法对公民进行侮辱、诽谤和诬告陷害。"

我国 1979 年《刑法》第 138 条规定："……凡捏造事实诬告陷害他人（包括犯人）的，参照所诬陷的罪行的性质、情节、后果和量刑标准给予刑事处分……"尽管有观点认为，倘若是"按照"所诬陷的罪处理，属于"诬告反坐"，但是《刑法》采用了"参照"的表述，"参照"是指依据具体案件，既可以在其所诬陷的罪的法定刑幅度内酌量刑罚，也可以低于该法定刑，则不属于反坐。"参照"与"按照"是不同的。[1] 本文认为，尽管该罪在罪名上实现了独立性，但由于没有独立的法定刑，而是规定参照其所诬告陷害的罪名的法定刑进行处罚，并未彻底摒弃"诬告犯罪"原则。

我国 1997 年《刑法》第 243 条第 1 款规定："捏造事实诬告陷害他人，意图使他人受刑事追究，情节严重的，处三年以下有期徒刑、拘役或者管制；造成严重后果的，处三年以上十年以下有期徒刑。"这一规定意味着诬告陷害罪不再实行"诬告反坐"制度，实现了法定刑的明确化。此外，本条第 2 款规定："国家机关工作人员犯前款罪的，从重处罚。"第 3 款规定："不是有意诬陷，而是错告，或者检举失实的，不适用前两款的规定。"这些规定，有利于严厉打击诬告陷害行为，并且提醒司法人员注意区分罪与非罪。

（二）诬告陷害罪的法定刑设置

前已述及，要使诬告陷害罪的法定刑设置与诬告陷害行为实现罪刑相适应，存在相当的难度，甚至现在还有国家对诬告陷害罪规定了不确定的法定刑。例如《瑞士刑法》（2003 年修订）第 303 条规定，诬告他人犯重罪或者轻罪的，处"重惩役或监禁刑"，指控他人实施越轨行为的，处"监禁刑或罚金刑"。根据该法的规定，重惩役的刑期是 1 年以上 20 年以下（第 35 条），罚金的最高限额是 4 万瑞士法郎（第 48 条）。这种立法模式导致司法人员裁量权过大，显然是不可取的。

为实现罪刑相适应，各国刑法对诬告陷害罪的法定刑采取了不同立法方法，归结起来主要有以下几种：

第一，有些国家刑法规定的诬告陷害罪的法定刑幅度较为宽泛，也没有区分具体适用情形。例如，《日本刑法》（2005 年修订）第 172 条规定的法定刑是"三个月以上十年以下惩役"，《德国刑法》（2017 年修订）第 164 条规定的法定刑是"五年以下自由刑或罚金刑"。

第二，有的国家刑法根据行为人实施诬告行为时是否同时提供伪造的证据，设置不同的法定刑幅度。例如，《波兰刑法》（2007 年修订）第 234 条规定，诬告他人实施犯罪行为、违法行为或者违反纪律行为的，"处监禁、限制自由或者剥夺不超过二年的自由"。第 235 条规定，行为人"以编造虚假的证据或者其他欺骗手段"诬告他人实施上述行为，或者"在诉讼过程中实施这些手段的"，

---

[1] 参见周道鸾、张泗汉："试论诬告陷害罪"，载《法学》1983 年第 8 期；高铭暄：《中华人民共和国刑法的孕育诞生和发展完善》，北京大学出版社 2012 年版，第 117 页。

"处剥夺不超过三年的自由"。《俄罗斯刑法》（2017年修订）第306条规定，"3. 实施本条第一款或第二款规定的行为，人为制造指控证据的，处六年以下的剥夺自由。"

第三，有的国家刑法根据行为人诬告陷害的事实的严重程度，设置不同的法定刑幅度。例如，《西班牙刑法》（2012年修订）第456条规定，"（1）诬告构成重罪的，处六个月至二年徒刑，并处十二个月至二十四个月罚金；（2）诬告构成轻罪的，处十二个月至二十四个月罚金；（3）诬告构成过失罪的，处三个月至六个月罚金"。[1]

第四，有的国家刑法同时根据行为人诬告陷害的事实的严重程度，以及实施诬告行为时是否同时提供伪造的证据，设置不同的法定刑幅度。例如，《俄罗斯刑法》（2017年修订）第306条规定，"（1）诬告他人实施犯罪的，处……（2）诬告他人实施严重犯罪或特别严重犯罪的，处……（3）实施本条第一款或第二款规定的行为，人为制造指控证据的，处六年以下的剥夺自由"。

第五，有的国家刑法根据行为人诬告陷害的事实的严重程度，以及被诬告者实际判处的刑罚，设置不同的法定刑幅度。例如，《意大利刑法》（1930年通过，1931年生效）第368条第1款规定，诬告罪的基本法定刑是2年以上6年以下有期徒刑。其一，根据行为人诬告他人犯罪的罪名的严重程度，提高法定刑幅度。该法第368条第2款规定："如果所指控的犯罪依法应判处十年以上有期徒刑或者其他更重的刑罚，处罚予以增加。"其二，如果被诬告者实际判处刑罚，则根据所判处刑罚的严厉程度，提高法定刑幅度。该法第368条第3款规定："如果诬告导致五年以上有期徒刑的处罚，处以四年至十二年有期徒刑；如果诬告导致无期徒刑的处罚，处以六年至二十年有期徒刑。"其三，如果诬告的犯罪的严重程度降低，予以减轻处罚。该法第370条规定："如果谎报或者诬告的是被法律规定为违警罪的行为，以上各条规定的处罚予以减轻。"

上述各种立法模式可谓各有千秋。但是，前述《瑞士刑法》（2003年修订）第303条采取不确定的法定刑的立法模式是不可取的。《日本刑法》（2005年修订）第172条规定的法定刑是"三个月以上十年以下惩役"，也过于宽泛。其他各国立法，大多规定数个法定刑幅度；除非有特殊情况，法定最高刑基本上维持在5年左右。从法定刑升格条件看，主要是考察行为人诬告陷害事实的严重程度，实施诬告行为时是否同时提供伪造的证据，以及被诬告者实际判处的刑罚，

---

[1] 根据《西班牙刑法》第50条第2款规定，西班牙刑法上的罚金为日额罚金刑。

能够为司法人员提供具有可操作性的法律依据。

从我国《刑法》规定看，《刑法》第 243 条规定的诬告陷害罪的基本法定刑是"三年以下有期徒刑、拘役或者管制"，加重法定刑是"三年以上十年以下有期徒刑"。与我国《刑法》规定的其他侵犯公民人身权利的犯罪相比，该罪的法定刑幅度和梯度的设置基本上是合理的。当然，在今后修改立法时，也应根据诬告陷害行为的类型、行为人诬告陷害他人所犯罪行的轻重以及被诬陷者实际判处的刑罚轻重，设置不同的法定刑幅度和从轻、减轻处罚情节，以实现罪刑相适应。

（三）如何理解"造成严重后果的，处三年以上十年以下有期徒刑"

根据我国《刑法》第 243 条第 1 款后段的规定，犯诬告陷害罪，"造成严重后果的，处三年以上十年以下有期徒刑"。何谓"造成严重后果"，目前没有明确的司法解释，有的学者认为是指诬告陷害行为已经引起了司法机关对被诬陷人的刑事追究活动。[1] 也有学者主张，"造成严重后果"是指造成被诬陷者死亡或者造成司法机关的重大错案。[2]

1. 如果认为"造成严重后果"是指诬告陷害行为已经引起了司法机关对被诬陷人的刑事追究活动，那么在何种情形下构成本罪，适用本罪的基本法定刑？由于本罪侵害的法益是公民的人身权利，是否属于"造成严重后果"，应当结合本罪的法益进行认定。本文认为，下列情形应当认定为"造成严重后果"：其一，行为人诬告他人实施犯罪，并且提供伪造的证据的；其二，行为人诬告他人实施可能被判处 3 年以上有期徒刑的犯罪的；其三，行为人诬告他人实施犯罪，导致他人羁押时间较长或者实际上被定罪判刑的；等等。

2. 如果被害人被诬告陷害而被判处死刑，在死刑判决执行之后，案件真相才大白于天下，对于诬告陷害者，根据我国《刑法》第 243 条第 1 款后段规定，最高仅判处 10 年有期徒刑，是否过于轻缓？从国外刑法规定看，前述《意大利刑法》（1930 年通过，1931 年生效）第 368 条第 1 款规定，诬告罪的基本法定刑是 2 年以上 6 年以下有期徒刑。该法第 3 款规定："如果诬告导致五年以上有期徒刑的处罚，处以四年至十二年有期徒刑；如果诬告导致无期徒刑的处罚，处以六年至二十年有期徒刑。"在我国，也有学者认为，诬告陷害行为导致他人被错判死刑的，应当以诬告陷害罪与故意杀人罪（间接正犯）的想象竞合犯，从一

---

〔1〕 参见张明楷：《刑法学》（下），法律出版社 2016 年版，第 903 页。

〔2〕 参见阮齐林：《中国刑法各罪论》，中国政法大学出版社 2016 年版，第 250 页。

重罪论处。[1]

从立法论上而言，对诬告陷害罪规定"诬告反坐"、不确定的法定刑，或者规定过高的法定刑，与规定相对确定的法定刑、较低的法定刑，确实是各有利弊。本文坚持下列观点：其一，对诬告陷害罪不能规定"诬告反坐"或者不确定的法定刑，这已经得到了以往刑事司法实践的证明。其二，对诬告陷害罪可以区分危险犯形态、实害犯形态和结果（情节）加重犯形态，规定多个刑罚梯度。其三，不宜对诬告陷害罪规定过高的法定刑。但在被诬陷实施严重犯罪，或者被诬陷者被实际追究刑事责任的场合，可以适度提高诬告陷害罪的法定刑幅度，以实现罪刑相适应。

本文同时主张，即便被害人被判处死刑，对诬告陷害者也只能以诬告陷害罪论处，而不能判处故意杀人罪。主要理由是：尽管诬告陷害行为人伪造虚伪事实，向司法机关提供虚假控告，意图使他人受到刑事追究，是促使司法机关启动刑事追诉程序的重要因素。但是，也要注意司法机关在将无辜者定罪判刑过程中是否存在渎职行为以及过错大小，这将适度减轻诬告陷害行为人的刑事责任。正如高铭暄教授等所指出的："诬告造成严重后果（冤狱）的，除诬告者负主要责任外，司法机关也有失察的责任。如果司法机关坚持深入细致的调查研究，坚持证据、口供都必须经过查对的原则，不偏听偏信，不先入为主、主观臆断，诬告的问题势必揭穿，怎么还能造成严重后果呢！"[2]

---

〔1〕 参见张明楷：《刑法学》（下），法律出版社2016年版，第903~904页。

〔2〕 高铭暄：《中华人民共和国刑法的孕育诞生和发展完善》，北京大学出版社2012年版，第117页。

未成年人犯罪预防体系建构的思维嬗变[*]

◎崔仕绣　王付宝[**]

＊ 基金项目：本文系 2021 年度上海市社科规划年度课题青年项目（2021EFX010）；2020 年度最高人民检察院检察制度比较研究重大课题（GJ2020BJA02）；2020 年全国软科学研究课题（2020QRK007）；2021 年国家检察官学院科研基金资助课题（GJY2021D10）；2021 年上海政法学院青年科研课题（2021XQN04）的阶段性研究成果。

＊＊ 作者简介：崔仕绣，上海政法学院刑事司法学院讲师，刑法教研室副主任，中南财经政法大学法治发展与司法改革研究中心兼职研究人员，法学博士，国家公派 Oklahoma City University 联合培养博士；王付宝，西南政法大学刑法学博士研究生。

一、刑事责任年龄个别下调引发的思考

未成年人达到一定年龄是其具有责任能力的一种推定。在旧派学者看来，责任能力表征意思能力，旧派将自由意志作为行为人对自身行为负责之前提，即只要能够认识到自己行为的性质，进而具有去恶从善之选择的自由，行为人才对能自己的不法行为承担责任。在新派学者看来，责任能力具有刑罚适应能力之义，同前者所主张之无责任能力者与有责任能力者都应为自己不法行为承担责任这点上，并无实质区别。两者的根本区别在于刑罚目的之实现方面，即对行为人科处刑罚是否能够达到防卫社会的目的。在当下众多理论中，意思能力说占据了支配性地位，刑事责任能力相应也被认为是行为人辨认或者控制自己行为的能力，这也能在我国《刑法》中找到规范依据，根据《刑法》第 18 条的规定，精神病人在不能辨认或者不能控制自己行为的时候造成危害结果，经法定程序鉴定确认的，不负刑事责任。因此，一般认为，设置刑事责任年龄的依据也是特定年龄段下行为人是否具有辨认、控制自己行为的能力。此种观点实际上成为此次刑事责任年龄个别下调最大的推动力量。因为，随着经济社会的发展，儿童身心发育的成熟已明显提前，与此同时，犯罪低龄化也逐渐演变为一个严重的社会问题。但是，我国《刑法》对刑事责任能力的分条规定，事实上蕴含着不同的目的性思考。有的学者认为，在未成年人违法犯罪的治理上，国家始终将"教育、感化、挽救"的方针以及"教育为主、惩罚为辅"的原则一以贯之，体现出对未成年人特殊保护的宏观政策。这一宏观政策作为指导思想，指引着与未成人相关的全部立法工作。因此，刑法调整对最低刑事责任年龄的规定，有必要考虑是否符合该宏观政策的思想指导。如果一味考虑降低最低刑事责任年龄，可能与现行的宏观政策相悖。[1]

刑事政策是刑罚目的之载体，因此刑事责任能力的规定必须以体现一定目的为逻辑路径。基于此种考虑，我国有学者提出，责任能力是犯罪能力与受刑能力的统一，[2] 进而能够实现多重目的的统一。在此基础上，犯罪能力与受刑能力成为一对相对统一的概念范畴，行为人犯罪能力的存在即意味其具备受刑能力，两者是一体两面的关系。另有学者提出了刑事责任能力等于定罪时的行为能力加

---

〔1〕 刘宪权、石雄："对刑法修正案调整最低刑事责任年龄的商榷"，载《青少年犯罪问题》2021年第 1 期。

〔2〕 参见赵秉志：《犯罪主体论》，中国人民大学出版社 1989 年版，第 26 页。

上量刑时的受刑能力的观点。[1] 这种观点实际上也是将犯罪能力与受刑能力当作一对具有内在联系的范畴，在一般情况下，具有犯罪能力即具有受刑能力，同时还需要在量刑的时候对受刑能力进行个别判断。因此，刑事责任能力必须同时包含对犯罪能力与受刑能力的双重考量，也即，刑事责任能力的认定既要考虑人的自由意志、个人素质与所处环境的影响，又要结合刑事政策的基本导向进行判断。实际上，刑事责任能力的认定还涉及对人性基础的分析，而"对于人性的解释来说，既不能一切归结为个人，也不能一切归结为社会。对于人性只能从个人与社会的统一上加以解释，这是一种综合的解释"。[2] 如前所述，自由意志主要从行为人个体出发的考量，而立足于社会视角，刑事责任能力的认定就必须要回归至社会整体目的之实现。因此，在个体性的思考之外，需要思考刑事政策在刑事年龄设置上的目的。

明确刑事责任年龄的多重内涵，是构建未成年人犯罪预防体系的理论前提。刑事责任年龄的个别下调引发了对刑事责任年龄设置的再思考，刑事责任年龄的设置蕴含着多方面的考量，需对个体的一般性和个别性进行综合的法理考察，同时也要在社会整体背景下展开目的性的思考。

二、刑事责任年龄设置的法理逻辑

刑事责任年龄的设置不仅是刑法领域的核心命题，更是反映民众关切的社会热点。因此，有关刑事责任年龄的内涵溯源和具体调整，必须立足整体性思考的基本立场，即在整体社会发展背景下展开的目的性思考。正如耶林之语，"目的是所有法律的创造者"，刑事责任年龄的设置不仅受到预防犯罪之目的的影响，还需体现其他社会目的对其产生的制约效果。

（一）中华传统文化中"矜老恤幼"思想之流露

"矜老恤幼"的思想最早可以追溯至西周时期。《周礼·秋官·司刺》中就有相关的记载："一赦曰幼弱，再赦曰老耄，三赦曰蠢愚。"这便是所谓的"三赦"，与当时主张的"明德慎罚"的政策方针不谋而合。矜老恤幼原则的实施，为后世刑事责任制度、刑事责任年龄的确定奠定了基础。[3] 一方面，矜老恤幼原则一定程度上体现出统治者的仁爱宽厚，对老年人和孩童的矜恤则是必要的体

---

〔1〕 参见高艳东："未成年人责任年龄降低论：刑事责任能力两分说"，载《西南政法大学学报》2020 年第 4 期。

〔2〕 陈兴良：《刑法的人性基础》，中国人民大学出版社 2017 年版，第 11 页。

〔3〕 朱勇：《中国法制史》，法律出版社 2016 年版，第 22 页。

现。因为老年人"发齿堕落，血气既衰"，孩童"心智较浅，尚未成熟"，二者都属于社会中的弱势群体，理应受到政策上的宽宥。另一方面，矜老恤幼还体现出刑法的理性，即立法者在制定刑法规范时，特别注重心智成熟程度以及主观方面因素之影响，而不是仅仅将行为所造成的后果，作为定罪处罚之确立根据与科刑尺度。

这种"矜老恤幼"的思想在现行刑法中同样有所体现。例如，我国《刑法》第 17 条之一规定，已满 75 周岁的人故意犯罪的，可以从轻或者减轻处罚；过失犯罪的，应当从轻或者减轻处罚。这里的规定不是从辨认或者控制自己行为能力的具体判断作出的，而是对老年人的一种宽容政策的体现。因为老年人在辨认或者控制自己行为的能力上与一般的成年人没有太大的区别，而且其造成危害结果也表明其具有犯罪的能力。"矜老恤幼"是一体的，也就是说，老年人与未成年人在这一点上都应享有同等的宽宥。"矜老恤幼"之思想，不仅是对中华传统文化之传承，还与人道主义的内核相契合，现已成为当代最重要的伦理要求之一。我国《刑法》第 17 条对最低刑事责任年龄的设置反映着国家对未成年人的矜恤，具体而言，就是不能因个别或者少数案例中未成年人的不法行为所表征的"罪大恶极"，而据此否认其在政策上应得之宽宥。

（二）未成年人的人格再塑

就最低刑事责任年龄的刑法规范设定而言，并非指代在该年龄之下就欠缺辨别是非、善恶能力或控制行动的能力之义，而是考虑到未成年人较高的可塑性，在政策上抑制刑罚的科处。[1] 青少年虽然在体格上已经成长，但是其大脑皮层和神经系统尚未发育成熟，这就决定了青少年的理智欠缺，意志薄弱，当遇到外界不良诱惑时，他们往往感情冲动，难以抵御诱惑。[2] 生理上的快速发育致使他们的内心意识发生巨大变化，逐渐形成了现实自我与理想自我的割裂，在他们力图将这两种意识统一起来的过程中，很容易形成错误的甚至是反社会的理想的自我，进而通过改变现实以符合错误的自我。[3] 这便是实施不法行为或越轨行为的未成年人通常表现出的一个显著特征，他们虽然在法律上具有了辨认以及控制自己行为的能力，但是实际上并未形成健全的善恶观和坚强意志。现在的年轻人是在新的幸福观念和新的价值观中成长起来的，一些儿童和青少年吸收了错误的法律和秩序观念。童年和青春期的重要时期因缺乏足够的品格训练和父母的引

---

〔1〕 参见［日］前田雅英：《刑法总论讲义》，曾文科译，北京大学出版社 2017 年版，第 272 页。
〔2〕 参见梅传强：《犯罪心理学》，法律出版社 2003 年版，第 182 页。
〔3〕 罗大华：《犯罪心理学》，中国政法大学出版社 2014 年版，第 177 页。

导、指导和榜样而受到很大的影响。[1] 在这样的情况下，心智尚未发育成熟的未成年人很容易受到周遭环境的影响，拒绝或排除批判性的思考而对他人行为进行单纯模仿。

上述模仿行为实际上体现了未成年人之人格的可塑性。未成年人的人格，即其在成长过程中所形成的对周围人或者事物等方面的社会适应中行为的内部倾向性和心理特征。《刑法修正案（十一）》降低刑事责任年龄也反映着当下立法者以及民众对未成年人人格的认识，认为当下未成年人适应社会的能力已明显增强。实际上，未成年人所形成的人格并不具有很强的稳定性，未成年人容易被社会中的不良环境以及不良现象所影响，同时罪错行为也较容易得到矫正，进而重新建立起正确的价值观与人生观。特别是年龄较小的孩童，其所对应的罪错矫正空间一般来说更为可观。因此，从社会整体目的出发，相对于通过刑罚对罪错少年进行严厉惩罚，让其为自己的所为付出代价，更好的措施则是对罪错少年施以一定程度的宽宥，进而将其矫正为一个愿意为社会做出积极奉献的人。面对公众的谴责和消极的标签，犯罪人通常较难重塑起积极的自我形象。此外，罪错行为人一旦形成对大量谴责与负面标签的心理认同，则更易实施更为严重的犯罪行为。[2] 在强烈的社会谴责以及标签效应之下，罪错少年会不断强化其错误甚至反社会的自我意识和身份认定。就长期发展而言，这类罪错少年更容易重新陷入犯罪泥潭，实施更具社会危害性的违法犯罪行为。一个仅仅依靠以监禁的形式惩罚触犯法律的年轻人的社会，不能说能够促进其年轻人或广大民众迈向可持续未来。[3] 正如耶林所言："刑罚如两刃之剑，用之不得其当，则国家与个人两受其害。"刑罚的副作用在规制未成年人的罪错行为时被放大，这也是我国《刑法》在规制未成人罪错行为时尤为克制之根本原因。

（三）对未成年人群体的特殊保护

无论是"矜老恤幼"的传统思想，还是关于未成年人可塑性的思考，都不外乎是从社会本位作出的基本考量，其最终的落脚点是社会整体的利益。而对未成年人的特殊保护，则是以未成年或者儿童的利益为出发点，最终的目的是实现未成年人或者儿童利益的最大化。少年在刑法中所获得之特别关照，并非来自于

---

〔1〕 John Edgar Hoover, "Juvenile Delinquency"（1957）31：3 Conn BJ 210.

〔2〕 吴宗宪：《西方犯罪学》，法律出版社 2006 年版，第 394 页。

〔3〕 Brandon C Welsh, "Public Health and the Prevention of Juvenile Criminal Violence"（2005）3：1 Youth Violence & Juv Just 23.

成人社会的怜悯，而是未成年人天赋的权利。[1] 这种天赋权利由现代社会中未成年人天生弱势地位所决定，正是因为地位的不平等，未成年人与成年人才不能无差别地适用完全同样的规则。古典刑法以人与人之间的平等地位以及人人拥有自由意志为前提，建立起了以报应为尺度、以预防为目的的刑罚理念。如贝卡利亚所称："犯罪对社会造成的危害越大，促使人们犯罪的力量越强，制止人们犯罪的手段就应该越强有力。"[2] 然而，以未成年人为本位的刑法理念则体现出未成年人利益最大化的最高原则，同时拒斥报应刑的理念。以辨认和控制自己行为的能力作为责任能力的观念忽略了人与人之间的差异，难以实现对未成年人进行保护的目的。

以未成年人利益最大化为核心并非排斥对社会防卫目的之考量，重点在于如何协调多重目的之间的关系。首先，需要抵制泛刑主义思想，必须明确社会防卫目的的达致是社会治理的基本任务，而刑法只是实现社会治理的众多手段之一，且通常以最后防线登场。在刑法规制之前，要充分考虑其他社会手段在规制未成年罪错行为方面可能发挥之作用与产生之功效。其次，未成年刑法同样要坚持古典刑法的基本原则，但是应当接受未成年人利益最大原则对其进行的调整。如此，"刑随罪至，罪因刑显"就不必然成为少年刑法中的通常规则，反倒是越是边界的行为越是需要考虑未成年人的利益。最后，也是最重要的一点，对未成年人加以保护的思想应当具有规范基础，即以实定法的形式确立其作为原则的效力，进而形成一种普遍观念于社会进行推广，增加其影响力。"老吾老以及人之老，幼吾幼以及人之幼"，只有当整个社会对未成年人基本形成了爱护宽容的基本氛围后，才能理性地去探索对未成年人的保护之策和对其罪错行为的规制之策。

三、少年刑法的法治架构

青少年形成了一个有其自身原则的社会范畴，与社会科学领域研究的其他年龄阶段相比，具有多种重要的特征。法律的区别对待主要是为了表征这个年龄段的心理物理状态，包括他们的认知、情感和智力结构发展不足，生活经验和自我控制的缺乏，以及对社会价值观重要性的不熟悉和无意识，决定了在智力水平

---

〔1〕 参见姚建龙：《少年刑法与刑法变革》，中国人民公安大学出版社 2005 年版，第 56 页。

〔2〕 〔意〕贝卡利亚：《论犯罪与刑罚》，黄风译，商务印书馆 2018 年版，第 65 页。

（即良心）和意志水平上的心理无能。[1] 刑事责任年龄具有多重的目的性思考与内涵，而这些目的与内涵无法从普通刑法的教义中直接推导出来，其只能根植于少年刑法的理论土壤。因此，在普通刑法的背景下难以构建完整的未成年人犯罪预防体系，唯有厘清少年刑法的意蕴与基本语境，才能使前文述及的目的性思考落地，进而在刑罚预防手段之外建立多种社会治理手段协同发挥作用的综合预防体系。一言以蔽之，少年刑法是由应对未成年人加以重点保护以及对未成年人犯罪问题进行特殊治理，而产生的一门特殊学科。少年刑法的提出，意在凸显其不同于普通刑法的特性。同时，少年刑法立足于国家亲权思想以及实证学派相关理论，具有同普通刑法相区别的目的与任务。

（一）少年刑法的内涵意蕴

少年刑法主要内涵概括为二，即"少年"与"刑法"。"少年"不是一个严格意义上的法律概念，但纵观域内外的相关立法和理论探讨，基本已形成较为统一的认知。少年所指涉的年龄段在学界也众说纷纭，有主张六七岁到十七八岁的，也有主张十一二岁到十四五岁之间的。另外还有学者结合我国法律的相关规定，将少年界定为已满十四周岁未满十八周岁的未成年人。由此可见，学术界在探讨少年司法制度时，所使用的"少年"一词的内涵基本等同于"未成年人"。从少年刑法的基本目的上看，少年的基本内涵与未成年人基本一致，同时鉴于用语约定俗成的使用习惯，本文采用的"少年"概念与未成年人具有等同之义。而少年刑法适用之特定范围，主要体现为主体的特殊性。少年刑法所规制的行为对象是少年，即未满十八岁的未成年人。

关于少年刑法的定位，学界一般将其界定为特别刑法。在国外，与之相类似的概念是少年法，其实质是一种刑事一体法，体现出一种突出保护和预防以及为了与成人刑法相区别的思路，又可概括为一种保护主义理念。[2] 我国暂未形成体系化的少年刑法典，只有散列于《刑法》《刑事诉讼法》以及《监狱法》等的少年刑法规范，且多围绕程序方面，在实体上鲜有相关规定。因此，在实体法中缺少少年刑法理念是少年刑法的主要缺憾。因此，有的学者主张，少年刑法是相对于普通成年人刑事法典的特别刑法，规定的是关于未成年人的刑事规范，在适用位阶上优先于普通刑法。[3] 而刑法理论上，特别刑法指的是针对特定人、事、

---

〔1〕　Dan Lutescu，"Certain Issues Regarding the Requirements for the Juvenile´s Criminal Liability"［2007］2007 AGORA International Journal of Juridical Sciences 162.

〔2〕　参见姚建龙："论少年刑法"，载《政治与法律》2006 年第 3 期。

〔3〕　参见赵俊：《少年刑法比较总论》，法律出版社 2012 年版，第 2 页。

时、地基于特殊需要而制定的刑法，是仅适用于特定人、特定事、特定时、特定地的特典，故属于特殊性与短暂性的例外刑法。[1] 特别刑法主要是基于适用范围的特殊性，所作出的在内容上与普通刑法相区别的刑法，虽然强调差异性，但其仍旧包含于普通刑法的大体框架之下，仍不能脱离普通刑法的基本语境。而少年刑法与普通刑法除适用范围外，二者还应当有着实质性的差异。因此，仅作为特别刑法实难概括出少年刑法的本质特征。另外，少年刑法与普通刑法一样需要具备稳定性与普适性，而不是仅适用于特定的时间区间。因此，少年刑法需要在普通刑法的框架之外，从人性根基上进行解读。需要明确的是，少年刑法不是从属于普通刑法的特别规定，而是普通刑法中涉及未成年人的部分应当从属于少年刑法。根据个体与整体两个方面的目的指引，有助于厘清少年刑法的基本语境，据以对未成年人的罪错行为进行分析和释明。

（二）少年刑法的人性基础

针对少年刑法与普通刑法必然存在不同的本原性思考，而这种思考，"必然将理论的触须伸向具有终极意义的人性问题"。[2] 对于刑法的人性基础，刑事古典学派和刑事实证学派有着不同理解：刑事古典学派立足于自由意志，将理性作为刑法的人性基础；而刑事实证学派则从生理、心理以及社会方面的因素出发来设定刑法的人性基础。当代刑法是在"理性人"的基础上构建而来，这首先体现在责任论上，以非决定论为基本立场，提出了"没有责任就没有刑罚"的基本原则。刑罚即责任非难，而责任非难的前提，是行为人本人虽能够服从但却没有服从刑法上的命令。[3] 换言之，责任非难的前提是具有选择善的自由，即具有选择善的能力而不为该行为。这实际上是立足于个体主义，将个体的人作为思考起点之象征。正如黑格尔所言："刑罚既包含着犯人自己的法，所以处罚他，正是尊敬他是理性的存在。"[4] 可以说，现代刑法正是在对理性人的尊重基础上，延伸出多个基本原则，进而构建起犯罪与刑罚的基本框架。作为刑罚根据之一的报应，其脱胎于原始"以眼还眼、以牙还牙"之复仇习惯，历经等害到等价再到该当的嬗变，实际上是以被害人或者代表被害人的国家的理性为基础。[5] 同样作为刑罚根据之一的预防，在其内部有一般与个别之分，从心理强制或利益

〔1〕 参见林山田：《刑法通论》（上册），台大法律学院图书部 2008 年版，第 46 页。
〔2〕 陈兴良：《刑法的人性基础》，中国人民大学出版社 2017 年版，第 1 页。
〔3〕 参见［日］大塚仁：《犯罪论的基本问题》，冯军译，中国政法大学出版社 1993 年版，第 175 页。
〔4〕 参见［德］黑格尔：《法哲学原理》，范扬、张企泰译，商务印书馆 1961 年版，第 103 页。
〔5〕 参见邱兴隆：《关于惩罚的哲学——刑罚根据论》，法律出版社 2000 年版，第 10~26 页。

衡量出发，其实际以犯罪人或者潜在犯罪人的理性为基础。实际上大多数未成年实施罪错行为的心理动因，并非基于无惧，而是由于无知。由此可见，未成年人并不具有通常认识的"理性"基础。

少年刑法与普通刑法应体现出二元分离之格局，而不是一种简单的普通与特殊的关系。这种二元分离格局之形成，最主要的根据在于未成年人从生理、心理以及社会等方面均差异于成年人的人性基础。在生理方面，在大脑发育尚未成熟时，青少年（尤其是不满 18 周岁的未成年人）的认识发育尚不成熟，在诸如做决定、预知行为结果、控制自己行为、解决复杂问题的能力等方面，与成年人还有不小的差距。[1] 在心理方面，青少年的情绪稳定性、行为的成熟性以及对行为后果的责任感，都还没有达到成人的水平，因而常常出现行为异常甚至实施越轨或犯罪行为。[2] 另外，不论是失范理论还是社会控制理论，都在一定角度揭示了未成年人犯罪的社会根源。当未成年人处于一定社会环境中时，很大概率会去实施一些不良行为，这些不良行为存在升格为违法犯罪行为之可能。综上分析可得，青少年实施违法犯罪行为在很大程度上是被决定的，各方面的客观因素引导着未成年人的"善恶"。人虽生而自由，但是这种自由在很大程度上是逐渐获得的，长大成人也就是未成年人逐渐走向自由的过程。成年人的职责就是引导并帮助未成年长大成人，未成年人的罪错行为在很大程度上可以说是对成人社会未能充分履行其职责的反抗，部分反抗行为在成人社会的规则之下就成为违法犯罪行为。因此，未成年人的犯罪行为并不是或者并不全是自身的责任，在很大程度上也是成人社会的责任。正如《刑法》第 17 条第 5 款修改为"因不满十六周岁不予刑事处罚的，责令其父母或者其他监护人加以管教；在必要的时候，依法进行专门矫治教育"。正因为无法对未成年人做出类似成年人那种"理性人"假设，因此不能简单地以辨认或者控制自己行为的能力作为判断其承担刑事责任之依据。立足于"非理性"人性基础，少年刑法并不必然遵循普通刑法的基本原则，适用于成年人的报应根据或者预防目的也不能成为罪错少年直接的处遇根据，据此，"非刑"成为少年刑法的一大根本原则。

（三）少年刑法的政策导向

上文阐述了刑事责任年龄的设置的目的思考，包括"恤幼"传统、对未成年人的人格再塑以及特殊保护的思想，即基本明确了少年刑法的基本政策导向为

---

〔1〕 参见［美］杰弗里·阿内特：《阿内特青少年心理学》，段鑫星等译，中国人民大学出版社 2009 年版，第 71~72 页。

〔2〕 参见李玫瑾：《犯罪心理学》，中国人民公安大学出版社 2002 年版，第 169 页。

保护未成年人，这种政策导向上接国际层面的未成年保护理念，下接预防犯罪层面的具体司法实践。《儿童权利公约》明确规定："关于儿童的一切，不论是由公私社会福利机构、法院、行政当局或立法机构执行，均应以儿童的最大利益作为一种首要考虑。"《我们的儿童：世界儿童问题首脑会议后续行动十年期终审查》也指出："我们都曾经是儿童。我们都希望孩子们幸福，这一直是并将继续是人类最普遍珍视的愿望。"同时，国家亲权作为少年刑法的理论基础，强调国家对于未成年人保护的责任与权力。[1] 对未成年人的保护是少年刑法的基本政策导向，其贯穿于少年刑法的始终。在现行刑事实体法中，这种保护主要体现为最低刑事责任年龄的设置、刑事法律后果的特别规定、在量刑上的从宽情节设定、前科封存制度的建立以及将未成年人作为特定犯罪对象的专门规定等。在刑事程序法中，则主要体现在对未成年人适用特别的起诉以及审判程序等。由此可见，对未成年人予以特殊保护可以作为少年刑法体系内部解释论展开之逻辑起点。但是，无论如何强调对未成年人的保护应作为一般原则之积极意义，目前在更大程度上强调的仍旧是成人对未成年人的一种恤悯，是一种优位者对劣势者的"赠与"，流露出浓厚的道德属性。因此，少年刑法的政策导向需要实现进一步的嬗变，需要从对未成年人的保护转向对未成年人权利的保护。两者之间虽是几字之差，但其内涵却是大有不同。强调保护未成人权利的政策导向，首先需要将未成年人视为一个权利主体，明确未成年人权利的内容与范围。

对未成年人权利的保护应当以未成年人为本位，即保护未成年人是未成年人的应有之权利和成年人社会应尽之义务。未成年人应当受到保护，这种权利依据还来自于其终将长大成人，并成为这种义务的履行者。未成年人是"祖国的未来和民族的希望"，作为人类持续发展的后备力量，他们需要得到特殊的关怀与照顾。[2] 前文述及，未成年人的权利应对的是成年人社会的义务，而这种义务的展开需要具有一定的逻辑，这种逻辑与未成年对外界所形成的依恋是紧密相关的。将社会规范内化、良心或者超我的实质在于个人对他人的依恋。[3] 也即，对未成年人的保护与未成年人依恋之关联紧密，其所依恋者便是其保护者。实际上在赫西看来，依恋在控制少年犯罪中起着重要作用，依恋分为对父母的依恋、

---

〔1〕 参见姚建龙：《少年刑法与刑法变革》，中国人民公安大学出版社 2005 年版，第 29 页。

〔2〕 参见宋英辉等：《未成年人保护与犯罪预防问题专题研究》，中国检察出版社 2020 年版，第 1 页。

〔3〕 参见〔美〕特拉维斯·赫希：《少年犯罪原因探析》，吴宗宪译，中国国际广播出版社 1997 年版，第 12 页。

对学校的依恋以及对同伴的依恋等。形成此种依恋实际上是对未成年人的保护，不同方面的保护互相补偿，当来自家庭的保护不充分时，学校、社会与国家的保护力度就应当加强。只要是在长大成人的过程中，对其的保护就不能缺位。就社会整体而言，未成年人的应受保护性在于其在长大成人后将成为该义务的履行者，而在司法过程中应受保护性在于其在成长过程中应受到充分的保护。另外，从功利主义角度看，对未成年人的保护也能避免其可能造成社会危害。因此，刑罚预防并不能在未成年人身上发挥应有的功效。犯罪预防的重点是累犯和惯犯，许多持续并严重危害社会的惯犯和累犯，其罪错行为多发生于未成年时期。[1]当未成年人实施罪错行为后，冒然地介入刑罚处罚，很可能使未成年强化对自身的错误认知，进而形成错误认知与罪错行为循环往复的恶性循环。对未成人的犯罪行为进行预防，重点在于实施罪错行为之后，对其适用保护性的犯罪处遇措施，以切断这种恶性循环链条。因此，对未成年人的保护是少年刑法最根本的政策导向，其根据来源于其本身应受保护的权利、成年社会的恤悯以及避免社会进一步受到侵害的功利目的。

四、未成年人犯罪预防的思维破茧

如前所述，少年刑法的话语逻辑下，有必要对未成年人犯罪预防体系进行全方位建构。一直以来，刑罚预防都被作为犯罪预防的首要手段，以至民众内心形成"只有刑罚才能真正打击犯罪"之普遍认知。但是，刑罚对犯罪的预防是受一定条件、一定范围、一定对象限制的。刑罚并不能消除犯罪产生的社会根源和经济根源。[2]面对犯罪低龄化现象的日益凸显，刑罚预防并不是最有效的应对措施，一味主张通过降低刑事责任年龄来打击未成年人犯罪，实则表露出极端的泛刑主义倾向。据此，欲实现未成年人犯罪预防的思维破茧，便不能仅将视角局限于对未成年人犯罪行为、未成年人本身的预防，而应思考建立多种社会治理手段协同发挥作用的综合预防体系。

（一）从犯罪行为到不良行为——犯罪预防的提前介入

在少年司法制度之下，对未成年人的行为规制不仅仅只针对犯罪行为，还包括犯罪之外的其他不良行为。美国的少年司法制度赋予少年法院对非犯罪的不良行为之管辖权限，在此称之为"身份犯"。其中，"身份犯"的实质是非犯罪的

---

〔1〕 参见李玫瑾："构建未成年人法律体系与犯罪预防"，载《法学杂志》2005 年第 3 期。

〔2〕 参见许章润：《犯罪学》，法律出版社 2016 年版，第 323 页。

作为或者不作为，如离家出走、执拗不顺、不去上学等。[1]《日本少年法》则是将适用对象统称为"非行少年"，具体包括"虞犯少年""犯罪少年"和"触法少年"。其中"虞犯少年"指的是经常性逃学逃家、不服从保护人监督、出入可疑场所或者结交有犯罪习性及不道德之人，以及经常出现伤害自己和他人品行的少年。[2] 有些国家和在我国大陆地区没有独立的少年法体系，现有的少年司法制度实际上是依托于普通刑法体系，因此刑事处罚成为支配性少年司法处遇措施。我国《预防未成年人犯罪法》中提出了未成年人的不良行为和严重不良行为，前者类似于国外少年司法制度中所提出的"身份犯"，后者类似于违反治安管理的相关行为。但是，一方面我国未成年处遇手段极为有限，主要包括责令严加管教、共读教育、收容教育、收容教养等；另一方面，这些措施在现实中实际的适用率较低，处遇效果不甚理想。《预防未成年人犯罪法》对不良行为的预防实际上并未提出具体的手段，更多是一种"叫家长"的类似转移监管责任之举；而对严重不良行为的预防，则因为处遇手段种类单一和适用频次有限，也难以获得预期的效果。

因此，未成人犯罪预防的提前介入，在减少甚至消解未成年人的罪错行为方面显得更有价值。这种预防性投资需要社会的一种远见与牺牲，也需要通过立法的方式予以保证或实现。[3] 建立起未成年人法律体系，首先需要建立明确的不良行为体系和与之对应的处遇措施体系。就前者而言，我国《预防未成年人犯罪法》的修订无疑是迈出了重要一步，该法对非犯罪的各种不良行为进行了较为具体的规定。但相较于域外少年司法制度，我国对于罪前的这些不良行为并未直接进行司法干预。具体表现为，既无专门的机构对其进行管辖，又未形成应对不良行为法律后果的完整、独立的处遇体系。事实上，建立独立的司法型少年法具有重大意义，不仅能够在更大范围内为未成年人的成长保驾护航，还能显著提升未成年人相关法律规范的独立价值。因此，明确不良行为的认定范围和具体内涵，将有助于限缩对未成年人罪错行为提前介入的实质范畴，进而将未成年人不良行为的治理压力，由普通刑法过渡至整个少年刑法体系中。

（二）从保护处分到刑罚惩罚——犯罪预防的二元体系

如前所述，拘泥于思考下调刑事责任年龄是否得当并无太大的实际意义，更

---

〔1〕 参见 ［美］ 巴里·C. 菲尔德：《少年司法制度》，高维俭等译，中国人民公安大学出版社 2011年版，第 38~39 页。

〔2〕 参见林琳："我国少年观护制度体系构建探讨——以日本为借鉴"，载《河北法学》2021 年第 3期。

〔3〕 参见李玫瑾："构建未成年人法律体系与犯罪预防"，载《法学杂志》2005 年第 3 期。

重要的是去思考具体的处遇措施，即如何通过妥善的矫正手段促使罪错少年回归社会。根据《刑法修正案（十一）》第 1 条的规定，"已满十二周岁不满十四周岁的人，犯故意杀人、故意伤害罪，致人死亡或者以特别残忍手段致人重伤造成严重残疾，情节恶劣，经最高人民检察院核准追诉的，应当负刑事责任"。根据《刑法》第 232 条和 234 条的规定，故意杀人，故意伤害致人死亡或者以特别残忍手段致人重伤造成严重残疾的情形所达到的严重程度，在正常情况下应当科处的刑罚应当是死刑、无期徒刑或者 10 年以上有期徒刑。排除掉未成年人不适用死刑的情形，同时结合对"不满十八周岁的人，应当从轻或者减轻处罚"的规定，12 到 14 周岁的少年仍然要面临长期的监禁。由此便产生如何确保 12 岁到 14 岁因严重罪行科处较长监禁刑的少年，继续接受义务教育的问题，而义务教育正是最为直接和基础的未成年人犯罪预防手段与矫治教育手段。此外，义务教育并非单纯书本知识的灌输，而是涉及正确三观之形成、人际交往能力之培养以及社会责任意识之养成等多方面内容。但在监禁情况下，很难达到义务教育的基本要求，监禁刑的消极影响更有可能使未成年陷入罪与罚的恶性旋涡。

真正值得思考的问题是，如何淡化未成年人犯罪处遇的惩罚色彩，淡化罪与非罪的界限，使得非刑原则贯穿于整个未成年人犯罪处遇过程。现有的自由刑是在"理性人"的人性基础上构筑的，具有强烈的惩罚色彩，作为未成年人的犯罪处遇措施并不十分恰当。因此，无论是刑罚方式的犯罪处遇措施，还是属于非刑罚方式的犯罪处遇措施，其主要目的是实现非刑化。立足非刑化的统一目的，刑罚和其他未成年犯罪处遇措施协同运作，共同应对未成年人的不良行为以及犯罪行为，以最终保护、矫正罪错少年。此外，还应在刑罚之外建立起独立而完整的保护处分体系，这同样与未成年人犯罪预防的提前介入相对应，即发挥保护处分作为未成年人不良行为的法律后果的作用。保护处分具有超越刑罚的特征，一方面，保护处分立足保护主义的立场，主张有罪不刑、刑不当罪；另一方面，从对少年犯罪预防提前的观念和保护思想出发，保护处分可将犯罪行为前置到不良行为出现的阶段，突破了"无罪不刑"的基本原则。[1] 完整的未成人犯罪预防处遇措施体系由刑罚与保护处分构成，其中，对未成年犯罪加以处遇既需要淡化惩罚色彩，又不能完全抛弃惩罚性。而对未成年人所适用的刑罚加以变革的具有路径有二：一是在现有主刑体系之下，通过刑罚的选择和刑罚的执行的个别化来实现犯罪处遇的非监禁化，这也是我国目前采用的基本方式；二是突破现有的主

---

〔1〕 参见姚建龙："犯罪后的第三种法律后果：保护处分"，载《法学论坛》2006 年第 1 期。

刑体系，设置专属于未成人的刑罚。实际上，在少年刑法的整体语境下，专属于未成年人的刑罚与保护处分之间的区别并不明显，上述两条路径实际上殊途同归。

统一的未成年人处遇措施体系另一方面的内涵是建构完整的保护处分体系，其中改变观念为之前提。少年刑法是超越刑法的刑法，其管辖的也不仅仅是严重危害社会之行为，还包含非犯罪的不良行为、严重不良行为等。当未成年人实施了不良行为且家庭、学校已经无法控制时，司法以及其他社会力量应当及时介入。对于未成年人实施之不良行为的具体内容，《预防未成年人犯罪法》等法律应当进行明确的规定，并始终坚持"罪刑法定"原则。对于将保护处分作为不良行为的法律后果，我国学者姚建龙教授提出建立"社区保护处分—中间保护处分—拘禁保护处分"为一体保护处分体系的基本构想。[1] 按照此种逻辑能够实现保护处分体系的多样化，使保护处分措施实现社区到拘禁场所的全覆盖。本文拟从两个层面入手来探究保护处分体系路径：在社区层面，应当有训诫并责令赔礼道歉、强制性的接受教育、责令社会服务等处遇措施；在拘禁层面，必须脱离单纯剥夺自由之窠臼，强化保护处分执行的个性化特征。此外，还应体现工读教育作为拘禁性保护处分的价值，使其成为解决实施不良行为的未成年人应受教育性和应矫治性之间冲突最佳的制度举措。作为在保护处分里更为严厉的处遇措施，工读教育应当具有不得已而为之的性质。另外，工读教育是作为刑罚的替代手段，以及体现保护处分向刑罚过渡之需要。当前我国的工读教育制度还需要进行以体现专门化为重点的改革，以激活其在教育和矫治方面的双重功能。

少年司法制度需要借助专门的机构才能得以实施，因此设立专属于未成年人的处遇管理机构显得尤为关键。目前，未成年人保护工作主要由民政部门具体落实，如未成人保护委员会和妇女儿童工作委员会等。同时，《未成年人保护法》明确规定居民委员会、村民委员会应当设置专人专岗负责未成年人保护工作。而涉及违法犯罪的主要有未检、少年法庭等机构，并不能直接管辖轻微的不良行为。因此，有必要扩大少年法庭的管辖范围，从不良行为到违法犯罪行为的认定以及相应处遇措施的确定，都可考虑由少年法庭负责。必须被带上法庭的孩子当然应该知道他是与国家权力面对面的，但同时，更强调的是让他觉得他是被关心的对象。少年法庭和国家干预的目的，当然绝不是减轻或削弱儿童或父母的责任感。相反，目标是发展和执行它。[2] 未检机构在履行好未成年人刑事检察工作

---

[1] 参见姚建龙："犯罪后的第三种法律后果：保护处分"，载《法学论坛》2006 年第 1 期。

[2] Julian W. Mack, The Juvenile Court, 23 HARV. L. REV. 104 (1909).

以外，还应当对未成年人保护处分以及刑罚的具体执行工作加以监督。同时，在社区以及学校中应当设置未成年不良行为的监督机构，并确保这些机构能够与少年法庭进行充分且及时的对接。如此，方能在统一的犯罪预防体系下，形成对未成年人不良行为到犯罪行为完整且有效的规制体系。

五、结语

尽管下调刑事责任年龄与刑事政策之目的存在一定的冲突，但并不必然会因刑罚的消极属性而产生负面影响。少年刑法具有超越刑法的意蕴，在少年刑法的语境下，首要目的在于加强对未成年人的保护，同时犯罪预防不能仅仅依赖于对犯罪的刑法处罚，而应以保护处分与刑罚所形成的二元处遇体系为基础，对未成年人包括犯罪行为在内的所有不良行为进行规制，进而实现全面的犯罪预防。对未成年人罪错行为的处遇要求刑罚不断朝着"非刑化""非监禁化"的方向发展。相较于对刑事责任年龄进行下调的赞誉或批驳，更具意义的或许是去思考如何构建完整而全面的少年刑法体系，以及对保护未成年人与社会防卫之兼容的最优模式的探寻。如此，即便是刑事责任能力下调，也能实现"明刑不戮"的未成年人保护之旨趣。